D1920158

Martin Nitsche/
Marlen Bunzel (Hg.)

Bibelrezeption, Zensurmechanismen und homiletische Fragestellungen in der katholischen DDR-Diaspora

ERFURTER THEOLOGISCHE SCHRIFTEN

im Auftrag
der Katholisch-Theologischen Fakultät
der Universität Erfurt

herausgegeben von
Elke Mack, Josef Römelt und Myriam Wijlens

BAND 55

UNIVERSITÄT
ERFURT
Katholisch-Theologische
Fakultät

Martin Nitsche/
Marlen Bunzel (Hg.)

Bibelrezeption, Zensurmechanismen und homiletische Fragestellungen in der katholischen DDR-Diaspora

Mehrperspektivische Annäherungen an die Predigtreihe „Das Wort an die Gemeinde"

echter

Klimaneutral
Unternehmen
ClimatePartner.com/11490-1412-1001

Bibliografische Information der Deutschen Nationalbibliothek

Die Deutsche Nationalbibliothek verzeichnet diese Publikation in der Deutschen Nationalbibliografie; detaillierte bibliografische Daten sind im Internet über http://dnb.d-nb.de abrufbar

1. Auflage 2023

Druck und Bindung
Druckerei Pressel, Remshalden

ISBN
978-3-429-05783-1
978-3-429-05227-0 (PDF)

www.echter.de

In Erinnerung an

Pfarrer i. R. Karljosef Lange
(1928–2023)
Herausgeber von *Das Wort an die Gemeinde*

INHALTSVERZEICHNIS

VORWORT

Der vorliegende Band präsentiert die Ergebnisse der digitalen Arbeitstagung „Schriftrezeption in der katholischen DDR-Diaspora am Beispiel der Predigtreihe *Das Wort an die Gemeinde*, die am 26. März 2022 an der Universität Frankfurt a.M. in Kooperation mit der Katholisch-Theologischen Fakultät der Universität Erfurt stattfand. Wissenschaftler:innen[1] verschiedener Fachperspektiven (Biblische Exegese, Kirchengeschichte, Pastoraltheologie und Literaturwissenschaft) stellten dort einander ihre Zwischenergebnisse vor und diskutierten sie gemeinsam weiter. Im Zentrum stand die Frage nach einer DDR-spezifischen Rezeption von Bibeltexten am Beispiel von veröffentlichten Predigthilfen aus den 1970er Jahren. Drei Tagungsteilnehmern sei an dieser Stelle besonders gedankt: Erika Buhl und Georg Hentschel, die als Vertreter aus dem Kreis der Autor:innen von *Das Wort an die Gemeinde* ihre persönliche Zeitzeugenperspektive in die Diskussionen eingebracht haben, sowie Stephan Lange, dem Neffen des Herausgebers von *Das Wort an die Gemeinde*.

Die hier vorliegenden Einzelbeiträge stellen eine erweiterte und revidierte Version dieser Vorträge dar, in die auch die Ergebnisse und Diskussionen der Tagung eingeflossen sind. Wir danken den an diesem Band Beteiligten für ihre Bereitschaft, das Projekt mit ihrer Fachperspektive zu bereichern, mit zu diskutieren und ihre Ausführungen für die vorliegende Veröffentlichung zu verschriftlichen.

Ohne finanzielle Unterstützung wäre dieses Projekt nicht möglich gewesen. Wir danken dem Grade-Center RuTh und dem Fachbereich 07 Katholische Theologie an der Goethe-Universität Frankfurt am Main, der Erich und Maria Russel-Stiftung und der Thyssen Stiftung für die Förderung verschiedener Projektphasen und der Tagung. Für Druckkostenzuschüsse danken wir den (Erz-)Bistümern Berlin, Dresden-Meißen, Erfurt, Fulda, Görlitz, Hamburg, Limburg, Magdeburg und Paderborn sowie der Katholisch-Theologischen Fakultät der Universität Erfurt.

[1] Das Anliegen einer geschlechtersensiblen Sprache eint alle am Band Beteiligten. Die Umsetzung wird in den einzelnen Beiträgen jeweils individuell gehandhabt.

Außerdem danken wir den Herausgeberinnen Prof. Dr. Elke Mack und Prof. Dr. Myriam Wijlens sowie dem Herausgeber Prof. Dr. Josef Römelt für die Aufnahme in die Reihe „Erfurter Theologische Schriften“ und den Mitarbeiter*innen des echter-Verlags für die Betreuung der Publikation.

Für das umfangreiche Formatieren und Korrekturlesen danken wir Beate Müller sowie Franziska Richter, bei der auch die Hauptlast für die Erstellung des Drucksatzes lag.

Für uns, die wir diesen Band herausgeben, ist damit auch eine Reise zu den Wurzeln des eigenen Glaubens und Theologietreibens dokumentiert: Selbst aus der ehemaligen DDR stammend, ist uns besonders in den vielen Gesprächen rund um *Das Wort an die Gemeinde* manches klarer und anderes erstmals deutlich geworden. Es gab ein ganz spezifisches Ringen um eine kontextuelle Theologie und (Bibel-)Pastoral, welches bislang zu wenig Würdigung gefunden hat. Der Band sei daher anerkennend allen Autorinnen und Autoren von *Das Wort an die Gemeinde* gewidmet, besonders dem Herausgeber Karljosef Lange, der während der Drucklegung dieses Bandes verstorben ist.

Berlin & Frankfurt, Mai 2023 Marlen Bunzel & Martin Nitsche

ZUR PROJEKTGENESE UND QUELLENLAGE, ZU FRAGESTELLUNGEN UND BEITRÄGEN: EINE EINLEITUNG

Martin Nitsche / Marlen Bunzel

1 Projektgenese und erste Einsichten

Biblisch bewegte Menschen, nicht zuletzt auch in der Wissenschaft tätige Alttestamentler*innen, fordern mit Blick auf die kirchliche Praxis häufig eine intensivere und breitere Rezeption der biblischen Texte. Aber wie können solche Rezeptionen bibelwissenschaftlich begleitet und reflektiert werden? Was passiert mit der Bibel, wenn sie in spezifischen Kontexten gelesen wird? Der Anstoß zu diesem Projekt geht auf einen Vortrag zurück, den Martin Nitsche bei einem internationalen Symposium im Januar 2020 in Chennai (Tamil Nadu, Indien) präsentiert hat.[1] Aus theologischer, religionswissenschaftlicher und soziologischer Perspektive haben sich asiatische und europäische Wissenschaftler*innen mit dem Begriff „minorities" befasst. Die Relevanz des Themas ist dabei deutlich geworden. Die Diskussion nach einem weiteren Vortrag, der am 11. Dezember 2020 in Frankfurt stattgefunden hat, hat diese Relevanz bestätigt.

Während die katholische Kirchengeschichte in der DDR seit vielen Jahren wissenschaftlich aufgearbeitet wird – eine wichtige Rolle nimmt dabei die heute von Prof. Dr. Jörg Seiler geleitete Forschungsstelle für kirchliche Zeitgeschichte ein – ist noch nicht systematisch nach der Wechselwirkung zwischen der gesellschaftlichen und kirchlichen Situation auf der einen und der Schriftrezeption der Katholischen Kirche in der DDR auf der anderen Seite gefragt worden. Wie haben die Umstände in der DDR den Blick auf die Arbeit mit der Bibel und das Verständnis der Texte geprägt? Die Zeit dafür ist günstig. Mehr als 30 Jahre nach der deutschen Einheit kann auf eine abgeschlossene Epoche zurückgeblickt werden, zugleich ist der Austausch mit Zeitzeugen und wichtigen Akteuren noch möglich. Georg Hentschel und Norbert Clemens Baumgart[2] haben dabei unab-

---

[1] Beitragstitel: „Minorities and their Scriptures. Diaspora and the Shifting of Resonance Axes".

[2] Beide haben sich mit Beiträgen in diesem Band vorgestellt. Als Erfurter Alttestamentler mit DDR-Hintergrund waren beide natürlich Ansprechpartner.

hängig voneinander auf die Predigtreihe *Das Wort an die Gemeinde* verwiesen und an vielen Stellen mit ihrem Rat geholfen.

Dieses Predigtreihenwerk steht im Fokus des Projekts. Norbert C. Baumgart hat dafür seine privaten Bände für die Digitalisierung zur Verfügung gestellt. Über sein Erfurter Oberseminar Altes Testament ist dann auch Marlen Bunzel Teil des Projektes geworden: Sie hat die Co-Leitung übernommen, die Tagung zum Projekt im März 2022 sowie diesen Tagungsband mitverantwortet. Der Kreis der Mitarbeitenden hat sich schon im Vorfeld der Tagung auf jene Personen erweitert, die einen Beitrag beigesteuert haben und ihre Ergebnisse nun im vorliegenden Band präsentieren. Das Wachsen des Arbeitskreises hat mit einem methodischen Eingeständnis zu tun: Die bibelwissenschaftliche Perspektive auf *Das Wort an die Gemeinde* ist spannend und zielführend, aber für die Bearbeitung unserer Fragen alleine nicht ausreichend. Es bedarf ebenso der kirchengeschichtlichen, pastoraltheologisch/homiletischen und der literaturwissenschaftlichen Expertise. Dieser Tagungsband ist so die Frucht eines intensiven, interdisziplinären Gesprächs.

Häufig ist in den folgenden Beiträgen von „Probebohrungen" die Rede. Die Fragestellungen, die im vorliegenden Band angestoßen werden, werden überwiegend exemplarisch bearbeitet. Eine umfassende Analyse aller 18 Bände mit Blick auf exegetische Schwerpunkte, biblische Resonanzen oder die Verwendung literarischer Zitate steht aus und könnte im Rahmen eines eigenen Forschungsvorhabens angegangen werden. Ein eher historisch interessiertes Vorhaben müsste den Bestand zur Reihe erheben, der sich in den Archiven findet, nicht nur im Bundesarchiv, sondern auch in den verschiedenen Diözesanarchiven. Im vorliegenden Band wurden biographische Recherchen nur knapp und exemplarisch mit den Arbeiten an den Predigthilfen verbunden. Möglicherweise finden sich auch noch Nachlassakten, in denen Predigtmanuskripte ausführlich mit den gedruckten Predigten verknüpft werden können. Die testweisen Versuche im Rahmen dieses Projekts waren jedenfalls vielversprechend. Die Spannung zwischen dem homiletischen, dem bibelwissenschaftlichen und dem kirchenhistorischen Interesse an der Reihe wird vermutlich auch bei künftigen Projekten zur Thematik nicht aufzulösen sein.

Das Wort an die Gemeinde ist untrennbar mit der Geschichte des Leipziger St. Benno-Verlags verwoben. Elisabeth Preuß geht in ihrer Arbeit zur Verlagsgeschichte auf zwei Seiten auf *Das Wort an die Gemeinde* ein.[3] Der Verlag hat uns freundlicherweise die Digitalisierung der gesamten Reihe zu Forschungszwecken gestattet. Eine Einsicht in das Verlagsarchiv zur Reihe war von Seiten des Verlags „aus technischen und organisatorischen Gründen“ nicht möglich, wäre aber von Interesse gewesen. Es lässt sich bis jetzt für uns nicht abschätzen, inwieweit z.B. auch Korrespondenzen zur Reihe erhalten sind.

Als Vorbild für *Das Wort an die Gemeinde* wurde häufig das „Neue Predigtwerk“ genannt, welches ab 1970 in Graz erschienenen ist und von Bruno Dreher herausgegeben wurde. – Die Erforschung einer vergleichenden Analyse mit Predigtreihenwerken aus dem gesamten deutschen Sprachraum steht noch aus. – Einige Autoren haben für beide Reihen Beiträge verfasst, darunter Bruno Dreher und Karljosef Lange selbst. Neben dem gesamtdeutschen Sprachraum wäre der Blick in andere Länder des Ostblocks und damit eine Internationalisierung der Forschungsfragen erstrebenswert: Wie hat die spezifische kirchliche Situation z.B. in Polen oder in der Tschechoslowakei in den 1970’er Jahren den Blick auf biblische Texte beeinflusst, wie lässt sich jeweils eine spezifische Predigtkultur beschreiben?

Das Attribut „katholisch“ im Titel hat verschiedentlich zu Anfragen geführt. Der Fokus auf *Das Wort an die Gemeinde* rechtfertigt es für den vorliegenden Band, einen katholische Binnenperspektive einzunehmen. Schriftrezeption und Predigtkultur für die DDR insgesamt müssen im interkonfessionellen Austausch analysiert werden. Umso dankbarer sind wir für die Zusammenarbeit mit der „Forschungsstelle Kirchliche Praxis in der DDR“ an der Universität Leipzig, vertreten durch Landesbischöfin a.D. Ilse Junkermann, und freuen uns auf die weitere Zusammenarbeit, die zum Teil bereits vereinbart ist.

Erste Forschungen zum Predigtreihenwerk

Während der Erarbeitungsphase zeigte sich, dass die Predigtreihe schon häufiger als untersuchungswürdig aufgefallen war und Projekte angestoßen wurden. Der Paderborner Pastoraltheologie Christof Gärtner, persönlich mit Karljosef Lange bekannt, hatte bereits 2005 zwei Aufsätze in der Zeitschrift „Theologie und Glau-

---

3 *E. Preuß*, Die Kanzel in der DDR. Die ungewöhnliche Geschichte des St. Benno-Verlages (EThSchr 34), Leipzig 2006, 178–179.

be" publiziert. Diese sind im vorliegenden Band erneut abgedruckt.[4] In Vorbereitung auf die Tagung ist es zu Kontakten mit zwei Wissenschaftlern gekommen, die sich schon früher ausführlich mit dem Werk Karljosef Langes befasst haben. Pfarrer Dr. Bertram Pittner hatte in den 1990'er Jahren erhebliche Vorarbeiten zur Untersuchung der Reihe unternommen, unter anderem verschiedene Register erstellt. Diese sind erhalten[5] und wurden von ihm zur Verwendung in diesem Forschungsprojekt freigegeben. Pittner erwähnte im Gespräch, dass er seine Unterlagen irgendwann an Karljosef Lange geschickt hätte, um damit ein Dissertationsprojekt zu unterstützen, welches sich mit zum Predigtreihenwerk *Das Wort an die Gemeinde* befasse. Es ist uns allerdings auch nach verschiedenen Recherchen nicht möglich gewesen, diese Angaben zu verifizieren bzw. die forschende Person zu identifizieren. Möglicherweise handelte es sich auch um ein Missverständnis: Uns ist einerseits eine Person bekannt, der eine Beschäftigung mit der Reihe angetragen wurde. Andererseits könnte es sich bei dem vermeintlichen Dissertationsvorhaben auch um die falsch etikettierten Arbeiten von Christof Gärtner handeln, bei dem Pittners Unterlagen schließlich tatsächlich gelandet sind. In jedem Fall haben die Beiträge von Christof Gärtner und Bertram Pittner erheblich zum Erfolg unseres Forschungsprojekts beigetragen.

Viele Gespräche, zahlreiche Perspektiven

Viele Gespräche haben im Rahmen des Forschungsprojektes stattgefunden: mit Autorinnen und Autoren, mit Zeitzeugen, mit Rezipient*innen der Reihe. Einige von ihnen würdigt Marlen Bunzel in einem eigenen Beitrag. Darüber hinaus werden in den einzelnen Beiträgen ausgewählte Gesprächsnotizen wiedergegeben. Die Gespräche weiteten den Blick immer wieder neu. Neben dem Predigtreihenwerk lernten wir Erhellendes zur pastoralen Situation der Katholischen Kirche in der DDR, zu kirchenpolitischen Positionierungen, zur Bibelarbeit und zur Predigtkultur.

Mit Blick auf die Bibelpastoral und die Predigtkultur wurden des Öfteren drei Männer genannt, die von unseren Gesprächspartnerinnen und Gesprächspartnern als prägend und beispielgebend empfunden wurden. Zunächst ist Alfred Kardinal Bengsch (1921–1979) zu nennen, der sich nicht nur pointiert und streitbar zur Frage der Positionierung gegenüber dem SED-Staat geäußert hat, sondern durch

---

[4] Siehe unten, Anhang 1 und Anhang 2.

[5] Vgl. 2. Zur Quellenlage.

den von ihm initiierten homiletischen Kongress Einfluss auf das Predigtreihenwerk hatte. Dann auch Bischof Hugo Aufderbeck (1909–1981), der selbst als begnadeter Prediger galt (davon zeugen nicht zuletzt eine ganze Reihe veröffentlichter Aufderbeck-Predigten, gedruckt und als Audio-Mitschnitt). Unser Gesprächspartner Pfarrer i.R. Willi Kraning würdigte Aufderbeck als Theologen und Seelsorger, der „in allem ganz von der Schrift her kam“[6]. Neben beiden Bischöfen, mit denen sich mitunter kirchenpolitisch widerstreitende Sehnsüchte verbanden, wurde als „biblischer Lehrer“ häufig der Erfurter Neutestamentler Heinz Schürmann (1913–1999) genannt. Aufderbeck und Schürmann haben selbst Predigthilfen in *Das Wort an die Gemeinde* verfasst.

Die Predigtreihe, das war Konsens zwischen unseren Gesprächspartnerinnen und Gesprächspartnern, wäre ohne das Geschick und die Hartnäckigkeit von Karljosef Lange nicht denkbar gewesen. Eine umfassende Würdigung Langes steht aus, dafür wären auch seine Korrespondenzen mit verschiedenen kirchlichen Stellen und dem Verlag ausführlich zu sichten. Dennoch ist der vorliegende Tagungsband auch eine Würdigung Karljosef Langes, seines Redaktors Wolfgang Simon (1933–2000) und aller Mitstreiter*innen: Je tiefer wir in die Beschäftigung mit dem Predigtreihenwerk eingestiegen sind, umso größer wurde unser Respekt vor dieser Leistung.

Die Arbeitstagung am 26. März 2022

Am 26.03.2022 fand die von der Fritz Thyssen Stiftung geförderte Tagung unter dem Titel „Schriftrezeption in der katholischen DDR-Diaspora“ statt. Geplant war ursprünglich, sie in Präsenz in Frankfurt durchzuführen, aufgrund der anhaltenden Corona-Pandemie musste sie dann doch digital stattfinden. Organisiert wurde sie von den Herausgebern dieses Bandes. Sie bestand aus drei inhaltlichen Blöcken, die sich im Aufbau dieses Tagungsbandes wiederfinden: Hintergründe zu *Das Wort an die Gemeinde*, Predigtlektüren zu ausgewählten Fragestellungen und pastoraltheologische sowie homiletische Perspektiven.[7] Sie hatte den Charakter einer Arbeitstagung: Sämtliche Vortragenden stellten ihre bis dahin erfolgten Forschungen i.S. eines Zwischenergebnisses vor. An verschiedenen Stellen kommt es zwischen den Beiträgen zu inhaltlichen Überschneidungen. Dies ist dem methodischen Vorgehen geschuldet: Jede:r Mitforschende sollte sich aus der

---

[6] *W. Kraning* im Gespräch mit Martin Nitsche am 08.10.2021.

[7] Ausführlich zu den Themen und Vortragenden siehe 3. Die Beiträge des Bandes.

je eigenen Fachperspektive ohne Einschränkungen dem Untersuchungsgegenstand annähern. Wiederholungen sind daher keine Redundanzen, sondern belegen die Bedeutung der gemachten Beobachtung.

Nicht nur die aktiv Vortragenden trugen dazu bei, dass die Arbeitstagung für alle mit neuen Einsichten und bereichernden Diskussionen endete, sondern auch drei besondere Gäste, die ihre Perspektiven einbrachten. Erika Buhl blickte auf ihre Tätigkeit als Autorin der Reihe zurück – sie war eine von vier Frauen unter den 182 Autor:innen. Stephan Lange, der Neffe des Herausgebers, berichtete von jüngsten Kontakten zum schwer erkrankten Karljosef Lange. Landesbischöfin a.D. Ilse Junkermann, Leiterin der „Forschungsstelle kirchliche Praxis in der DDR“, erläuterte Kooperationsmöglichkeiten.

Während der Tagung wurde die Komplexität von Forschungsfragen zur Reihe deutlich, die die bisherige multiprofessionelle Herangehensweise bestätigte.

2 Zur Quellenlage: PAD 711

Als wesentliche Quelle dienen die 18 Bände des Predigtreihenwerks, die trotz einiger Schwierigkeiten in Bibliotheken, Antiquariaten und manchem Theolog*innenhaushalt durchaus verfügbar sind. Die Struktur der Reihe orientiert sich an der Perikopenordnung der drei Lesejahre (A, B und C), die allerdings nicht durchgängig der Reihenfolge der Publikation entspricht. Beides ist im Beitrag von Norbert C. Baumgart in diesem Band vorgestellt. Daneben wird in den einzelnen Beiträgen auf unterschiedliches Material zurückgegriffen: Gesprächsnotizen, Akten aus Diözesanarchiven oder aus dem Bundesarchiv.

Eine Besonderheit stellt ein Ordner aus der Erzbischöflichen Akademischen Bibliothek (EAB) dar, der dort die Signatur „PAD 711“ trägt. Christof Gärtner hat diese Unterlagen in einem Karton von Karljosef Lange erhalten und der EAB Paderborn zur Sicherung überlassen. Lange wollte offenbar, dass diese Unterlagen späteren Generationen zur Untersuchung zur Verfügung stehen. Sie betreffen alle *Das Wort an die Gemeinde*. Gärtner hat die Unterlagen zu diesem Zweck grob sortiert und mit Trennblättern in einen Aktenordner geheftet.[8] Der Ordner ist in Paderborn einsehbar und nach wie vor in diesem Zustand. Er wurde für dieses Projekt von Martin Nitsche und Mitarbeitern der EAB Paderborn digitalisiert und

[8] Mit dabei war auch jener Lukas-Kommentar, der nun als verschollen gilt und von dem Christof Gärtner in seinem kurzen Beitrag schreibt, siehe unten, ab S. 217.

den Forschenden zur Verfügung gestellt. Dabei wurde Folien und Trennblätter in den Dateinamen durchnummeriert. Eine Sektion umfasst dabei jeweils alle Folien, die zwischen zwei Trennblättern liegen. Innerhalb der Folien werden die Einzelblätter nummeriert. Entsprechend kommt die Zitationsweise zustande: „PAD 711, Sektion 6, Folie 6, 1" bezeichnet den Abschnitt nach dem sechsten Trennblatt und dort das erste Blatt in Folie 6.[9] Dieser Tagungsband und seine Behandlung des Ordners wird ebenda vermerkt und für künftige Projekte transparent gemacht.

Es ist ein Glücksfall, dass dieses Material nicht verloren gegangen ist, sondern auf diese Weise gesichert werden konnte. Zugleich ist der Umgang mit dem Ordner in gewisser Weise auch problematisch. Ein großer Teil der vorhandenen Blätter sind Schreibmaschinenblätter, die kaum lesbar sind. Mitunter ist nicht einmal mehr nachvollziehbar, welchen Ursprungs die Unterlagen sind. Handschriftliche Notizen lassen sich keinem Urheber zuordnen. Hinzu kommt, dass das Material recht disparat zusammengestellt ist. Über den Ursprung einer beiliegenden Diskette können nur anhand beiliegender Briefe Aussagen getroffen werden. Einige Korrespondenzen berühren die Rechte lebender Personen. Die Durschläge, die zum größten Teil vom St. Benno-Verlag an den Herausgeber Karljosef Lange gegangen sein dürften, stellen mitunter Dienstreiseberichte der Verlagslektoren dar und betreffen die staatliche Zensur, an anderer Stelle sind Verlagsvoten mit kirchlichen Zensurempfehlungen verwoben. Es wäre ein eigenes Projekt, die Sortierung und Einordnung dieser Unterlagen vorzunehmen. Dennoch stellten sie für dieses Projekt den umfangreichsten Zugang zu kirchlichen und staatlichen Zensurmaßnahmen dar.

Sektion 1 sammelt Unterlagen, die Christof Gärtner im Rahmen seiner 2005 veröffentlichten Untersuchungen gesammelt hat, u.a. handschriftliche Notizen zu einem Interview mit Karljosef Lange vom 27.01.2003.

Sektion 2 enthält u.a. Briefe, aus denen Pfarrer i. R. Dr. Bertram Pittner als jener erkennbar wird, der zahlreiche Untersuchungen zur Reihe erstellt hat und als Ausdruck sowie auf einer Diskette an Karljosef Lange geschickt hat. Der Bleistiftvermerk „Verkündigung in atheistischer Umwelt (Projekt ruht)" gibt Rätsel auf. Die beiliegende Diskette konnte ausgeliehen und mit Hilfe der IT-Abteilung der Goethe-Universität Frankfurt am Main ausgelesen werden. Die

---

[9] Der Beitrag von Jörg Seiler weicht entsprechend seiner Fachperspektive davon ab, da die Einteilung in „Folien" und „Seiten" kirchenhistorisch unüblich ist und eine archivarische Behandlung des Ordners noch aussteht.

gewonnenen Unterlagen – es handelt sich um verschiedene Register und Übersichten zur Reihe – wurden erneut gesichert. In Sektion 2 findet sich zudem eine Rezension zum Predigtreihenwerk, die der emeritierte Erfurter Pastoraltheologe Franz Georg Friemel 1980 veröffentlicht hat und ein Brief des Verlags an Karljosef Lange zum Stand der Drucklegung eines Bandes.

Sektion 3 enthält eine Predigthilfe, die Karljosef Lange für das Predigtreihenwerk von Bruno Dreher verfasst hat (siehe oben), sowie Unterlagen, die Lange offenkundig für die Autorinnen und Autoren seiner Reihe erstellt hat. Wie und in welcher Form diese dann den Autor*innen zugegangen sind, ließ sich auch im Rahmen der Gespräche nicht weiter erhellen.

Sektion 4 enthält eine offenbar von Christof Gärtner erstellte, handschriftliche Übersicht über die in den folgenden Sektionen gesammelten „Gutachten“, dazu eine Übersicht über den Inhalt der Einzelbände des Predigtreihenwerks (Herkunft unbekannt). Sektion 5 beinhaltet ein wahrscheinlich von Bertram Pittner erstelltes Autor*innenregister zum Predigtreihenwerk. Die Sektionen 6–7 beinhalten die erwähnten Durchschläge mit Angaben staatlicher und kirchlicher Gutachten. Sektion 8 enthält Korrespondenzen sowie einen Auszug aus einem der Bände, auch die Sektionen 9–13 beinhalten überwiegend Korrespondenzen mit Bezug zum Predigtreihenwerk.

3 Die Beiträge dieses Bandes

Nach einer Wiedergabe der wertvollen Eindrücke aus den zahlreichen Gesprächen mit Autor:innen der Reihe durch Marlen Bunzel, präsentiert Norbert Clemens Baumgart Statistiken zur Reihe sowie die Arbeitsweise der staatlichen Zensur am Beispiel einer Bundesarchivakte von 1978. An die komplexe Frage nach der Zensur knüpft Jörg Seiler an. Er führt eine strukturelle Analyse sowohl von staatlichen als auch von kirchlichen Zensurhandlungen durch und bietet historische Einordnungen der jeweiligen Zensurprozesse und ihrer gegenseitigen Wechselwirkungen.

Im zweiten Block werden verschiedene Predigtlektüren gebündelt. Cornelia Assmann analysiert eine Predigt über den im Exil lebenden Propheten Ezechiel und macht deutlich, inwieweit spezifische Themen des Ersten Testaments als Grundlage für lebensweltorientierte, politisch-aktuelle Predigten in der DDR dienten. Georg Hentschel, der selbst an der Predigtreihe mitwirkte, blickt Jahrzehnte später auf seine eigene Mitarbeit an *Das Wort an die Gemeinde* zurück. Martin Nitsche versteht die Predigthilfen als Schriftrezeption und präsentiert verschiedene Ansätze zur Suche von Resonanzen zwischen den biblischen Texten und der Lebenswelt der Autorinnen und Autoren der Reihe. Franziska Rauh stellt sich der Frage der Literaturrezeption in der Predigtreihe, konkretisiert dies am Beispiel von Christa Wolf und trägt die Bezugnahmen auf literarische Texte in den Bänden zum Lesejahr A in einer Übersicht zusammen.

Der letzte Block sammelt verschiedene Perspektiven, die einen Schwerpunkt in praktischer Theologie haben. Maria Widl hat auf der Tagung unter dem Titel „Die katholische Predigt aus der Perspektive der Evangelisierung" homiletische Konzepte, die in der Predigtreihe deutlich werden, in einen breiteren homiletischen und pastoraltheologischen Diskurs eingeordnet. Im Band erschienen ist ein kurzer „Zwischenruf", in dem Sie Schlaglichter aus den homiletisch orientierten Vorworten der Reihe präsentiert. Von Christoph Gärtner sind die zwei bereits genannten Artikel erwähnenswert, bei denen es sich um die einzigen bislang erschienenen nennenswerten Veröffentlichungen zu *Das Wort an die Gemeinde* handelt und die wir als so relevant erachten, dass wir sie im Rahmen unseres Bandes neu abgedruckt haben.[10] Für diesen Band hat Gärtner eine Problemanzeige zu einer leider verschollenen Reproduktionsvorlage eines von Karljosef Lange für die DDR edierten Lukas-Kommentars erstellt. Abgedruckt ist zudem ein Interview mit Bischof Dr. Gerhard Feige. Er überblickt aus einer kirchlichen Perspektive historische, biographische und theologische Aspekte zum Predigtreihenwerk und seiner Rezeption und reflektiert den spezifischen Umgang mit biblischen Texten über Langes Werk und dessen Zeit hinaus.

Breiten Raum nimmt das Autorenregister zu allen 18 Bänden ein, welches Franziska Richter auf der Grundlage von Martin Nitsches Vorarbeiten erstellt hat. Es hat während der Erarbeitungsphase allen Forschenden zur Verfügung gestanden und liefert einen schnellen Überblick etwa über den Anteil weiblicher Autorinnen oder den Anteil solcher Autoren, die besonders viele Predigtskizzen verfasst haben. Es ist hier abgedruckt, um für künftige Beschäftigungen mit *Das Wort an die Gemeinde* zur Verfügung zu stehen. Den Leser*innen dieses Bandes erleichtert es als Nachschlagewerk den Umgang mit den einzelnen Beiträgen. Menschen, die viele der Autorinnen und Autoren persönlich kannten und nach den Beiträgen z.B. Ihres ehemaligen Pfarrers suchen, können sich hier gut orientieren.

---

[10] Siehe unten, Anhang 1 und Anhang 2.

BIBELAUSLEGUNG VOR 50 JAHREN IN EINEM ANDEREN SYSTEM. MIT DEN AUTORINNEN UND AUTOREN VON *DAS WORT AN DIE GEMEINDE* IM GESPRÄCH

Marlen Bunzel

1 Vorbemerkungen

Die Epoche, auf die in diesem Tagungsband geschaut wird, ist Geschichte. Seit der politischen Wende im Jahr 1990 gilt die Zeit der DDR als abgeschlossen. Damit ist auch *Das Wort an die Gemeinde* zu einem historischen Zeugnis geworden. Zugleich bietet sich 50 Jahre nach dem Erscheinen der ersten Bände von *Das Wort an die Gemeinde* noch die Gelegenheit zum Gespräch mit einigen jener Menschen, die damals unter schwierigen Bedingungen mit ihren Texten zu dem Predigtreihenwerk beigetragen haben. Die einzelnen Beiträge dieses Tagungsbandes verwenden verschiedene Methoden und Quellen; unterschiedliche Fachperspektiven kommen zu Wort. Der vorliegende Text wiederum lässt einige Autorinnen und Autoren auf ihr Werk zurückschauen und zu den Fragen dieses Forschungsprojekts Stellung beziehen. Hier und da mögen manche Aussagen überraschen. An anderen Stellen kommen Themen und Einsichten zur Sprache, die auch in weiteren Beiträgen des Tagungsbandes auf anderen methodischen Wegen herausgearbeitet wurden. Entscheidend anders ist in diesem Beitrag die Perspektive, die uns von beeindruckenden Persönlichkeiten geschenkt wurde. Somit wird die Frage nach der Schriftrezeption in der katholischen DDR-Diaspora und die (immer ein Stück weit spekulativ bleibende) Ebene der Textauslegung ergänzt um die Frage nach den je eigenen Überzeugungen, die die Autor:innen mit Blick auf die biblischen Texte bewegten.

Martin Nitsche, Mitherausgeber dieses Bandes, und ich haben mit zwölf Autor:innen des einzigen katholischen Predigtreihenwerkes der DDR persönlich gesprochen. Denn je tiefer wir in die Predigttexte eintauchten und zusätzlich anfingen, in dem schwer durchschaubaren Netz aus kirchlichen und staatlichen Zensurunterlagen Nachforschungen anzustellen,[1] umso dringlicher wurden unsere Fragen nach den Autor:innen selbst. Aus praktischen Gründen handelt es sich dabei nicht um formelle Zeitzeugengespräche, sondern um informelle Dialoge: In manchen Fällen waren persönliche Begegnungen möglich, an anderer Stelle gab es schriftliche Rückmeldungen, Telefonate oder Videokonferenzen. Einige unserer Gesprächspartner lassen sich hier gern mit Namen zitieren, andere möchten aufgrund biographischer Erfahrungen nicht namentlich erwähnt werden. Viele Autor:innen konnten wir nicht mehr befragen, da sie entweder schon verstorben waren oder weil es aufgrund des gesundheitlichen Zustandes nicht mehr möglich war, so z.B. im Falle des Herausgebers von *Das Wort an die Gemeinde*, Karljosef Lange.

Es geht im Folgenden in erster Linie um eine Wiedergabe der Erinnerungen, die während unserer Gespräche bei den Autorinnen und Autoren nach über 50 Jahren wach wurden. Daher folgt dieser Beitrag keiner strengen Systematik. Die Fragen, die wir ihnen stellten, orientierten sich an der Predigtreihe: Wie kam es dazu, dass sie einen Beitrag zur Predigtreihe *Das Wort an die Gemeinde* verfassten? Was wussten sie über die Hintergründe zur Entstehung der Predigtreihe? Gab es eine Art „codierter Sprache", die sie beim Schreiben der Texte verwendet haben? Wussten Sie um die Zensur ihrer Texte? Wurden sie darüber informiert? Gab es damals „Modethemen", die von den heutigen Trendthemen abwichen?[2] Bei fast allen Gesprächen war *Das Wort an die Gemeinde* nur der Ausgangspunkt. Von dort aus ging es meist weiter in die je eigene Biographie hinein. Es eröffnete sich eine ganze Welt aus Erinnerungen, die uns jedes Mal überraschte und unsere Erwartungen übertraf.

Überrascht waren aber zuerst die Autor:innen selbst, nach so vielen Jahren angefragt zu sein:

> „Sehr geehrte Frau Dr. Bunzel,
> Ihr Brief hat mich über unser Pfarramt erreicht. Ich bin überrascht, aber auch erfreut. Gern stehe ich Ihnen für ein Gespräch zur Verfügung. Ich

---

1 In den Beiträgen von Martin Nitsche, Jörg Seiler und Norbert Cl. Baumgart in diesem Band wird deutlich, wie komplex und mitunter undurchsichtig sich die Lektüre der verschiedenen Texte (und Textsorten) gestaltete. Siegfried Lokatis, der zum Thema forscht, konstatiert: „Leider handelt es sich bei den Zensurgutachten der DDR … um eine weitgehend unerforschte Textsorte, die nicht leicht zu interpretieren ist", *S. Lokatis*, Der Argusblick des Zensors, in: *ders. / M. Hochrein* (Hg.), Die Argusaugen der Zensur. Begutachtungspraxis im Leseland DDR (Leipziger Arbeiten zur Verlagsgeschichte 3), Stuttgart 2021, 13–25, 16.

2 Zu den Interviewfragen siehe 7. in diesem Beitrag.

> hoffe, dass ich mich noch an Einiges erinnern kann. Es ist ja alles mehr als 50 Jahre her. Die Bücher [des Predigtreihenwerks *Das Wort an die Gemeinde*, MB] habe ich vor Jahren verschenkt."[3]

Erika Buhl fügte ihrer Überraschung im Gespräch später die Freude darüber hinzu, dass dem i.E. bislang viel zu wenig beachteten Thema „Kirche in der DDR" Aufmerksamkeit geschenkt wird.[4] Wann, wenn nicht jetzt! Bereits im Jahr 2000 schrieb Josef Pilvousek, emeritierter Professor für Kirchengeschichte an der Katholisch-Theologischen Fakultät der Universität Erfurt:

> „Elf Jahre nach dem Fall der Mauer erinnert man sich zwar noch umrißartig an das kirchliche Leben in der DDR, aber viele Einzelheiten sind oft nicht mehr präsent bzw. Mentalitäten und Motive auch für Zeitgenossen nur noch schwer zu verstehen."[5]

Dieser Herausforderung haben wir uns heute, mehr als 30 Jahre nach dem Fall der Mauer, gestellt, und mussten akzeptieren, dass sich im Rückblick die Themen, Zeiten und Motive häufig vermischten.

Indem in diesem Beitrag die Autorinnen und Autoren von *Das Wort an die Gemeinde* selbst zu Wort kommen, sollen sie und ihre Arbeit gewürdigt werden – wenngleich uns bewusst ist, dass hier nur ein kleiner Ausschnitt an originalen Autor:innen-Stimmen wiedergegeben wird. Sie stehen auch stellvertretend für die große Zahl derer, mit denen wir nicht sprechen konnten. Eine besondere Wertschätzung wird dabei den Frauen zuteil. Ihnen galt mein persönliches Interesse, denn ihre Rolle war eine ganz besondere: Zum einen waren sie in der absoluten Minderheit unter den Autoren, zum anderen standen sie als Nicht-Kleriker außerhalb des „Inner-Circles" von Priestern.[6] Sie eröffneten uns eine ganz eigene, authentische Sicht auf ihre Mitarbeit an *Das Wort an die Gemeinde*.

---

3 *E. Buhl,* aus einer E-Mail vom 19.08.2021. Später erfuhr ich im Gespräch, dass Erika Buhl die Bücher dem Pfarrer ihrer Gemeinde, Gotthard Richter (Bruder von Prof. em. Dr. Dr. Klemens Richter) geschenkt hatte; dieser wiederum schmuggelte sie in die Tschechoslowakei und ging damit ein großes Risiko ein.

4 „Was Sie hier machen, finde ich toll. Das ist auch Kirche von heute! Deshalb habe ich mich über Ihre Anfrage sehr gefreut und war zugleich sehr überrascht. Ich freue mich, dass das Thema DDR-Kirchengeschichte hervorgeholt wird." *E. Buhl* im Gespräch mit Marlen Bunzel am 27.08.2021

5 *J. Pilvousek*, Zehn Jahre danach. Reflexionen zur historischen Aufarbeitung der DDR-Kirchengeschichte, in: Anzeiger 10/2000, 455–459, 457f.

6 Ausführlicher dazu siehe Punkt 2.

2 Die bunte Palette der Autorinnen und Autoren

Die meisten Autorinnen und Autoren waren ehemalige Absolventen des Erfurter Philosophisch-Theologischen Studiums und somit in erster Linie studierte Theolog:innen, die im Osten Deutschlands beheimatet waren. Im Anschluss an ihre Erfurter Studienzeit war die Mehrheit der Autor:innen im kirchlichen Dienst tätig. Die Zahl der Autor:innen lässt sich nicht genau festlegen, da sich manche Namen nicht verifizieren lassen. Hinzu kommen zwei „Gruppenbeiträge" (von bis zu elf Autoren) sowie einige Beiträge von „Westautoren". Norbert Clemens Baumgart zählt insgesamt 182 verschiedene „DDR-Autor:innen".[7] Unter diesen 182 Autor:innen gab es insgesamt nur vier Frauen: Erika Buhl (*1941), Maria Geburek (*1935), Ursula Schwalke (*1940) und die bereits verstorbene Eva-Maria Schlosser (1932–2003).[8] Diese Frauen waren eine Besonderheit, denn sie zählten zu den ersten weiblichen Theologiestudentinnen in der DDR; ab 1962 durften erstmals Frauen in Erfurt ein Theologiestudium aufnehmen.[9] Mit drei der Autorinnen sprach ich persönlich, z.T. auch mehrfach.[10] Erika Buhl nahm sogar an der digitalen Tagung zu *Das Wort an die Gemeinde* im März 2022 teil. Hinzu kommen mehrere männliche Autoren, die wir persönlich erreichen konnten.

Einer unserer Gesprächspartner beschrieb den Autor:innenkreis so:

> „Eine klare Struktur der Autorenschaft ist nicht erkennbar, hier waltete wohl eher das Zufallsprinzip: Der kannte den, der wusste was, aus dem Gremium, dem Interessiertenkreis, der hat gut gepredigt. Eines aber war klar: Es sollten Leute aus dem Umkreis des Studiums Erfurt sein, in der Regel beheimatet oder integriert in eines der östlichen Rest-Bistümer."[11]

---

7 Siehe das Register im Anhang sowie den Beitrag von *N.C. Baumgart* in diesem Band.

8 Eva-Maria Schlosser war nach ihrem Theologiestudium Gemeindereferentin und später leitende Frauen- und Erwachsenenseelsorgerin auf dem Gebiet des heutigen Bistums Magdeburg. Willi Kraning schrieb uns in einer E-Mail über sie: „Sie war eine Frau, die mit ihrem Wissen und Können ein Reichtum in der Kirche war, aber immer wieder ins Abseits gestellt wurde, weil die Gleichstellung der Frau in der offiziellen Kirche ein Tabu-Thema war. In dieser Sicht ist Eva-Maria Schlosser 50 Jahre zu früh geboren."

9 Ausführlich dazu siehe *N.C. Baumgart* in diesem Band.

10 Alle drei Frauen (Buhl, Geburek und Schwalke) stehen bis heute in gutem Kontakt miteinander.

11 Anonym. Sämtliche Zitate aus den Gesprächen, die in diesem Beitrag verwendet werden, wurden von den Urheber:innen für die Veröffentlichung genehmigt.

Dieser Eindruck deckt sich mit den Erinnerungen von Willi Kraning und Franz Kamphaus[12], mit denen wir sprachen, sowie mit den Worten Karljosef Langes selbst, die er im Vorwort zum letzten Band, welches er mit „Nachwort zur ganzen Reihe“ überschrieben hatte, rückblickend formuliert:

> „Des Öfteren wurde gefragt, nach welchen Gesichtspunkten die Autoren ausgewählt worden seien. Nun, zum Auswählen hat es nie gereicht; bis zum Schluss war es schwierig, überhaupt eine ausreichende Anzahl von Mitarbeitern zu gewinnen. Damit erledigten sich auch Richtungsfragen wie von selbst; denn es konnte jeder, der dazu bereit und fähig war, zu Wort kommen, zumal gleich im ersten Band eine Einladung zur Mitarbeit an alle erging.“[13]

In den Gesprächen mit den weiblichen Autorinnen klang hingegen an, dass es sie mit gewissem Stolz erfüllte, gefragt worden zu sein und zu dem Autor:innenkreis dazugehören zu dürfen. Für die wenigen Frauen unter den Autor:innen war es eine besondere Ehre, einen Predigtentwurf verfassen zu dürfen, ohne selbst im Studium Homiletik-Unterricht erhalten zu haben, im Gegensatz zu ihren männlichen Kommilitonen, und ohne eine reale Aussicht darauf zu haben, selbst in die Rolle des Predigers schlüpfen zu können.

Was aber meint Lange mit: „Damit erledigten sich auch Richtungsfragen wie von selbst“? Politische Richtungsfragen, kirchenpolitische oder eine Mischung aus beidem? In der Erinnerung Erika Buhls wurden diese „Richtungsfragen“ nicht thematisiert – und erledigten sich damit tatsächlich „wie von selbst“:

---

[12] Der Limburger Altbischof Franz Kamphaus ist aufgrund des persönliches Kontakts zu Karljosef Lange Autor in *Das Wort an die Gemeinde* geworden und berichtete von weiteren Theologen aus der BRD, die über Umwege in Kontakt mit Lange standen und ebenfalls Predigthilfen verfassten. Offenkundig gehörten diese „Westkontakte“ aber zu den Themen, die nicht im allgemeinen Bewusstsein der Autorenschaft des Predigtreihenwerkes angekommen waren, sie finden in den Gesprächen kein weiteres Echo; vgl. dazu auch die Einleitung zu diesem Band.

[13] *K. Lange*, Vorwort. Ein Nachwort zur ganzen Reihe, in: ders. (Hg.), Das Wort an die Gemeinde, Lukasjahr I, Zweite Lesungen, Advent bis Pfingsten, Leipzig 1979, 7–11, 8.

„Wenn wir uns trafen, haben wir nie über Politik gesprochen, nur über Theologie und Exegese. Ich denke, wir haben alle gleich ‚getickt', aber wir haben nie darüber gesprochen."[14]

Aus diesen Worten spricht sicher die Erfahrung, sich mit einem diktatorischen System arrangiert zu haben, evtl. verbunden mit dem Wissen um das Vorkommen von Spitzeln in den eigenen Reihen. Doch haben wirklich alle „gleich getickt"? Obwohl wir nur mit einem Bruchteil der Autor:innen sprachen, ergab sich für uns ein spannungsreiches Bild hinsichtlich der jeweiligen (kirchen-)politischen Einstellung, die sich meist auf die unterschiedliche Herkunft und Prägung zurückführen ließ.

Sr. Ursula Schwalke[15] beispielsweise, aufgewachsen in der Gemeinde des späteren Berliner Bischofs Alfred Bengsch (1921–1979), folgte in kirchenpolitischer Hinsicht dessen Maxime und kann damit für einen großen Teil der (Berliner) Ost-Katholiken stehen: „Wir halten uns aus der Politik raus, damit die Kirche in ihrer Arbeit nicht gefährdet wird."[16] Oder, um es in dem bekannten „Bengsch-Bild" auszudrücken: „[A]uch Daniel habe in der Löwengrube die Löwen weder gestreichelt noch am Schwanz gezogen."[17] Der Einfluss Alfred Bengschs war enorm. Er war – als Bischof des geteilten Berlin und Vorsitzender der Berliner Ordinarienkonferenz bzw. seit 1976 der Berliner Bischofskonferenz – *die* Autorität der katholischen Kirche in der DDR, wenn auch nicht überall gleichermaßen

[14] *E. Buhl* im Interview mit Marlen Bunzel am 27.08.2021. Dies deckt sich mit der Einschätzung Sebastian Holzbrechers, der von der „weitgehend ‚schweigenden Distanz' zum SED-Staat" spricht, *S. Holzbrecher*, Katholikentage in der DDR? Zur Bedeutung einer katholischen Institution für den ostdeutschen Diasporakatholizismus, in: *C. Kösters / H. Maier / F. Kleinehagenbrock* (Hg.), Profil und Prägung. Historische Perspektiven auf 100 deutsche Katholikentage (Politik- und Kommunikationswissenschaftliche Veröffentlichungen der Görres-Gesellschaft 34), Paderborn 2017, 89–102, 89.

[15] Ursula Schwalke war seit 1961 Ordensfrau im Kloster Alexanderdorf, einer Benediktinerinnen-Abtei. 1968 ging sie zum Studium nach Erfurt; anschließend lebte sie wieder im Kloster Alexanderdorf, wo sie von 2000 bis 2013 Äbtissin war.

[16] *U. Schwalke* im Gespräch mit Marlen Bunzel am 30.08.2021.

[17] *A. Bengsch*, zit.n. *T. Grießbach*, Das Evangelium unverkürzt verkünden. Das integrale Homiletik- und Predigtverständnis bei Alfred Bengsch (Veröffentlichungen des Missionspriesterseminars St. Augustin 54), Nettetal 2002, 187. Vgl. auch *A. Wilke*, Der beste Grund für Optimismus, in: Tag des Herrn (11.12.2014), abrufbar unter: https://www.tag-des-herrn.de/content/der-beste-grund-fuer-optimismus (07.10.2022). In der kürzlich erschienenen Biografie über Alfred Bengsch wird diese „Bengsch-Haltung" differenziert reflektiert, vgl. *S. Samerski*, Alfred Bengsch – Bischof im geteilten Berlin, Freiburg i.Br. 2021. Darin wird auch deutlich, dass es Alfred Bengsch als Bischof im geteilten Berlin am schwersten hatte unter den Ost-Bischöfen und unter permanenter Beobachtung stand.

beliebt.[18] Auf ihn wird die Haltung der „politischen Abstinenz“ zurückgeführt, die auf den „gemeinde- und kleruszentrierten“ ostdeutschen Diasporakatholizismus insgesamt zugetroffen haben soll.[19] Doch drückt nicht das Bild von Daniel in der Löwengrube in erster Linie die Ohnmacht aus, in der sich Bengsch gefangen sah? Und zeugt es nicht auch von einem gewissen Mut? Denn wer mit den Löwen gemeint war, liegt auf der Hand.

Neben der Bengsch-Prägung kamen in unseren Gesprächen weitere Einflüsse zur Sprache: Willi Kraning war geprägt von den pastoralen Ansätzen Hugo Aufderbecks (1909 –1981). Maria Geburek, die nach ihrem Erfurter Theologiestudium Seelsorgehelferin[20] im Bistum Dresden/Meißen (in Leipzig) wurde, zehrte von dem geistig-geistlichen Austausch mit den in Leipzig lebenden Oratorianern. – Das so genannte Oratorium des Heiligen Philipp Neri wurde 1930 in der „Arbeiterpfarrei“ Liebfrauen Leipzig-Lindenau errichtet; erster Oratorianer-Pfarrer in Leipzig war Theo Gunkel. Ein zentrales Anliegen des Oratoriums war die Erneuerung der Liturgie, welche dann die Liturgiereform des Zweiten Vatikanischen Konzils mit prägte.[21] – Maria Geburek erinnert sich an die Predigten, die sie im Leipziger Oratorium hörte und die „immer sehr gut [waren]. Es ging den Predigern immer um ein Aktualisieren. Das war durchaus manchmal auch mutig politisch.“[22] Über die Jahre 1970 bis 1990 finden sich in einer Jubiläumsbroschüre, die 2020 anlässlich 90 Jahre Leipziger Oratorium erschien, folgende Sätze, die die Erinnerungen Maria Gebureks unterstreichen und außerdem erahnen lassen, dass es bereits bei gesprochenen Predigten riskant war, offen Kritik zu üben:

---

[18] Einer unserer Gesprächspartner formulierte es so: „Auch wenn man Bengsch nicht mochte, hatte man Respekt, weil klar war: Der Mann kann etwas. Das Schlusswort, das Bengsch am Ende des Patronatsfestes Albertus Magnus hielt, war immer genial.“ Zur Erläuterung: Jedes Jahr wird am 15. November an der Erfurter Katholisch-Theologischen Fakultät (ehemals Erfurter Philosophisch-Theologisches Studium) das Patronatsfest Albertus Magnus gefeiert, an dessen Festakt sämtliche Bischofe der ostdeutschen Bistümer teilnehmen.

[19] So *Holzbrecher*, Katholikentage, 89; siehe auch *S. Samerski*, zit.n. *M. Holluba*, Hüter der Einheit, abrufbar unter: https://www.erzbistumberlin.de/medien/pressestelle/aktuelle-pressemeldungen/pressemeldung/news-title/hueter-der-einheit-6525/ (10.10.2022).

[20] Die heutige Berufsbezeichnung lautet „Gemeindereferentin“.

[21] Vgl. dazu die von Klemens Richter (siehe bereits Anm. 3) betreute Dissertation zur Thematik: *A. Poschmann*, Das Leipziger Oratorium. Liturgie als Mitte einer lebendigen Gemeinde (EThSt 81), Würzburg 2001; https://www.oratorium.org/oratorium-in-deutschland/oratorium-leipzig/ (11.10.2022).

[22] *M. Geburek* im Gespräch mit Marlen Bunzel am 23.08.2021. Einmal durfte Maria Geburek sogar selbst eine Predigt im Oratorium halten, wie sie erzählte. Dies war für die damalige Zeit sehr außergewöhnlich.

> „Es war die Zeit einer zweiten deutschen Diktatur: Kleine Wahrheiten auszusprechen und dazu zu stehen, bedeutete schon Risiken und verlangte Mut ... Es ging immer um die Wahrheiten, die offiziell im DDR-Staat gern verschwiegen wurden oder nur teilweise zu hören waren. Hier waren oratorianische Predigten Dienst an der Wahrheit des Evangeliums, aber auch immer höchst aktuell und politisch. Es ging dabei auch um ein Wort gegen ... ein falsches Abfinden und Gewöhnung an Halbwahrheiten und Lügen. Das Oratorianische [sic!] Pfarrhaus war familiärer Treffpunkt, in dem man die Wahrheit hören und sagen wollte."[23]

Ähnlich erinnerte sich Erika Buhl, die nach ihrem Studium 26 Jahre lang in der Gemeinde Heilig Kreuz in Frankfurt/Oder hauptamtlich tätig war; auch dort gab es das Oratorium, von 1967 bis 1994, d.h. auf dem Territorium des Bistums Berlin, davon zwölf Jahre unter Alfred Bengsch (!): „Die Oratorianer haben sich auch was getraut. Manchmal grenzte es an ein Wunder, dass sie nicht verhaftet wurden."[24]

Neben den Gemeinden des Oratoriums, von denen zwei unserer Gesprächspartnerinnen nachhaltig geprägt waren, gab es ein weiteres bekanntes Beispiel, welches dem Stigma der politischen Abstinenz unter Ost-Katholiken widersprach. Willi Kraning erwähnte im Gespräch, dass Reinhold Seppelt dem „Aktionskreis Halle" (AKH) nahestand,[25] ebenso wie der laisierte Priester Theo Mechtenberg (*1928), ein Mitautor von *Das Wort an die Gemeinde.*[26] Claus Herold, Mitbegründer und leitendes Mitglied des AKH, war vor seiner Versetzung nach Halle/Saale 1968 (und somit kurz vor der Gründung des AKH) mit Alfred Bengsch in Konflikte geraten; Bengsch entband Herold daraufhin von seinen Aufgaben als

---

[23] Kath. Kirchenlehen St. Trinitatis Leipzig (Hg.), Seid gut – wenn ihr könnt (Phillip Neri). Oratorium Leipzig 2020. Erinnern und Hoffen, Leipzig 2020, 63–64. Die Broschüre ist nicht im Handel erhältlich; Maria Geburek schickte sie mir nach unserem Gespräch zu.

[24] *E. Buhl* (27.08.2021).

[25] Ausführlich zu Reinhold Seppelt vgl. den Beitrag von *M. Nitsche*, Predigtlektüren, in diesem Band.

[26] Vgl. dazu die Einschätzung eines anonym bleiben wollenden Gesprächspartners: „Wenn auch das ‚Bengsch-Problem' in dieser Zeit sehr dominant war, die Kirche verunsicherte und spaltete, bis in die theologischen Diskussionen hinein, wird doch in der Predigtreihe selbst diese Spaltung kaum sichtbar. Getreue Bengsch-Anhänger sind genauso vertreten wie krasse ‚Intimfeinde' (z.B. Mechtenberg)."

Leiter der Arbeitsgemeinschaft der Diözesanjugendseelsorger in der DDR.[27] Herold selbst war *nicht* Teil des Autor:innekreises von *Das Wort an die Gemeinde*. Während es das Oratorium auch in mehreren westdeutschen Gemeinden gab (und darüber hinaus) und außerdem lange vor der Zeit der DDR existierte, war der 1969 gegründete AKH ein Unikat in der Katholischen Kirche der DDR, dessen Zentrum in Halle/Saale lag; zugleich war es ein ökumenischer Kreis. Ursprünglich waren seine Anliegen kirchenpolitischer Art; seine Mitglieder waren vom Geist des Zweiten Vatikanischen Konzils motiviert.[28] Kirchenpolitisches und politisches Engagement gingen hier aber mehr und mehr ineinander über[29] – eine Beobachtung, die auch für die Oratorianer zutrifft.

In den Gesprächen, die wir führten, wurde deutlich, wie bunt und vielseitig die Palette der Autorinnen und Autoren war. Und ungeachtet dessen, dass sie nicht unbedingt in jeder Hinsicht „gleich getickt" haben, nahmen wir ein hohes Maß an gegenseitigem Respekt und Wertschätzung wahr. Viele unserer Gesprächspartner betonten das hohe theologische Niveau und die persönliche Integrität der Mitstreitenden, unabhängig von der jeweiligen kirchenpolitischen Einstellung. „Die Priester der DDR waren charakterstarke Persönlichkeiten"[30], so Georg Hentschel. Und ich möchte ergänzen: Die weiblichen Theologinnen, mit denen ich sprechen durfte, waren es auch!

---

[27] Vgl. dazu *C. Herold*, Als katholischer Seelsorger in der DDR. Landesbeauftragte für die Unterlagen des Staatssicherheitsdienstes der ehemaligen DDR Sachsen-Anhalt (Betroffene erinnern sich 9), Magdeburg 1998, 52–57, abrufbar unter: https://digital.bibliothek.uni-halle.de/pe/download/pdf/2468236?originalFilename=true (13.10.2022).

[28] Vgl. dazu *C. Herold*, Der Aktionskreis Halle. Geschichte, Strukturen und Aktionen einer katholischen Basisgruppe. Landesbeauftragte für die Unterlagen des Staatssicherheitsdienstes der ehemaligen DDR Sachsen-Anhalt (Sachbeiträge 9), Magdeburg 1999, 5.

[29] Vgl. zu den Zusammenhängen die Erfurter Dissertation von *S. Holzbrecher*, Der Aktionskreis Halle. Postkonziliare Konflikte im Katholizismus der DDR (EThSt 106), Würzburg 2014. Die Inhaltsangabe auf dem Buchumschlag lässt bereits erahnen, wie tragisch und verworren sich die Verbindung von Kirchen- und Staatsleitung angesichts von Protestlern in den eignen Reihen gestaltete: „Am Beispiel des Aktionskreises Halle kann nachvollzogen werden, wie die katholische Kirche mit interner Kritik an ihrem Kurs der ‚politischen Abstinenz' umging. Darüber hinaus wird deutlich, wie der SED-Staat versuchte, innerkirchliche Aufbrüche niederzuschlagen. Weil man den AKH als politischen Störfaktor identifiziert hatte, sollte er durch das Ministerium für Staatssicherheit liquidiert werden. Dass es dabei zu einer Zusammenarbeit von Staat und Kirche gegen den AKH gekommen ist, gehört zu den dunkelsten Kapiteln der ostdeutschen Kirchengeschichte."

[30] *G. Hentschel* im Gespräch mit Martin Nitsche und Marlen Bunzel am 01.12.2021.

3 Die Frage nach Sprachcodes – und das Hauptanliegen der Autor:innen

Wie schrieb sich eine homiletische Bibelauslegung unter den Gegebenheiten von staatlicher und – im Falle theologischer Veröffentlichungen – kirchlicher Zensur? Spielte die Frage der Zensur für unsere Autor:innen beim Schreiben eine Rolle? War es irgendwie möglich, die eigenen Botschaften zwischen den Zeilen zu verpacken und trotzdem verstanden zu werden? Gab es also sprachliche Codes, die beim Schreiben verwendet wurden?

Wir mussten feststellen, dass unsere Frage nach den „sprachlichen Codes" nicht zielführend war. Diese Frage wurde mehrheitlich prompt verneint: „Nein, es gab keine codierte Sprache bei uns!"[31] Viel wichtiger als das Reflektieren über eine evtl. verwendete codierte Sprache war unseren Gesprächspartnern die Betonung ihres Hauptanliegens. Sie waren alle angetrieben von dem Wunsch, die mit dem Konzil angestoßene Neuausrichtung der Exegese umzusetzen. Maria Geburek formulierte es im Gespräch so:

> „Es war die Zeit nach dem Zweiten Vatikanum, in der die formkritische Methode auch in der Katholischen Kirche nun ernst genommen wurde. Unser Anliegen war es, nach einer adäquaten Sprache bei der Verkündigung der biblischen Botschaft zu suchen. Wir wollten die biblische Botschaft sozusagen ‚dem Volk' zugänglich machen, was insbesondere in Mitteldeutschland eine große Herausforderung darstellte. Der wichtigste Teil war deshalb für uns der exegetische. Wir hatten alle Theologie studiert und waren davon begeistert, dass die Bibel nicht mehr wörtlich genommen werden musste. Wir wollten nach einer adäquaten Sprache suchen."[32]

Insbesondere in den Gesprächen mit den Autor*innen* wurde deutlich, dass sie geprägt, ja beflügelt waren von der Konzilstheologie: „Wir hatten so tolle Lehrer in Erfurt, frisch vom Konzil rein ins Coelicum!"[33] Ihr Ziel war es, den zukünftigen

---

31 *M. Geburek* (23.08.2021). Ähnlich auch *G. Hentschel* (01.12.2021).

32 *M. Geburek* (23.08.2021). Maria Geburek hat nach ihrem Studium noch mehrere Jahre ein Sonderstudium „Altes und Neues Testament im Blick auf die Pastoral" absolviert und war unter anderem als Dozentin im Kindergärtnerinnenseminar in Erfurt, später dann für die Fortbildung der Gemeindereferentinnen im Bistum Dresden/Meißen tätig.

33 *E. Buhl* (27.08.2021). Zur Erklärung: Das Coelicum ist der große Vorlesungsraum im damaligen Erfurter „Philosophisch-Theologischen Studium", der heutigen Katholisch-Theologischen Fakultät der Universität Erfurt.

Predigern mit ihren Predigtvorlagen eine gute Exegese auf dem Stand der damaligen aktuellen Wissenschaft zu bieten. Gleichzeitig war ihnen bereits beim Schreiben klar, dass diese schriftlichen Predigten anders funktionierten als die mündliche Verkündigung, besonders mit Blick auf politische oder gesellschaftliche Fragen. Die berühmte „Schere im Kopf“[34], d.h. die so genannte Selbstzensur als erste Zensurstufe war allgegenwärtig: „Man war vorsichtig, damit nicht das ganze Werk gefährdet wurde. Das war in uns drin, da mussten wir nicht drüber nachdenken.“[35] Und eine andere Autorin sagte: „Es war klar, dass man sich aus der Politik raushält, weil alles mitgelesen wurde.“[36] Oder:

> „Das Buch wäre nicht herausgekommen, wenn politische Kritik drin gewesen wäre. … Wir haben uns von Anfang an daran gehalten, damit man nichts findet, was man uns hätte vorwerfen können. Das war einfach nicht möglich in dieser Zeit.“[37]

Somit stammen die Predigthilfen zwar alle

> „aus dem Geist der DDR. Es blieb eine isolierte Theologie (dies war das Problem der katholischen Kirche in der DDR: Sie war nach außen sehr abgeschlossen; es gab nur Einzelkontakte in den Westen, z.B. mal zu Ratzinger, mal zu Metz).“[38]

Ansonsten sind die Predigttexte so uneinheitlich, wie ihre verschiedenen Autor:innen auch. Während sich bei einigen Predigthilfen der zeitliche Kontext beinahe nur mithilfe der Verweise auf Sekundärliteratur erschließen lässt, gibt es

---

[34] Vgl. dazu auch *N.C. Baumgart* in diesem Band.

[35] *E. Buhl* (27.08.2021).

[36] *U. Schwalke* (30.08.2021). In einem späteren Gespräch erinnerte sich Schwester Ursula an das „Theologische Bulletin“, das mit Risiko im Untergrund „nur für den innerkirchlichen Gebrauch“ gedruckt wurde, wodurch zumindest die staatliche Zensur umgangen wurde, vgl. dazu *T. Brose*, Lesehunger nach allem, was von der Linie abwich. Katholiken im „Leseland“ DDR, in: Tag des Herrn (48/2009), abrufbar unter: https://archiv.tag-des-herrn.de/archiv_2008_bis_2011/tdh_artikel_13406.php#gsc.tab=0 (26.10.2022).

[37] *M. Geburek* (23.08.2021).

[38] *Anonym.*

auch solche, die nur haarscharf dem „Rauswurf" entkommen sind.[39] Da jedoch die biblischen Texte selbst oft voll sind von Kritik an der politischen und gesellschaftlichen Ordnung, lassen sich in den Predigthilfen von *Das Wort an die Gemeinde* zahlreichen Formulierungen finden, die schillern, ja doppeldeutig sind, sich aber aufgrund ihres engen Zusammenhangs mit dem biblischen Text nicht zensieren ließen.[40] Ein Autor bestätigte: „Kritik wurde durch entsprechende Auslegungen und Hinweise auf die biblischen Texte geübt."[41]

Uns heutigen Rezipient:innen fällt es regelrecht schwer, diese „entsprechenden Auslegungen" nicht in einen Zusammenhang mit kritischen Anspielungen auf das System der DDR zu bringen. Inwiefern dies den einzelnen Autor:innen auch selbst bewusst war, lässt sich nicht mehr im Detail nachvollziehen. In einer Predigthilfe zu Jer 38,4–6.8–10, die Erika Buhl zusammen mit ihrem damaligen Kollegen Pfarrer Werner Muschick (1931–2017)[42], Oratorianer-Priester in Frankfurt/Oder, schrieb,[43] heißt es beispielsweise in der „Meditation":

> „Wir sind oftmals gezwungen, Entscheidungen zu treffen, denen wir nicht entrinnen können. Wir befinden uns in Situationen, in denen der Versuch, sich herauszuhalten, schon Entscheidung ist. Wir haben das Erlebnis der Ausweglosigkeit."[44]

---

[39] So möglicherweise der Predigtabschluss zu Gen 18,20–32, wobei es sich hier um einen zitierten Abschnitt aus „Die Botschaft von dem mitgehenden Gott" (1970) des evangelischen Berliner Theologen Günter Jacob handelt: "Die Kirche Jesu Christi darf nicht in einer Koalition mit anderen Mächten eine Front gegen die Gottlosen aufrichten. Die Kirche Jesu Christi muß – wie Abraham – auf sich gestellt, frei von allen politischen Bedingungen und jenseits aller ideologischen Fronten, ihren eigentlichen Dienst als einen Dienst der Fürbitte für die Gottlosen tun ...", *G. Jacob*, 17. Sonntag im Jahreskreis, Gen 18,20–32, in: *K. Lange* (Hg.), Das Wort an die Gemeinde. Predigthilfen zu den Perikopen der neuen Leseordnung, Lukasjahr II, Erste Lesungen, Pfingsten bis Ende des Kirchenjahres, Leipzig 1973, 127–130, 130.

[40] Vgl. dazu die Beiträge von *C. Aßmann* und *M. Nitsche* in diesem Band.

[41] *Anonym.*

[42] Im Nachruf auf Werner Muschick schreibt Dr. Heiner Koch, Erzbischof von Berlin: „Pfr. Muschick war ein hoch begabter (sic!), biblisch versierter, pastoraler, aber auch eigenständig denkender Priester." *H. Koch*, Nachruf (14.09.2017), abrufbar unter: https://www.erzbistum-berlin.de/fileadmin/user_mount/PDF-Dateien/Seelsorge/Trauer/Nachruf_Pfr._i.R._Werner_Muschik.pdf (12.10.2022).

[43] Ein Blick in das Autor:innen-Register zeigt, dass zwar pro Band jeweils eine Frau vorkam, dass ihr jedoch bei fast jedem Text ein Priester „zur Seite gestellt" wurde, ohne dass die Frauen das immer auch wussten. Erika Buhl äußerte im Telefonat am 03.03.2022 die Vermutung, dass eine „reine Frauenpredigt" nicht durch das kirchliche Imprimatur gekommen wäre.

[44] *E. Buhl / W. Muschick*, 20. Sonntag im Jahreskreis, Jer 38,4–6.8–10, in: *K. Lange* (Hg.), Das Wort an die Gemeinde. Predigthilfen zu den Perikopen der neuen Leseordnung, Lukasjahr II, Erste Lesungen, Pfingsten bis Ende des Kirchenjahres, Leipzig 1973, 152–161, 156.

Was bedeutet es, als Christ:in solche Sätze in den 70ern der DDR zu schreiben? Ist die Formulierung der „Ausweglosigkeit“ unterbewusst mit hineingekommen, weil diese allgegenwärtig war oder ist sie eine bewusste Anspielung auf die Situation gewesen, in der man/frau sich befand? Etwas später resümieren Muschick und Buhl zur Perikope: „Zidkija ist der Typ dessen, der sich ‚herauszuhalten‘ versucht. Aber ist das … überhaupt möglich?“[45]

Formulierungen wie diese lassen (uns heutige Leser:innen, in der Rückschau auf die Zeit der DDR) aufhorchen. So auch der Schluss einer Predigthilfe von Maria Geburek zu Mt 13,44–53: „Warum geht es den Bösen gut? … Für die Gegenwart gilt, Geduld zu haben“[46]. Die gesamte Auslegung Maria Gebureks zu Mt 13,44–53, dem Doppelgleichnis vom „Schatz im Acker“ und der „kostbaren Perle“, liest sich wie ein kleines Kunstwerk. Analog zur Rede Jesu in Metaphern flechtet sie zahlreiche Sprachbilder in ihre Auslegung ein, meist elegant in Form von Zitaten, z.B. von Blaise Pascal, Heinz Kahlau, Thomas Natschinski & Hartmut König, Berthold Brecht, Dag Hammarskjöld u.a. Das „Festhalten an Literatur“, von dem Maria Geburek sprach,[47] wird in ihren Predigthilfen greifbar. Handelt es sich hier nicht um eine Form „codierter Sprache“, nach der ich gefragt hatte? In Bildern, mithilfe von Zitaten Dinge anzudeuten, die nicht offen gesagt werden konnten?:

> „Da ist ein Weg, den du trottest. Mit nassen Füßen, mit Liebeskummer, mit Existenzangst, mit Kopfschmerzen. Nichts siehst du.
> Sie sieht dich kommen und duckt sich. Gähnt, reckt sich und lauert. Schon bist du vorüber, da springt sie und sitzt dir schon wieder im Nacken: die Hoffnung.“[48]

---

[45] *M. Geburek*, 17. Sonntag im Jahreskreis, Mt 13,44–52, in: *K. Lange* (Hg.), Das Wort an die Gemeinde. Predigthilfen zu den Perikopen der neuen Leseordnung, Mattäusjahr II, Evangelien, Pfingsten bis Ende des Kirchenjahres, Leipzig 1972, 153–167, 167.

[46] *E. Buhl / W. Muschick*, 20. Sonntag im Jahreskreis, Jer 38,4–6.8–10, in: *K. Lange* (Hg.), Das Wort an die Gemeinde. Predigthilfen zu den Perikopen der neuen Leseordnung, Lukasjahr II, Erste Lesungen, Pfingsten bis Ende des Kirchenjahres, Leipzig 1973, 152–161, 156.

[47] „Für eine ‚codierte Sprache‘ waren wir nicht clever genug, das war auch nicht unser Anliegen. Wir haben uns viel an Literatur festgehalten“, *M. Geburek* (23.08.2021). Sie dazu auch *F. Rauh*, S. 173 in diesem Band.

[48] *H. Kahlau*, zit.n. *M. Geburek*, Mt 13,44–52, 159.

Doch ob das, was für uns heute „eindeutig doppeldeutig" klingt, damals auch so gemeint war, ließ sich in den Gesprächen nicht eindeutig klären. Für die Zeit der frühen 1970er Jahre, in der die Texte von *Das Wort an die Gemeinde* entstanden, gilt: Die Wende war nicht in Sicht; man hatte sich mit der Situation arrangiert.

Im Gespräch mit Norbert Clemens Baumgart[49] ging der Blick über die Entstehungszeit der Predigtreihe hinaus und in die 1980er hinein.[50] Baumgart erinnerte sich bei der Frage nach einer spezifischen Schriftrezeption in der DDR und nach Besonderheiten einer Glaubenskommunikation unter staatlicher Beobachtung an biblische Zitate und Motive, die ohne jede Auslegung in ihrem – auch politischen – Gegenwartsbezug hervortraten. Er wies dabei auf seine Erfahrungen in der Jugendseelsorge hin. Beliebte biblische Texte spiegelten die großen Fragen der jungen Menschen wider. Besonders in den späten 1980er Jahren war die Frage nach der persönlichen Zukunft in der DDR virulent. „Bleiben oder Abhauen?" konnte als Überschrift einer Bibelarbeit zum Buch Jona stehen, durchaus sachgemäß und völlig von der Story her gedeckt, und doch transparent auf die politische Situation hin: Jona lief weg. Zumindest wollte er fliehen. Schließlich erfüllte er aber doch seinen Auftrag. So wurde das Buch Jona zu einem Resonanzraum für aktuell drängende Fragen. Als ein weiteres Beispiel nannte Baumgart die Arche Noah, die in der DDR oft als Bild für die Kirche gesehen wurde: In unruhigen Gewässern, in einer feindlichen Umgebung, bietet die Arche einen begrenzten, sicheren Lebensraum. Eine solche Exegese, so Baumgart, sei allein aus dem Text heraus nicht verständlich. Vielmehr findet die konkrete Situation der kleinen Diaspora-Gemeinschaften im biblischen Text wieder einen Resonanzraum. Diese Äußerungen galten, wie bereits erwähnt, für die späten 1980er Jahre. Wäre *Das Wort an die Gemeinde* zehn Jahre später entstanden, so wären mit Sicherheit andere Texte geschrieben worden.

4 Zensurerfahrungen, Selbstkritik und Anfeindungen aus den eigenen Reihen

Zu den konkreten Zensurvorgängen konnten die wenigsten unserer Gesprächspartner Genaueres sagen. Ob dies daran lag, dass das Durchführen einer staatli-

[49] Norbert Clemens Baumgart hat wesentliche Impulse zum Projekt gegeben. Er wurde entsprechend nicht als Autor (der er nicht war), sondern als Rezipient der Reihe *sowie* als Bibelwissenschaftler mit DDR-Hintergrund befragt und um seine Einschätzungen gebeten.

[50] Martin Nitsche im Gespräch mit Norbert Clemens Baumgart im Januar 2020.

chen Bücherzensur nur als Gerücht umherging,[51] oder an dem großen zeitlichen Abstand, der zwischen dem Verfassen der Texte und den kürzlich geführten Gesprächen liegt, lässt sich nicht eindeutig sagen. Staatliche und kirchliche Zensur kamen beim Verlag zusammen, wo dann die Zensur-Hinweise mit Karljosef Lange als Herausgeber besprochen wurden. Doch an Zensur-Rückmeldungen zu ihren Texten konnte sich kaum einer erinnern. Was wurde an Lange kommuniziert? In wieviel wurde er „eingeweiht“?[52] Trotzdem bestand Einigkeit darin, dass der Kontakt mit Lange immer als offen und vertrauensvoll empfunden wurde: „Die Atmosphäre war untereinander sehr gut und freundschaftlich. Über Fragen der Zensur wurde nicht wirklich gesprochen, es war einfach allen klar.“[53] So erfuhr der ehemalige Dessauer Propst Gerhard Nachtwei beispielsweise nicht, dass eine seiner Predigthilfen gänzlich gestrichen wurde. Im entsprechenden Dienstreisebericht aus Karljosef Langes Unterlagen wird die Einschätzung der staatlichen Zensur folgendermaßen wiedergegeben:

> „Dieser Beitrag wird als ganzer abgelehnt. Er [Nachtwei, MB] beruft sich auf hier unbeliebte Autoren, z.B. Kafka, Nietzsche, Sartre … Er hat eine nihilistische Tendenz, ist der Relativitätstheorie verhaftet …, legt Brecht falsch aus“[54].

Im Gespräch mit Erika Buhl kam eine weitere „Zensurform“ zur Sprache. Auf die Frage, ob sie Erfahrungen mit Zensur gemacht habe, antwortete sie:

> „Ja, aber nur ‚andersrum‘: Ich habe in meiner Predigt zum Petrusbekenntnis (Mt 16,13–20) ein Zitat aus einem Lied vom Oktoberklub verwendet. Das war eine Singebewegung in der DDR, die sehr propagandistisch war. Da hat Kajo Lange richtig Ärger von anderen Pfarrern bekommen. Sie fanden es schlimm und unverständlich, wie man sowas

---

51 So *N.C. Baumgart* in diesem Band. Deutlich wurde uns im Austausch mit Baumgart, dass die DDR-Geschichte innerhalb der einzelnen Jahrzehnte zu ganz unterschiedlichen Perspektiven geführt hat und dass auch die 40-jährige DDR-Geschichte einer differenzierten Betrachtungsweis bedarf.

52 Vgl. dazu ausführlich den Beitrag von J. *Seiler*.

53 *E. Buhl* (03.03.2022). Diese Aussage spricht gegen die Annahme, dass die staatliche Zensur nur als Gerücht umherging. Hier ist anzumerken, dass in den Gesprächen verschiedene Perspektiven auf die staatliche Zensur zur Sprache kamen, die wir im Nachhinein nicht mehr in Einklang bringen können.

54 PAD 711, Sektion 6, Folie 6, 3. Zu der Akte PAD 711 vgl. die Einleitung in diesen Band.

Kommunistisches in eine Predigt schreiben kann. Aber ich fand das Zitat einfach passend."[55]

So ging es mir selbst auch, als ich die Auslegung von Erika Buhl und das Liedzitat am Anfang ihrer „Gedanken zur Predigt" las.[56] Buhl zitiert darin den Refrain sowie die überaus doppeldeutige, ja beinahe „biblische" dritte Strophe des Liedes „Sag mir, wo du stehst"[57]:

> *Sag mir, wo du stehst / Sag mir, wo du stehst / Sag mir, wo du stehst /*
> *Und welchen Weg du gehst*
>
> *Wir haben ein Recht darauf, dich zu erkennen / Auch nickende Masken nützen uns nichts /*
> *Ich will beim richtigen Namen dich nennen / Und darum zeig mir dein wahres Gesicht*
>
> *Sag mir, wo du stehst ...*

Die innere Unabhängigkeit Erika Buhls imponierte mir. Das aber, was an ihrem Beispiel zugleich deutlich wurde, war der regelrecht strenge Umgang untereinander. In vielen Predigthilfen findet sich eine binnenkirchliche Perspektive; der Blick ist mehr nach innen gerichtet als auf die Gesellschaft als Ganze. Der Grundtenor ist: Wir müssen uns bessern, wir sind noch nicht fromm genug, wir sind nicht ehrlich genug. Versuchen wir zuerst, den Stachel im eigenen Auge zu sehen, bevor wir den Stachel bei „den anderen" (außerhalb der Kirche) beklagen. Es schien die einzig realistische Möglichkeit gewesen zu sein, Frust loszuwerden.

---

[55] *E. Buhl* (27.08.2021). Die Band „Oktoberklub" hieß zunächst Hootenanny-Klub; da dieser Name zu „amerikanisch" war, wurde er im Jahr 1967 wurde er in „Oktoberklub" geändert. Die Singebewegung war spätestens von da an durch und durch „rot", vgl. dazu *J. Brauer*, Zeitgefühle – Wie die DDR ihre Zukunft besang. Eine Emotionsgeschichte, Bielefeld 2020, 275.

[56] Vgl. *E. Buhl*, 21. Sonntag im Jahreskreis, Mt 16,13–20, in: *K. Lange* (Hg.), Das Wort an die Gemeinde. Predigthilfen zu den Perikopen der neuen Leseordnung, Mattäusjahr II, Evangelien, Pfingsten bis Ende des Kirchenjahres, Leipzig 1972, 200–210, 209.

[57] Dass das Zitieren dieses Liedes Unmut auf Seiten der Kirche hervorrief, mag auch daran gelegen haben, dass es nicht irgendein Lied war, sondern „zum Symbol und zum Wiedererkennungslied der späteren FDJ-Singebewegung [wurde] ... Es nahm den Ton der Lieder der Singebewegung vorweg und bestimmte ihn maßgeblich mit", so *Brauer*, Zeitgefühle, 286.

Hier nur ein Beispiel von unzähligen anderen, entnommen eines Textes von Joseph Reindl (1931–1986)[58] zu Jos 24:

> „Ist die Unruhe in der Kirche vielleicht ein Zeichen dafür, daß wir in einer sich rapide ändernden Welt allzu lange in ausgetretenen Gleisen getrottet sind? Dann sollten wir nicht verdrossen nach unserer Ruhe verlangen, sondern danach, inmitten der Unruhe die rechte Entscheidung zu treffen. Möglich, daß wir uns ärgern; aber vielleicht brauchten wir den Ärger, um zur Entscheidung zu kommen."[59]

In der bereits oben zitierten „Meditation" zu Jer 38 von Erika Buhl und Werner Muschick kommt noch ein weiterer Punkt ins Spiel, auf den wir auch in den Gesprächen vereinzelt hingewiesen wurden: die Anfeindungen in den eigenen Reihen.

> „Das Beispiel Jerusalems macht uns Christen auf die bittere Tatsache aufmerksam, daß Verführung nicht bloß von außerhalb der Kirche zu erwarten ist, sondern von innerhalb, aus den Reihen des Gottesvolkes selbst."[60]

Der selbstkritische Blick auf die eigene Gemeinde und die Angst vor „Verführung" innerhalb der Kirche (evtl. im Sinne von Angst vor „inoffiziellen Mitarbeitern" der Staatssicherheit) gehen in den Texten mitunter ineinander über. Beim Lesen der Predigttexte lässt sich nahezu plastisch nachvollziehen, dass die innerkirchliche Situation alles andere als leicht war. Im Nachgang zu einem Gespräch nahm sich einer der Autoren nochmals die Bücher *Das Wort an die Gemeinde* zu Hand. Das Lesen des Vorwortes von Norbert Lohfink mit dem Titel „Von der Last der Propheten"[61] rief in ihm bittere Erinnerungen hervor:

---

[58] Joseph Reindl war von 1974 bis zu seinem Tod im Jahr 1986 Professor für Altes Testament am Erfurter Philosophisch-Theologischen Studium. Erika Buhl erinnert sich bis heute gern an den Hebräisch-Kurs zurück, den sie bei Reindl besuchte.

[59] *J. Reindl*, 21. Sonntag im Jahreskreis, Jos 24,1.2a.15–18, in: *K. Lange* (Hg.), Das Wort an die Gemeinde. Predigthilfen zu den Perikopen der neuen Leseordnung, Markusjahr II, Erste Lesungen, Pfingsten bis Ende des Kirchenjahres, Leipzig 1976, 184–196, 195.

[60] *Buhl / Muschick*, Jer 38,4–6.8–10, 158.

[61] *N. Lohfink*, Vorwort. Von der Last der Propheten, in: *K. Lange* (Hg.), Das Wort an die Gemeinde. Predigthilfen zu den Perikopen der neuen Leseordnung, Lukasjahr I, Erste Lesungen, Leipzig 1976, 7–16. Vgl. dazu der Beitrag von *M. Nitsche*, Predigtlektüren, in diesem Band.

„In dem Propheten damals, der zwischen mächtigem Königtum auf der einen, und korrumpierter amtlicher Priesterschaft auf der anderen Seite aufgerieben wird, sieht er offensichtlich den Urtyp auch des ‚christlichen' Propheten: Vom atheistischen Staat angegriffen und bedrängt, wird er von der Amtskirche nicht etwa verteidigt und geschützt, sondern allein gelassen oder gar angegriffen, bespitzelt, eben daran gehindert, das Wort Gottes zu verkünden. und zugleich von innen, von der ‚eigenen' Priesterschaft... Wer die Zeit in der DDR und unter Bengsch kennt, weiß welche ‚prophetischen' Kreise gemeint sind – der AKH, die KSG[62] u.a. – und wie das beamtete Priestertum gegen den ‚prophetischen' Geist intrigierte."[63]

5 Hintergründig mitgelaufen

Viele Themen liefen als „Subthemen" in den 70er Jahren der DDR in Kirchenkreisen immer mit, auf die wir in den Gesprächen aufmerksam gemacht wurden. Neben dem Thema der Ökumene[64] sowie der Problematik des Weltfriedens mitten in Zeiten des „Kalten Krieges"[65] war ein weiteres Dauerthema die Frage von „Glaube und Wissenschaft". Nachdem im Jahr 1957 mit Sputnik 1 die sowjetische Raumfahrt begann, beschäftigte die Frage nach dem Verhältnis von Glaube und Wissenschaft sämtliche Gruppen und Kreise. Die für Christen diskriminierende Konsequenz lautete: Wer an Gott glaubt, ist dumm – schließlich war Gagarin im Weltall und hat Gott dort nicht gefunden; somit kann, wer intelligent ist, gar nicht an Gott glauben.[66] Die Predigthilfe von Claus-Peter März (1947–2021)[67] zu Spr 8,22–31 liest sich vor diesem Hintergrund ganz neu:

---

62 KSG steht für Katholische Studentengemeinde (Anm. MB).

63 *Anonym.*

64 *M. Geburek* (23.08.2021): Das Thema der Ökumene „war in Mitteldeutschland einfach ein Thema, was ganz selbstverständlich dazugehört hat, da wir hier zusammen in der Minderheit waren und zusammenhalten wollten/mussten, Bultmann hat uns fasziniert."

65 Für Georg Hentschel war der (Welt-)Friede eines der zentralsten Themen.

66 Vgl. das 1958 erschienene Buch „Sputnik & der liebe Gott" von Rudolf Rochhausen.

67 Claus-Peter März war ab 1989 Professor für Neues Testament zunächst am Erfurter Philosophisch-Theologischen Studium, ab 2003 bis zu seiner Emeritierung 2012 an der heutigen Katholisch-Theologischen Fakultät in Erfurt.

„Wir erleben das, was der biblische Bericht ...grundsätzlich deutlich machen will buchstäblich jeden Tag in der Praxis: Die Welt wird durchschaubar, sie verliert ihren numinosen Glanz, sie ist Welt – nichts als Welt. ... Wenn die Welt auch nichts als Welt, nichts als Schöpfung ist, so ist sie doch ‚umspielt' von einem Geheimnis; sie hat eine Dimension, die man nicht aufrechnen und in Tabellen vermerken kann, eine Dimension, die den Menschen anredet, wenn er es versteht, ihre Sprache zu hören. ... Es bleibt das Erahnen eines großen Geheimnisses, das diese Welt trägt und durch sie spricht."[68]

Wenig später zitiert März den deutsch-baltischen Schriftsteller Werner Bergengruen und nimmt auf diese Weise Bezug zu aktuellen Debatten, ohne sich selbst mit eigenen Worten positionieren zu müssen:

„Zertrümmrer der Atome. Überspringer des Raums,
zertrümmre, überspringe auch das letzte Graun in dir.
Im Wagnis glühend laß hinter dir verwitterndes Gehäus.
Du bist zur höchsten Freiheit königlich berufen.
Raumschiffe rüste du zum Start und in den Ozean der Stratosphäre
grabe kühn deine Furchen ein.

Rühmen will ich Raketen und Projektile, Protonen und Elektronen,
rühmen Uran und rühmen die Energie,
der die Hand des Menschen zu seinem Dienste die Freiheit zurückgab"[69].

Der Magdeburger Priester Willi Kraning konnte mit der Frage nach einer besonderen, zeitbedingten Relevanz einzelner biblischer Texte mit Blick auf die Predigthilfen nicht viel anfangen. Für die katechetische Arbeit und die Erwachsenenbildung nannte er aber doch einige Texte, die in dieser Zeit, in der es scheinbar keine Aussicht auf eine grundlegende Besserung der Situation gab, zu „Mutmachgeschichten" wurden: die Gleichnisse von der wachsenden Saat (Mk 4,26–

[68] *C.-P. März*, Dreifaltigkeitssonntag, Spr 8,22–31, in: *K. Lange* (Hg.), Das Wort an die Gemeinde. Predigthilfen zu den Perikopen der neuen Leseordnung, Lukasjahr II, Erste Lesungen, Pfingsten bis Ende des Kirchenjahres, Leipzig 1973, 24–35, 28–29. Vgl. auch ähnliche Anspielungen in der darauffolgenden Predigthilfe von *K. Lange*, Fronleichnam, Gen 14,18–20, in: *ders.* (Hg.), Das Wort an die Gemeinde. Predigthilfen zu den Perikopen der neuen Leseordnung, Lukasjahr II, Erste Lesungen, Pfingsten bis Ende des Kirchenjahres, Leipzig 1973, 36–46, 45.

[69] *W. Bergengruen*, zit.n. *C.-P. März*, Spr 8,22–31, 29.

29), vom Salz der Erde (Mt 5,13) und vom Sauerteig (Mt 13,33 | |Lk 13,20–21) sowie die Erzählung vom Sturm auf dem See (Mt 8,23–27 || Mk 4,35–41 || Lk 8,22–25). Zu letztgenanntem Beispiel führte Kraning aus: Auch wenn es mit Blick auf den Zustand der Kirche scheint, als sei der Herr von Bord gegangen, so können wir doch gewiss sein, dass er nur schläft. Und mit Blick auf die vorangegangenen Gleichnisse erläuterte er: Es braucht weder viel noch viele, damit das Ganze lebendig werden kann. Im Gespräch kamen wir zu der Einschätzung, dass diese Texte in den 1970'er und 1980'er Jahren in eine besondere Situation hinein sprachen – und nach wie vor aktuelle Deuteangebote sowohl an den Einzelnen als auch an die Kirche insgesamt darstellen.

Für Gerhard Nachtwei wiederum war das Thema „Jugend ohne Gott“[70] ein ganz zentrales. Zusammen mit seinem evangelischen Kollegen Oskar Brüsewitz (Pfarrer in Zeitz, während Nachtwei Vikar in Zeitz war) trieb ihn die Sorge um die Kinder und Jugendlichen der DDR um, denen der Zugang zu Religion verwehrt wurde. Für Nachtwei stand außer Frage, dass in jedem Menschen die Beziehung zu seinem Schöpfer angelegt ist und dass daher Menschwerdung nur möglich ist, wenn Religion und Glaube vorkommen dürfen. Brüsewitz zerbrach an der atheistischen DDR-Situation. Er verbrannte sich im Jahr 1976. Im Gespräch mit Gerhard Nachtwei war dieses tragische Ereignis das beherrschende Thema. Für ihn war Brüsewitz „wie ein Prophet … Brüsewitz hat sich nicht für einen Helden gehalten. Er wollte daran erinnern, dass alle Kinder und Jugendliche das Recht auf Religion und Glauben haben.“[71]

Die Gespräche über die stets mitgelaufenen Subthemen und biographischen Hintergründe führten zwar manches Mal vom Thema weg, doch waren und sind sie für uns hilfreiche Zusatzinformationen, die dem besseren Verstehen der Texte aus ihrer Zeit heraus dienen.

6 Fazit und Dank

Für den persönlichen Austausch mit den Autor:innen sind wir sehr dankbar. Wir wurden auf eigene „blinde Flecken“ aufmerksam gemacht. Wir lernten, unsere Fragen neu zu stellen und verstanden, dass unsere Fragen aus dem Heute heraus nicht die Fragen waren, die die Autor:innen damals beschäftigten – und dass das

---

[70] So der Titel des 1937 erschienenen Buches von Ödön von Horváth.

[71] *G. Nachtwei* im Gespräch mit Marlen Bunzel am 22.09.2021.

Einfühlen in eine vergangene Zeit immer auch subjektiv bleibt (jede:r tut das auf seine Weise, mit anderen Vorzeichen und von anderen Ausgangspunkten her). Wir bekamen ein besseres Gespür sowohl für die „Zwischenräume" zwischen Rezipient:in und Text, als auch für die weißen Leerstellen zwischen den Zeilen, für das viele Ungesagte, Wegzensierte, Angedeutete.

Während die wenigen Frauen, die sich hier mit Namen nennen lassen, nicht viel über die Hintergründe zu *Das Wort an die Gemeinde* zu berichten wussten, war ihr Blick, so schien mir, umso freier und unverstellter, so als seien sie im Gegensatz zu einigen Klerikern frei von jeglicher Befangenheit geblieben. Dass sich dies als ein Unterschied zwischen „den Frauen" und „den Männern" von *Das Wort an die Gemeinde* verallgemeinern lässt, soll damit nicht behauptet werden.

Die Predigtreihe *Das Wort an die Gemeinde* entstand in der Folge des Zweiten Vatikanischen Konzils mit dem Ziel, die dort beschlossene neue Leseordnung im Kontext der DDR-Diaspora auszulegen. Sie reiht sich damit ein in die vielen Aktivitäten und Tätigkeiten, die davon angetrieben waren, den „Geist des Konzils" weiterzugeben – unter den Bedingungen der DDR.

Ein Fazit, dass mehrere Autor:innen selbst zogen, ausgelöst durch unseren Austausch sowie das erneute Lesen der eigenen Texte, enthielt den Unterton des Bedauerns: Nach der Wende habe sich viel verändert; das theologische Schaffen und Wirken „im Osten" sei ein wenig in Vergessenheit geraten. Sinngemäß sagte Sr. Ursula: *Die Zeit ist einfach darüber hinweggegangen.*[72] Von dieser Warte her lässt sich gut nachvollziehen, dass wir mit unseren Gesprächsanfragen auf dankbare Resonanz stießen.

Wir bedanken uns herzlich bei Maria Geburek, Erika Buhl, Ursula Schwalke, Bertram Pittner, Willi Kraning, Gerhard Nachtwei, Georg Hentschel, Franz Georg Friemel, Joachim Wanke und bei allen, die nicht mit Namen erwähnt werden möchten. Sie alle haben uns nicht nur mit wichtigen Informationen, sondern vor allem mit beeindruckenden Lebens- und Glaubenszeugnissen beschenkt.

---

[72] *U. Schwalke* im Gespräch mit Marlen Bunzel am 25.10.2022.

7 Die Interviewfragen

1. Ist Ihnen etwas über die Entstehung dieser Predigtreihe bekannt?
2. Können Sie etwas über die Rezeption und Wirkung der Predigtreihe „Das Wort an die Gemeinde“ sagen?
3. Gab es, wenn Sie zurückblicken, gängige „sprachliche Codes“ oder geprägte Wendungen, die einerseits dem Adressatenkreis geläufig waren, andererseits für eine mögliche staatliche Zensur unangreifbar waren?
4. Haben Sie Kenntnis von Zensur dieser Predigten oder ähnlicher Veröffentlichungen, ggf. auch eigene Erfahrungen?
5. Wie würden Sie rückblickend die Predigtkultur in der DDR aus Ihren persönlichen Erfahrungen heraus beschreiben?
6. Gab es damals „Mode-Themen“? Gab es besonders beliebte oder relevante Bibeltexte, vielleicht auch im Unterschied zu heute?
7. Wie beurteilen Sie rückblickend die gedruckten Predigten innerhalb der sonst üblichen Predigtkultur jener Zeit?

ANMERKUNGEN ZUR REIHE *DAS WORT AN DIE GEMEINDE* IM KONTEXT DES DDR-STAATES[1]

Norbert Clemens Baumgart

1 Daten und Statistisches sowie eigene Reminiszenzen zur Reihe

Die Einführung zu diesem Beitrag unterbreitet zuerst einige Daten und Statistiken zur Reihe *Das Wort an die Gemeinde* und beginnt damit, warum und wozu die Reihe publiziert worden war. In der römisch-katholischen Liturgie wurde mit dem Advent 1969 eine neue Perikopen-Ordnung zu den Sonn- und Feiertagen eingeführt. Das Zweite Vatikanische Konzil (1962–1965) hatte dafür die Weichen gestellt. In der Liturgiekonstitution des Konzils *Sacrosanctum Concilium* von 1963 heißt es:

> „Auf dass den Gläubigen der Tisch des Gotteswortes reicher bereitet werde, soll die Schatzkammer der Bibel weiter aufgetan werden, so dass innerhalb einer bestimmten Anzahl von Jahren die wichtigsten Teile der Heiligen Schrift dem Volk vorgetragen werden" (SC 51).[2]

Daraufhin wurde ein Drei-Jahres-Zyklus A, B und C konzipiert, in dem mehr Lesungen aus dem Neuen Testament als zuvor in der Heiligen Messe vorgesehen sind und in dem das Alte Testament breiter einbezogen ist.[3]

Die Aufwertung der Bibel in der Liturgie und die höhere Zahl an Perikopen stellten für Praktiker*innen eine Herausforderung dar. So war die Gattung der ‚Predigthilfen' neuartig gefragt und die Nachfrage wurde im deutschsprachigen

---

[1] Der Vortagsstil wurde größtenteils beibehalten.

[2] „Quo ditior mensa verbi Dei paretur fidelibus, thesauri biblici largius aperiantur, ita ut, intra praestitutum annorum spatium, praestantior pars Scripturarum Sanctarum populo legatur."

[3] Alttestamentliche Lesungen waren zuvor lediglich am Fest Epiphanie (Jes 60,1–6), am Karfreitag (Hos 6,1–6; Ex 12,1–12) und in der Ostervigil (Gen 1,1ff.; Ex 14,24–31; 15,1; Jes 4,2–6; Dtn 31,22–30) vorgesehen. Hinzu kam eine alttestamentliche Lesung am Aschermittwoch (Joël 2,12–19). Die Angaben nach *E. Nübold*, Entstehung und Bewertung der neuen Perikopenordnung des Römischen Ritus für die Meßfeier an Sonn- und Festtagen, Paderborn 1986, 280. In der neuen Ordnung zählt *G. Gafus*, Das Alte Testament in der Perikopenordnung, Frankfurt a. M. 2000, 18–19, „156 Perikopen" aus dem Alten Testament.

Raum durch einige Reihen bedient.[4] In der DDR gab der St. Benno-Verlag Leipzig die Reihe *Das Wort an die Gemeinde* heraus.[5] Ihr Untertitel spiegelt den Anlass wider: „Predigthilfen zu den Lesungen der neuen Perikopenordnung."

Bernhard Beckmann war Lektor[6] im St. Benno-Verlag und am Erscheinen der Reihe beteiligt.[7] Mit Blick auf den Drei-Jahres-Zyklus wären die Predigthilfen des Verlages idealerweise innerhalb von drei Jahren erschienen. Beckmann schreibt: „Das war bei den großen westdeutschen und österreichischen Verlagen auch der Fall."[8] Der St. Benno-Verlag musste unter den widrigen DDR-Verhältnissen langfristiger planen. Das Erscheinen seiner Predigthilfen währte neun Jahre: von 1971 bis 1979. Sie führte zu 18 Bänden. Einer ersten Tabelle ist zunächst eine Leistung dieses Verlages zu entnehmen:

Angaben in den achtzehn Bänden: *Das Wort an die Gemeinde*. Predigthilfen zu den Perikopen der neuen Leseordnung, St. Benno-Verlag, Leipzig 1971–1979.		
Jahr der Edition nach „*Lizenznummer*" (wie 480/34/71) –Tag „*Kirchliche Druckerlaubnis*"	Inhalt nach Lesejahr A, B und C der Perikopenordnung. „*Advent bis Pfingsten*"(= I) und „*Pfingsten bis Ende des Kirchenjahres*" (= II)	Umfang nach letzter Seitenzahl im Band (Summe: 6644 Seiten / Durchschnitt: ca. 369)
1971–14. April 1971	C (Lk) II Evangelien*	374
1971–27. September 1971	A (Mt) I Evangelien*	384
1972–3. März 1972	A (Mt) II Evangelien*	368
1972–2. Oktober 1972	B (Mk) I Evangelien*	392

4 Genannt seien *J. Schreiner / E. Zenger* (Hg.), Die alttestamentlichen Lesungen der Sonn- und Festtage. Auslegung und Verkündigung, Würzburg 1969–1972 (10 Bände); und *H. Kahlefeld* (Hg. in Verbindung mit *O. Knoch*), Die Episteln und Evangelien der Sonn- und Festtage, Auslegung und Verkündigung, Frankfurt a. M. / Stuttgart 1969–1976 (27 Bände).

5 Die Titelei des ersten Bandes zitiert ein Wort von Heinrich Schlier (1900-1978): „In der Predigt trifft der Pfeil des Wortes sein Ziel." Dieses Wort war als „Motto" für diesen Band gedacht. Vgl. *K. Lange*, Vorwort: Ein Nachwort zu der ganzen Reihe, in: ders. (Hg.), Das Wort an die Gemeinde. Predigthilfen zu den Perikopen der neuen Leseordnung, Lukasjahr I, 2. Lesungen, Advent bis Pfingsten, Leipzig 1979, 7–11, 9.

6 *E. Preuß*, Die Kanzel in der DDR. Die ungewöhnliche Geschichte des St. Benno-Verlages (EThSchr 34), Leipzig 2006, 14.

7 Ebd., 178–179.

8 Ebd., 178.

1973–30. Januar 1973	B (Mk) II Evangelien*	352
1973–28. Mai 1973	C (Lk) I Evangelien*	363
1974–17. Dezember 1973	C (Lk) II Erste Lesungen*	321
1974–1. Juli 1974	A (Mt) I Erste Lesungen	410
1975–6. März 1975	A (Mt) II Erste Lesungen	376
1975–27. Oktober 1975	B (Mk) I Erste Lesungen	352
1976–29. April 1976	B (Mk) II Erste Lesungen	358
1976–14. Oktober 1976	C (Lk) I Erste Lesungen	357
1977–9. Februar 1977	C (Lk) II Zweite Lesungen	390
1977–26. Mai 1977	A (Mt) I Zweite Lesungen	425
1978–18. Oktober 1977	A (Mt) II Zweite Lesungen	370
1978–31. März 1978	B (Mk) I Zweite Lesungen	350
1978–31. August 1978	B (Mk) II Zweite Lesungen	352
1979–8. März 1979	C (Lk) I Zweite Lesungen	350
*nach Angaben im letzten Band – C (Lk) I Zweite Lesungen – von 1979: „Beim Verlag vergriffen."		

Die mittlere Spalte zeigt das logistische Vorgehen des St. Benno-Verlages. Jeder seiner 18 Bände wandte sich einer Hälfte des Kirchenjahres zu: der Zeit von „Advent bis Pfingsten" oder der Zeit von „Pfingsten bis Ende des Kirchenjahres". Die ersten sechs herausgegebenen Bände bearbeiteten die Evangelien in den drei Kirchenjahren, die nächsten sechs die Ersten Lesungen und die letzten die Zweiten Lesungen des Dreijahreszyklus'.[9] Da 1971 das Kirchenjahr C bereits fortgeschritten war und der Verlag trotzdem Aktuelles anbieten wollte, setzte sein erster Band beim zweiten Teil der Evangelien des Lesejahres C ein. Die sich daraus ergebende Logik konnte vom Verlag bis zum Schluss durchgehalten werden. Infolgedessen behandelte der letzte Band den ersten Teil der Zweiten Lesungen des Lesejahres C. Dank dieser Tüftelei im Verlag hielten die Abnehmer*innen der Reihe mit jedem neu erschienenen Band in der Hand, was gerade im Kirchenjahr anstand.

Die rechte Spalte listet den Umfang der 18 Bände. In der Summe sind es 6644 Seiten. In der DDR war keine kleine Reihe aus dem Boden gestampft wor-

9 Details hierzu im letzten Band: *Lange*, Vorwort (1979), 7.

den. Ihre Auflagenhöhe betrug anfangs 3.000[10], dann 2.600 Exemplare.[11] Jeder Band kostete 12 Mark der DDR und war damit durchaus erschwinglich. Im Nachwort zur Reihe ist zu den Bänden zu lesen: „Eine ganze Reihe davon sind im sozialistischen Ausland oder auch außerhalb der katholischen Kirche zu finden."[12] Nach Verlagsangabe waren 1979 die sieben zuerst edierten Bände vergriffen. Zu einer zweiten Auflage kam es nicht. Ein Grund war die leidige Papierfrage gewesen.[13] Papier war in der DDR eine Mangelware und wurde von zentraler Stelle den Verlagen zugeteilt. Staatlicherseits ließ sich mit der Papierzuteilung jegliche Verlagsarbeit in der DDR steuern. Dem ostdeutschen St. Benno-Verlag halfen zwar Papierspenden aus dem Westen weiter. Aber auch dieser Verlag musste stets – so Beckmann – „hinsichtlich des pro Jahr kontingentierten Papiervolumens" kalkulieren und das betraf auch seine Reihe *Das Wort an die Gemeinde*.[14]

Die Reihe wollte nichts offerieren, was sich kurzerhand einer Gemeinde im Gottesdienst vorlesen ließe.[15] Ihr Anliegen bestand darin, die Ausarbeitung einer Predigt zu unterstützen. Die Predigt*hilfen* der Reihe bestehen in der Regel[16] aus drei Teilen: Erstens exegetische Textbesprechungen, Zweitens theologische und kirchengeschichtlich orientierte Meditationen sowie Drittens meist zwei bis drei Predigtskizzen. In der Reihe wurde deutlich markiert,[17] dass sich ihre Predigthilfen an den Ergebnissen und Forderungen des Berliner Homiletischen Kongresses[18] orientieren. Dieser Kongress war der erste seiner Art im deutschsprachigen

---

10 Diese Angabe nach BArch Berlin, DR1/2477. Aus den Druckgenehmigungsakten und Zensurgutachten der DDR–Verlage im Beststand der HV Verlage und Buchhandel im Ministerium für Kultur (DR–1) im Bundesarchiv Lichterfelde.

11 Diese Angabe nach BArch Berlin, DR1/2485.

12 *Lange*, Vorwort (1979), 9.

13 Hierzu *Preuß*, Kanzel, 117–126.

14 So *B. Beckmann* in: *Preuß*, Kanzel, 178–179.

15 Vgl. *Lange*, Vorwort (1979), 7.

16 Z.B. entspricht im zuerst erschienenen Band dem Aufbauschema nicht: *J.-S. Jave*, 13. Sonntag im Jahreskreis, Lk 9,51–62, in: *K. Lange* (Hg.), Das Wort an die Gemeinde. Predigthilfen zu den Perikopen der Leseordnung, Lukasjahr II, Evangelien, Pfingsten bis Ende des Kirchenjahres, Leipzig 1971, 71–83. Diese Predigthilfe ist eine Übersetzung aus: Assemblées du Seigneur 44, Les Editions du Cerf, Paris 1969.

17 *K. Lange*, Vorwort, in: ders. (Hg.), Das Wort an die Gemeinde. Predigthilfen zu den Perikopen der Leseordnung, Lukasjahr II, Evangelien, Pfingsten bis Ende des Kirchenjahres, Leipzig 1971, 9; *K. Lange*, Vorwort in eigener Sache, in: ders. (Hg.), Das Wort an die Gemeinde. Predigthilfen zu den Perikopen der Leseordnung, Lukasjahr I, Evangelien, Advent bis Pfingsten, Leipzig 1973, 7–9, 8.

18 Zum Kongress hatte der Berliner Kardinal Alfred Bengsch eingeladen. Bengsch war gut zehn Jahre zuvor Dozent für Dogmatik und Homiletik im Neuzeller Priesterseminar (ca. 1957–1959) gewesen; vgl. *S. Samerski*, Alfred Bengsch. Bischof im geteilten Berlin, Freiburg i. Br. u.a. 2021, 38–43.

Raum,[19] er fand 1969[20] in der (Ost-)Berliner Hedwigs-Kathedrale statt und die meisten seiner Referenten waren aus dem Westen angereist.[21] Im Kongressverlauf wurde ein konzeptioneller Bogen geschlagen, den die Reihe in den Aufbau ihrer Predigthilfen ummünzen wollte.

Die Länge der Predigthilfen in der Reihe fällt in den einzelnen Bänden unterschiedlich aus. Plus-Minus kann als Richtwert der zuerst erschienene Band genommen werden, in dem sich die Hilfen im Schnitt über 14 Seiten erstrecken.[22] Die einzelnen Bände enthalten ein oder zwei thematische Beiträge zu dem, was damals offenkundig auch gefragt war. Diese zusätzlichen Beiträge reflektieren die Predigtpraxis oder sie behandeln Bedeutung und Aspekte des Alten Testamentes.

Die linke Spalte zum Erscheinungsjahr greift zwei Angaben in der Titelei der Reihe auf. Die Angaben gehen auf ein staatliches und auf ein kirchliches Bezugssystem zurück. Mit den Systemen war ein Knäuel von Lizenzen, Genehmigungen und Erlaubnissen verbunden gewesen. Die „Lizenznummer" in der Titelei war in der DDR eine Buchidentifikationsnummer. Der DDR-Staat hatte dem St. Benno-Verlag eine Vertragslizenz erteilt.[23] Erst auf Basis dieser Lizenz durfte der Verlag für jede Buchausgabe einzeln beantragen, sie durch ein staatliches Druckgenehmigungsverfahren lizenzieren zu lassen. Die Stelle für die ‚staatliche Bücherzensur' war in (Ost-)Berlin ansässig. Dem St. Benno-Verlag war die Verlagsnummer 480[24] vergeben worden, die am Anfang der Lizenznummer steht und die zwei Schrägstriche hat. Nach dem zweiten Schrägstrich taucht das Erscheinungsjahr auf und nach dem ersten die Nummer des laufenden Verlagsprojektes innerhalb dieses Jahres. Die kirchliche „Bücherzensur"[25] war in den 70er Jahren noch durch den Canon 1385 im CIC von 1917 geregelt gewesen. Aufgrund dieses Canons im Kirchenrecht musste für die Reihe die kirchliche Druckerlaubnis, das „sogenannte

---

19 *Samerski*, Alfred Bengsch, 137.

20 Vom 10. bis 13. Februar.

21 Zum Kongress *T. Grießbach*, Das Evangelium unverkürzt verkünden. Das integrale Homiletik- und Predigtverständnis bei Alfred Bengsch (Veröffentlichungen des Missionspriesterseminars St. Augustin 54), Nettetal 2002, 174–178.

22 Die Seiten 22–373 enthalten 25 Predigthilfen. Nicht mitgezählt ist die erste Predigthilfe „PFINGSTSONNTAG, JOH 20,19–23", S. 19, da diese nur Verweise auf im St. Benno-Verlag bereits erschienene Literatur enthält. Vielleicht war es der leidigen Papierknappheit (siehe oben) geschuldet, warum in diesem Band (S. 19) „Hans-Andreas Egenolf, Die Heilige Schrift in der Gemeinde 3, Leipzig 1970, S. 116–129 (‚Offene Türen')" nicht nachgedruckt wurde.

23 Die vorläufige Lizenzurkunde für den St. Benno-Verlag vom 25. April 1951 in *Preuß*, Kanzel, 270. Vgl. die Hinweise dazu ebd. 59–60.

24 Vgl. dazu *J. Seiler* in diesem Band.

25 Vgl. *O. Heggelbacher*, Art. Bücherzensur. II Kirchenrecht, in: LThK II, Freiburg i. Br. u.a. 1958, 742–744.

Imprimatur"[26] eingeholt werden. Der St. Benno-Verlag liegt im Bistum Dresden-Meißen. Dessen Generalvikar oder sein Vertreter waren für die kirchliche Druckerlaubnis des Verlages zuständig. In der Titelei der Reihe stehen deren Namen, der Tag ihrer erteilten Erlaubnis und der Ort, wo sie erteilt wurde: Bautzen oder Dresden.[27] Eine heutige Wahrnehmung der gedruckten Reihe hat stets mitzudenken, dass in ihre Manuskripte sowohl die staatliche als auch die kirchliche Zensur – wie Archive und Akten belegen – eingegriffen hatten. Was gedruckt wurde, stimmt keinesfalls unbedingt mit dem überein, was zuvor konzipiert worden war. Wer die Reihe profund angehen will, kommt um eine historisch-kritische Quellenanalyse nicht herum.

Betrachtungen der Reihe sollten ebenso berücksichtigen, warum es zu ihrer sehr breiten Autor*innenschaft gekommen war und wie die Reihe damals diese Autor*innenschaft präsentieren musste. Zunächst waren die katholische Kirche in der DDR und ihr Leipziger Verlag davor zurückgescheut, das Projekt eines eigenen Predigtwerkes anzugehen. Christof Gärtner hat in einem Aufsatz über die Reihe festgehalten, dass die katholische Kirche in der DDR zuerst „den Nachdruck eines westdeutschen Predigtreihenwerkes" beantragt hatte.[28] Im St. Benno-Verlag wäre dieser Nachdruck dann als eine sog. „Lizenzausgabe"[29] erschienen, hätte deren Autor*innenschaft vorwiegend westliche Kontexte vor Augen gehabt und wäre diese Tagung mit ihrer Fragestellung nicht zustande gekommen. Doch der Nachdruck wurde nicht genehmigt.[30] Erst aufgrund dieses staatlichen ‚Njet' stand es im Raum der DDR-Kirche und für den St. Benno-Verlag an, doch eine eigene Reihe auf die Beine zu stellen. Im Auf-die-Beine-Gestellten waren die Autor*innen dann zum größten Teil Bürger*innen der DDR, aber nicht alle.

Denn die Reihe enthält auch Predigthilfen und Beiträge, die von Autor*innen im damaligen Westen verfasst wurden oder die von diesen Autor*innen recht unkompliziert dem ostdeutschen Verlag überlassen wurden.[31] Die Hilfsbereitschaft für die Geschwister im Osten, in der sog. DDR-Diaspora, kam auch beim

---

[26] Hierzu *Preuß*, Kanzel, 114–116.

[27] Auch Im westdeutschen Band *K. Joswig* (Hg.), Am Tisch des Wortes 105, Stuttgart 1970, findet sich in der Titelei die entsprechende Angabe: „Mit kirchlicher Druckerlaubnis: Rottenburg am Neckar, 20. April 1970 Generalvikar Dr. Knaupp."

[28] *C. Gärtner*, „Das Wort an die Gemeinde." Entstehung und homiletischer Ansatz des DDR-eigenen katholischen Predigtreihenwerkes, in: ThGl 95 (2005), 80–90, 81, neu abgedruckt in diesem Band.

[29] Hierzu *Preuß*, Kanzel, 159–161.

[30] *Gärtner*, Entstehung, 81.

[31] Vgl. *Gärtner*, Entstehung, 82–83.

Zusammenstellen der Reihe zum Tragen. Bspw. war das Bibelwerk Stuttgart bei den alttestamentlichen Lesungen dem ostdeutschen Verlag großzügig entgegengekommen.[32] Bisweilen haben ein Autor aus dem Westen und Autor*innen in der DDR bei einer Predigthilfe zusammengearbeitet. Was alles an Namen im Inhaltsverzeichnis und bei einzelnen Texten der Bände auftaucht, ist aber nicht deckungsgleich mit dem jeweiligen „Autorenverzeichnis". In jedem Autor*innenverzeichnis ist neben dem Namen die Anschrift gesetzt. Alle Adressen lagen im Gebiet der ehemaligen DDR. Wer nicht Bürger*in der DDR war, wurde nicht in das Verzeichnis der Autor*innen aufgenommen. Vermutlich sollten die Autor*innenverzeichnisse im Sinne des Staates den Anschein erwecken, dass die Reihe gänzlich *Made in GDR* sei.

Karljosef Lange fungierte als Herausgeber der Reihe. Er war Priester des Erzbistums Paderborn und nach seiner Weihe (1953) in den östlichen Teil des Erzbistums gegangen, also in den Teil, der heute das Bistum Magdeburg ausmacht. Lange sprach in seinen Vorworten der Reihe von „Autoren aus der DDR"[33] oder von „DDR-Autoren."[34] Im ersten Vorwort lud Lange zur Mitarbeit an der Reihe ein.[35] Lange selbst hatte für das Zustandekommen der Reihe DDR-Autor*innen quasi ausgehoben und mobil gemacht. Beckmann schrieb über den Herausgeber: Lange „kümmerte sich aufopferungsvoll um die Gewinnung von Autoren und die rechtzeitige Lieferung der Manuskripte."[36] Im letzten Vorwort der Reihe resümierte Lange: „... bis zum Schluß war es schwierig, überhaupt eine ausreichende Anzahl von Mitarbeitern zu gewinnen."[37]

Was hinter dieser „ausreichende[n] Anzahl" von DDR-Autor*innen steckt, dazu geben die Autor*innenverzeichnisse einige Auskünfte. 25 DDR-Autor*innen haben an einem Band mitgearbeitet und das ist die niedrigste Zahl; an einem anderen Band haben 50 mitgewirkt und das ist die Höchstzahl. Insge-

---

[32] U.a. ist in der Titelei zum Band A (Mt) I Erste Lesungen von 1974 zu lesen: „Bei der Auslegung der alttestamentlichen Texte standen den Verfassern dankenswerterweise die von Josef Schreiner unter dem Titel ‚Die alttestamentlichen Lesungen der Sonn-und Festtage' beim Echter-Verlag Würzburg und dem Katholischen Bibelwerk Stuttgart herausgegebenen Exegesen zur Verfügung".

[33] *Lange*, Vorwort (1971), 9.

[34] *K. Lange*, Vorbemerkungen des Herausgebers, in: ders. (Hg.), Das Wort an die Gemeinde. Predigthilfen zu den Perikopen der Leseordnung, Mattäusjahr II, Evangelien, Pfingsten bis Ende des Kirchenjahres, Leipzig 1972, 7–9, 9.

[35] *Lange*, Vorwort (1971), 9.

[36] In *Preuß*, Kanzel, 179.

[37] *Lange*, Vorwort (1979), 8.

samt wurden 182 DDR-Autor*innen für die Reihe tägig.[38] Wie die Adressen belegen, waren durch sie alle kirchlichen Jurisdiktionsbezirke der DDR vertreten, ebenso das Erfurter Priesterseminar und das damalige Erfurter „Philosophisch-Theologischen Studium“, aus dem die heutige „Katholisch-Theologische Fakultät der Universität Erfurt“ hervorging.

Größtenteils sind die Predigthilfen von einer oder einem Einzelnen ausgearbeitet worden, einige Hilfen von einem Duo oder von einer Gruppe. Die größte Gruppe hatte 11 Mitglieder und setzte sich aus Priesteramtskandidaten zusammen, die nach ihrem Hochschulstudium dem Neuzeller Pastoralseminar angehörten. Neuzelle liegt unweit der Oder im heutigen Bundesland Brandenburg. Das Pastoralseminar wurde 1993 geschlossen.

Damit die Reihe am Laufen gehalten werden konnte, mussten etliche DDR-Autor*innen öfter für die Reihe tätig werden. Um etwas plastischer zu werden, seien vier von ihnen herausgegriffen. Auf Hans-Andreas Egenolf gehen 16 Predigthilfen zurück. Unter den allein Arbeitenden hatte er die meisten Perikopen bearbeitet. Egenolf führte am Erfurter Studium die Homiletischen Übungen durch (ab 1973), er war in Erfurt Lehrbeauftragter für Homiletik (ab 1976) und Pfarrer in Eisenach (ab 1975).[39] Wolfgang Simon fungierte als Redaktor der Reihe ab ihrem zweiten Band.[40] Simon war Priester im Magdeburger Jurisdiktionsbezirk. Er hatte neben seiner Tätigkeit als Redaktor neun Perikopen übernommen oder an ihrer Aufarbeitung mitgewirkt. Unter den DDR-Frauen hat am häufigsten Erika Buhl für die Reihe gearbeitet, sie war an 10 Predigthilfen beteiligt. Erika Buhl war in der Gemeinde Heilig Kreuz in Frankfurt/Oder tätig. Sie kooperierte bei neun Hilfen zusammen mit Werner Muschick, der in dieser Gemeinde Oratorianer-Priester war.

Karljosef Lange war als Herausgeber mit Federstrichen auf die DDR-Autor*innen eingegangen. Die Autor*innen stünden für verschiedene kirchliche Richtungen, die sich aber in der Reihe nur gedrosselt zeigen können. Im sechsten Band sprach Lange von „Autoren jeden Alters und jeder Richtung“ und er schrieb dann weiter: „Wenn von allen Seiten Beiträge kommen, dann kann sich die augenblickliche Vielstimmigkeit kirchlicher Lebensäußerungen auch in unserer

38 Man kann davon ausgehen, dass die DDR-Abnehmer*innen der Reihe, die zwischen Rügen und Meinigen ihren kirchlichen Dienst versahen, etliche der DDR-Autor*innen persönlich kannten. Umgekehrt bedeutet das: Wer für die Reihe schrieb, hatte beim Schreiben etliche Predigende gewissermaßen vor Augen.

39 *J. Pilvousek*, Theologische Ausbildung und gesellschaftliche Umbrüche. 50 Jahre Katholische Theologische Hochschule und Priesterausbildung in Erfurt (EThSt 82), Leipzig 2002, 62.265.

40 Hierzu die Titelei in den Teilbänden.

Edition *ein gedämpftes Echo*[41] verschaffen."[42] Lange deutete in diesem Band vage an, warum die Vielstimmigkeit im Gedruckten nur geschwächt nachklinge. Zum Entschlüsseln seiner Andeutungen lassen sich heutzutage die „Divergierende[n] Richtlinie[n]"[43] heranziehen, die Lange als internes Arbeitspapier aufgesetzt hatte. In das kurze Papier waren Erfahrungen eingeflossen, die mit Wünschen von Bischöfen und mit kirchlichen Zensoren zu tun hatten. Geht man von Langes Richtlinien aus, lassen sich seine vagen Einlassungen im sechsten Band etwas leichter dekodieren. Sein „Vorwort in eigener Sache" eröffnete er mit dem Satz: „Es besteht Veranlassung, die Benutzer der Predigthilfen auf den kirchlichen Stellenwert unserer Arbeit hinzuweisen." Lange wollte offenkundig den Benutzer*innen der Reihe zwischen den Zeilen zu verstehen geben, dass kirchenamtlicherseits die „Vielstimmigkeit kirchlicher Lebensäußerungen" fürs Gedruckte ‚eingedämpft' wurde und wird.[44]

Vermutlich hatten fast alle DDR-Autor*innen ein Hochschul-Studium der Theologie absolviert. Lange ging darauf ein, in welcher Position die DDR-Autor*innen dann für die Reihe tätig wurden und welche Tätigkeiten sie zumeist gerade ausgeübt oder nicht ausgeübt hatten. Im sechsten Band gab Lange an: „Jeder, der im Verkündigungsdienst der Kirche steht, kann eine Perikope bearbeiten." Dann schrieb er über diese Mitwirkenden: „Wie die Dinge nun einmal liegen, sind die meisten Mitarbeiter ‚Amateure', also keine professionellen Exegeten und Homileten im Lehr- und Studienbetrieb."[45] Deutlicher wurde Lange im letzten Band, in dem er auf die Herausgabe der Reihe und auf ihre Autor*innen zurückblickte. Lange sprach im Rückblick von „Wir". Er selber hatte an 14 Predigthilfen mitgearbeitet und fünf allein angefertigt: „Wir sind ja fast ausnahmslos nicht als professionelle Homiletiker ans Werk gegangen, sondern als Prediger in der normalen Seelsorgspraxis; wenn man so will: als homiletische Amateure, die keine Gelegenheit hatten, sich speziell für diese Aufgabe zu qualifizieren ... Natürlich merkt man den Beiträgen an, daß sie neben der täglichen Seelsorgsarbeit, manchmal sogar unter Zeitdruck verfaßt wurden."[46] Man kann

41 Hervorhebung N.Cl.B.

42 *Lange*, Vorwort (1973), 7. Vgl. hierzu *Lange*, Vorwort (1979), 8.

43 *Gärtner*, Entstehung, 86–87.

44 In den Richtlinien tippte Lange in Bezug auf das Anfertigen der Reihe intern an: *„Dann müßten wir Hirtenbriefe schreiben."* (Hervorhebung im Original); in seinem Vorwort (1973), 8, bezieht Lange Benutzer*innen der Reihe mit ein: „Verwechseln Sie unsere Ausführungen ... nicht mit offiziellen Hirtenschreiben, das wäre sicher nicht im Sinne der Bischöfe."

45 *Lange*, Vorwort (1973), 7.9.

46 *Lange*, Vorwort (1979), 8–9.

nicht alle DDR-Autor*innen über einen Leisten schlagen und Lange hatte solches m.W. auch nie getan. Dennoch lässt sich unter ihnen eine Majorität ausmachen und damit eines der Profile der DDR-Reihe benennen. Das Gros derer, die für die Reihe tätig wurden, arbeitete unterdessen in der Seelsorge.

Worauf Lange nicht eingegangen war – wohl, weil ein Sensus dafür noch wenig ausgeprägt war, – ist ein Geschlechterproporz innerhalb der DDR-Autor*innenschaft. Analysiert man alle Angaben in der Reihe, dann stellt man fest, wie priester- und männerdominiert die Vorarbeiten für die Verkündigung in den Gemeinden ausgefallen waren. Unter der DDR-Autorenschaft *könnte* das Männer-Frauen-Verhältnis bei 178 zu 4 gelegen haben. Jedenfalls sind unter den 182 Beteiligten aus der katholischen Kirche der DDR, die für die Reihe tätig wurden, nur vier Frauenvornamen auszumachen: die bereits erwähnte Erika Buhl aus Frankfurt/Oder (10mal), ferner Maria Geburek aus Leipzig (dreimal), Eva Maria Schlosser aus Magdeburg (dreimal) und Sr. Ursula Schwalke vom Benediktinerinnenkloster Alexanderdorf im Erzbistum Berlin (viermal). Die Statistik für die Reihe nimmt sich dann so aus, wie es eine Tabelle zeigt: An 12 Bänden der Reihe haben DDR-Frauen mitgearbeitet, aber nur 9% ist ihr höchster Anteil unter der DDR-Autor*innenschaft in einem Band und in sechs Bänden tauchen Frauen als Autorinnen gar nicht auf.

Nach dem „Autorenverzeichnis“ in den Bänden – DDR-Autor*innen links Frauennamen / rechts Männernamen		
A I 1. Les.: 2 / 34	A II 1. Les.: 1 / 29	A I 2. Les.: 1 / 35
A II 2. Les.: 0 / 28	A I Ev.: 0 / 32	A II Ev.: 2 / 48*
B I 1. Les.: 0 / 26	B II 1. Les.: 0 / 29	B I 2. Les: 2 / 23
B II 2. Les.: 1 / 27	B I Ev.: 0 / 28	B II Ev.: 1 / 24
C I 1. Les.: 2 / 26	C II 1. Les.: 1 / 24	C I 2. Les.: 1 / 27
C II 2. Les.: 2 / 27	C I Ev.: 2 / 27	C II Ev.: 0 / 39**
*zwei Listen enthalten nur 11 und 10 Nachnamen; beide Listen haben als Adresse das Neuzeller Priesterseminar: 1222 Neuzelle, Stiftsplatz 1. **zwei Listen enthalten 4 und 8 Männernamen mit der Adresse des Neuzeller Priesterseminars.		

Die Gründe, warum es zu dieser Zusammensetzung in der Mitarbeit an der Reihe kam, dürften vielfältig gewesen sein. Ein Zusammenhang soll hier angerissen werden. Sicherlich hatten die beiden zuerst genannten Frauen und die zuletzt genannte eine Aus- oder Fortbildung in Theologie am Erfurter Studium durchlaufen.

Erst ab dem Wintersemester 1962 konnten Frauen an den Lehrangeboten des Erfurter Studiums teilnehmen, der einzigen katholisch-theologischen Hochschule in der DDR, die zehn Jahre zuvor (1952) für die Ausbildung von Priesteramtsanwärtern errichtet werden durfte. Für die neuen Studentinnen wurde von der Berliner Bischofskonferenz 1962 in Erfurt ein separat gelegenes ‚Edith-Stein-Seminar' ins Leben gerufen.[47] Josef Pilvousek geht in seiner Geschichte der Erfurter Hochschule in einem eigenen Abschnitt „‚Frauenstudium' – Edith-Stein-Seminar" auf dessen Förderer, dessen Anfänge und Entwicklungen ein.[48] Demnach hatte es einiger Anläufe bedurft und waren Widerstände zu überwinden gewesen, um den anstehenden Schritt zu tun und Frauen an der DDR-Hochschule zuzulassen. Ihre Zulassungen mussten aber eng begrenzt bleiben, um – wie es Pilvousek formuliert – „dem Staat keine Handhabe für ein Eingreifen zu bieten." Festgelegt wurde, dass die Seminaristinnen bereits aus dem „kirchlichen Dienst" zu kommen hatten und dass sie für einen „kirchlichen Dienst" vorgesehen sein mussten. Nur ein sehr geringer Teil derjenigen Frauen, die seinerzeit hauptamtlich für die DDR-Kirche arbeiteten und die in dieser Kirche ihrer Berufung nachkamen, erhielt die Chance, sich durch ein Hochschulstudium der Theologie fördern zu lassen und zu qualifizieren. Bis zum Sommersemester 1974, also in den ersten 12 Jahren gab es vier Kurse am Edith-Stein-Seminar, in denen 23 Frauen – oft Ordensschwestern – ihr Studium aufnahmen. Ein Vergleich ist hier hilfreich: In demselben Zeitraum nahmen durchschnittlich mehr Priesteramtskandidaten per annum ihr Studium auf.[49] M.E. hat man davon auszugehen, dass sich die begrenzten Chancen für katholische Frauen, in der DDR Theologie zu studieren zu können, auch im geringen Frauenanteil unter der Autor*innenschaft der Reihe *Das Wort an die Gemeinde* niedergeschlagen hat.

Nach dieser Hinführung komme ich zu persönlichen Reminiszenzen an die Reihe, die meinen DDR-Blickwinkel anzeigen[50] und die in die folgenden Ab-

[47] Vgl. Tag des Herrn 7/54 (14.02.2004), abrufbar unter: https://archiv.tag-des-herrn.de/archiv_1996_bis_2007/artikel/1768.php#gsc.tab=0 (14.10.2022); *C. Brodkorb*, Bruder und Gefährte in der Bedrängnis – Hugo Aufderbeck als Seelsorgeamtsleiter in Magdeburg. Zur pastoralen Grundlegung einer „Kirche in der SBZ/DDR", Paderborn 2002, 207 Anm. 1001; und *Samerski*, Alfred Bengsch, 141–142; die Literatur hierzu, ebd. 224.

[48] *Pilvousek*, Ausbildung, 171–181.

[49] Hierzu *Pilvousek*, Ausbildung, 155–171, mit Verweisen auf die Statistiken von Andrea Wilke (zu ihr vgl. ebd. XXI).

[50] Ich war Bürger der DDR bis zu deren Ende 1990 und damit gut 31 prägende Lebensjahre lang.

schnitte einleiten sollen. Als Student und Kaplan konnte ich den 80er Jahren in der DDR die Reihe in Antiquariaten erwerben und in Bibliotheken, die ihre Duplikate abstoßen wollten. Der Reihe war noch im Jahrzehnt nach ihrem Erscheinen der Ruf vorausgeeilt, für die Praxis geeignet zu sein und mit ihrer Hilfe eine Predigt solide vorbereiten zu können. Auch Kommilitonen und Kollegen versuchten in dieser Zeit an die Reihe heranzukommen. Einige empfanden dann die Predigthilfen als zu umfangreich und lasen nur die Teile in den Hilfen, die ihren speziellen Interessen entgegenkamen.[51] Bisweilen wurde das Anliegen der Reihe arg überstrapaziert. Ich erinnere mich z.B. an einen Pfarrer, der sich in vielen Feldern engagierte. Wenn er während der Woche nicht zur Predigtvorbereitung gekommen war, hat er kurz vor der Messe zwei, drei Seiten aus einer Hilfe herausgetrennt, mit Unterstreichungen versehen und so seine Predigt gehalten. Autor*innen und Verlag hatten eine derartige Handhabung der Reihe nicht vorgesehen, aber auch nicht verhindern können.

Als Dr. Martin Nitsche mich vor einigen Jahren zur Rezeption biblischer Texte in der DDR ausgefragt hatte, konnte ich ihn auf die inzwischen fast vergessene Reihe *Das Wort an die Gemeinde* verweisen und darauf, dass ich die Reihe noch in einem Karton habe. Dr. Nitsche ließ meine Exemplare – mit Erlaubnis des Verlages – für Forschungszwecke in eine digitalisierte Fassung bringen. Die vereinzelten handschriftlichen Einträge, die beim Aufrufen der Fassung zur Vorbereitung dieser Tagung und Publikation auftauchten, gehen entweder auf die Vorbesitzer*innen oder auf mich zurück.

In der DDR liefen nebulöse Gerüchte über eine staatliche Bücherzensur umher. Konkretes über diese Zensur wurde erst nach dem Zusammenbruch der DDR öffentlich bekannt und die Erforschung dieser Zensur ist immer noch im Gange. Aufgrund meiner DDR-Geschichte wollte ich zu der Reihe, die ich erworben und benutzt hatte, auch herauskriegen, inwiefern sie von der staatlichen Zensur beeinflusst worden war, und damit auch etwas von dem, was für uns damals nur ein Gemunkel war. Meine Absicht stieß schnell an ihre Grenzen. Die staatliche Bücherzensur in der DDR ist ein gigantisches Terrain und so musste ich mich auf zwei kleine, abgrenzbare Felder im Terrain beschränken. In beiden Feldern kam für mich Überraschendes zutage, dem mein Beitrag nun nachgeht.

[51] Das muss auch bereits in den 70er Jahren der Fall gewesen sein. Hierzu *Lange*, Vorwort (1979), 7.

2 Zur staatlichen Zensur der Reihe

2.1 Aus einer Akte der ‚Hauptverwaltung Verlage und Buchhandel'

Das Erste zur staatlichen DDR-Zensur bezieht sich auf eine Akte, die heute im Bundesarchiv Berlin-Lichterfelde lagert und die aus unserer Reihe *Das Wort an die Gemeinde* des St. Benno-Verlages deren zwei Bände von 1978 behandelt: „Matthäusjahr II, Zweite Lesungen" und „Markusjahr I, Zweite Lesungen"[52]. Ein Antragsbogen in dieser Akte macht deutlich, dass in der DDR keineswegs nur kirchliche Verlage, sondern fast alle 78 lizensierten DDR-Verlage für ihre Publikationen an das Verfahren einer staatlichen Genehmigung gebunden waren.[53] Im Vordruck für den Antragsbogen ist zu lesen: „beantragt beim Ministerrat der Deutschen Demokratischen Republik, Ministerium für Kultur, HV[54] Verlage und Buchhandel, 108 Berlin, die Erteilung der Druckgenehmigung für…".

Siegfried Lokatis zählt zu den Fachleuten für diese Verfahren und für die damit verbundenen Akten. Lokatis beschreibt deren einmalige Dimensionen so: „Die Literatur der DDR spiegelt sich in Zensurakten. Es ist ein weltweites Unikum, dass diese für eine ganze Landesliteratur fast vollständig erhalten ist. Im Bundesarchiv lagern die Druckgenehmigungsverfahren der HV. Fast zu allen in der DDR zwischen 1951 und 1989 erschienenen Titeln, ob es sich um Romane oder Geschichtsbücher, um Lyrikanthologien oder Lexika handelt, sind jeweils ein Antragsbogen sowie in der Regel zwei Gutachten überliefert."[55]

Inzwischen hat sich – wie erwähnt – eine breite Forschung zu diesen Genehmigungsverfahren und zu deren „Textsorte ‚Zensurgutachten'" etabliert.[56] Mir als Nicht-Experten hat ein Blick in Diskussionen und auf Ergebnisse dieser Forschung geholfen, hier auf die eine Akte zu den zwei Bänden unserer Reihe einge-

---

[52] BArch Berlin, DR1/2485.

[53] *S. Lokatis*, Der Argusblick des Zensors, in: *ders.* / *M. Hochrein* (Hg.), Die Argusaugen der Zensur. Begutachtungspraxis im Leseland DDR (Leipziger Arbeiten zur Verlagsgeschichte 3), Stuttgart 2021, 13–25, 14, erwähnt Verlage und Literatur, die nicht an dieses Genehmigungsverfahren gebunden waren.

[54] HV = Hauptverwaltung.

[55] *S. Lokatis*, Die Hauptverwaltung des Leselandes, in: APuZ 11 (2009), 23–31, 24.

[56] *Lokatis*, Argusblick, 24, resümierte zur Leipziger Konferenz 24. bis 26.09.2019 „Die Argusaugen der Zensur. Eine Geheimgeschichte der DDR-Literatur": Auf dem Kongress ergab sich ein „schillerndes Mosaik wegweisender Ansätze und Untersuchungsrichtungen für den weiteren wissenschaftlichen Umgang mit der Textsorte ‚Zensurgutachten' und eine Vielzahl von Forschungsprojekten." Eine „Auswahlbibliographie" zur Thematik in: Argusaugen, 823–828.

hen zu können.[57] Wo es erforderlich erschien, habe ich weitere Akten zur Reihe im Bundesarchiv eingesehen. Vielleicht regt meine Skizze ein Projekt an, in dem alle Akten zur Reihe analysiert und miteinander verglichen werden.

Was gehörte alles zum staatlichen Druckgenehmigungsverfahren? Wurde ein Buchmanuskript bei der Hauptverwaltung Verlage und Buchhandel, kurz: bei der HV, eingereicht, waren dem – so der Vordruck im Antragsbogen – „möglichst alle vom Verlag eingeholten Gutachten beizufügen, mindestens das des verantwortlichen Verlagslektors und das eines weiteren Fachexperten." Man unterscheidet folglich zwischen verschiedenen Arten von Gutachten, so zwischen verlagsinternen, zu denen auch „Verlags(außen)gutachten" gehören konnten,[58] und den Gutachten der staatlichen Behörde, zu denen die „HV-Außengutachten" zählten.[59]

Für den St. Benno-Verlag war damals in der HV Dr. Mara Marquardt[60] zuständig. Nachdem sie u.a. das „HV-Außengutachten" zu einem Manuskript gesichtet hatte, führte sie mit dem für den Band verantwortlichen Lektor des Verlages eine sog. „Besprechung" durch. Was aus einer solchen Besprechung folgte, kann ein Schreiben illustrieren, das der Lektor des Verlages Bernhardt Beckmann

---

57 An dieser Stelle sei ausdrücklich Ringo Müller gedankt, dem Wissenschaftlichen Projektmitarbeiter an der Erfurter Professur für Kirchengeschichte des Mittelalters und der Neuzeit, der uns aus dem Bundesarchiv die Akten zugänglich gemacht hat.

58 *B. Jäger*, Zwischen Sprachspiel und Spiele. Schwede und Birkholz als Gutachter skandinavischer Literatur, in: *S. Lokatis* / *M. Hochrein* (Hg.), Die Argusaugen der Zensur. Begutachtungspraxis im Leseland DDR (Leipziger Arbeiten zur Verlagsgeschichte 3), Stuttgart 2021, 333–365, 333–334: Im „Druckgenehmigungsverfahren der DDR" wurden unterschiedliche Arten von verlagsinternen und verlagsexternen „Gutachten" erstellt; es gab „keine einheitliche Begriffsbildung für diese Textsorte". Bevor Jäger auf die unterschiedlichen verlagsinternen Gutachten und auch im Verlag zurückgehaltenen Gutachten eingeht, nimmt er eine grundsätzliche Unterscheidung vor. „Von der Hauptverwaltung Verlage und Buchhandel (HV) in Auftrag gegebene Expertengutachten besitzen einen anderen Status als die vom Verlag eingereichten Gutachten (verlagsinternes und externes Expertengutachten)."

59 Vgl. A. *Rekkers*, Die Außengutachten der Hauptverwaltung Verlage und Buchhandel, in: S. *Lokatis* / *M. Hochrein* (Hg.), Die Argusaugen der Zensur. Begutachtungspraxis im Leseland DDR (Leipziger Arbeiten zur Verlagsgeschichte 3), Stuttgart 2021, 297–308, 297–308, dazu, wie man in den Akten ein „HV-Außengutachten" identifizieren kann.

60 Über sie schrieb *D. von Törne*, Mara Marquard, in: *M. Zimmermann* (Hg.), Was macht eigentlich …? 100 DDR-Prominente heute, Berlin [2]1994, 178–179, 178: „Ihr oblag die geistige Kontrolle der Buchproduktion der Blockpartei der CDU sowie der Evangelischen Verlagsanstalt und des katholischen Benno Verlages. Seit den siebziger Jahren war sie in der Hauptverwaltung Verlage und Buchhandel unter der Regie von Klaus Höpcke tätig … Die promovierte Historikerin wußte Bescheid in der Kirchengeschichte, war überhaupt bewandert in der Geistesgeschichte. Ihre Position vertrat sie höchst unnachgiebig. Vor allem achtete sie darauf, daß alle Veröffentlichungen übereinstimmten mit den Grundsätzen des Marxismus-Leninismus." Zu Dr. Mara Marquardt siehe auch *Preuß*, Kanzel, 186 und 198.

aufgesetzt hat, das sich auf einen anderen Band unserer Reihe bezog und aus dem hier zitiert wird.

> „Betreff:
> Lange, Das Wort an die Gemeinde, Markusjahr II, Evangelien
> Objekt 37/73
> Sehr geehrte Frau Dr. Marquardt!
> Auf Grund der am 6. 12. 1972 mit Ihnen geführten Besprechung werden im obengenannten Manuskript folgende Änderungen durchgeführt:
> S. 20 In der 2. Zeile heißt es statt ‚im deutschen Sprachraum' jetzt: ‚bei uns'…"[61].

Der Lektor Beckmann listet dann auf zwei Seiten alle Änderungen auf, die in der Besprechung von Dr. Marquardt thematisiert worden waren. Der Verlag hatte das zu ratifizieren, was ihm von der HV vorgegeben worden war.

Zu den beiden Bänden unserer Reihe des St. Benno-Verlages von 1978, um die es hier geht, lassen sich den Einträgen in den Antragsbögen Details zu den Terminen im staatlichen Verfahren entnehmen.[62] Z.B. begann für den Band „Markusjahr II, Zweite Lesungen" das staatliche Verfahren am 31.01.78, endete am 10.07.78 und dauerte damit fast ein halbes Jahr. Die Druckgenehmigung wurde für diesen Band bereits am 30. Mai 1978 von Dr. Mara Marquardt per Unterschrift erteilt und somit einige Wochen vor Abschluss des Verfahrens.

Im Fokus sollen nun die „Außengutachten der Hauptverwaltung" für die beiden Bände von 1978 stehen. Für beide Bände war ein Außengutachter tätig. Er hatte seine Unterschrift über die Angabe gesetzt: „Dr. Franklin Borrmann, Friedrich-Schiller-Universität Jena, Sektion Philosophie". Borrmann fungierte als Gutachter für die Reihe nur zu den Bänden von 1978.

Zunächst ist die Form in Borrmanns Außengutachten anzureißen. Im Vergleich zu anderen Außengutachten für die Reihe fällt die Übersichtlichkeit auf. Borrmann fertigte für die einzelnen Beiträge und Predigthilfen eine Viertel- bis Dreiviertelseite Gutachten an. Die Gutachten hatte er stets eng an die eingereichten Manuskripte angelehnt und ausgearbeitet. Exemplarisch dafür steht seine Be-

---

61 BArch Berlin, DR 1/2480, S. 234–236, 234. Hervorhebung im Original.

62 Zum „umrandete[n] Teil" im „Druckgenehmigungsbogen oder Titelbogen" siehe *Rekkers*, Außengutachten, 299–301.

gutachtung der Predigthilfe zum „5. Fastensonntag, Hebr 5,7–10 (Eberhard Prause)“, die hier wiedergegeben wird und an der Borrmann nichts moniert hatte.

Das Gutachten von Dr. Franklin Borrmann, Friedrich-Schiller-Universität Jena, Sektion Philosophie, zur Predigthilfe im Matthäusjahr II. Zweite Lesung: „5. Fastensonntag, Hebr 5,7–10 (Eberhard Prause).“ Jetzt S. 260–271. Borrmanns Angaben nach dem Manuskript. Hervorhebungen im Original.
„5. Fastensonntag (Hebr 5,7-10), von E. Prause I. Exegetische Textbesprechung: in 1. Zusammenfassung und 2. Texterläuterung wird ausgehend vom angefochtenen Glauben betont, dass der Weg zum Heil der Weg des Gehorsams ist (S. 299) II. Meditation: Kerngedanke: Wesen der Sendung und des Leidens Jesu ist ‚die Verherrlichung des Vaters‘ (S. 300), Trost bezieht sich nicht (in unwürdiger Weise) auf ein besseres Jenseits, sondern auf das Geschehen der Erlösung (S. 302) III. Gedanken zur Predigt: Erste Skizze: Der Zweifel im Glauben, wird am Beispiel von Chalom Ben Chorin* (‚die Botschaft des AT hat sich noch nicht erfüllt‘) und von Jean Paul (‚Rede des toten Christus vom Weltgebäude herab, dass kein Gott sei‘, 1795) demonstriert; Zweite Skizze: Das große Kreuz und die kleinen Herzen; ‚Es gibt kein zu großes Kreuz, nur zu kleine Herzen. Sie wollen sich nicht öffnen, sie pochen auf sich, sie verkleinern ihre Schuld, sie sind zu stolz, erlöst zu werden.‘ (S. 309)“
*Gemeint war offenkundig Schalom Ben Chorin (geb. 1913, gest. 1999)

Vergleicht man dieses Kurzgutachten von Borrmann mit der gedruckt vorliegenden Predigthilfe von Eberhard Prause, erkennt man zwar, dass der Jenaer Dozent für Philosophie Aspekte herausgefiltert hatte, die aus seiner Perspektive ins Auge stachen. Gleichwohl wird beim Vergleich auch ersichtlich, dass Borrmann nicht unsorgfältig gearbeitet und den Duktus der Predigthilfe einzufangen versucht hatte. Als Nicht-Theologe und als nicht in der Predigtpraxis Steckender hatte sich Borrmann mit der ihm fremden Materie intensiv auseinandergesetzt. Die Zensur wurde keineswegs oberflächlich durchgeführt.

Borrmann hatte auch Gesamteinschätzungen zu den Bänden abzugeben. Einleitend zum Band „Markusjahr I. Zweite Lesung“ hielt Borrmann Folgendes fest: „Leserkreis: Vorwiegend katholische Priester in der DDR, religiös interessierte Leser. Inhalt: Vorwort und 29 Predigthilfen. Gesamtanliegen: Wie kann man die christliche Glaubenslehre den Bedingungen unserer Zeit entsprechend wirksam verkündigen?“[63]. Vielleicht hätte der katholische Verlag für die Beschreibung des Gesamtanliegens eine andere Diktion gewählt, aber in der Sache hatte Borrmanns Formulierung das Anliegen des Verlages wohl eingefangen: Wie lässt sich unter den Bedingungen der Gegenwart der christliche Glaube „wirksam“ verkünden?

Zum Band „Matthäus II. Zweite Lesung“ verzeichnete Borrmann abschließend unter „Empfehlung: Im vorliegenden Buch werden theologische Fragen behandelt. Der politische Bezug wird in der Regel sorgfältig vermieden. Trotz weltanschaulich gegensätzlicher Positionen habe ich, unter Berücksichtigung der Abänderungsvorschläge, keine Einwände gegen eine Veröffentlichung.“[64]

Borrmann erwähnt hier geflissentlich und wahrscheinlich auch zur eigenen Absicherung die ‚weltanschaulich gegensätzlichen Positionen‘. Hierzu ist erhellend eine Einschätzung von Siegfried Lokatis zu den Druckgenehmigungsabläufen in der DDR: „Zensoren und politisch verantwortliche Lektoren taten gut daran, zu dokumentieren, dass sie es sich nicht leicht gemacht und Vorsicht hatten walten lassen.“[65] Zu Borrmanns „Abänderungsverschläge[n]“ kommen wir gleich.

Unterm Strich attestierte Borrmann in dieser Empfehlung jedenfalls dem St. Benno-Verlag, dem Herausgeber Karljosef Lange und auch den DDR-Autor*innen, dass sie brav das geliefert hatten, was seitens des Ministeriums und der HV „keine Einwände“ grundsätzlicher Art hervorrufen sollte. Es ist davon auszugehen, dass dem Verlag und auch der DDR-Autorenschaft stets klar war, worauf die staatliche Zensur achten wird, und dass sie deshalb dazu gezwungen waren, eine Art vorauseilender Selbstzensur vorzunehmen.[66] Zur Selbst- und Ei-

---

[63] BArch Berlin, DR 1/2485, 228 (alle Hervorhebungen im Original).
[64] BArch Berlin, DR 1/2485, 267.
[65] *Lokatis*, Hauptverwaltung, 25–26.
[66] *Lokatis*, Hauptverwaltung, 25, formulierte generell zur Zensur in der DDR: „Der Hauptteil der Zensurarbeit wurde nicht erst in der Zensurbehörde, sondern bereits in den Verlagen geleistet, und die HV beschied sich mit Stichproben, mit einer Art Endabnahme- und TÜV-Funktion.“

genzensur[67] in den DDR-Verlagen schrieb Siegfried Lokatis: „Die Zensurbehörde erwartete von ihren Verlagen die Einreichung druckreifer Manuskripte, die deshalb in den verschiedenen Stadien der Annahmen, ästhetischen Entwicklung und ideologischen Kontrolle entsprechend intensiv durchgeprüft worden waren.“[68] Was alles konkret im St. Benno-Verlag vor dem Einreichen des Manuskriptes bei der „HV“ abgelaufen war und wie „sorgfältig“ die Verlagsmitarbeiter*innen danach gefischt hatten, dass im Manuskript möglichst kein ins Auge stechender negativer „politischer Bezug“ oder zumindest keine nicht-staatskonforme Tonlage auftaucht, das wird sich noch eruieren lassen, wenn die Aktenlage im Verlag dafür günstig ausfällt und er seine Archive auch zugänglich macht.[69] M.E. kann man das staatliche Druckgenehmigungsverfahren mit Katz und Maus vergleichen. Die kleine Maus, alias der Verlag, war in diesem Fall erfolgreich in Deckung geblieben und so vor einer staatlichen Zensur-Kralle relativ sicher gewesen. In der Reihe darf man heutzutage nicht allzu viel Explizites darüber erwarten, wie die Katholik*innen in der DDR de facto politisch gedacht hatten und wie sie gepolt waren. Alles andere wäre zu kurz und zu naiv gedacht.[70]

Nun redete Borrmann in der zitierten Empfehlung davon, dass „in der Regel“ Politisches vermieden wurde. Also fand Borrmann Ausnahmen von der Regel vor. Im Matthäusband spähte er mehr Ausnahmen aus als im Markusband. Borrmanns Änderungsvorschläge zu diesen Ausnahmen wurden in der HV meist, aber nicht immer, mit einem handschriftlichen Vermerk im Gutachten versehen, welcher die geforderte Umgestaltung der Manuskripte festhielt. In der Akte zu den

[67] Beeindruckend und aufschlussreich zugleich ist, wie *I. Quaas*, Zensur und wie man sie unterläuft, in: *S. Lokatis* / *M. Hochrein* (Hg.), Die Argusaugen der Zensur. Begutachtungspraxis im Leseland DDR (Leipziger Arbeiten zur Verlagsgeschichte 3), Stuttgart 2021, 366–375, 366, auf ihre Arbeit als Lektorin im DDR-Verlag Volk und Welt von 1971 bis 1990 drei Jahrzehnte später zurückblickte: „Für mich ist die Zensur zu unterlaufen, auch schon mal außer Kraft zu setzen, in der Rückschau meine komplette Arbeit im Verlag gewesen. Natürlich hat das was mit mir gemacht. Die Schere im Kopf war immer vorhanden und man wusste schon, wie weit man gehen konnte, wobei man die Grenzen immer mehr ausgetestet hat. … dabei war es eben fast immer nötig, diejenigen im Auge zu haben, die die Druckgenehmigung erteilten, im Auge zu haben, aber auch vor allem Wege zu finden, sie mit allen Mitteln von unseren Projekten zu überzeugen bzw. gezielt im Unklaren zu lassen.“

[68] *Lokatis*, Argusblick, 25.

[69] *Lokatis*, Argusblick, 25, sprach „die Bitte an die Archive“ aus, „alle Gutachten digital zu erschließen und frei zugänglich zu machen“, um „systematische[n] Forschungen zu ermöglichen.“ Schön wäre es, wenn auch der St. Benno-Verlag solcher Bitte nachkommt.

[70] *Gärtner*, Entstehung, 90, kritisierte an „vielen Beiträgen des Predigtwerkes“, dass in ihnen „politische, kulturelle … gesellschaftliche und zeitgeschichtliche Bezüge“ nicht auftauchen. Gärtner hatte m.E. im Jahr 2005 die realen DDR-Verhältnisse noch zu wenig berücksichtigen können.

1978er-Bänden der Reihe finden sich zwei per Hand eingetragene Umformulierungen, die Borrmann nicht veranlasst hatte.[71]

Zu allen Verfahren während der Druckgenehmigung merkte Siegfried Lokatis an, worauf sich eine Wahrnehmung der Gutachten heutzutage einstellen sollte: „Gutachten dokumentieren zeitgenössische Lesarten politisch beschlagener Leser und lehren verborgene oder vermutete subversive Anspielungen zu erkennen, also die sagenumwobene oder vermutete Kunst, ‚zwischen den Zeilen' zu lesen."[72] Mit diesem Hinweis von Lokatis kann man auch Borrmanns Beanstandungen wahrnehmen. Ich werde sieben Monita von Borrmann wiedergeben und sie – soweit mir möglich – kommentieren. Mit den Fällen ist beabsichtigt, ein möglichst repräsentatives Bild zu Borrmanns Gutachtertätigkeiten entstehen zu lassen.

Der erste Fall betrifft das Vorwort zum Band „Markusjahr I. Zweite Lesung".[73] Das Vorwort mit dem Titel „Christozentrik in der Verkündigung?" wurde aus dem Westen übernommen, und zwar aus: „J. Ratzinger, Dogma und Verkündigung, Erich Wewel Verlag, München – Freiburg i. Br. 1973, 43–64."[74] Was beanstandete Borrmann am Beitrag des damaligen Regensburger Professors für Dogmatik und Dogmengeschichte, des späteren Papstes Benedikt XVI.? Es war dessen Verwendung des Begriffes „Nation".

Borrmann zitierte seinem Schema fürs Gutachten entsprechend Ratzinger unter:

> „Abänderung: ‚Die ‚Nation' überdauert die Einzelnen, die ihr zugehören, und fügt sie durch die Gemeinsamkeit der Sprache und der Geschichte in einen Lebenszusammenhang ein, der sie ungewollt bis in die Form ihres Denkens und Wollens hinein prägt.' (S. 8, Abs. 2, Zeile 14)."

---

[71] In der Predigthilfe „14. Sonntag im Jahreskreis, Röm 8,9.11–13 (Joachim Busl, Karljosef Lange, Walter Dirks, J. Mayer-Scheu)" im Band „Matthäusjahr II, Zweite Lesungen", 113-127 sollte vermutlich „eigene Leistungen" in „Werke" umgeschrieben werden (handschriftlich: „nun ‚Werke'"), was aber m.E. unterblieb (vgl. S. 120). Zur Predigthilfe „30. Sonntag im Jahreskreis, 1 Thess 1,5c–10 (Wilhelm Kühn)" im selben Band (S. 299–308) steht neben „Gedanken zur Predigt" handschriftlich „neu gefaßt".

[72] *Lokatis*, Argusblick, 16.

[73] S. 7–19.

[74] Ebd. S. 7, Anm. 1.

Dann fügte Borrmann dem Schema folgend hinzu:

> „Begründung: Hier liegt der bürgerliche Begriff der Nation zugrunde. Warum nicht Klassencharakter als Beispiel? Streichen!“[75]

Borrmanns Einwand zum Beitrag von Josef Ratzinger ist mit keinem handschriftlichen Eintrag versehen worden, was – wie erwähnt – nicht allzu ungewöhnlich war. Gestrichen wurde die Passage trotzdem und von „Nation“ ist in der DDR-Fassung nichts zu lesen. Wenn Borrmann zur Einstufung als ‚bürgerlich‘ griff, reiht sich das – so York-Gothart Mix zur DDR-Zensur – in ähnliche Kategorisierungen ein, zu denen z.B. auch ‚imperialistisch‘ und ‚elitär‘ gehörten.[76] Bei solchen Kategorisierungen erübrigten sich im Zensurverfahren alle weiteren, näheren Erläuterungen. Im Verfahren stachen sie wie eine höchste Karte im Kartenspiel.

Lech Zieliński hat die Verwendung des Kompositums „Klassencharakter“, das Borrmann benutzt hatte, im „Wörterbuch der deutschen Gegenwartsprache“ (WDG) untersucht. In den Teilen des WDG, an denen in der DDR ab 1970 gearbeitet wurde, taucht das Kompositum – so Zieliński – gehäuft und in „Definitionen auf, mit deren Hilfe eine dichotome Wertung vollzogen wird, die der Abwertung der kapitalistischen Staaten (Systeme) und der Aufwertung der sozialistischen Staaten dient.“[77] Borrmann dürfte mit seiner Frage „Warum nicht Klassencharakter als Beispiel?“ einer aktuellen, ideologisch vorgegebenen Bahn gefolgt sein, sich phraseologisch und zugleich wertend von den sog. anderen ‚Systemen‘

---

[75] BArch Berlin, DR 1/2485, 228.

[76] *Y.-G. Mix*, Alles Wächter rigoroser Observanz? Ideologisch betreutes Schreiben und Lesen, das Gutachterwesen oder die Zensur in den Honecker-Hager-Höpcke-Jahren, in: *S. Lokatis / M. Hochrein* (Hg.), Die Argusaugen der Zensur. Begutachtungspraxis im Leseland DDR (Leipziger Arbeiten zur Verlagsgeschichte 3), Stuttgart 2021, 63–87, 72, zur staatlichen Zensur: „Durch diese strikt ideologische Fundierung der Zensur konnten unterschiedliche Feindbilder, Ressentiments und Stereotype, wie etwa Antiamerikanismus, Antizionismus, Anti-Idealismus, Kleinbürgerhass, Anti-Formalismus oder die latente Intellektuellenfeindlichkeit, auf einen scheinbar wissenschaftlich deduzierbaren Nenner und zu einer Kollektivnorm erhoben werden, die eine Inklusion oder Exklusion eines Autors oder Werkes erlaubte. Kategorisierungen wie *bürgerlich, imperialistisch, antikommunistisch, antisozial, elitär* oder *solipsistisch* dienten der Reduktion von Komplexität, erübrigten jede weitere Diskussion oder intellektuelle Auseinandersetzung, erleichterten individuelle und kollektive Identitätsfindung und kaschierten die eigenen Erfahrungs- und Wissensdefizite.“ (Hervorhebung im Original).

[77] *L. Zieliński*, Vom Klassenziel zum Klassenkampf. Die Ideologisierung des Wörterbuchs der deutschen Gegenwartssprache von R. Klappenbach und W. Steinitz nach 1970, dargestellt anhand der Verwendungshäufigkeit und der Verwendungsart der ideologiegebundenen Komposita mit Klassen- in den Definitionen, in: Germanica Wratislaviensia, Bd. 129, Wrocław 2009, 143–173, 154.

abzugrenzen. Doch Wörter wie „Klasse“ und wie Borrmanns „Klassencharakter“ wurden in die DDR-Fassung von Josef Ratzingers Beitrag nicht hineingestöpselt.

Der zweite Fall betrifft die Predigthilfe „Dreifaltigkeitssonntag, 2 Kor 13,11–13 (Bruno Diefenbach)“ im Band „Matthäusjahr II, Zweite Lesungen“.[78] Borrmann schrieb:

> „Änderungsvorschlag: ‚Jedes Bemühen um Frieden verändert die Welt. Dieser Satz ist solange eine Phrase, solange ich nicht die Konflikte erkenne, in die ich selbst verwickelt bin.‘ (S. 15)
> Begründung: Mit diesem Satz wird der Friede verinnerlicht, die Bedeutung des antiimp. Friedenskampfes abgewertet.“[79]

Der zweite Satz von Bruno Diefenbach, den Borrmann zitiert hatte, wurde nicht gedruckt. Offenkundig hatte in diesen Jahren in der DDR zu gelten, dass sie als Teil der ‚sozialistischen Staatengemeinschaft‘[80] in einem ‚antiimperialistischen Friedenskampf‘ stehe.

Dazu passt der dritte Fall, der sich auf die Predigthilfe „27. Sonntag im Jahreskreis, Phil 4,6–9 (Robert Degenhardt, K. Lang, L. Wachinger)“ im Band „Matthäusjahr II, Zweite Lesungen“ bezieht.[81] Borrmann notierte hierzu:

> „Änderungsvorschlag: „Einsatz für Frieden müsse auf rechten Fundamenten beruhen, nicht auf ‚sinnlosen Aktivitäten‘ (S. 318)
> Begründung: Diskriminierende Äußerung gegenüber aktivem Friedenskampf.“[82]

Wenn ich es richtig rekonstruiert habe, bezog sich Borrmanns Änderung im Manuskript auf den Teil, den der DDR-Autor Robert Degenhardt abgefasst hatte. Degenhardt war im thüringischen Eichsfeld (Diedorf) tätig. Die beiden anderen Autoren der Hilfe stammten nicht aus der DDR und deren Vornamen wurden nur mit einem Kürzel wiedergegeben. Der nachträgliche handschriftliche Eintrag neben Borrmanns Änderungsvorschlag zu Degenhardts Text lautet „umgeschrieben“.

---

[78] S. 13–20.
[79] BArch Berlin, DR 1/2485, 255.
[80] Vgl. *M. Koch*, Die Einführung des Wehrunterrichtes in der DDR, Landeszentrale für politische Bildung Thüringen 2000, 3, einzusehen unter https://www.db-thueringen.de/receive/dbt_mods_00020634 (14.10.2022).
[81] S. 270–278.
[82] BArch Berlin, DR 1/2485, 264.

Wenn der Außengutachter Borrmann zweimal derart auf einen „Friedenskampf“ abhob, dann steht dahinter, dass die DDR-Regierung eine feste Vorstellung von solch einem Kampf hatte.

An dieser Stelle greife ich zunächst auf eine Erinnerung zurück. Im mecklenburgischen Kröpelin war ich bis 1976 Schüler an der „Ernst-Thälmann-Oberschule“ gewesen. Eins, zwei Jahre vor meinem Schulabschluss wurde eine Exkursion durchgeführt, die mit Mitgliedern der DDR-NVA („Nationale Volksarmee“) gestaltet wurde. Diese Exkursion hatte zum Ziel, dass sich die jungen Teilnehmenden sozusagen ‚militärisch‘ einstimmten. Bald stellte sich heraus, dass diese Exkursion eine Art Vorbote dessen war, was dann kam und was gut dokumentiert ist. Während Borrmann für die 1978er Bände die Gutachten anfertigte, liefen in der DDR gerade auf Hochtour die Vorbereitungen zum „Wehrkundeunterricht“. Trotz einer Entspannungsphase im Ost-West-Konflikt und trotz des ersten Abschlusses der Konferenz für Sicherheit und Zusammenarbeit in Europa (KSZE; 01.08.1975) hatte die DDR den „Wehrkundeunterricht“ am 1. September 1978 für die neunten Klassen und ein Jahr später für die zehnten Klassen als Pflichtfach an ihren Polytechnischen Oberschulen eingeführt.[83] Für die Schüler*innen bedeutete das Unterrichtsfach eine vormilitärische Ausbildung. Die DDR-Regierung verbuchte diesen Unterricht unter einer Sicherungsmaßnahme und unter einem Kampf für den Frieden. M.E. musste Borrmann als staatlicher Gutachter auf alles achten, was den „Friedenskampf“ á la DDR unterlaufen könnte.

Der vierte Fall betrifft im Band „Matthäusjahr II, Zweite Lesungen“ die Predigthilfe „Fronleichnam, 1 Kor 10,16–17 (Joachim Meisner)“. Der spätere Berliner und Kölner Kardinal war 1978 noch Weihbischof in Erfurt gewesen.[84] Borrmann zitierte Meisner und schrieb:

> „Änderungsvorschlag: ‚Man kann nicht Eucharistie essen und noch anderer Leute Brot, um dann noch ihr Lied zu singen.‘ (S. 26)
> Begründung: Das kann im Sinne einer Konfrontation mit dem Sozialismus gedeutet werden.“[85]

[83] Hierzu *M. Koch*, Einführung, und *ders.*, Der Wehrunterricht in den Ländern des Warschauer Paktes. Eine Untersuchung im historischen und schulpolitischen Kontext unter besonderer Berücksichtigung der UdSSR und DDR (IKS), Jena 2006.

[84] S. 21–30.

[85] BArch Berlin, DR 1/2485, 255.

Bei diesem Monitum Borrmanns zu Meisners Formulierung ist ein „sozialistisches Liedgut“ mitzudenken, das in der DDR in Kindergarten und Schule, während weiterer Ausbildungsphasen und bei offiziellen Anlässen gesungen wurde.[86] Meisners zitierter Satz ließ sich zu deutlich als ein Plädoyer dafür lesen, ‚sozialistische‘ Lieder nicht mitzusingen.[87] In der gedruckten Fassung steht die Änderung: „Wenn wir die Eucharistie essen, dann wollen wir auch Gottes Lied singen.“[88]

Der fünfte Fall betrifft die Predigthilfe „10. Sonntag im Jahreskreis, Röm 4,18–25 (Heinz Schürmann, Hugo Aufderbeck, E. Beck)“ im Band „Matthäusjahr II, Zweite Lesungen“.[89] Der damalige Erfurter Bischof Hugo Aufderbeck hatte einen knapp sechsseitigen Teil zu dieser Hilfe beigesteuert.[90] Borrmanns Beanstandung betraf den Part des Bischofs.

> „Änderungsvorschlag: Wo kein Glaube an Gott, da ist keine Hoffnung, da ist nur Gleichgültigkeit und Interessenslosigkeit oder Ekel am Leben möglich. (S. 83)
> Begründung: Damit werden Vertreter anderer Weltanschauungen diskriminiert. (H. Aufderbeck)“[91].

Dieser Fall ist recht eigenartig. Hugo Aufderbecks Leistungen und pastorale Impulse für den DDR-Katholizismus wurden in der einschlägigen Literatur nachgezeichnet und gewürdigt.[92] Vor diesem Hintergrund lässt sich auch der ganze Text von Aufderbeck lesen, der das Thema ‚Glauben‘ behandelt. Heute, nach gut vierzig Jahren, vermag seine Behandlung des Themas immer noch zu beeindrucken.

---

[86] Hierzu *T. Goll*, Lieder aus der DDR als Quellen im historisch-politischen Unterricht, in: *ders.*, / *T. Leuerer* (Hg.), Ostalgie als Erinnerungskultur? Symposium zu Lied und Politik in der DDR (Würzburger Universitätsschriften zu Geschichte und Politik, Band 6), Baden-Baden 2004, 80–100; zitiert nach dem Wiederabdruck in: Forum Politikunterricht 2 (2005), 2–22, 12: „Von der Wiege bis zur Bahre konnte man sozialistisches Liedgut hören und mitsingen“.

[87] Insofern Meisner im Manuskript gezielt religiös-politisch stacheln wollte, passt dazu eine Begebenheit am Ende seiner DDR-Zeit. Neun Jahre später formulierte Meisner als Berliner Kardinal auf dem einzigen Katholiken-Treffen der DDR 1987 in Dresden beim Abschlussgottesdienst in seiner Predigt einen griffigen Satz, der sich das Gedächtnis der gut 100.000 anwesenden Katholik*innen eingraben sollte. In Anspielung auf den überall zu sehenden Sowjetstern sagte Meisner in Anwesenheit von staatlichen Vertretern: „Wir wollen keinem anderen Stern folgen, als dem Stern von Betlehem.“ Hierzu https://www.bistum-dresden-meissen.de/static/archiv/archiv-2017/bistum-trauert-um-kardinal-meisner-83.html (14.10.2022).

[88] S. 26.

[89] S. 65–76.

[90] Der Text von Aufderbeck S. 70–75.

[91] BArch Berlin, DR 1/2485, 257.

[92] Z.B. durch *Brodkorb*, Bruder; und durch den Sammelband J. *Pilvousek* / E. *Preuß* (Hg.), Hugo Aufderbeck. 1909–1981, Heiligenstadt 2009.

Zu diesem positiven Eindruck dürfte nun auch der HV-Außengutachter Borrmann beigetragen haben, weil er sich eines Seitenschlenkers des Erfurter Bischofs angenommen hatte. Dabei kann davon abgesehen werden, ob Borrmann in seinem Gutachten Aufderbeck zitiert oder nur dessen Gedanken wiedergegeben hatte. Borrmann hatte keine Anführungszeichen gesetzt.

Borrmann hatte sich daran gestoßen, dass der Autor negativ und pauschal über Möglichkeiten zur Lebensentfaltung derer geurteilt hatte, die nicht an Gott glauben. Borrmann wollte dieses Urteil nicht passieren lassen. Aufderbecks Formulierung oder Gedanke wurde nicht gedruckt. Bemerkenswert ist, dass der „Marxismus-Leninismus-Dozent Dr. Franklin Borrmann" (so bezeichnete ihn Katharina Lenski)[93] bei der Diskriminierung nicht allein an Vertreter*innen einer spezifischen Weltanschauung gedacht hatte, sondern recht offen an die „anderer Weltanschauungen". M.E. dürfte Borrmanns Korrektur nicht erst heutzutage unter Gläubigen und Theolog*innen plausibel erscheinen. So gesehen hatte der Jenaer Dozent für Philosophie die Reihe vor einer theologischen Einseitigkeit bewahrt.

Der sechste Fall bezieht sich auf die Predigthilfe „11. Sonntag im Jahreskreis, Röm 5,6–11 (Herbert Pollack" im Band „Matthäusjahr II, Zweite Lesungen".[94]

> „Änderungsvorschlag: ‚Alle Unternehmungen menschlicher Selbsterlösung gleichen dem absurden Kraftaufwand des Sysiphos.' (S. 92)
> Begründung: Diskriminierende Äußerung, die sich gegen die These richtet, ‚uns aus unserem Elend zu erlösen, können wir nur selber tun'"[95].

Wenn der DDR-Autor der Predigthilfe Herbert Pollack in seinem Manuskript den „absurden Kraftaufwand des Sysiphos" erwähnte, denkt man unweigerlich an DDR-Schriftsteller[96] und -Maler[97], welche den antiken Sisyphos-Mythos aufgegriffen haben. In der kleinteiligen DDR waren gewisse Themen sozusagen populär. Hier soll aber auf einen anderen Aspekt abgehoben werden. Borrmann sah durch Pollacks Formulierung und Vergleich die These herabgewürdigt, die er dann zitierte. Borrmann gab für das Zitat keine Quelle an. Er hatte in der Haupt-

---

[93] Siehe Anm. 110.
[94] S. 77–84.
[95] BArch Berlin, DR 1/2485, 258.
[96] Hierzu *P. Arlt*, Die Flucht des Sisyphos. Griechischer Mythos und Kunst. Eine europäische Bildtradition, ihre Aktualität in der DDR und heute, Gotha 2008, 83–103.
[97] Zu zwei entsprechenden DDR-Gemälden vgl. *K. Schröter*, Wolfgang Mattheuer. Die Flucht des Sisyphos (1972) und Sisyphos behaut den Stein (1974), in: *K. Kolb / G. Lupfer / M. Roth* (Hg.), Zukunft seit 1560. Von der Kunstkammer zu den Staatlichen Kunstsammlungen Dresden, Berlin / München 2010, 264–265.

verwaltung die Kenntnis der Quelle vorausgesetzt. Borrmann entnahm die These dem Lied „Die Internationale". Im deutschen Text von Emil Luckhardt aus dem Jahr 1910 beginnt die Internationale mit der bekannten Zeile: „Wacht auf, Verdammte dieser Erde, …" In dieser Textfassung enthalten zwei Zeilen in der zweiten Strophe die These: „Uns aus dem Elend zu erlösen / können wir nur selber tun." Zwischen der Hauptverwaltung und ihrem Außengutachter herrschte eine Art von Einvernehmen darüber, auf welchen Texten und Auffassungen man fuße. In der gedruckten Fassung von Pollacks Predigthilfe taucht Sisyphos nicht auf.

Der siebte Fall betrifft dieselbe Predigthilfe von Herbert Pollack und ist auf andere Weise aufschlussreich. Borrmann bezog sich auf einen weiteren Punkt in dessen Predigthilfe:

> „Änderungsvorschlag: ‚Als Christus starb, geschah mehr, als sich mit den trefflichsten menschlichen Taten vergleichen ließe: Es war kein aufgezwungener Verteidigungskampf, kein Einsatz in eigener Sache, kein Sterben für sich selbst oder seine Freunde oder sein Volk – den völlig anderen … galt der Einsatz Christi.' (S. 96)
> Begründung: Damit werden Ideale des realen Humanismus (Verteidigungsbereitschaft) diskreditiert."[98]

Was Borrmann hier an Pollacks Entwurf beanstandet hatte, das konnte vom St. Benno-Verlag trotzdem gedruckt werden.[99] Dieser letzte ausgewählte Fall aus der Akte erinnert daran, dass in der HV „Verlage und Buchhandel" die Auffassung eines bestellten Zensors auch schon mal nicht übernommen wurde. Borrmann erhielt für sein Gutachten zum Matthäusband 390 Mark Honorar und für das zum Markusband 382,50 Mark.

Nach diesem Gang durch Borrmanns HV-Außengutachten soll versucht werden zu zeigen, dass für ihre Einordnung ein Blickwinkel allein nicht ausreicht. Wenigstens ein zweiter, anders gelagerter und ergänzender Blickwinkel sollte hinzukommen.

Wer nach der einstigen Atmosphäre staatsideologischen Beäugens und Argwohns sucht, findet dafür Belege in Borrmanns Gutachten zu den beiden Bänden. Der Argwohn angelte das heraus, was das Eigene in der Ideologie zu bedrohen schien oder bedrohte. Eine Tabelle zu den Monita Borrmanns kann das nochmals

---

98 BArch Berlin, DR 1/2485, 258.

99 Ein Unsicherheitsfaktor bleibt, ob Borrmann in seiner Auslassung „…" dasselbe vorfand, was jetzt in der gedruckten Fassung steht. Jedenfalls dasjenige, was Borrmann wiedergab, erscheint im Band wortgleich auf S. 83.

vergegenwärtigen. Die zitierten Inhalte sind schematisch geordnet. Die Zahlen in der Tabelle beziehen sich auf die sieben besprochenen Fälle.

Das Eigene in der Ideologie nach Borrmanns Diktion	Das Nicht-Eigene
„Klassencharakter“ 1.	„der bürgerliche Begriff der Nation“
„Sozialismus“ 4.	
„‚uns aus unserem Elend zu erlösen, können wird nur selber tun.‘“ 6.	
[„Wo kein Glaube an Gott…“ 5. ?]	
„Ideale des Humanismus (Verteidigungsbereitschaft)“ 7.	
„des antiimp. Friedenskampfes“ 2.	[‚imperialistisch‘]
„aktivem Friedenskampf“ 3.	

Borrmanns Gutachten ist zu entnehmen, dass der Argwohn die Bedrohungen als Herabwürdigungen der herrschenden Ideologie zu disqualifizieren hatte. Das zeigt eine kurze Liste anhand von m.E. sprechenden Zitaten aus den Monita.

„abgewertet“ 2., „Diskriminierende Äußerung“ 3., „im Sinne einer Konfrontation“ 4., „diskriminiert“ 5., „Diskriminierende Äußerung“ 6. und „diskreditiert“ 7.

In der Liste fallen Lemmata zur Wortwurzel ‚Diskriminieren‘ auf.[100] Einer Funktion, wie Borrmann sie für die HV erfüllen musste, oblag es, dass der Ruf der ‚reinen Lehre‘ durch publizierte Inhalte nicht in Misskredit gerate und beschädigt werde. M.E. lassen sich diese Eindrücke zu Borrmanns Gutachten einem obliga-

[100] Unweigerlich stellen sich bei diesem Lemma im Rückblick Assoziationen ein. Katholik*innen, Christ*innen und Religiöse in der DDR hatten Benachteiligungen in Kauf zu nehmen, so sie ihren Glauben öffentlich gemacht hatten und nicht glatt staatskonform (wie durch Nicht-Teilnahme an der Jugendweihe) zu handeln bereit waren: z.B. Ausschluss von Schulen mit Abiturabschluss und vom Hochschulstudium oder ausgebremster beruflicher Aufstieg. Derartige Eigenerfahrungen erlebten diese als Ungleichbehandlungen oder Stigmatisierungen, anders gesagt: als Diskriminierungen. Wer als Gläubiger in der DDR nicht glatt nach den Vorstellungen der katholischen Kirche handelte (wie durch Teilnahme an der Jugendweihe), der konnte kirchenamtlicherseits mit Stigmatisierungen rechnen. Hierzu *J. Pilvousek*, Kirchliches Leben im totalitären Staat. Seelsorge in der SBZ / DDR 1945–1976. Quellentexte aus den Ordinariaten, Leipzig 1994, unter 2. Schwerpunkt: Jugendweihe und andere staatlich geförderte Ersatzriten, 22–25.

torischen Pflichtprogramm innerhalb des staatlichen Verfahrens zuordnen. Dies war der eine Blickwinkel.

Für einen weiteren Blickwinkel greife ich eine Feststellung von Siegfried Lokatis auf: „Das Schicksal eines Manuskriptes im Druckgenehmigungsverfahren hing weitgehend davon ab, an welchen Gutachter es geriet.“[101] So kann danach gefragt werden, wie der HV-Außengutachter Borrmann seine Spielräume für das ‚Schicksal‘ der Texte genutzt hatte. Die Frage eröffnet eine neue Perspektive. Zu ihrer Beantwortung lassen sich zwar nur Indizien zusammentragen und mehr als eine Hypothese zu entwickeln ist hier nicht möglich. M.E. deutet aber einiges darauf hin, dass Borrmann für das ‚Schicksal‘ der Manuskripte auch günstig walten wollte.

Erste Anhaltspunkte lassen sich der Gestalt entnehmen, die Borrmann seinen Gutachten gegeben hatte und die sich in mehreren Punkten von anderen HV-Außengutachten zur Reihe unterscheidet.[102] Bereits erwähnt wurden die Übersichtlichkeit in Borrmanns Gutachten und ihr Nachzeichnen der Manuskriptinhalte. Anscheinend wollte Borrmann vor der HV als sachbezogener Gutachter erscheinen, wenn er – mit relativ wenigen Abstrichen – den Druck empfahl. Interessant ist, was in Borrmanns Gutachten nicht vorkommt. Borrmann hat sich nicht direkt über die Autoren der Manuskripte geäußert und über den St. Benno-Verlag; damit hat er auch keinen Autor vor der HV in ein dunkles Licht gestellt[103] und in Bezug auf den Verlag keinen Vorwurf erhoben, etwa dergestalt, dass der Verlag unsorgfältig vorgearbeitet habe. Während andere Außengutachter Entscheidungen über nicht eindeutige Stellen an die HV als übergeordnete Instanz delegierten, hat Borrmann selber entschieden. Borrmann dürfte zwar gewusst haben, dass Dr. Mara Marquardt das letzte Wort hat, aber man hat den Eindruck, Borrmann wollte möglichst selber in der Hand haben, was aus den Manuskripten wird.

Im Monitum zum Manuskript von Hugo Aufderbeck ist aufgefallen, dass Borrmann für Weltanschauungen im Plural gleichsam votierte. Was könnte hinter seinem Votieren gestanden haben? Der marxistische Philosoph setzte sich in seinen Forschungsschwerpunkten intensiv mit einer anderen Weltanschauung ausei-

---

[101] *S. Lokatis*, Literarisches Quintett, in: *ders.* / *M. Hochrein* (Hg.), Die Argusaugen der Zensur. Begutachtungspraxis im Leseland DDR (Leipziger Arbeiten zur Verlagsgeschichte 3), Stuttgart 2021, 26–29, 26.

[102] Als Vergleichsmaterial eignet sich insbesondere das HV-Außengutachten zu A (Mt) I Erste Lesungen in BArch Berlin, DR1/2483.

[103] Vgl. in BArch Berlin DR1/2486 das HV-Außengutachten zu B (Mk) II Zweite Lesungen.

nander: mit dem „Katholizismus". Er hatte zum Katholizismus nach dem Zweiten Vatikanischen Konzil an der Ingenieurhochschule für Seefahrt Warnemünde gearbeitet und an der Universität Jena zu dieser Thematik promoviert.[104] Seine Jenaer Habilitation befasste sich mit dem ‚sozialkritischen Katholizismus'. Borrmann beschäftige sich mit katholischen Theologen, u.a. mit Franz Klüber[105] und mit Johann Baptist Metz[106].[107]

Von Konrad Feiereis stammt eine Erinnerung an Dr. Franklin Borrmann.[108] Feiereis war Professor für Philosophie (von 1974 bis 1999) am Philosophisch-Theologischen Studium Erfurt gewesen. Feiereis griff damals anstehende und für seine DDR-Studierendenschaft aktuelle Themen auf. Feiereis schrieb: „Regelmäßig bot ich den Studenten Seminare über philosophischen Atheismus an. Die Studenten äußerten dabei nicht selten den Wunsch, nicht nur über Atheismus, sondern auch mit Atheisten zu reden." Für einen entsprechenden Dialog konnte Feiereis vier Gesprächspartner gewinnen, zu denen auch der Jenaer Dozent für Philosophie Dr. Franklin Borrmann gehörte. Der staatliche Zensor von 1977/78 zu unserer Reihe war also in den 80er Jahren[109] dazu bereit, mit Erfurter Theologiestudent*innen über den philosophischen Atheismus zu diskutieren. Konrad Feiereis hielt zu diesen Treffen fest: „Diese Dialoggespräche waren für beide Seiten stets fruchtbar und unvergeßlich." Dazu passt eine Begebenheit aus dem Jahr 1989, welche die Historikerin Katharina Lenski nachgezeichnet hat. Bereits

---

[104] *F. Borrmann*, Katholizismus nach dem II. Vatikanischen Konzil (Wissenschaftlicher Atheismus 10), Rostock/Warnemünde Ingenieurhochschule für Seefahrt Warnemünde 1977. Die Promotion: *Ders.*, Vatikanum II, zehn Jahre danach. Zu einigen neuen Tendenzen und Strömungen in der römisch-katholischen Kirche und Theologie (Hochschulschrift), Jena 1978.

[105] *F. Borrmann / F. Klüber*, Der Umbruch des Denkens in der katholischen Soziallehre, Deutsche Zeitschrift für Philosophie 33/9 (1985) 856–858.

[106] Hierzu *S. Hegenbarth*, Christliche Kräfte in ihrem Engagement für Frieden und Abrüstung, Deutsche Zeitschrift für Philosophie 35/1 (1987) 77–81, 81.

[107] *F. Borrmann*, Martin Luther, reformatorische Theologie und gesellschaftlicher Fortschritt: Wissenschaftliche Zeitschrift. Gesellschafts- und sprachwissenschaftliche Reihe, 32 (1983) 1/2, 11–25. Dieser Beitrag gehört in den Rahmen der Feier des 500. Geburtstags des Reformators, die von einem Martin-Luther-Komitee vorbereitet wurde. Dem Komitee gehörten staatliche und kirchliche Vertreter an, den Vorsitz hatte Erich Honecker inne.

[108] *K. Feiereis*, Möglichkeiten und Grenzen des Dialogs aus der Sicht eines katholischen Theologen, in: UTOPIE kreativ 129/130 (Juli/August 2001), 709–721, 718.

[109] Die Begriffe bei Feiereis verwirren ein wenig oder waren vielleicht in der damaligen Hochschullandschaft anders gefüllt. Hat er die Habilitation von Franklin Borrmann, Sozialkritischer Katholizismus in der Epoche des Übergangs vom Kapitalismus zum Kommunismus (Hochschulschrift), Jena 1986, für dessen Promotion (siehe oben) gehalten? Wenn Feiereis' Hinweis auf die Arbeit zum ‚Sozialkritischen Katholizismus' als Anhaltspunkt für eine Chronologie genommen wird, dann dürften m.E. die Dialoge der Erfurter Theologiestudent*innen mit Borrmann nicht vor 1986 stattgefunden haben.

im März, noch vor der eigentlichen politischen Wende im Sommer und Herbst, hatte Borrmann in Jena öffentlich vor Studierenden mit einem Oberkirchenrat der Landeskirche Thüringen diskutiert. Borrmann galt damals unter den Parteigenossen – so Lenski – „als unbequemer Querdenker“ und Borrmann hat auf dem Jenaer Treffen dargelegt, dass und warum ein „Dialog zwischen Philosophen und Theologen“ nützlich ist.[110]

Das waren freilich nur Indizien. Wenn ich sie richtig interpretiert und angemessen als Teile eines Puzzles zusammengefügt habe, dann erscheinen die besprochenen Gutachten und ihr Gutachter in einem zweiten, neuen Licht. Im System hatte Borrmann zwar ein Pflichtprogramm abzuspulen gehabt; und im Spiel zwischen Katz und Maus konnte er die Maus, alias den Verlag und die Autor*innen, vor der HV nicht sicher abschotten. Doch er dürfte dem Schicksal der Manuskripte auch gewogen gewesen sein und im Rahmen des ihm Möglichen den Texten weitergeholfen haben.

An dieser Stelle ist kurz auf Frau Dr. Marquardt in der HV zurückzukommen. Sie orientierte sich zwar an den HV-Außengutachten, fällte aber wichtige Entscheidungen selbst. Die Empfehlung in einem HV-Außengutachten, einem ganzen Band die Druckgenehmigung zu verweigern, hatte Dr. Marquardt nicht übernommen.[111] Vielleicht wäre es bei den Bezieher*innen der Reihe und in der Kirchenleitung zu Irritationen und Unruhe gekommen, wenn in der etablierten Reihe ein Band ausfällt oder dessen Erscheinen lange ausbleibt. Vermutlich scheuten sich Frau Dr. Marquardt und die HV mit Blick auf das Staat-Kirchen-Verhältnis vor solch einem Trubel und beschränkten sich lieber auf die Umgestaltungen der Manuskripte.

---

110 *K. Lenski*, Zwischen System und Solidarität: „Ambulancia – ein Krankenwagen für Nicaragua“. Studierende und Staatssicherheit im letzten Jahr der DDR, in: *R. Gramsch* / *T. Kaiser* (Hg. im Auftrag des Studierendenrates der FSU Jena), Engagement und Ernüchterung. Jenaer Studenten 1988 bis 1995, Jena 2009, 47–75, 64–65 (zu beachten sind ihre Quellen in den Anm. ebd.), zum „Marxismus-Leninismus-Dozent Dr. Franklin Borrmann“, der am 13. März 1989 in Jena „vor etwa achtzig Studierenden“ mit dem Oberkirchenrat Ludwig Große diskutierte: „… Borrmann war bekannt: ein unbequemer Querdenker in den Reihen der Partei.“ Ferner: „Borrmann habe … auf das Nichterscheinen verschiedener kirchlicher Zeitungen im Frühjahr 1989 verwiesen, wie darauf, dass Wirtschaftswachstum nicht auf Kosten der Umwelt gehen dürfe, und schließlich sei der Dialog zwischen Philosophen und Theologen im Interesse von ‚Gerechtigkeit, Frieden und Bewahrung der Schöpfung‘ für das gesamte Land nützlich. Damit hatte Borrmann unmittelbar an die Diskussion im Kontext der Ökumenischen Versammlungen und des Konziliaren Prozesses angeknüpft.“

111 Z.B. im BArch Berlin DR1/2482 das HV-Außengutachten zu A (Mt) II Erste Lesungen.

2.2 Was in der Reihe zum DDR-Alltag – trotzdem? – auch auftaucht

Ein weiteres Feld, das sich lohnt, in der Reihe näher untersucht zu werden, betrifft die Einlassungen der DDR-Autor*innen auf Facetten im DDR-Alltag, die von der staatlichen Zensur nicht getilgt wurden, obwohl die Einlassungen diesen Alltag in keinem günstigen Licht erscheinen ließen. Zwei – zufällig – herausgegriffene Beispiele enthalten solche Einlassungen.

Ein DDR-Witz kann den Hintergrund für das erste Beispiel erhellen. Solche Witze spiegelten oft etwas Handfestes im DDR-Alltag wider. Bekanntlich deshalb sammelte der westdeutsche Bundesnachrichtendienst (BND) von 1977 bis 1989 akribisch politische Witze, die in der DDR im Umlauf waren, um diese als ‚Stimmungsbarometer für die Lage im real existierenden Sozialismus' auswerten zu können.[112] Eine geheime Akte darüber ging jedes Jahr vom BND an die Bundeskanzler Helmut Schmidt und Helmut Kohl. Der Witz bestand aus einem kurzen Zitat des Staatsratsvorsitzenden, der mal Walter Ulbricht, mal Erich Honecker hieß und das meist so lautete: „Aus unseren Betrieben ist noch viel mehr rauszuholen." Beim Zitierten wurde davon ausgegangen, dass er an die Steigerung der Produktivität gedacht hat. Bei den meisten DDR-Bürger*innen stellte sich sofort ein Schmunzeln ein, dachten sie doch unweigerlich an die verbreitete Manier, aus den Staatsbetrieben all das „rauszuholen", was sich privat gebrauchen ließ. Allein das Zitat funktionierte in DDR-Ohren als Witz aufgrund eines allbekannten Phänomens.

Das erste Beispiel bezieht sich – nun ohne Humor – auf dieses Allbekannte und stammt aus der Predigthilfe von Wolfgang Simon zu Ez 33,7–9.[113] Der Redakteur der Reihe Simon behandelte in seiner Hilfe u.a. die Thematik, in welchen Fällen unter Christ*innen eine geschwisterliche Kritik[114] angebracht sein kann, und er griff in seinem letzten Fall einen Jargon auf, mit dem die erwähnte, allbekannte Manier als „abstauben oder organisieren" verharmlost wurde. Simon schrieb: „Eine dritte Möglichkeit bietet sich durch eine gewisse Sprachhygiene an, insofern durch sie bedenkliche Verharmlosungen entlarvt und gängige Minui-

---

[112] Hierzu *H.-H. Hertle* / *H.-W. Saure* (Hg.), Ausgelacht. DDR-Witze aus den Geheimakten des BND, Berlin ³2015.

[113] *W. Simon*, 23. Sonntag im Jahreskreis, Ez 33,7–9, in: *K. Lange* (Hg.), Das Wort an die Gemeinde. Predigthilfen zu den Perikopen der neuen Leseordnung, Mattäusjahr II, Erste Lesungen, Leipzig 1975, 223–236, 234.

[114] Simon redete von der „Interesselosigkeit am Lebensweg des Bruders."

tivchen[115] (z.B. abstauben oder organisieren für stehlen) korrigiert werden können."[116]

In diesem ersten Beispiel findet sich ein typischer DDR-Sprech für Stibitzen und Einstecken in die eigene Tasche: „abstauben" und „organisieren". Was Wolfgang Simon beiläufig und in Klammern gesetzt antippte, traf ein Verhalten, an dem sich viele, auch Katholik*innen, beteiligt hatten.

Das zweite Beispiel nimmt sich zunächst selbstredend aus und stammt aus der Predigthilfe von Georg Jelich „26. Sonntag im Jahreskreis, Ez 18,25–28" im Band Matthäusjahr II 1. Lesungen von 1975.[117] Jelich war damals Kaplan im Eichsfeld (Dingelstädt) gewesen, später 1989–2010 war er Generalvikar in Erfurt. Der Kaplan Jelich befasste sich in einer seiner Predigtskizzen mit einer „Methode des Schuldabschiebens", die „wir recht gut bei uns selbst wahrnehmen" können. Jelich notierte zur Skizze in Klammern: „Hier sollten die Beispiele möglichst konkret werden." Jelich selbst nannte als erstes Beispiel eine Arbeitsmoral:

> „Sicher haben wir uns schon mal an einem Gejammer über mangelnde Arbeitsmoral beteiligt. Diese Unzuverlässigkeit, Stunden werden geschrieben, die nicht gearbeitet wurden, es wird krank *gefeiert*. Schnell finden wir vielerlei Gründe, warum so etwas hier und da einreißen konnte. Nur von einem Grund wird selten geredet: Ich selbst arbeite unehrlich und pfusche kräftig mit."[118]

Welchen neuralgischen Punkt Jelich mit seiner Wortwahl „mangelnde Arbeitsmoral" getroffen hatte, geht u.a. aus einem Bericht[119] des ostdeutschen Ministeriums für Staatssicherheit (MfS) von 1977 hervor, der mit „Tendenzen der Unzufriedenheit in der Bevölkerung der DDR" überschrieben und der für Teile der SED-Führung bestimmt war. Das MfS gab in seinem Bericht Auffassungen von – so wörtlich – „Arbeitern" wieder, welche die gerade kursierenden Thesen des Systemkritikers Rudolf Bahro aufgriffen und welche dessen Thesen – m.E. aufgrund ihrer eigenen, langjährigen Erfahrungen – zustimmten. Das indirekte Zitat des MfS, was ‚Arbeiter' untereinander so redeten und welches die wortgleiche For-

---

[115] Anscheinend i.S.v. ‚Verniedlichungen', Fußnote als Kommentar von N.C.B.
[116] *Simon*, Ez 33,7–9, 234.
[117] S. 258–270, 267.
[118] Ebd.; Hervorhebung im Original.
[119] Datiert auf den 12. September 1977; Bericht O/49; Quelle: BStU, MfS, ZAIG 4119, Bl. 1–8; abrufbar unter: https://www.ddr-im-blick.de/jahrgaenge/jahrgang-1977/report/tendenzen-der-unzufriedenheit-in-der-bevoelkerung-1/ (14.10.2022).

mulierung wie Jelich „mangelnde Arbeitsmoral“ benutzte, begann so: „Es stimme, dass in Betrieben Schlamperei, Verantwortungslosigkeit, mangelnde Arbeitsmoral bei vielen Beschäftigten vorhanden sei“[120]. Für unsere Belange können die zwei, drei Jahre Abstand zwischen Jelichs Skizze und dem zitierten Stasi-Stimmungsbericht vernachlässigt werden. Als erhellend ist anzusehen, dass sich Jelichs Skizze zum Inhalt des „Gejammer[s]“ recht eng mit dem traf, was der Stasi-Bericht als „Ausdruck des ‚überall herrschenden Unbehagens in der DDR‘“ bezeichnete.[121] Jelich war es – wie von ihm selbst anvisiert – mit einem „Beispiel“ ersichtlich gelungen, für die Abnehmer*innen der Reihe etwas „konkret“ Handfestes aus dem DDR-Alltag aufzugreifen und ihnen so eine Art Musterfall fürs Predigen vorzuschlagen.

Die beiden Probebohrungen in den Predigthilfen von Wolfgang Simon und Georg Jelich führten in eine ähnliche Richtung, in die Betriebs- und Arbeitswelt der DDR. Für mich als Alttestamentler ist es bemerkenswert, dass die beiden Autoren beim Behandeln von Perikopen aus dem alttestamentlichen Buch Ezechiel[122] darauf kamen, diese Welt und damit ihre Gegenwart zu streifen. Freilich muss man ergänzen, dass in der Reihe das Gros der Aktualisierungen in andere Richtungen gingen. Was nun aber Simon und Jelich 1975 berührt hatten, ließ die „Arbeiter-und-Bauern-Macht“, wie sich die DDR gerne bezeichnete, in einem ungünstigen Licht erscheinen.[123] Ihre Ausleuchtungen werfen Fragen auf. Auch Simons und Jelichs Predigthilfen waren durch den staatlichen Zensurfilter gegangen. Hatte diese Zensur nicht so genau hingeschaut auf das, was da in den Druck ging? Oder hatte diese Zensur gerade Spielräume dafür gesehen, dass das genau so in den Druck gehen konnte?

---

[120] Das indirekte Zitat geht so weiter: „…in einigen Betrieben herrsche eine direkte ‚Lotterwirtschaft‘; es werde Material vergeudet, die Arbeitszeit nicht ausgenutzt und z.T. durch Planlosigkeit wertvolles Rohmaterial ohne Nutzen verschwendet.“ Vgl. hierzu *D. Münkel* (Hg.), Die DDR im Blick der Stasi 1977. Die geheimen Berichte an die SED-Führung, bearb. von Henrik Bispinck, Göttingen 2012, 27–31. Das systemkritische Buch von *R. Bahro*, Die Alternative. Zur Kritik des real existierenden Sozialismus, Hamburg 1977, hatte in Ost und West Furore gemacht und war in der DDR verboten. Vgl. hierzu Kurt Seifert, Wider die Logik der Selbstausrottung. Rudolf Bahros Suche nach einer gesellschaftlichen „Alternative“, in: Zeithistorischen Forschungen. Archiv 2/2005, 326–330.

[121] Jelich entfaltete die „schnell“ gefundenen „Gründe“ für die „mangelnde Arbeitsmoral“ nicht; dies war auch nicht sein Anliegen und hätte die Gattung ‚Predigthilfe‘ gesprengt.

[122] Vgl. hierzu den Beitrag von Cornelia Aßmann in diesem Band.

[123] Hierzu *B. Wolf*, Sprache in der DDR. Ein Wörterbuch, Berlin/New York 2000, 10; unter den Stichworten „Arbeiter-und-Bauern-Macht“ und „Arbeiter-und-Bauern-Staat“.

2.3 Schlussbemerkung: Die Reihe und die ideologische Großwetterlage

Von Seiten des St. Benno-Verlages hat der Lektor Peter Kokschal im Nachhinein zur staatlichen Zensur festgehalten: „Manches Manuskript, von dem man es nicht vermutete, wurde massiv beanstandet; ein anderes, bei dem man nach der allgemeinen Erfahrung einige Beanstandungen erwartete, erhielt als erfreuliche Ausnahme ohne Weiteres die Druckgenehmigung."[124] Was der Lektor Kokschal nicht erwähnt, ist der Umstand, dass für das staatliche Druckgenehmigungsverfahren die ideologischen Vorgaben von ganz oben sehr phasenabhängig waren. Siegfried Lokatis sprach mit Blick auf diese Phasen von einem „Auf und Ab im Pendelspiel der ideologischen Großwetterlage zwischen Tauwetter und Frostperiode." Lokatis ergänzte dann: Die „letzte Zensurhoheit lag nicht bei der HV Verlage, … sondern weiter ‚oben' im ZK, im Politbüro … oder gar in Moskau."[125] Auch unsere Reihe befand sich beim staatlichen Druckgenehmigungsverfahren quasi auf offener See. Zwischen Flauten und stürmischen Gegenwinden.

[124] In *Preuß*, Kanzel, 110–111, 110.
[125] *Lokatis*, Argusblick, 20.

STAATLICHE UND KIRCHLICHE ZENSUR ZU *DAS WORT AN DIE GEMEINDE*

Jörg Seiler

1 Rahmenbedingungen

Zensur bedeutet Prüfung, Beurteilung und Korrektur öffentlich kundzugebender Äußerungen durch eine Instanz, die über Entscheidungsgewalt verfügt oder diese für sich beansprucht, um den Rahmen zu definieren, innerhalb dessen (noch) etwas publiziert werden darf. Hier treten staatliche Akteure, Kirchen, politische Bewegungen oder gesellschaftliche Gruppen auf den Plan. Die Durchsetzung von Zensur hängt vom (gesetzlich, moralisch, autoritär, sozial) festgelegten Kontroll- und Überwachungsbereich dieser Instanz ab. Dieser soll ein bestimmtes Normensystem schützen und/oder durchsetzen. Daher wird aus soziologischer Perspektive „Zensur als ein Mittel zur Aufrechterhaltung von Normen und ihrer gesellschaftlichen Funktionen im jeweiligen politischen System verstanden. Konstitution, Definition und Kontrolle von Normen liegen in der Hand einer Elite“[1]. Die formelle Wirksamkeit von Zensurierungen bedarf eines „rechtstechnischen Instrumentariums“, das eine „wirksame präventive Kontrolle von Druckschriften ermöglicht“[2]. Doch wirksam ist Zensur auch informell: Gerade in autoritär geprägten Systemen, in denen „Öffentlichkeit“ überwacht und kontrolliert wird, ist Selbstzensur, also die Gestaltung von Texten in Erwartung eines externen Eingriffs in den Text, eine geübte Praxis, um wenigstens eingeschränkt durch Veröffentlichungen sichtbar werden zu können.[3] Institutionell übten die Verlagslektoren des *St. Benno-Verlags* so etwas wie Selbstzensur, wenn sie Eingriffe in den Text vornahmen, um vorauseilend weltanschaulichen Vorgaben der staat-

---

[1] *B. Plachta*, Zensur, Stuttgart 2006, 16. Ebenfalls einen historischen und systematischen Gesamtüberblick mit umfangreicher aktueller Bibliographie bietet: *G. Kremnitz*, Meinungslenkung. Zensur und Propaganda und ihre Entwicklung bis heute. Elemente einer Soziologie der Kommunikation, Wien 2021 (zur DDR: 277–303).

[2] *D. Schefold*, Zur Geschichte von Meinungsfreiheit, Zensur und Meinungslenkung, in: *H. Brackert* (Hg.), Literaturwissenschaft. Grundkurs, Band 2, Reinbek 1981, 290–315, 291. – Vgl. *K. Kanzog*, Art. *Zensur, literarische*, in: *K. Kanzog / A. Masser* (Hg.), Reallexikon der deutschen Literaturgeschichte, Band 4, Berlin 1984, 998–1049.

[3] Hierzu: *Plachta*, Zensur, 19–21.

lichen Genehmigungsbehörde zu entsprechen und Eingriffen derselben zuvorzukommen. Vorauseilender Gehorsam? Hier stand das reibungslose Verfahren wohl eher im Fokus als der Schutz der Autor*innen. Zensur macht komplexe Praktiken zur Durchsetzung von Machtansprüchen sichtbar und ist zugleich ein „allgegenwärtiges Phänomen komplexer gesellschaftlicher Kommunikationsprozesse“[4]. Es geht hierbei etwa um Diskurskontrolle, um das Ringen um und die Gestaltung von Spielräumen, um eine jenseits der eigentlichen Autor*innenschaft liegende finale Textgestaltung und schließlich um die Distribution eines Werkes.

All dies trifft auf die Verfahren zu, welche die in der DDR publizierte katholische Predigtreihe *Das Wort an die Gemeinde*[5] als Präventivzensur im Vorfeld der Publikation eines jeden Reihenbandes sowohl seitens staatlicher wie seitens kirchlicher Behörden durchlaufen musste. Da Zensur die Absicht verfolgt, „*einer* Meinung zur absoluten Geltung zu verhelfen“[6], ist die seltsame Dopplung zweier gleichermaßen zu berücksichtigender Diskursfelder (ein staatlich-gesellschaftliches und ein kirchlich-theologisches) bemerkenswert. Hier traten mit je eigener Sanktionsgewalt Autoritäten auf, die Deutungshoheit für sich beanspruchten. Die Machtbereiche von Staat und Kirche sind jedoch grundverschieden – und damit auch die Zugriffsmöglichkeiten. Und doch bildeten die Predigten, Exegesen und Meditationen einen textlichen Raum, in dem sich beide Zugriffe begegnet waren. Die Einschnitte sind im gedruckten Text nicht sichtbar – sie zu rekonstruieren ist zuweilen äußerst schwierig, da inkriminierte Passagen oft nicht mehr als Gesamttext vorliegen (es fehlt die Erstfassung vor den Zensurierungen) –, doch prägen sie ihn mit. Im genehmigenden „Ja“ zu einem Text schwingt staatlicher- wie kirchlicherseits sehr oft ein „gerade noch“ mit. Somit lotet das Predigtwerk Gestaltungsmöglichkeiten in geregelten Grenzen aus.

Die Schreibpraxis der Verfasser*innen der zur Publikation eingereichten Predigten wird von all dem vermutlich wenig berührt gewesen sein. Denn hinsichtlich der staatlich-gesellschaftlichen Seite war politische Abstinenz ein stabiler

---

4 *Plachta*, Zensur, 23.

5 Hierzu bislang: *C. Gärtner*, „Das Wort an die Gemeinde“. Entstehung und homiletischer Ansatz des DDR-eigenen katholischen Predigtreihenwerkes, in: ThGl 95 (2005), 80–90. Dieser Beitrag ist im vorliegenden Band seiner Bedeutung wegen wieder abgedruckt.

6 *Plachta*, Zensur, 25.

katholisch eingeübter Habitus.[7] Dass die biblischen Botschaften eine gesellschaftsgestaltende Kraft besitzen, war in der nachkonziliaren Zeit der 1970er Jahre den kirchlichen Akteur*innen bewusst und dürfte entscheidendes Movens wohl aller Texte der Predigtreihe gewesen sein. Gesellschaftsgestaltung[8] bedeutete aber gerade nicht Systemüberwindung oder Aufruf zum Politikwechsel bzw. politische Kritik im engeren Sinn. Von daher erklärt sich das Fehlen einer explizit codierten Sprache. Auch erklärt sich hieraus die heutige Erinnerung, dass „das Durchführen einer staatlichen Bücherzensur nur als Gerücht umherging" (Beitrag von Marlen Bunzel in diesem Band). Jede*r publizistisch Tätige in der DDR wusste von der Genehmigungspraxis, die staatlicherseits nicht als „Zensur" benannt wurde. Die Kritik im Rahmen der staatlichen Genehmigungspraxis erreichte den/die einzelne(n) Autor*in der Predigtreihe im Regelfall höchstwahrscheinlich gar nicht. Binnenkirchlich waren als Hauptakteur der *St. Benno-Verlag*[9] und seine Lektoren bzw. die Verhandlungspartner mit der *HV [Hauptverwaltung] Verlage und Buchhandel* und Karljosef Lange (*1928) als Herausgeber zwischengeschaltet. Quellen über inhaltliche Abstimmungen mit Autor*innen aufgrund staatlicher Änderungsforderungen konnten in größerem Umfang bislang

---

7 *U. Haese*, Katholische Kirche in der DDR. Geschichte einer politischen Abstinenz, Düsseldorf 1998. – Als Überblickswerk zur Geschichte der katholischen Kirche in der DDR vgl. *B. Schäfer*, Staat und katholische Kirche in der DDR, Köln u.a. ²1999; wichtig für den Katholizismus in der DDR in den 1970er-Jahren: *R. Grütz*, Katholizismus in der DDR-Gesellschaft 1960-1990. Kirchliche Leitbilder, theologische Deutungen und lebensweltliche Praxis im Wandel, Paderborn u.a. 2004.

8 Die katholischen Jurisdiktionsträger versuchten, den Begriff „Engagement" zur Beschreibung des Weltdienstes des Laien und der Weltgestaltung zu unterbinden; vgl. *J. Seiler*, Diskriminierung katholischer Christ*innen in der DDR in den 1960er Jahren, in: *C. Spehr/R.M. Lehmann* (Hg.), Diskriminierung von Christen in den 1960er Jahren der DDR (Arbeiten zur Kirchlichen Zeitgeschichte, Reihe B), Göttingen 2023 (im Druck), Anm. 9, und *S. Holzbrecher*, Der Aktionskreis Halle. Postkonziliare Konflikte im Katholizismus der DDR, Würzburg 2014 (²2015), passim.

9 Zum *St. Benno-Verlag* vgl. *E. Preuß*, Die Kanzel in der DDR. Die ungewöhnliche Geschichte des St. Benno-Verlags, Leipzig 2006. Für das evangelische Verlagswesen in der DDR liegt vor: *S. Bräuer / C. Vollnhals* (Hg.), „In der DDR gibt es keine Zensur". Die Evangelische Verlagsanstalt und die Praxis der Druckgenehmigung 1954–1989, Leipzig 1995 (Lit.); vgl. *C. Markschies*, Die Zensur liest mit. Zur Bedeutung eines theologischen Verlags in der DDR, in: 75 Jahre Evangelische Verlagsanstalt, Leipzig 2021, 10–35.

nicht gefunden werden.[10] Dem Herausgeber gingen auch die verlagsinternen Lektoratsgutachten zu, wobei diese wohl nicht komplett überliefert sind.

Die staatliche Zensur von Druckerzeugnissen in der DDR wurde terminologisch als Verfahren zur „Erteilung der Druckgenehmigung" gefasst und war über die *HV Verlage und Buchhandel* (seit 1963) im Ministerium für Kultur organisiert. Innerhalb dieser HV war, so der seit Januar 1973 gültige Strukturplan, der jenen von 1967 fortschrieb, die „Abteilung wissenschaftliche und Fachliteratur, Sektor Gesellschaftswissenschaften" zuständig.[11] Ansprechpartnerin war hier Frau Dr. Mara Marquardt.[12] Die Verfassung der DDR hatte die Zensur formell abgeschafft (Art. 9/1949 bzw. Art. 27/1974), sie fand jedoch in verwandelter

[10] Zur Charakterisierung der hier verwendeten Quellen: Ausgewertet wurden (1) die staatlichen Zensurakten, die im Bundesarchiv Berlin (BArch) zum *St. Benno-Verlag* (alphabetische Gliederung innerhalb der einzelnen Jahrgänge) im Bestand der *Hauptabteilung Verlage und Buchhandel* (Ministerium für Kultur) überliefert sind: DR 1/2477, 2479a, 2480–2486. Ich danke herzlich Herrn Dr. Ringo Müller, Erfurt, für die Unterstützung bei der Besorgung dieser Akten. Die (2) kirchlichen Zensurakten („Akten des Bischöflichen Ordinariates Bautzen, betr. Imprimatur Benno-Verlag"; DADM C.I.735-16 Bd. XVI bis ... Bd. XXIII) liegen im Diözesanarchiv Dresden-Meißen in Bautzen und wurden zusammen mit den „Akten des Bischöflichen Ordinariates Bautzen, St. Benno-Verlag, Leipzig, Gesellschafterversammlung" 1967–1978 (DADM C.I.732.06/00-3 und .../00-4) eingesehen. Herzlichen Dank an Frau Dr. Birgit Mitzscherlich für die freundliche Betreuung in Meißen! Der (3) Teil des Vorlasses von Karljosef Lange, der die Predigtreihe betrifft, liegt unverzeichnet in der Erzbischöflichen Akademischen Bibliothek Paderborn (EAB) und wurde von Christof Gärtner vorsortiert (PAD 11 Sektion 1 bis Sektion 6). Hier finden sich u.a. ein Teil der Verlagsgutachten (ab Lukasjahr II, 2. Lesungen [1977] fehlen diese komplett; Fehlstellen zuvor: Matthäusjahr II, Evangelien [1972]; Lukasjahr I, Evangelien [1973]; Matthäusjahr I, 1. Lesungen [1974]; Markusjahr II, 1. Lesungen [1976]) und Akten zu den Gesprächen, die der Verlag mit der *HV Verlage und Buchhandel* zu den jeweiligen Bänden führte. Diese Akten sind gleichermaßen im Bistumsarchiv Erfurt, Bennoakten (Nr. 52/II: Dienstreisen nach Berlin) überliefert (Hinweise bei Preuß, Kanzel, 198 Anm. 84). Dieser Überlieferungszweig wurde für diesen Beitrag jedoch nicht genutzt.

[11] Zur Geschichte, Rechtsgrundlage und Arbeitsweise vgl. die wichtigen Ausführungen in der Bestandsbeschreibung des Bundesarchivs: http://www.argus.bstu.bundesarchiv.de/dr1_druck/xml/inhalt/dao/dr1druck_einleitung.pdf (letzter Zugriff: 30.10.2022). Grundlegend zum Thema sind die Forschungen von Siegfried Lokatis, etwa: *S. Lokatis*, Der Argusblick des Zensors, in: *S. Lokatis / M. Hochrein* (Hg.), Die Argusaugen der Zensur. Begutachtungspraxis im Leseland DDR, Stuttgart 2021, 13–25. Die wichtigsten einschlägigen Veröffentlichungen wurden 2019 (teilweise überarbeitet) neu herausgegeben: *S. Lokatis*, Verantwortliche Redaktion. Zensurwerkstätten der DDR, Stuttgart 2019 (u.a. „Die Hauptverwaltung des Leselandes", 103–120); *S. Lokatis*, Die staatliche Literaturbehörde, in: *C. Wurm* (Hg.), Geschichte des deutschen Buchhandels im 19. und 20. Jahrhundert. Deutsche Demokratische Republik Teil 1: SBZ, Institutionen, Verlage 1 Teilband 1, Berlin 2022, 261–307. Aus der Perspektive eines damaligen Lektors: *P. Kokschal*, Veröffentlichungen unter staatlicher Zensur, in: Theologisches Jahrbuch (1991), 16–22.

[12] Zu ihr vgl. *D. von Törne*, Was macht eigentlich Mara Marquardt?, in: *M. Zimmermann* (Hg.), Was macht eigentlich –? 100 DDR-Prominente heute, Berlin 1994, 178f.; *Preuß*, Kanzel, 186 zeigt ein Foto von ihr beim Festakt zum 25-jährigen Bestehen des Benno-Verlags (1976). Vgl. auch den Beitrag von Norbert Clemens Baumgart in vorliegendem Band.

Form der Druckgenehmigungsverfahren weiterhin statt. Verwaltungstechnische und ideologische Grundlagen waren die *Verordnung über die Entwicklung fortschrittlicher Literatur* vom 16. August 1951, mit der das *Amt für Literatur- und Verlagswesen* geschaffen wurde, und die *Anordnung über das Genehmigungsverfahren für die Herstellung von Druck- und Vervielfältigungserzeugnissen* vom 20. Juli 1959. Die Druckgenehmigung konnte, so die Bestimmungen der Anordnung von 1959, erteilt werden, „wenn der Inhalt der Druck- und Vervielfältigungserzeugnisse den gesetzlichen Bestimmungen, den Grundsätzen des sozialistischen Aufbaues sowie den kulturpolitischen Erfordernissen entspricht". Die 1951 geschaffenen Strukturen blieben erhalten[13] und erfuhren erst in den 1960-er Jahren eine Änderung.

Für die Erteilung der kirchlichen Druckerlaubnis, das so genannte *Imprimatur*, war das Bischöfliche Ordinariat des Bistums Meißen mit Sitz in Bautzen zuständig, da der Sitz des *St. Benno-Verlags* in Leipzig (Thüringer Str. 1–3) im Bereich dieser Diözese lag. Die gültige Rechtsgrundlage hierfür schuf der *Codex Iuris Canonici* von 1917 in seinen cc. 1384 bis 1405.[14] Die Kirche beanspruchte hier sogar das Recht, Bücher, die nicht einer vorgängigen Zensur vorgelegt worden waren, zu verbieten (c. 1384 CIC/1917). Zuständig war der Ortsordinarius des Verlagsortes oder des Wohnortes eines Autors (c. 1385 §2 CIC/1917). Jede Diözese hatte eine Zensurbehörde einzurichten, die unter Absehung der Person einzig nach den kirchlichen Dogmen und der allgemeinen Lehre der Kirche urteilen sollte, die aufgrund der Verlautbarungen von Konzilien, der Konstitutionen des Apostolischen Stuhls oder des Konsenses bewährter theologischer Lehrer (*probatorum doctorum consensu*) vor Augen stünden (c. 1393 §2 CIC/1917). Die Namen der Zensoren durften ohne deren Zustimmung nicht an die Autoren übermittelt werden (c. 1393 §5 CIC/1917). Die Begründungen für das Verbot einer

---

13 Gesetzblatt der DDR Teil I 1959 Nr. 46 (18.8.1959), 640–643, 641; Gesetzblatt der DDR Teil I 1951 Nr. 100 (27.8.1951), 785. In der Präambel heißt es 1951 wenig konkret: „Zur planmäßigen weiteren Entwicklung einer fortschrittlichen Literatur, die den Aufgaben gerecht wird, welche der Kampf um den Frieden und die Einheit Deutschlands, der Fünfjahresplan und die Demokratisierung auf allen Gebieten des gesellschaftlichen Lebens stellen, ist eine verstärkte, planmäßigere und systematische Lenkung und Förderung der Buch- und Zeitschriftenproduktion sowie -verteilung notwendig."

14 Darstellung in der zeitgenössischen Kanonistik etwa bei: *J.M. Pernicone*, The Ecclesiastical Prohibition of Books, Washington (D.C.) 1932; *N. Sonntag*, Censorship of Special Classes of Books, Canons 1387-1391. A History and Commentary, Washington (D.C.) 1947; *D.H. Wiest*, The Precensorship of Books, Canons 1384-1386, 1392-1394, 2318 § 2. A History and Commentary, Washington (D.C.) 1953. – Die derzeit kirchenrechtlich gültigen Imprimatur-Bestimmungen sind in cc. 822 bis 832 CIC/1983 festgelegt.

Publikation waren weit gefasst.[15] Die nach heutigem theologischem Verständnis oftmals kleinlichen und einseitigen theologischen Kritikpunkte kirchlicher Zensoren (nicht der verlagsinternen Lektoratsgutachten!), die bei *Das Wort an die Gemeinde* begegnen, waren demnach rechtlich abgesichert. Kleinlich und von theologischer Hybris durchtränkt waren solche Zensurierungen, da sich Theologie, Homiletik und Katechese natürlich nicht auf *eine* authentische Lehre der Kirche reduzieren lassen. Hier war ein weiter Rahmen subjektiver Einschätzungen und persönlicher Präferenzen kirchenrechtlich ermöglicht worden, den die kirchlichen Zensoren zuweilen, wenn auch im Predigtwerk nicht allzu exzessiv, nutzten. Ambiguitätstoleranz oder Verständnis für plurales Offenhalten war nicht immer die Perspektive eines jeden Zensors, obwohl 1966 der Heilige Stuhl die in c. 1399 CIC/1917 formulierten allgemeinen Bücherverbote und entsprechende Strafbestimmungen, nicht jedoch die Präventivzensur, aufgehoben hatte.[16] Das Zensurverfahren hatte die Glaubenskongregation 1975 neu geordnet, es fand Eingang in den CIC von 1983.[17] Das *Imprimatur* für liturgische Bücher, katechetische Bücher, Katechismen und Unterrichtsbücher war weiterhin verpflichtend. Für alle weiteren theologischen Bücher, unter die auch das Predigtwerk fiel, war die Einholung des *Imprimatur* nur empfohlen. Die Neuordnung war Thema der Gesellschafterversammlung des *St. Benno-Verlags* im April 1975. Das Protokoll vermerkt eine überraschende Entscheidung für den Umgang mit dem neuen Dekret:

> „[…] Imprimatur: Herr Generalvikar [Theodor] Schmitz [Berlin] berichtet über die Neuordnung der kirchlichen Druckerlaubnis mit ihren 4 Untergliederungen. Die Gesellschafter nehmen seinen Vorschlag an, es für den Verlag zunächst bei der bisherigen Handhabung des Imprimaturs (ohne die neuen Differenzierungsmöglichkeiten) zu belassen. Herr Prälat Weisbender bringt den Vorschlag ein, Bücher, deren Inhalt eine spezielle kirchliche Stellungnahme erforderlich machen kann, schon vor ihrer lektoratsmäßigen Fertigstellung Herrn Bischofsvikar Ahne zur Information vorzulegen. Die Gesellschafter begrüßen den eingebrachten Vorschlag und erklären sich damit einverstanden.“[18]

---

[15] Hierzu etwa c. 1399 CIC/1917: *2. Libri quorumvis scriptorum, haeresim vel schisma propugnantes, aut ipsa religionis fundamenta quoquo modo nitentes; 3. Libri qui religionem aut bonos mores, data opera, impetunt.*

[16] Hierzu: *E.W. Steinhauer*, Das kanonische Bücherrecht in Vergangenheit und Gegenwart. Ein Überblick, in: Kirchliches Buch- und Bibliothekswesen 5 (2004), 149–164, 159.

[17] Vgl. das Dekret *De ecclesiae pastorum vigilantia circa libros* vom 19. März 1975 (Acta Apostolicae Sedis 67 [1975], 281–284).

[18] Protokoll der Gesellschafterversammlung 25.4.1975; DADM C.I.732.06/00-4.

Intern brachte Domkapitular und Bischofsvikar Georg Ahne (1921–1983), der einen Großteil der Zensuren für *Das Wort an die Gemeinde* schrieb, die „hiesige Situation“ in der DDR in Anschlag und sprach sich für eine Beibehaltung der Zensur aller theologischen Schriften in der DDR aus.[19] Ob es hier um einen Schutz für die Autor*innen ging, mag dahingestellt bleiben. Im September sprach sich die Berliner Ordinarienkonferenz für diese gegenüber dem universalen Kirchenrecht verschärfte Praxis aus und provozierte damit den Protest des *St. Benno-Verlags*:

> „Die Verstärkung der Imprimaturfragen hier bei uns: in einem Augenblick, wo gesamtkirchlich wesentliche Erleichterungen eingetreten sind, die hier bewußt nicht angewendet, kaum veröffentlicht werden. Ich kenne die Argumente dafür – mich persönlich überzeugen sie allerdings nicht mit dieser radikalen Konsequenz: alles bleibt beim Alten! [...] Wir erfuhren Überängstlichkeit, auch Überbelastung der wenigen Zensoren vor Ort, zeitraubende Schwerfälligkeit.“[20]

2 Verfahrenswege

Staatliches und kirchliches Genehmigungsverfahren und die in deren Rahmen vollzogenen textlichen Eingriffe stellen notwendige Voraussetzungen dar, einen Predigtband publizieren zu können. Formal liefen beide Verfahren vollkommen unabhängig voneinander ab. Offensichtlich akzeptierte der SED-Staat die hier vollzogene Eigengesetzlichkeit der Kirche. In den staatlichen Quellen gibt es keinerlei Hinweise auf das kirchliche Verfahren. Für Karljosef Lange als Herausgeber und für den Verlag stellte die Veröffentlichung des 18-bändigen Predigtwerkes zwischen Ende 1970 und Frühjahr 1979 eine beachtliche Arbeits- und Organisationsleistung dar.

---

[19] Hierzu: *Preuß*, Kanzel, 194–196.

[20] Referat von Josef Gülden (1907-1993) auf der Gesellschafterversammlung 2.6.1975; zit. nach *Preuß*, Kanzel, 195.

2.1 *Das staatliche Genehmigungsverfahren*

Nachdem im *St. Benno-Verlag* die einzelnen Texte eingegangen waren, fertigte man dort eine seitenweise durchnummerierte „Reinschrift“ an, die zur *HV Verlage und Buchhandel* nach Berlin gesandt wurde. Bereits hier hatte man verlagsseitig Stellen, von denen man vermutete, dass sie aus politischen Gründen von der staatlichen Genehmigungsbehörde angemahnt werden könnten, überarbeitet. Daher, so Christof Gärtner, könne „von einer ersten (politischen) ‚Vorzensur‘ gesprochen werden: Was ohnehin die staatlichen und kirchlichen Zensurmaßnahmen nicht würde passieren können, wurde von vornherein nicht aufgenommen bzw. durch andere Begriffe oder gar ganze Textbausteine ersetzt“[21]. Diese Überarbeitung basierte auf der Grundlage eines verlagsinternen Gutachtens. Zusammen mit der Reinschrift übersandte der Verlag ein vorgegebenes Antragsformular, hinter dem amtlicherseits die anfallenden Akten des gesamten Vorgangs (v.a. externe Gutachten; Korrespondenz mit dem Verlag über vorgenommene Änderungen) abgelegt wurden. Auf diesem Formular sind die formalen Angaben zu Umfang, Auflagenhöhe, Adressatenkreis und Inhalt ebenso festgehalten, wie die für die Genehmigungspraxis notwendigen Bearbeitungsschritte, die mit Datum und Paraphe der Bearbeitenden den Fortgang des Verfahrens dokumentieren. Unmittelbar nach der Einreichung des Manuskripts wurde es an einen externen „Lektor“ zur Begutachtung weitergegeben. Obwohl von dessen Beurteilung die Dauer des weiteren Verfahrens abhing, bekam der Verlag bereits in dieser Frühphase die Erlaubnis, das Manuskript in der Druckerei (1. Band: J. Bohn & Sohn, Leipzig; ab 2. Band, Matthäusjahr I, Evangelien [1971]: VEB Buch- und Stahlstichdruck, Zeulenroda; seit Lukasjahr I, 1. Lesungen [1976]: VOB Union-Druck, Halle) setzen zu lassen, was angesichts des stets gegebenen Termindrucks eine Entlastung darstellte. Nachdem die externen Gutachten eingegangen waren, besprachen die Verlagslektoren in Berlin mit Mara Marquardt die angemahnten Änderungen und erstellten hierüber eine Zusammenfassung. Nicht in jedem einzelnen Punkt machte sich Marquardt die Kritikpunkte und Änderungsanweisungen der externen Lektoren zu eigen. Und offensichtlich gab es auch im Gespräch in Berlin einen gewissen Verhandlungsspielraum. Man kann von einem eingespielten Verfahren ausgehen, bei dem die beteiligten Personen um die Vorstellungswelten und Kompromissmöglichkeiten der jeweils anderen Seite wussten. Man sollte sich diese Gespräche also nicht als Rapport vorstellen, bei dem der

[21] *Gärtner*, Wort, 83. In diesem Band ab S. 278.

Verlag nur Empfänger von Überarbeitungsanweisungen gewesen wäre. Und dennoch war klar, dass gegen die ideologisch begründeten staatlichen Vorstellungen Einwände grundsätzlicher Art unmöglich waren. Dass die Manuskripte zu überarbeiten waren, wussten die Verlagsmitarbeiter. Ihre Aufgabe bestand darin, möglichst wenige Stellen korrigieren zu müssen. Die Verlagslektoren fertigten über diese Besprechung einen „Bericht über die Dienstreise nach Berlin" an und überarbeiteten anschließend im Verlag das Manuskript. Gegenüber der *HV Verlage und Buchhandel* wurden die vorgenommenen Änderungen schriftlich dokumentiert. In der Regel lag zwischen Besprechung und Rückmeldung an Marquardt nur eine kurze Zeitspanne von zwei bis drei Wochen, so dass es unwahrscheinlich ist, dass die staatlich geforderten Überarbeitungen den Autor*innen durch den Verlag kommuniziert werden konnten.[22] Möglicherweise wird Karljosef Lange als Herausgeber eingebunden gewesen sein, allerdings konnten hierzu bislang keine Quellen gefunden werden. Es ist für den Untersuchungszeitraum selten dokumentierbar, dass sich Marquardt mit der überarbeiteten Fassung nicht einverstanden zeigte; nur einmal mussten auch hieran Nachbesserungen vorgenommen werden. Nun konnte die Druckgenehmigung erteilt und der Vorgang abgeschlossen werden. Ungeklärt ist, warum die auf diesem Formular von der *HV Verlage und Buchhandel* eingetragene Drucknummer durchgängig die Verlagskennzahl „365" verwendet, in den gedruckten Bänden jedoch „480" erscheint.

[22] Wenn es im Anschreiben vom 16. Juli 1971 heißt, nach „Rücksprache mit Herausgeber und Autoren wurden folgende Änderungen im Manuskript vorgenommen", weicht diese Formulierung von der sonst üblichen ab, die keine Rücksprachen erwähnt; Beckmann (St. Benno-Verlag) an Marquardt, 16.7.1971, BArch DR 1/2477, 334.

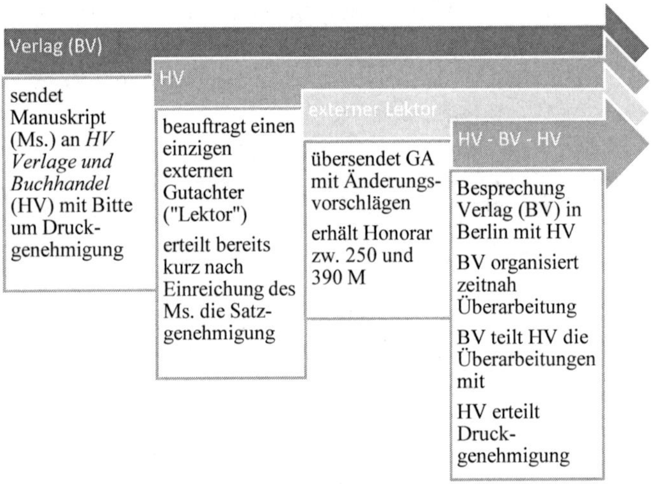

Abb. 1: Idealtypischer Verfahrensweg zur Erlangung der staatlichen Druckgenehmigung

Die externen Lektoren erhielten für ihre Arbeit ein Honorar, das zwischen 250 und 390 Mark lag und sich nach dem Umfang des Manuskripts bemaß. Nur in einem Fall (Matthäusjahr II, 1. Lesungen [1975]) erhielt der Lektor mit 500 M für 420 Manuskriptseiten einen Zuschlag von etwa 100 M, da es sich, wie auf dem Formular vermerkt, um ein „außerordentlich kompliziertes Manuskript" handle.[23] Der Umfang der einzelnen Bände betrug zwischen 350 und 420 Seiten – lediglich der Band zum Lukasjahr I, 1. Lesungen (1976) wich mit 328 Seiten hiervon ab. Die ersten drei Bände hatten eine Auflagenhöhe von 3.000 Exemplaren, ab dem Band zum Markusjahr I, Evangelien (1972) wurden 2.600 Exemplare gedruckt. Vermutlich war es der Verlag, der eine als „Lektoratsgebühr" auf dem Formular festgehaltene Summe zu zahlen hatte, die zwischen 100 und 250 Mark lag – bei dem „außerordentlich komplizierten Manuskript" lag sie jedoch bei 500 Mark und deckte somit die Honorarkosten für den Lektor. In allen anderen Fällen lag die Lektoratsgebühr unterhalb des Lektorenhonorars, so dass das Genehmigungsverfahren bereits bei diesem Posten nicht kostenneutral war. Kontrolle und Überwachung ließ sich der SED-Staat etwas kosten!

23 BArch DR 1/2482, 249.

Für die Kennzeichnung des Inhaltes und die Begründung der Publikation, die den Adressatenkreis benannte, verwendete der Verlag eine Standardformulierung, die folgendermaßen lautete:

> „Der Band enthält Predigthilfen zu den Evangelien von Pfingsten bis zum 34. Sonntag im Jahreskreis, die im Lesejahr C verkündet werden [JS: diese Passage wird natürlich an den jeweiligen Inhalt angepasst]. Zu jeder Perikope werden eine exegetische Erläuterung, eine auf die Predigt ausgerichtete Meditation und eine oder mehrere Predigtskizzen geboten. Bis auf eine Auslegung [JS: auch hier variiert die Formulierung je nach Inhalt] stammen alle Arbeiten von hiesigen Autoren.“

Der Adressatenkreis umfasste „Priester in der DDR“, ab dem 2. Band: „Priester und Theologen in der DDR“.[24] Diese bereits sehr formelhafte Beschreibung verdichtet sich ab dem Band zum Matthäusjahr I, 1. Lesungen (1974) zu: „Predigthilfen zu den Perikopen der neuen Leseordnung Matthäusjahr I, Erste Lesungen – Advent bis Pfingsten“, wobei zuweilen auch die Zuordnung des Adressatenkreises „in der DDR“ wegfiel.[25] Seit dem Band zum Matthäusjahr I, 2. Lesungen (1977) heißt es nur noch: „Aus der Reihe der Predigthilfen der Band: Matthäusjahr I, Epistel [JS: inhaltlich variierend]. Die inhaltliche und die formale Gestaltung entspricht den bereits erschienenen Bänden dieser Reihe.“[26]

Die externen Lektorengutachten zeigen sehr klar, wie stark die Überarbeitungswünsche von den politischen und ideologischen Prägungen der Lektoren selbst abhingen. Zuweilen mussten ganze Texte oder Textpassagen ausgewechselt werden. Andererseits konnte jedoch auch die theologische Qualität der Beiträge trotz bleibender weltanschaulicher Divergenz gelobt werden. Ab etwa 1977 werden die Gutachten insgesamt freundlicher, mit der vollständig aus dem Rahmen fallenden Ausnahme jenes von Jürgen Janott zum Band des Markusjahres II, 2. Lesungen (1978). Leider konnten bislang die Kürzel bzw. Paraphen zu acht externen Lektorengutachten nicht aufgelöst werden. Bei Gerhard Bassarak (1918–2008) und Franklin Borrmann (*1932) handelt es sich um etablierte, universitär tätige Wissenschaftler; Jürgen Janott war Referent im Ministerium für das Hochschul- und Fachschulwesen (siehe Abschnitt 3: Die Zensoren).

---

24 BArch DR 1/2477, 318, 332.
25 BArch DR 1/2481, 155.
26 BArch DR 1/2484, 252.

	Lektor (Honorar)	Änderungen an Predigten	Einschätzung zur Schärfe der staatlichen Zensur
1971 C II Evv	Bassarak (250 M)	22/29	viele Überarbeitungen (etwa 80 Stellen) 1 grundsätzlich (Bernhard Szymanski; bleibt aber drin); teilweise ganze Textpassagen neu
1971 A I Evv	Bassarak (375 M)	11/31	relativ wenige Überarbeitungen 1 grundsätzlich (1. Adventsonntag, Alfred Heide; bleibt aber drin)
1972 A II Evv	Bassarak (330 M)	unklar (da Gutachten nicht nach Beiträgen sortiert, sondern nur Seitenangaben)	viele Überarbeitungen 1 Predigtskizze wird ersetzt sehr harmlos
1972 B I Evv	Bassarak (330 M)	15 (+ einleitender Schürmanntext)/35	starke Eingriffe (35 Stellen) Vorwort Schürmann (Primizpredigt) gestrichen (stattdessen: Kamphaus, Die Predigt und ihrer Hörer); nachträgliche Ersetzung der Bearbeitung zum 1. Adventssonntag („von uns [= Verlag] aus“[27]); teilweise ganze Textpassagen neu
1973 B II Evv	Bassarak (330 M)	unklar (da Gutachten nicht nach Beiträgen sortiert, sondern nur Seitenangaben)	Änderungen nicht gravierend

[27] Verlag an Marquardt, 28.6.1972; BArch DR 1/2479a, 244.

	Lektor (Honorar)	**Änderungen an Predigten**	**Einschätzung zur Schärfe der staatlichen Zensur**
1973 C I Evv	?	?	?
1973 C II 1. Lsg	? (360 M)	18 (+ Vorwort)/27	viele Überarbeitungen 3 Predigtskizzen entfallen, 2 davon (Winfried Lawetzki) werden ausgetauscht
1974 A I 1. Lsg	? (393,75 M)	unklar (da Gutachten nicht nach Beiträgen sortiert, sondern nur Seitenangaben)	viele Eingriffe Vorwort neu; Osternacht in Teilen (Günter Sandfort) neu durch Alfons Schäfer
1975 A II 1. Lsg.	? (500 M)	unklar (da Gutachten nicht nach Beiträgen sortiert, sondern nur Seitenangaben)	gravierende Überarbeitungen (55 Stellen)[28] unter Bemerkungen: „außerordentlich kompliziertes Manuskript“ (siehe unten)
1975 B I 1. Lsg	? (345 M)	unklar (da Gutachten nicht nach Beiträgen sortiert, sondern nur Seitenangaben)	wenige Eingriffe nicht gravierend, wie externer Gutachter selbst festhält (BArch DR 1/2482, Bl. 242f.)
1976 B II 1. Lsg.	? (345 M)	16/31	viele Eingriffe S. 157-160 werden ausgetauscht (liegen neu bei)

[28] Der externe Lektor vermerkt zu einer Passage auf S. 346 des eingereichten Manuskriptes, die formal über den Faschismus handle, aber den Sozialismus meine: „Die beiden Absätze sind ein Meisterwerk an Infamie, und nach der Lektüre bin ich zu der Einschätzung gelangt, daß man die Druckgenehmigung für das Ganze, das ja genug Unmögliches enthält, ablehnen sollte. Die Totalitarismusthese kann natürlich auch nicht fehlen (‚totaler Anspruch des Regimes‘): es muß m.E. wirklich dem Verlag hier einmal eine Grenze gezeigt werden, die er bei Strafe des Nichtdrucks nicht zu überschreiten hat. […] Insgesamt ist der vorliegende Band auf Grund der Fülle von zumindest fragwürdigen Passagen negativ zu beurteilen, und die Frechheit, die man sich auf S. 346 geleistet hat, sollte die Erteilung der Druckgenehmigung ausschließen“; NN. (Kürzel/Paraphe „M“?), Gutachten, 15.1.1975; BArch DR 1/2482, 252–258, 257f.

	Lektor (Honorar)	Änderungen an Predigten	Einschätzung zur Schärfe der staatlichen Zensur
1976 C I 1. Lsg.	? (307,50 M)	unklar (da Gutachten nicht nach Beiträgen sortiert, sondern nur Seitenangaben)	wenige Änderungen (16 Stellen, u.a. 1 Hinweis auf „Mauer“/Klagemauer; hinzu: Rechtschreibfehler) eher positiv[29]
1977 C II 2. Lsg.	Bassarak (375 M)	unklar (da Gutachten nicht nach Beiträgen sortiert, sondern nur Seitenangaben)	sehr wenige Änderungen (25 Stück) harmlos[30]
1977 A I 2. Lsg.	Bassarak (375 M)	unklar (da Gutachten nicht nach Beiträgen sortiert, sondern nur Seitenangaben)	offensichtlich wird Oktav von Weihnachten (Edmund Stehr) neu geschrieben[31]
1977 A II 2. Lsg.	Borrmann (390 M)	10/30	harmlos zu jedem Text kurze Charakterisierung[32]

[29] Für diesen Band gibt der externe Lektor interessante Einblicke in die Art, wie er den Band kontextualisierte: „Im Blick auf die neue realistischere Konzeption für die Haltung der kath. Kirche in der DDR lassen sich durchaus Differenzierungen erkennen, interessanterweise auch Ansätze zu einer Kritik an der kath. Kirche selbst. Am tiefgründigsten und interessantesten ist das Vorwort S. 1–15 von Lohfink, wenn auch scheinbar ohne jeden politischen Bezug (außer vielleicht S. 8 vorl. Abs.), als qualifizierte Verarbeitung der neuen Situation im Transparentmachen alttestamentlicher Prophetengeschichte. Andererseits gibt es nach wie vor noch Problematisches und Doppeldeutiges: während z.B. S. 259–281 Tautz die Minderheits-Situation bejaht (etwa S. 270 und 274 unter Berufung auf die Dresdner Pastoralsynode, die ‚Diaspora‘ nicht mehr als Leben von Katholiken unter anderen Konfessionen, sondern unter Nichtchristen versteht), während es auch immer wieder explizite Absagen an den ‚Triumphalismus‘ gibt, finden sich auch noch andere alte Haltungen, die ich anmerke, ohne jeweils entscheiden zu wollen, ob sie noch tragbar sind oder nicht“; NN. (Paraphe: „M“?), Gutachten, 15.9.1976; BArch DR 1/2483, 207–209, 207.

[30] „Im großen und ganzen handelt es sich um saubere exegetische Aufbereitungen der vorgeschlagenen Predigttexte. Änderungswünsche, die sich ergeben, betreffen Stellen, bei denen nicht der Eindruck vorliegt, man habe es mit Bosheiten zu tun, sondern eher mit Nachlässigkeiten und mit Unbedachtheiten“; Bassarak, Gutachten, 16.1.1977; BArch DR 1/2482, 272f., 272.

[31] „Diese Meditationen haben zweifellos deutlich an Qualität gewonnen. Einzelne sind hervorragende theologische Leistungen. Besonders etwa die von J.M. Cramer vom Karfreitag über einen schweren Hebr.-Text (S. 344ff.) […] Die Anstöße dürften leicht zu beseitigen sein. Dann wäre Lizensierung zu empfehlen“; *Bassarak*, Gutachten, 30.5.1977; BArch DR 1/2482, 253–256, 253, 256.

	Lektor (Honorar)	**Änderungen an Predigten**	**Einschätzung zur Schärfe der staatlichen Zensur**
1978 B I. 2. Lsg.	Borrmann (382,50 M)	2/29 (+ Vorwort)	harmlos nur an 2 Stellen Änderungen![33]
1978 B II 2. Lsg.	Janott (390 M)	unklar (da Gutachten nicht nach Beiträgen sortiert, sondern nur Seitenangaben)	sehr scharf[34] viele Änderungen (leider fehlen Quellen zur Dienstreise und den ersten eingearbeiteten Änderungen)
1979 C I 2. Lsg.	(?) (390 M)	unklar (da Gutachten nicht nach Beiträgen sortiert, sondern nur Seitenangaben)	belanglos 21 Stellen Zensor: „frustrierende Lektüre“

Abb. 2: Staatliche Änderungsforderungen[35]

Insgesamt stellte die Überarbeitung des Manuskriptes nach der Besprechung mit Mara Marquardt eine logistische Herausforderung für den Verlag und vermutlich auch den Herausgeber dar. Nachdem bereits das interne Verlagsgutachten ver-

[32] Vgl. dazu *N. C. Baumgart* in diesem Band.

[33] Vgl. *N. C. Baumgart* in diesem Band, ab S. 48.

[34] „Seite 149 oben: hier wird es wieder sehr politisch! Unser Wunsch nach u.a. Einheit der Meinungen (wer wünscht das eigentlich?) solle nicht in Uniformität des Denkens ausarten! AHA! Sehr böse diese zu streichende Stelle!!! Und dazu muß man gleichzeitig die Ausführungen auf Seite 151 unten über den fairen Streit mitstreichen. Denn es sollte uns überlassen bleiben, wie wir uns mit wem auch immer auseinandersetzen. Eine politische Frechheit ist es, daß diese bösartigen Unterstellungen bzw. Aussagen mit einer akzeptablen […] Ausführung über die Druschba-Trasse stehen […] Die politische Hinterhältigkeit ergibt sich, wenn man genau list [sic!][,] wie der Verf. den Vergleich Druschba-Trasse mit seiner Kirche andeutet und die Probleme bei der Kirche nennt. Er meint natürlich diese alles [sic!] auch im übertragenen Sinne […] Dieses Manuskript enthält zu viele versteckte Angriffe auf unsere gesellschaftliche Entwicklung, meine Behauptung stütze ich darauf, daß ich glaube, daß die Verfasser deshalb an so vielen Stellen soooo [sic!] allgemein geblieben sind, um somit geschickt ihre ablehnende Haltung zu kaschieren […] und ich meine, daß in diesem Sinne das ganze Manuskript zu überarbeiten ist“; *Janott*, Gutachten, o.D.; BArch DR 1/2486, 214–221, 217f., 221.

[35] Als Quellen dienen die „Berichte über die Dienstreise nach Berlin“ in EAB PAD 711. Sofern diese nicht überliefert sind, wurde zur Beurteilung auf die verlagsseitigen Rückmeldungen an die *HV Verlage und Bibliotheken* zurückgegriffen, in denen die Überarbeitungen dokumentiert sind (aus: BArch DR 1).

sucht hatte, vermutete politisch und weltanschaulich anstößige Stellen zu entfernen (hierzu im nächsten Abschnitt), wurde nun ein zweites Mal das Manuskript purgiert. Konflikte um die verlagsseitigen Vorschläge zur Überarbeitung gab es abgesehen vom erwähnten Janott-Band nicht. Man kann dies dahingehend deuten, dass sich hier ein etabliertes System professionellen Arbeitens zugunsten der Drucklegung eines Manuskripts eingestellt hat. Zudem kannten sich die Beteiligten – eben auch jene, die für externe Lektorengutachten angefragt wurden.

Werfen wir noch einen Blick in das bereits erwähnte „außerordentlich komplizierte Manuskript" zum Matthäusjahr II, 1. Lesungen (1975).[36] Bereits zu Beginn fasste der externe Lektor sein negatives Urteil zusammen:

> „Im Gegensatz zu mir erinnerlichen früheren Bänden ergab sich eine solche Fülle von Einzelbeanstandungen – die ich nur nacheinander und nicht systematisiert vorlegen kann – daß ich, je weiter ich las, umso mehr der Meinung wurde, daß man nicht mehr korrigieren, sondern von der Erteilung der Druckgenehmigung absehen sollte, auch wenn die Beanstandungen verschiedenes Gewicht haben."

Hinweise auf in Westdeutschland erschienene Literatur, wie sie das Vorwort des Homiletikers Rolf Zerfaß (1934–2022) über „Kriterien der Predigtkritik" besitze, seien zu streichen. Diese Globalforderung wurde natürlich nicht umgesetzt, zumal Zerfaß bereits seit einigen Jahren als Professor in Würzburg lehrte. Jedoch wurde der monierte Hinweis auf den in Hamburg lehrenden evangelischen Theologen Hans-Rudolf Müller-Schwefe (1910–1986) tatsächlich gestrichen. Das Protokoll der Besprechung mit Mara Marquardt hielt fest: „Er hat sich als Leiter der Evangelischen Akademie in Westberlin bösartig über die DDR geäußert."[37] Das Verlagsgutachten erkannte zwar die Problematik des Vorwortes, ordnete es jedoch anders ein: „[…] Daß das Vorwort für einen Band mit fast ausschließlich DDR-Autoren von einem westdeutschen Verfasser stammt, wird in Berlin nicht gern gesehen. Weitere Argumente vom politischen Gesichtspunkt aus lassen sich aber schwerlich finden. Typisch westliches Vokabular wurde vermieden (entweder gestrichen oder umschrieben)."[38] Eine Passage auf S. 12 zeige, so die nächste

---

36 NN. (Kürzel/Paraphe „M"?), Gutachten, 15.1.1975; BArch DR 1/2482, 252–258. Vgl. oben Anm. 28.

37 Auszug aus Bericht über die Dienstreise nach Berlin am 21.1.1975; EAB PAD 711, Sektion 6. – Müller-Schwefe war von 1947 bis 1955 Leiter der Evangelischen Akademie der Evangelischen Kirche von Kurhessen-Waldeck.

38 (Beckmann?), Gutachten, 4.11.1974; EAB PAD 711, Sektion 6.

Kritik des externen Lektors, „– in seiner ganzen raffinierten Formulierung – den Geist des Ganzen. Leben wir in einer Gesellschaft, in der ‚neue Freiheitsräume' geschaffen und offengehalten werden müssen? Muß bei uns ‚gegen den Druck der Macht und Gewalt' immunisiert werden? Welche Teufel oder Dämonen soll der Exorzismus bei uns betreffen?" Mara Marquardt schloss sich dieser Kritik am Zerfaßtext an, da die Aussage unklar bliebe. Die Aussage „biete sich geradezu an, politisch falsch interpretiert zu werden. Sie muß entfallen".[39] Im Druck erschien dann dieser Passus auch nicht mehr. Aus der Fülle der weiteren Monita sei eine Passage zu den Beiträgen des Oratorianers Michael Ulrich (*1928) zu Hos 6,3b–6 herausgegriffen. Die Kritik des Lektors lautet:

> „S. 73 Abs. 1 ergibt zusammen mit S. 74 Abs. 2 eine ganz hübsche Aktualisierung, die offensichtlich das Verhältnis der beiden deutschen Staaten zueinander meint; in diesem Bild wäre also die UdSSR ein ‚Großreich', das an seine ‚eigene imperialistische Macht und nicht an die Interessen eines winzigen … Kleinstaates' denkt. Ich kenne diese Aktualisierung der beiden getrennten Staaten, Nord- und Südreich des Volkes Israel (im allgemeinen als ‚Israel und Juda' und nicht als ‚Ephraim und Juda' in den at-lichen Texten genannt), zur Genüge aus früherer neutralistischer evangelischer Literatur, aber damals ohne die Unterstellung des Imperialismus hinsichtlich der UdSSR, die ja damals noch nicht zum Haltet-den-Dieb-Repertoir [sic!] des Imperialismus gehörte und im übrigen in der historischen Interpretation des Textes ohnehin anachronistisch ist, auch wenn Assyrien und Ägypten Großreiche waren."

Interessant ist an dieser Beurteilung, die gute biblische und theologische Kenntnisse voraussetzt, dass sie selbst eine Doppelbödigkeit in den Text hineinliest, die womöglich gar nicht intendiert war. Denn tatsächlich wird man die historische Situation von Israel und Juda in ihrer Bedrohung durch und diskutierten Anlehnung an die beiden Großmächte Assyrien und Ägypten als Hintergrund des Hosea-Buches thematisieren müssen. Ein Aktualitätsbezug muss gar nicht in den Text hineingelegt werden, er ist schlichtweg gegeben und nicht wegzudiskutieren. Die Germanistin Mara Marquardt, gewiss nicht vertraut mit der Komplexität biblischer Geschichte, setzte bei der Besprechung am kritischen Punkt an, nämlich an der Begrifflichkeit „Imperialismus". Sie begründete ihre Kritik, die zur Über-

[39] Auszug aus Bericht über die Dienstreise nach Berlin am 21.1.1975; EAB PAD 711, Sektion 6. Zitat des externen Lektors (auch der folgende Abschnitt): NN. (Kürzel/Paraphe „M"?), Gutachten, 15.1.1975; BArch DR 1/2482, 252f.

arbeitung führte, schlichtweg mit: „In der alttestamentlichen Zeit kann man noch nicht von Imperialismus sprechen.“ Der Verlagsgutachter hatte bei seiner Beurteilung bereits Probleme vorausgesehen: „Perikope: Liebe will ich, nicht Opfer. Die Bearbeitung ist in allen drei Teilen ausgezeichnet, wie man es von diesem Autor gewohnt ist. Politische Bedenken bestehen im Allgemeinen nicht. Die 2. Skizze könnte allerdings für Berlin problematisch sein.“ Marquardt war mit dem Band wohl auch nicht zufrieden, da sie bei der Besprechung mit den Verlagsmitarbeitern diese wissen ließ: „Das allgemeine Urteil lautet: Die Predigtbände fingen gut an, werden aber zusehends schwächer. Es zeigt sich immer deutlicher eine Westorientierung, die an der hiesigen Situation vorbeisieht.“[40] Der kirchliche Zensor erteilte problemlos für den Band das Nihil obstat, vermerkte aber als Lektor:

> „In der Predigt von Barthel zum 20. Sonntag des Jahreskreises ist im Abschnitt ‚Meditation‘ auf Seite 8 des Manuskriptes die Rede, daß der Mensch Halt sucht bei Menschen und Dingen und dabei der Gefahr unterliegt, nur sich selbst zu suchen. In diesem Zusammenhang wird gesagt: ‚Wir greifen nach dem Rosenkranz, nach dem Gartengrundstück, nach der zusätzlichen Rentenversicherung, nach dem Weinbrand‘. Ich halte die Bemerkung ‚nach dem Rosenkranz‘ in diesem Zusammenhang sowohl für unpassend, als auch für geschmacklos und würde dringend empfehlen, diese Worte in diesem Absatz herauszuziehen“ [Hervorhebung im Original].[41]

Obgleich Generalvikar Bulang in seiner *Imprimatur*-Erteilung nicht auf diesen Passus einging, findet er sich in der gedruckten Fassung nicht mehr.[42]

2.2 Das kirchliche Imprimatur-Verfahren

Die kirchliche Genehmigungspraxis lässt sich idealtypisch am ersten erschienenen Band (Lukasjahr II, Evangelien, 1971) aufzeigen, da für diesen Band auch zwei interne Lektoratsgutachten überliefert sind.[43] Nachdem Karljosef Lange das

---

40 Auszug aus Bericht über die Dienstreise nach Berlin am 21.1.1975; EAB PAD 711, Sektion 6; NN. (Kürzel/Paraphe „M“?), Gutachten, 15.1.1975; BArch DR 1/2482, 253; (Beckmann?), Gutachten, 4.11.1974; EAB PAD 711, Sektion 6.

41 Ahne, Gutachten, 6.3.1975; DADM C.I.735-16 Bd. XIX.

42 Bulang an Verlag, 6.3.1975; DADM C.I.735-16 Bd. XIX.

43 EAB PAD 711, Sektion 6. Hieraus auch die folgenden Zitate.

Manuskript oder einzelne Texte hieraus[44] beim Verlag eingereicht hatte, wurden zwei „Teilgutachten" angefertigt. Das erste, sechsseitige ist datiert auf den „19.10.70" und nimmt Stellung zu 13 der insgesamt 29 Predigten. Das zweite „Teilgutachten" („30.10.1970") nimmt auf etwas über drei Seiten Bezug auf 16 Predigten, wobei es bei jenen zu Bernward Jensch (1940-2013), Jesuit und Assistent beim Neutestamentler Heinz Schürmann (1913–1999) in Erfurt, und Joachim Wanke (*1941), ebenfalls an der Professur von Schürmann tätig, festhält, dass es „im Sinne der Kritik des Lektorates überarbeitet" worden sei. Damit lagen zu fast allen Texten des Bandes Verlagsgutachten vor. Bereits auf dieser Bearbeitungsstufe wurden vorauseilend Textänderungen vorgenommen, etwa bei der Arbeit von Gerhard Nachtwei (*1944) zu Fronleichnam (diese „leidet jedoch etwas durch ihren schlechten Stil"), in dessen Meditationsteil „einige Streichungen durchgeführt" werden mussten, „da das Bild des Menschen negativer, als uns erlaubt ist, gezeichnet wird, desgl. in der Predigtskizze". Weiter heißt es zu einer anderen Stelle bei Nachtwei: „Aus der 2. Predigtskizze muß aus politischen Gründen Punkt 2 (die Gegenprobe) entfallen. Bln. [= Berlin; also: *HV Verlage und Bibliotheken*] läßt es nicht zu, ein solches Menschenbild zu zeichnen, auch wenn die angeführten Beispiele als hier geschehen nachgewiesen werden können. Für Bln. ist das typisch westlich." Tatsächlich sind die inkriminierten Passagen in der gedruckten Predigt nicht zu finden. Bei den Verhandlungen der beiden Lektoren Peter Kokschal und Heinz Hieke in Berlin über den fertigen Band am 1. April 1971 wurden auch Änderungen an den Texten von Wanke und Nachtwei angemahnt: In der Wanke-Predigt musste der Satz „Das unterscheidet unseren Glauben von allen Weltanschauungen" gestrichen werden. Bei Nachtwei mahnte Marquardt an, die Hinweise auf die *Blechtrommel* von Günter Grass, auf Sartres *Bei geschlossenen Türen* und der Ausdruck *Opium für das Volk* müssten entfallen: „Beide Werke sind bei uns nicht veröffentlicht."[45]

---

[44] Die Seitenzählung der Predigten beginnt immer bei „1", ist also nicht fortlaufend, so dass kein durchnummeriertes Manuskript abgegeben wurde, was vor dem ersten Satzdruck auch nicht verwundert.

[45] Bericht über die Dienstreise nach Berlin am 1.4.1971; EAB PAD 711, Sektion 6.

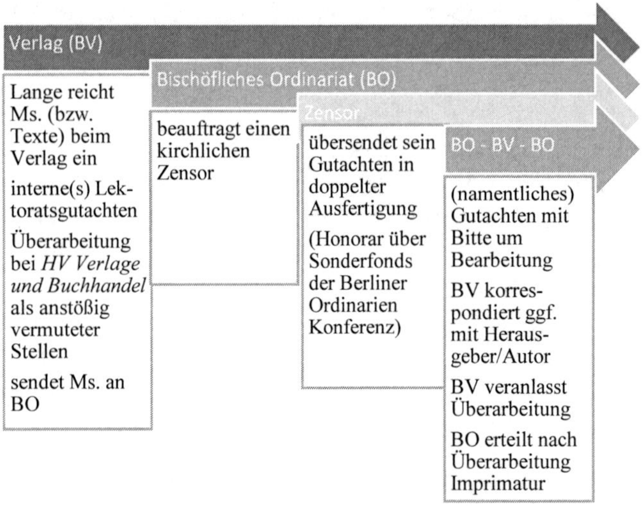

Abb. 3: Idealtypischer Verfahrensweg zur Erlangung des kirchlichen Imprimatur

Auch bei anderen Predigten in diesem ersten Band wurden verlagsseitig „[a]us politischen Gründen […] Streichungen vorgenommen“, etwa weil die Ausführungen als „ein wenig ‚westlich‘ (wenigstens offiziell)“ angesehen wurden, wie es über den Entwurf des Leiters der Erwachsenenseelsorge im Erzbischöflichen Kommissariat Magdeburg, Willi Kraning (*1931), heißt, der zum 22. Sonntag im Jahreskreis (So.i.Jkr.) schrieb. Die Beispiele ließen sich mehren. Dass man aber durchaus nicht absolut vorauseilend Änderungen vornahm, zeigen Hinweise wie diese: „Es ist möglich, daß Bln. noch einige Änderungen in den Aussagen über die negativen Konsequenzen der Nachfolge Christi (Spott, Zurückweisung) […] fordert“ (zu: Bernhard Szymanski, 23. So.i.Jkr.) oder: „Es könnte sein, daß Bln. gegen einige Züge des hier dargelegten Menschenbildes Einspruch erhebt. Das bleibt abzuwarten“ (zu: Josef Göbel, 25. So.i.Jkr.). Auf dieser Gutachtenebene wird selten theologische Kritik geübt, stilistische und formale hingegen schon. Etwa wenn es bei Dieter Tautz (1934-2009) zum 16. So.i.Jkr. heißt: „Etwas eigenwillig, jedoch brauchbar sind die Gedanken zur Predigt.“ Dies liegt im Rahmen einer professionellen Lektoratsarbeit. Das zweite Teilgutachten geht ähnlich vor. Auch hier begegnet eine aus der Verlagserfahrung gespeiste politische Rücksichtnahme, die zu Eingriffen in das Manuskript führte. Es sei, in Ergänzung zur oben dokumentierten staatlichen Kritik, ein längerer Passus zu Gedanken des Dresdner Studentenseelsorgers und Oratorianers Michael Ulrich (*1928), 21. So.i.Jkr., dokumentiert:

> „Aus politischen Gründen wird man ändern müssen
> S. 2, Anm. 3 und S. 5 Anm. 8: E. Hirsch darf bei uns nicht genannt werden.
> S. 10 Die aktualisierenden Fragen sind lt. Berlin alle im westlichen Lebensraum und Lebensgefühl angesiedelt: Werden nur wenige den Atomkrieg überleben – lt. Berlin: Das Kommen des Atomkriegs wird als sicher hingestellt = Mißachtung der Friedenskräfte. Werden die Entwicklungsländer gegen die Industrienationen Revolution machen – lt. Berlin: ‚Revolution' darf nur als positiver Ausdruck gebraucht werden. Außerdem würde sich die Revolution nur gegen die kapitalistischen Industrienationen, die jene ausbeuten, richten, nicht gegen die hilfreichen sozialistischen. Wird die moderne Gesellschaft zu einem Ameisenstaat – lt. Berlin: Das wird [sic!] der böse Westen den sozialistisch / kommunistischen Ländern vor (vgl. Orwell, 1984). Entziehen Drogen, freie Liebe und antiautoritäre Erziehung den Menschen allen Halt – lt. Bln.: Kann nur auf die dekadente, spätkapitalistische Gesellschaft bezogen werden, da es so etwas im Sozialismus nicht gibt. Das Beispiel ‚Atombombe' könnte evtl., vorsichtiger formuliert, gerettet werden (Falls … würde). Die anderen Beispiele wohl besser durch neue, alle Machtblöcke gleich angehende ersetzen, z.B. Bevölkerungsexplosion – Welternährung, Krebs, Herzinfarkt, Verkehrsunfall. Daraufhin müßten dann auch die Bezüge auf S. 12 und 13 geändert werden.
> S. 11 ‚neue Welthandelsstruktur' – klingt sehr westlich. ‚[s]chlechte Ideologen … mit einem Imperativ' – hier kann sich Berlin leicht selbst gemeint sehen, evtl. den Begriff ‚Ideologen' vermeiden."

Auch hier wurden die Änderungen übernommen, und es heißt statt der inkriminierten „Ideologen" nun in der Druckfassung: „[…] wie wir es von *Leuten mit schlechtem Gewissen* gewöhnt sind, mit einem Imperativ" [Hervorhebung JS].[46] Vermutlich hatte man im Verlag eine Art Leitfaden, zumindest ein Erfahrungswissen, über politische Stolpersteine, die zu meiden waren. Denn beim Text des Greifswalder Studentenseelsorgers Alfons Kluck (1941–2022) zum 15. So.i.Jkr.

---

[46] *M. Ulrich*, 21. Sonntag im Jahreskreis, Lk 13,22-30, in: *K. Lange* (Hg.), Das Wort an die Gemeinde. Predigthilfen zu den Perikopen der neuen Leseordnung. Lukasjahr II, Evangelien. Pfingsten bis Ende des Kirchenjahres, Leipzig 1971, 188–202, 197.

wurde ein Zitat vermerkt, das verbotene Aussagen in direkter Rede erwähnt: „Alle Aussagen, die als Kritik an unserer hiesigen Gesellschaft gedeutet werden könnten, werden uns von Bln. verboten, ebenso Aussagen, die *‚das hohe Niveau des Zusammenlebens unserer sozialistischen Menschengemeinschaft*[47] *verkennen‘* [...] [Hervorhebung JS].“ Dass die Änderungen zur Genehmigung den Autor*innen vorgelegt wurden, scheint fraglich, da die Verlagsgutachten die Änderungen als bereits vollzogen markieren und keine Korrespondenz hierüber überliefert ist. Die internen Verlagsgutachten halten für jeden Beitrag fest, ob politische Bedenken bestehen oder nicht, und würdigen in wenigen Bemerkungen die eingereichten Beiträge. Da einige der Verlagsgutachten namentlich gezeichnet sind (Bernhard Beckmann, Peter Kokschal) und sich im Vorlass von Karljosef Lange befinden, ist zu vermuten, dass dieser als Herausgeber wusste, wer das Verlagsgutachten verfasst hatte. Lange hatte die endgültige Fassung des Manuskripts (oder dessen 1. Fassung?) nach Auskunft des Verlagsvertrags vom Dezember 1974 in dreifacher Ausfertigung beim Verlag einzureichen.[48]

Nach dieser ersten internen Begutachtung sandte der Verlag das Manuskript mit einer kurzen Inhaltsbeschreibung und der Bitte um die Erteilung der kirchlichen Druckerlaubnis an das Bischöfliche Ordinariat nach Bautzen. Dieses reichte es an einen Zensor weiter, wobei die Inhaltsbeschreibung des Verlags übernommen wurde. Dessen Votum wurde in doppelter Ausfertigung erbeten. Offensichtlich war nur das Exemplar für das Ordinariat unterschrieben, das nicht unterschriebene Exemplar wurde über den Verlag dem Herausgeber zugestellt – auch eine direkte Korrespondenz zwischen Ordinariat und Herausgeber lässt sich zuweilen nachweisen –, sofern es Änderungswünsche gab. Im Verlag wusste man also immer, wer das kirchliche Gutachten verfasst hatte. Das Ordinariat kommunizierte verpflichtende Änderungen dem Verlag, der dann seinerseits mit Lange (und dieser ggf. mit den Autor*innen) Rücksprache nehmen musste. Erst wenn diese erfüllt waren, erteilte das Ordinariat für den Band die kirchliche Druckerlaubnis, wobei jeweils die abzudruckende *Imprimatur*-Angabe mit Datum und dem Generalvikar als genehmigender Person im selben Schreiben übermittelt

---

47 Das Narrativ der „sozialistischen Menschengemeinschaft“ bündelte seit Ende 1967 die ideologischen Aussagen des sozialistischen Menschenbildes und hatte kurzfristig erhebliche Auswirkungen auch auf kulturpolitische Vorstellungen in der DDR. Es wurde Anfang der 1970-er Jahre zurückgenommen; vgl. *G. Dietrich*, Kulturgeschichte der DDR, Band 2: Kultur in der Bildungsgesellschaft 1958-1976, Göttingen 2018, 1272–1278.

48 EAB PAD 711, Sektion 12. Der Verlagsvertrag enthält keinerlei Hinweise auf eine staatliche oder kirchliche Zensur.

wurde. Das Datum des *Imprimatur* ist identisch mit dem Datum des Briefes an den Verlag.

Das Votum des kirchlichen Zensors war zweigeteilt: Der erste Teil umfasste inhaltliche Anmerkungen und Kritik mit Hinweisen auf zu ändernde Textpassagen, im zweiten Teil übernahm der Zensor explizit die Rolle eines Lektors und machte stilistische Änderungsvorschläge oder wies auf sprachliche Fehler hin. Dieser zweite Teil ist i.d.R. wesentlich umfangreicher. Solche lektoratsmäßigen Anmerkungen finden im Bescheid zur Erteilung des *Imprimatur* keine Erwähnung. Da das Votum jedoch dem Verlag mitgeschickt wurde, konnte er sich über die entsprechenden Anmerkungen orientieren und etwa schlichte Sprachfehler korrigieren. Ob diese Modifikationen, die das Verständnis des Textes angehen, mehrheitlich eingearbeitet wurden, wäre zu prüfen, scheint aber fraglich.

Als 1976 Bischofsvikar Dieter Hömer (1930-2023) aus Meiningen als Zensor geworben wurde, machte der Meißener Generalvikar Georg Ahne generelle Angaben zu diesem Verfahren:

> „Beim Votum des Zensors geht es zunächst darum, gemäß den Vorschriften des Kirchenrechts zu prüfen, ob die in einem Manuskript gemachten Aussagen gegen die Glaubens- und Sittenlehre verstoßen. Der Zensor hat dieses Votum, das – falls keine Beanstandungen vorliegen – kurz sein kann, zu schließen mit der Feststellung: ‚Nihil obstat'. Darüberhinaus ist es dem Verlag allerdings immer sehr lieb, wenn der kirchliche Zensor – dies jedoch nach Belieben – auch einige Hinweise ihm aufgefallener Dinge mit vermerkt und anzeigt, die der sonstigen Verbesserung dienen können. Dies geschieht jedoch – streng genommen – nicht als Zensor, sondern als Lektor. Erfahrungsgemäß empfiehlt sich bei einem Votum, das in doppelter Ausfertigung einzureichen ist, folgender Modus: ‚Das oben angegebene Manuskript wurde vom Unterzeichneten [sic!] als Zensor geprüft. Es handelt sich um … (kurze Inhaltsangabe). Als Zensor erkläre ich: (Nihil obstat). Als Lektor erlaube ich mir folgendes zu bemerken: …'"[49] [Hervorhebungen im Original]

Wie unverhältnismäßig aufwändig und undurchsichtig für Lange die kirchlich gemachten Änderungsforderungen oftmals waren, beklagte er in einem Schreiben im Oktober 1972 an den *St. Benno-Verlag*. Im Hintergrund standen die Arbeiten an und Probleme mit dem 4. Band „Markusjahr I, Evangelien" (1972):

---

[49] Ahne an Dieter Hömer, 28.5.1976; DADM C.I.735-16 Bd. XXI. Vorangegangen war eine Anfrage Hömers vom 17.5.1976, in der er genauere Anweisungen zum Zensurverfahren wünschte.

„Ich bin aber vollkommen hilflos, weil ich nicht weiß, was genehmigt wird (und wer). Darf ich Sie bitten, mir die notwendigen Richtlinien zu besorgen, damit alle Mitarbeiter erfahren können, was Sache ist? Es übersteigt die Möglichkeiten eines nebenberuflichen Mitarbeiters, wenn von ihm Stoßarbeit gefordert wird, wenn er plötzlich zwischen Satz und Umbruch größere, von B. [= Ordinariat Bautzen] geforderte Änderungen vornehmen soll. Es müßte zudem auch kirchenpolitische Lektorenarbeit geleistet werden. Solange diese Richtlinien nicht vorliegen, können sie auch nicht berücksichtigt werden. Nacharbeit in diesem Umfang ist mir nicht möglich. Da ich bei Ihnen unter Vertrag stehe, ist es m.E. Ihre Angelegenheit, mir diese Maßstäbe zu geben, dann können Sie Ihrerseits verlangen, daß sie eingehalten werden. Solange das nicht geschieht, kann ich mich der Sache ‚Imprimatur' nicht mehr annehmen, was mir übrigens das Liebste wäre."[50]

Unverständlich war für Lange, dass die Manuskripte so lange beim Verlag – wie er meinte – „unbearbeitet" liegen würden. Offensichtlich waren ihm die Mechanismen und Praktiken des staatlichen Genehmigungsverfahrens nicht vollständig bewusst. Im Hintergrund standen aber auch restriktive autoritäre Entscheidungen, etwa dass Autoren, die das Priesteramt nicht mehr ausübten, von der als „Verkündigungsdienst" angesehenen Mitarbeit an der Predigtreihe ausgeschlossen werden sollten.[51] Einen Kompromiss fand man in solchen Fällen dadurch, dass Artikel entsprechender Autoren nur noch mit einem Kürzel zu kennzeichnen waren. Im Sommer 1972 war das Manuskript mit erheblichen Überarbeitungshinweisen, von denen die Erteilung des *Imprimatur* abhängig gemacht wurde, an den Verlag zurückgesandt worden, nachdem es bereits in der ersten Jahreshälfte eine äußerst scharfe und langwierige staatliche Genehmigungsprozedur durchlaufen hatte.[52]

Als Kriterium für die Erteilung des *Imprimatur* beriefen sich intern die Zensoren bzw. amtskirchliche Entscheidungsträger auf die „besonders strenge[n] Maßstäbe der Beurteilung", die „bei einer so wichtigen Angelegenheit, wie sie die Herausgabe eines Predigtbandes darstellt", wo der „Verkündigungsauftrag der Kirche" berührt war, anzulegen wären.[53] Im konkreten Fall handelte es sich um

[50] Lange an Verlag, 2.10.1972; EAB PAD 711, Sektion 10.
[51] Generalvikar Bulang an Lange, 18.10.1972; EAB PAD 711, Sektion 11.
[52] Vgl. Generalvikar Bulang an Verlag, 22.8.1972; EAB PAD 711, Sektion 7.
[53] Generalvikar Bulang an Lange, 18.10.1972; EAB PAD 711, Sektion 11. – Es handelt sich hierbei um eine Reaktion auf Langes erschöpften Hilferuf vom 2.10.1972 (s. Anm. 50).

den erwähnten Band zu den Evangelien im Markusjahr, der Ende 1972 nach auch erheblichen staatlichen Änderungsauflagen erschien. Bei der Rücksendung des Manuskripts erhielt Lange auch das Zensorenvotum, das er mit Randbemerkungen versah. Der Gutachter erläutert hier seine persönlichen Richtlinien bei der Beurteilung:

> „Die sehr weitreichende Aufgabe, daß die Vorlagen mangels anderer Materialien weitgehend Unterlage für die Verkündigung in der ganzen DDR sind – nicht nur für die Priester, sondern wahrscheinlich auch für Diakonatshelfer – läßt jedoch angeraten scheinen, ein strenges Maß der Beurteilung als Zensor anzulegen. Abschnitte, die vielleicht in einer theologischen Fachzeitschrift noch angängig wären, sind in diesem Verkündigungsbereich in jedem Falle auszuschließen, wenn sie Verwirrung unter den Gläubigen anstiften könnten. Es sei auch erinnert an das seinerzeitige Lehrschreiben der Bischöfe über die Verkündigung, in welchem ausdrücklich darauf hingewiesen wurde, daß theologische Lehrmeinungen nicht auf die Kanzel gehören. Von diesem von den Bischöfen gewünschten Maßstab wurde bei der Beurteilung ausgegangen."[54]

Gerade in diesen Jahren wurde wiederholt mit der besonderen Verantwortung angesichts des Verkündigungsauftrags der Kirche argumentiert. Generalvikar Bulang ließ Pfarrer Hans-Andreas Egenolf (1931–2010), der über eine Zensurierung im 4. Band der Reihe *Heilige Schrift in der Gemeinde* geklagt hatte, wissen, dass „sorgfältig zwischen Lehrverkündigung und wissenschaftlicher Diskussion zu unterscheiden" sei „und theologische Diskussionen nicht Gegenstand der Verkündigung sein dürften".[55] Ausdrücklich verwies Bulang auf die Artikel 15 bis 17 des durch die Deutsche Bischofskonferenz 1967 publizierten *Schreibens der Bischöfe an alle, die von der Kirche mit der Glaubensverkündigung beauftragt sind*, das offensichtlich bei den pastoral Verantwortlichen in der DDR aufmerksam gelesen worden war. Die Verkündigung, so in diesem Bischofswort, könne der wissenschaftlichen Arbeit nicht entbehren, die dazu helfe, „daß der Glaube auf die Fragen der Zeit zu antworten vermag". Doch sei

---

54 Zensor NN., Votum zu Lange, „Das Wort an die Gemeinde" (Markusjahr I/Evangelien), 21.8.1972; in: EAB Pad 711, Sektion 7. Auf dem Exemplar dieses Votums, das sich im Bestand des Bischöflichen Ordinariates befindet, vermerkte Generalvikar Bulang: „Einverstanden. 11.8.72"; DADM C.I.735-16 Bd. XVII.

55 Generalvikar Bulang an Egenolf, 3.11.1972; DADM C.I.735-16 Bd. XVIII.

„sorgfältig zwischen der Lehrverkündigung und der wissenschaftlichen Diskussion zu unterscheiden. [...] Wir müssen uns aber hüten, ungesicherte Hypothesen zum Gegenstand der Verkündigung zu machen [...]. Die theologische Diskussion hat ihren legitimen Ort inmitten der Kirche; aber sie ist nicht Gegenstand der Verkündigung. Vermengt mit der kirchlichen Glaubenslehre selbst stiftet sie nur zu oft Verwirrung“[56].

Im Hintergrund stehen die heftigen Auseinandersetzungen und leidenschaftlichen Debatten um eine Neuausrichtung der Pastoral im Anschluss an das 2. Vatikanische Konzil und um den *Holländischen Katechismus* von 1966, der 1968 unter dem Titel „Glaubensverkündigung für Erwachsene“, allerdings erweitert um Stellungnahmen einer Kardinalskongregation, auch auf Deutsch erschien. Intern sorgte der Umgang mit der Interpretation der von Bulang in Anspruch genommenen „besonders strengen Maßstäbe“ zu einer temporären Verstimmung zwischen Lange und dem Cheflektor des *St. Benno-Verlags*, Josef Gülden (1907-1993). Gülden wollte unter Vermittlung von Domkapitular Johann Hötzel (1901–1991), dem offiziellen Lizenzträger des Verlags, die Sache mündlich mit dem Generalvikar klären und lehnte von daher einen ihm zur Kenntnis gegebenen Briefentwurf Langes an das Ordinariat ab. Dort würde man ihm nur antworten, „was im Codex steht“. Doch wisse er, Gülden, aus seiner eigenen Praxis und aus einem Gespräch mit Hötzel, dass es pragmatisch „Ausnahmen geben könne“. Nähere Auskunft über die Reichweite der „besonders strengen Maßstäbe“ zu erbitten, bedeute, sich selbst „vollkommen binden“ zu wollen. „Wie schon oben ausgeführt, überforderst Du einfach die Bautzener Imprimaturstelle.“ Lange antwortete lakonisch auf den CIC-Hinweis:

---

[56] *Sekretariat der Deutschen Bischofskonferenz* (Hg.), Schreiben der Bischöfe an alle, die von der Kirche mit der Glaubensverkündigung beauftragt sind. Sonderdruck, [Bonn] 1967, 10f. Der Text war in der Kommission für Fragen der Glaubens- und Sittenlehre (also nicht in der Pastoralkommission!) formuliert, während der Herbstvollversammlung der Bischöfe „von einem kleinen Gremium“ überarbeitet und dann einstimmig angenommen worden; Protokoll der Vollversammlung der Deutschen Bischofskonferenz in Fulda vom 19. bis 22. September 1967. Bonn 1967, 7. – In Nr. 17 verweisen die Bischöfe darauf, „daß der kirchlichen Lehrautorität bei der Ausübung ihres Amtes Irrtümer unterlaufen können und unterlaufen sind“, wobei sich dies nicht auf verbindliche Lehraussagen bezöge. Die Rezeption dieser Schrift in der DDR verdiente eine eigene Untersuchung. In der Phase der Ausarbeitung dieses Textes ließ der Paderborner Erzbischof Lorenz Jaeger seinen Kölner Mitbruder wissen: „[...] es scheint mir bald an der Zeit, daß wir öffentlich dem unverantwortlichen, geltungshungrigen Gerede mancher Theologen entgegentreten. Gebe Gott, daß das beschlossene Wort der deutschen Bischöfe an alle, die in der Verkündigung des Evangeliums tätig sind, die Dinge im sachlichen und menschlichen Bereich klar und unmißverständlich beim Namen nennt“; Jaeger an Frings, 30.11.1966; EAB NL Jaeger 013/122-124.

> „Genau das möchte ich schriftlich haben, dann bin ich die besonders strengen Maßstäbe los. Mit welchem Recht wenden sie verschärfte Maßnahmen an? Mit welcher Schuld haben wir das verdient. Ich meine, wir müssten mit allen Mitteln davon loskommen, bevor der Band Mk II zensiert wird, man muß den Anfängen widerstehen, nicht noch einen Band abwarten. [...] Ich überfordere die doch nicht, sondern ide [sic!] überfordern mich bzw. die Mitarbeiter, und dann soll man nicht nervös werden ...“[57]

Diese Auseinandersetzungen finden auch ihren Niederschlag im nachfolgenden Band der Predigtreihe. Denn der Herausgeber sah sich zu einer Klarstellung zum „kirchlichen Stellenwert“ der Reihe veranlasst:

> „Man darf den Titel der Reihe nicht falsch verstehen. Strenggenommen finden Sie hier nicht *das* Wort an die Gemeinde. Zum Verkündigungstext aus dem Lektionar bieten wir Exegesen, Meditationen und Predigtskizzen an. Unsere Ausführungen selbst sind kein Verkündigungstext. Wenn Sie bei der Ausübung Ihres Verkündigungsdienstes unsere Anregungen benutzen, so enthebt Sie das nicht der eigenen Verantwortung, auch nicht der vor Ihrem Bischof als Träger des Lehramtes. Die Benutzung dieses Buches garantiert Ihnen nicht automatisch, daß Sie der genannten Verantwortung gerecht werden. Wir können Ihnen dieselbe schon deshalb gar nicht abnehmen, weil wir keine ausgearbeiteten Predigten bringen. Selbstverständlich erscheinen die Bände mit dem kirchlichen Imprimatur; damit ist aber nicht jeder Gedankengang oberhirtlich abgesichert. In gewisser Weise ist jede Verkündigung einseitig, anstößig und persönlich gefärbt, was sich ja schon im Neuen Testament beobachten läßt. Sie können nicht verlangen, daß unsere Einseitigkeiten und Anstöße immer im Sinne des jeweiligen Amtsträgers ausfallen. Darum wird man wohl kaum ein Predigtwerk finden, das durch ein bischöfliches Vorwort sanktioniert wäre. Deshalb erscheint diese Reihe auch nicht im unmittelbaren Auftrag der Bischöfe. Der St. Benno-Verlag bestreitet die Herausgabe auf dem Wege der freien Mitarbeiterschaft. [...] Da die Beiträge signiert sind, muß er [i.e. der Verfasser] seine Ausführungen zunächst selbst verantworten. Vom Verlag aus wird versucht, jede Einseitigkeit zu vermeiden. Leider konnten wir uns die Mitarbeiter noch nie aussuchen, sondern waren froh, wenn wir genügend Autoren jeden Alters und jeder Richtung fanden. Wir hoffen, bei diesem Verfahren Eintönigkeit und Einseitigkeit zu vermeiden. Wenn von allen Seiten Beiträge

[57] Lange an Gülden, 13.11.1972; Gülden an Lange, 10.11.1972; EAB PAD 711, Sektion 11.

kommen, dann kann sich die augenblickliche Vielstimmigkeit kirchlicher Lebensäußerungen auch in unserer Edition ein gedämpftes Echo verschaffen.“[58]

Eines der seltenen Beispiele, dass ein Autor sich gegen eine kirchliche Zensur wendet, findet sich ebenfalls in diesem Evangelienband zum Markusjahr I. Der in Berlin tätige Meißener Diözesanpriester Armin Bernhard (1932–2019) hatte den Text zum Stephanustag, dem 2. Weihnachtstag, zu verfassen. Hieran wurden sowohl redaktionelle Änderungen (wohl seitens des Verlags) wie auch theologisch motivierte Umänderungen vorgenommen, die auf das Zensorenvotum zurückgingen und Bernhard mitgeteilt worden waren. In seinem Schreiben an den *St. Benno-Verlag* sandte er den Korrekturabzug zurück, an dem er selbst nun vier Stellen änderte, von denen drei auf die Redaktion zurückgingen, die etwa „theologisch unglücklich formuliert“ oder „den Sinn der Aussage nicht begriffen“ habe. Beim Eingriff des Zensors argumentierte Bernhard selbstbewusst und – dieses Argument bringt er auch bei späteren Beanstandungen vor – unter Verweis auf seine eigene Tätigkeit als Zensor: „Sp. 26 Mitte muß ich gegen den Einspruch des Zensors Einspruch erheben. Er sollte erst Theologie studieren, ehe er zensiert (Ich bin selbst Zensor). Dem Sinne nach schien meine Formulierung aber wirklich mißverständlich, denn der Redaktor hat den Sinn auch nicht genau widergegeben [sic]. Daher meine eigene Änderung.“[59]

Vergleicht man die Dauer von staatlichem und kirchlichem Genehmigungsverfahren, so fällt auf, dass in der Regel das kirchliche *Imprimatur* nach der staatlichen Druckerlaubnis erteilt wurde. Die Ausnahme des 1. Bandes erklärt sich wohl aus dem Pilotcharakter, der einen relativ langen kirchlichen Vorlauf bedingte. Man musste bei dieser für die DDR außergewöhnlichen Publikation erst Verfahrenswege und Beurteilungsmaßstäbe etablieren. Entscheidend ist staatlicherseits die Besprechung mit Mara Marquardt, bei der die vorgebrachten Monita einer finalen Lösung zugeführt wurden. Die Möglichkeit zur Publikation hing gänzlich vom Placet aus Berlin ab. Der *St. Benno-Verlag* wird mehr oder weniger parallel zur Übersendung des Manuskripts an die *HV Verlage und Buchhandel* das Manuskript an das Ordinariat geschickt haben, das seinerseits die kirchlichen Zensoren mit einer Überprüfung des Manuskripts beauftragte. Unwahrscheinlich ist, dass die verlagsinternen Gutachten an Marquardt weitergegeben wurden –

58 *K. Lange,* Vorwort in eigener Sache, in: ders. (Hg.), Das Wort an die Gemeinde. Lukasjahr I, Evangelien, Leipzig 1973, 7–9, 7.

59 Bernhard an Verlag, 10.10.1972; EAB PAD 711, Sektion 10.

hiergegen sprechen die immer wieder aufgrund vermuteter staatlicher Nicht-Genehmigung geübte Selbstzensur und die Vermerke über die politische Unbedenklichkeit. Von dem System der zeitlichen Nachordnung der kirchlichen Genehmigung weichen jedoch vier Bände seit 1977 ab (Matthäusjahr I, 2. Lesungen, 1977; Matthäusjahr II, 2. Lesungen, 1977; Markusjahr I, 2. Lesungen, 1978; Markusjahr II, 2. Lesungen, 1979), bei denen das *Imprimatur* lange vor der staatlichen Genehmigung liegt. Die Verschiebung mag damit zusammenhängen, dass gerade bei diesen Bänden das staatliche Genehmigungsverfahren außerordentlich lang war. Lag zwischen der Einreichung eines Manuskripts durch den Verlag und der Erteilung der Druckgenehmigung normalerweise ein Zeitraum von ca. drei Monaten, so erstreckte er sich bei den fraglichen Bänden auf fünf bis knapp acht Monate. Das hatte nicht immer sachliche Gründe einer besonders scharfen Begutachtung mit ggf. entsprechend langwierigen Verhandlungen zur Klärung der Probleme. Solches trifft nur auf den Band zu, den Jürgen Janott (*1943) zu begutachten hatte (Markusjahr II, 2. Lesungen, 1978). In zwei Fällen ließ sich Franklin Borrmann als Gutachter einfach außerordentlich viel Zeit. Waren die Verhandlungen der Verlagslektoren mit Mara Marquardt geführt, so dauerte es bis zur staatlichen Druckgenehmigung in der Regel vier bis fünf Wochen. Kirchlicherseits lagen die Abgabe des Votums eines Zensors und die Erteilung des *Imprimatur* zeitlich nahe beieinander. Wie die jeweils in diesem Verfahren geforderten Änderungen zwischen Verlag, Herausgeber und Autor kommuniziert wurden, bleibt unklar. Eine grundsätzlich immer stattfindende Einbindung des Autors ist aber unwahrscheinlich. Zuweilen wurde das *Imprimatur* auch erteilt unter dem Vorbehalt, angemahnte Stellen noch zu ändern.[60] In einigen Fällen wird man davon auszugehen haben, dass der Verlag ohne Rücksprache mit einem Autor Änderungen des kirchlichen Zensors in das Manuskript einarbeitete. Hierfür wäre die zügige Änderung der Texte ein Indiz. Am 19. Januar 1973 etwa übersandte das Ordinariat dem Verlag das einen Tag zuvor eingegangene Votum des Zensors zum Band für das Markusjahr II, Evangelien (1972) mit der Bitte, zwei kleine Stellen zu überarbeiten. Bereits am 24. Januar reichte der Verlag die überarbeite-

[60] Markusjahr II, Evangelien (1972): Generalvikar Bulang an Verlag, 3.3.1972 (DADM C.I.735-16 Bd. XVII); Lukasjahr I, Evangelien (1973): Generalvikar Bulang an Verlag, 28.5.1973 (DADM C.I.735-16 Bd. XVIII); Matthäusjahr I, Erste Lesungen (1974): Generalvikar Bulang an Verlag, 1.7.1974 (DADM C.I.735-16 Bd. XIX); Markusjahr I, Erste Lesungen (1975): Generalvikar Hötzel an Verlag, 27.10.1975 (DADM C.I.735-16 Bd. XX).

ten Textstellen zur Genehmigung ein, die am 30. Januar durch den Zensor akzeptiert wurden, so dass am selben Tag das *Imprimatur* erteilt werden konnte.[61]

	Staatliches Verfahren			Kirchliches Verfahren	
	staatl. Druckgenehmigung	Verhandlung Verlag – Marquardt	Dauer zw. Eingang Ms. und Druckgenehmigung (Tage)	kirchl. Imprimatur	Votum kirchl. Zensor
1971 C II Evv	13.04.1971	01.04.1971	99	14.04.1971	19.10.1970 30.10.1970
1971 A I Evv	21.07.1971	21.06.1971	40	27.09.1971	29.07.1971 14.08.1971 14.9.1971 20.9.1971
1972 A II Evv	06.01.1972	03.12.1971	70	03.03.1972	
1972 B I Evv	12.07.1972	15.06.1972	120	02.10.1972	21.08.1972
1973 B II Evv	22.12.1972	06.12.1972	60	30.01.1973	18.01.1973 30.1.1973
1973 C I Evv	k.A.	03.05.1973		28.05.1973	
1973 C II 1. Lsg	06.12.1973	06.11.1973	72	17.12.1973	
1974 A I 1. Lsg	05.06.1974	24.04.1974	59	01.07.1974	
1975 A II 1. Lsg.	14.02.1975	21.01.1975	93	06.03.1975	

[61] Korrespondenz in: DADM C.I.735-16 Bd. XVIII.

	Staatliches Verfahren			Kirchliches Verfahren	
	staatl. Druckgenehmigung	Verhandlung Verlag – Marquardt	Dauer zw. Eingang Ms. und Druckgenehmigung (Tage)	kirchl. Imprimatur	Votum kirchl. Zensor
1976 B II 1. Lsg.	04.05.1976	06.04.1976	97	29.04.1976	
1976 C I 1. Lsg.	19.10.1976	k.A.	90	14.10.1976	24.08.1976
1977 C II 2. Lsg.	18.02.1977	k.A.	58	09.02.1977	05.02.1977
1977 A I 2. Lsg.	15.09.1977	08.06.1977	177	26.05.1977	19.05.1977
1977 A II 2. Lsg.	16.02.1978	02.02.1978	149	18.10.1977	10.10.1977
1978 B I. 2. Lsg.	07.06.1978	03.05.1978	127	31.03.1978	27.03.1978
1978 B II 2. Lsg.	03.01.1979	3.11.1978 4.12.1978	154	31.08.1978	26.08.1978
1979 C I 2. Lsg.	11.04.1979	22.03.1979	70	08.03.1979	02.03.1979
	i.d.R. nach 4-5 Wochen		ø 3 Monate	zeitnah	

Abb. 4: Dauer des staatlichen und kirchlichen Genehmigungsverfahrens

3 Die Zensoren

Am 24. April 1977 wurde in der Sitzung der Gesellschafter des *St. Benno-Verlags* auch über die Machtstellung von Mara Marquardt und die Möglichkeiten eigener Gegenmacht gesprochen:

> „Stellung von Frau Dr. Marquardt: Es scheint so zu sein, daß Frau Dr. Marquardt erste und letzte Instanz ist. Das kann bei wichtigen Editionen nicht hingenommen werden. Es wird beschlossen, daß im Falle der Ablehnung einer Druckgenehmigung für ein der Kirche wichtiges Anliegen der Verlag einen genauen Bericht an den Protektor des St. Benno-Verlags übergibt zur Weiterleitung an den Vorsitzenden der Berliner Bischofskonferenz."[62]

Was sollte der Vorsitzende der Bischofskonferenz denn besser durchsetzen können, was im konkreten Ringen miteinander vor Ort nicht ähnlich geklärt werden könnte? Natürlich könnte man Einzelfälle autoritativ durchsetzen. Natürlich könnte man Einzelfälle benennen. Und doch: Ein Einzelfallsystem ist hochgradig autoritär und kann diktatorisch werden. So wie die DDR als Weltanschauungsstaat oder Bevorzugungsdiktatur. Einzelfalllösungen in der Hoffnung auf „informelle Konfliktlösung"[63] stabilisieren repressive Systeme. Womöglich liegt hier die größte Tragik der selbstverordneten „politischen Abstinenz" der katholischen Kirche. Die Praktiker des *St. Benno-Verlags* – in der Gesellschafterversammlung waren die Jurisdiktionsträger vertreten – konnten vor Ort wesentlich mehr erreichen, sofern sie es verstanden, zu Mara Marquardt ein gutes Verhältnis aufzubauen, so dass das Beste für den Verlag herausgeholt werden konnte. Denn in Berlin musste man sehr genau wissen, welcher der anzufragenden externen Lektoren in welcher Schärfe Texte des katholischen Verkündigungsdienstes begutachten würde.

Mit Gerhard Bassarak, der 1971 und 1972 die ersten fünf Bände und 1977 nochmals zwei Bände vorgelegt bekam, wurde ein evangelischer Theologe angefragt, der „eine theologische Rechtfertigung der kommunistisch-totalitären Regimes in Europa und Lateinamerika" anbot und sich verschiedentlich in den Dienst der SED-Diktatur stellte, etwa im Rahmen der internationalen *Christlichen Friedenskonferenz* oder bei seiner geheimen Tätigkeit als „IM Buss" (seit 1958). Die Staatssicherheit wusste also auch über Bassarak sehr gut über den Weißenseer Arbeitskreis Bescheid, der sich für eine „Kirche für den Sozialismus" ein-

62 Protokoll über die gesonderte Sitzung der Gesellschafter, 27.4.1977; DADM C.I.732.06/00-4.

63 Den Begriff übernehme ich aus: *F. Mühlberg*, Bürger, Bitten und Behörden. Geschichte der Eingabe in der DDR, Berlin 2004; vgl. *S. Elsner*, Flankierende Stabilisierungsmechanismen diktatorischer Herrschaft. Das Eingabewesen in der DDR, in: *C. Boyer* (Hg.). Repression und Wohlstandsversprechen. Zur Stabilisierung von Parteiherrschaft in der DDR und der CSSR, Dresden 1999, 75–88.

setzte.[64] Dennoch kann Bassarak nicht als ideologischer Hardliner gelten, seine theologischen Ansichten besaßen keinen links-liberalen Einschlag. Stattdessen war er selbst Autor diverser Predigtbände und hatte sich mit religiöser Sprache (auch bei der Predigt) auseinandergesetzt.[65] Bassarak studierte 1946 bis 1950 Evangelische Theologie in Halle, wurde dann Studentenpfarrer in Berlin (1953–1957) und war von 1957 bis 1966 Studienleiter der Evangelischen Akademie Berlin-Brandenburg. 1965 wurde er an der Comenius-Fakultät Prag promoviert. Gegen den Willen der Fakultät setzte man ihn 1967als Professor für Ökumenische Theologie an der Universität Halle ein. Von dort wechselte er kurze Zeit später an die Humboldt-Universität (1969) und nahm die Professur für Ökumenik nach Berlin mit. Die Habilitation erfolgte 1977 mit einer Untersuchung zu „Missionsstrategie im Wandel. Zur ökumenischen Bedeutung der Weltmission zwischen Kolonialismus und Ökumene" (Berlin 1977). Als er die Predigtbände begutachtete, war er bereits Träger des *Vaterländischen Verdienstordens der DDR in Bronze* (1964).

Auch der an der Universität Jena als Dozent für Philosophie tätige Franklin Borrmann (*1932), der 1978 zwei Predigtbände begutachtete, war keineswegs ideologisch verhärtet, sondern vielmehr ein an Theologie Interessierter und für den am Philosophisch-Theologischen Studium in Erfurt lehrenden Konrad Feiereis (1931-2012) ein geschätzter Gesprächspartner.[66] Borrmann fertigte zwei Dis-

---

64 Vgl. http://www.catalogus-professorum-halensis.de/bassarakgerhard.html (letzter Zugriff: 31.12.2022) und *F. Stengel*, Die Theologischen Fakultäten in der DDR als Problem der Kirchen- und Hochschulpolitik des SED-Staates bis zu ihrer Umwandlung in Sektionen 1970/71, Leipzig 1998, 626–628 und passim.

65 *G. Bassarak*, Einheit und Frieden. Ökumenische Predigten, Berlin 1978; *ders.*, Vor allen Dingen die Liebe. Predigten, Berlin 1985; *ders.*, Dienst der Versöhnung. 20 Rundfunkpredigten, Berlin 1972; *ders.*, Der auferstandene Gekreuzigte. Weissenseer Predigten, Berlin 1970 (Erstauflage 1969); vgl. *J. Gerdes,* Glaube, Wissenschaft, Sprache. Eine diachronische Studie zur protestantisch-theologischen Fachsprache im 20. Jahrhundert, Berlin 2022, 285–287. – Zum theologischen Profil vgl. *G. Bassarak*, Theologie des Genitivs? Wider falsche Wege des Dienstes am Wort, Berlin 1975. Wichtige Beiträge wurden 2010 neu herausgegeben: *ders.*, Mit dem Vorsprung einer historischen Epoche. Aufsätze und Vorträge zu Biblischer Theologie, Gesellschaft, Kirche, Ökumene und Sprache, hg. v. *Ingrid Ehrler* u.a. Schkeuditz 2010.

66 Vgl. *K. Feiereis*, Möglichkeiten und Grenzen des Dialogs aus der Sicht eines katholischen Theologen, in: Utopie kreativ (Juli/August 2001), Heft 129/130, 709–721, 718; Wiederabdruck in: *T. Brose / H. Zaborowski* (Hg.), Konrad Feiereis. Philosophie, Christentum und Gesellschaftskritik in der DDR, Berlin 2022, 31–57; hierin auch: *T. Brose*, Einleitung: Konrad Feiereis (1931-2012). Philosophie, Christentum und Gesellschaftskritik, 14–24; vgl. *Schäfer*, Staat, 415, Anm. 472. – Zu Borrmann: *E. Guigo-Patzelt*, Du conflit au dialogue: l'athéisme scientifique en RDA (1963–1990). Sociologie. Sorbonne Université, 2021. Français. NNT: 2021SORUL159. tel-03772781 (https://theses.hal.science/tel-03772781/document), passim.

sertationen zu Themen des Katholizismus und der katholischen Theologie an.[67] Dass er auch bei SED-Funktionären immer wieder aneckte, zeigt eine Episode kurz nach dem Mauerbau, als er für einige Zeit „in der Produktion" arbeiten musste, da er während der Krise des Jahres 1961 „für die geduldige Überzeugung der Studenten und Kollegen" plädierte, „ohne politischen Druck anzuwenden", und um Verständnis warb: „‚Wenn einem der Kragen platzt, ist das noch lange kein Klassenfeind'. Die Partei dankte ihm das Engagement mit einem Parteiverfahren, dem eine langjährige ‚Bewährung' in der sozialistischen Produktion folgte."[68]

Der dritte bislang namentlich identifizierte externe Lektor der *HV Verlage und Buchhandel*, Jürgen Janott (* 1943), gab nur, wie oben dargestellt, für einen einzigen Band 1978 ein dann aber sehr scharfes und vernichtendes Urteil ab. Er war Referent für Theologische Fakultäten im *Ministerium für das Hochschul- und Fachschulwesen* (MHF). Auch er war für das Ministerium für Staatssicherheit seit 1968 tätig („IM Student"). Nach seinem Theologiestudium hatte sich Janott von Kirche und Religion abgewandt und das Studium der marxistisch-leninistischen Philosophie an der Berliner Humboldt-Universität aufgenommen. Im MHF verschaffte er der Staatssicherheit einen bedeutenden Einfluss auf die (evangelischen) Theologischen Fakultäten. Janott hatte Einfluss auf die Personalpolitik und war Kritiker einer „fortschrittlichen Theologie". Versuche von Hochschullehrern, ihn aus dem Ministerium zu entfernen, scheiterten.

> „Die Analyse der Regierungspolitik gegenüber der Universitätstheologie im Gesamtzeitraum der DDR läßt die Schlußfolgerung zu, daß bei einer massiven Einflußnahme des MfS auf das Hauptreferat im SHF [Staatssekretariat für Hochschul- und Fachschulwesen]/MHF eine Radikalisierung der Fakultätspolitik zu verzeichnen war. Dies betraf die Amtszeit Friedrun Fessens und die Jürgen Janotts gleichermaßen. Demgegenüber gestaltete sich der Umgang mit den Fakultäten dann zurückhaltender und

---

[67] *F. Borrmann*, Sozialkritischer Katholizismus in der Epoche des Übergangs vom Kapitalismus zum Kommunismus, Jena 1986 (Diss.); *ders.*, Vatikanum II. Zehn Jahre danach. Zu einigen neuen Tendenzen und Strömungen in der römisch-katholischen Kirche und Theologie (Diss. Gesellschaftswissenschaftliche Fakultät), Jena 1978.

[68] *M. Ploenus*: „... so wichtig wie das tägliche Brot". Das Jenaer Institut für Marxismus-Leninismus 1945–1990, Köln/Weimar/Wien 2007, 156.

maßvoller, wenn das MfS in den Angelegenheiten des Hauptreferats kein unmittelbares Mitspracherecht hatte […].“[69]

Mit Janott hatte man also einen Hardliner zum externen Lektor bestellt. Sein Gutachten ist voller Sarkasmus, Ironie und Angriffslust und unterscheidet sich darin grundsätzlich von allen anderen Gutachten.

Bei der kirchlichen Zensur zur Erteilung des *Imprimatur* für die Predigtreihe zeigten sich die amtskirchlich Verantwortlichen besonders sensibilisiert. Denn als auf der Gesellschafterversammlung des *St. Benno-Verlags* im Februar 1971 Josef Gülden über *Das Wort an die Gemeinde* berichtete, dessen erster Band kurz vor der Veröffentlichung stand, entspann sich eine Diskussion um die „Prüfung solcher Werke“. Der Zensor, so sah man ein, sei eigentlich nur für das „Nihil obstat“ zuständig. Doch wäre darüber hinaus auch noch ein theologisch-fachliches Urteil notwendig. Dies war jedoch kirchenrechtlich in keiner Weise erforderlich. Die Debatte legt vielmehr das Überwachungs- und Kontrollbegehren der Jurisdiktionsträger offen. Man diskutierte die Frage, ob man diese beiden Prüfungen zusammenlegen könne. Domkapitular Ahne (Bistum Meißen) erklärte, daß man in Meißen zu wenige Zensoren habe, und fragte, ob auch Fachleute aus anderen Bistümern beauftragt werden könnten. „Die Bischöfe [Gerhard] Schaffran [1912–1996; Bistum Meißen] und [Hugo] Aufderbeck [1909–1981; Erfurt] sehen dafür keine Schwierigkeiten. Es soll mit der AG Seelsorgeämter Kontakt aufgenommen werden, obwohl GV [Generalvikar Bernhard] Huhn [1921–2007; Görlitz] glaubt, daß wenig Aussicht auf Hilfe ist, da dieses Gremium auch schon mit Arbeit überhäuft wird.“[70] Diese Debatten hängen wohl zusammen mit einem Konflikt einige Monate später, als Lange sich entschieden dagegen verwahrte, dass ihm der Berliner Domvikar Joachim Busl (1940–2016) als Moderator „vor die Nase“ gesetzt werden solle, da „die Berliner Ordinarienkonferenz mich die große Verantwortung für das Buch nicht alleine tragen lassen wolle. Bei mir reiche die kirchliche Zensur doch wohl nicht aus“[71]. Frustriert drohte Lange Konsequenzen an:

> „Ich möchte die Arbeit bis zur Klärung der Angelegenheit einstellen. Anscheinend hat doch der Verlag seine Kompetenzen überschritten, als er

[69] *Stengel*, Fakultäten, 584–586 und passim (Zitat: 586); vgl. *G. Besier*, „Politische Reifeprozesse“. Zum Engagement des MfS an den theologischen Fakultäten bzw. Sektionen, in: *C. Vollnhals* (Hg.), Die Kirchenpolitik von SED und Staatssicherheit. Eine Zwischenbilanz, Berlin ^{2}1997, 267–297, 286–290.

[70] Protokoll der Gesellschafterversammlung, 19.2.1971; DADM C.I.732.06/00-3.

[71] Lange an Gülden, 2.10.1971; EBAP PAD 711, Sektion 9. Hieraus auch das folgende Zitat.

mit mir einen Vertrag schloß oder die mächtigen Männer hinter dem Verlag haben zu mir kein Vertrauen. Dann sollen sie mich entlassen und mich meine Wege ziehen lassen."

Gülden, der hierüber nur von Lange und nichts aus der Ordinarienkonferenz gehört habe, reagierte prompt: „Nirgendwo im CIC gibt es – über das Imprimatur der Verlagsdiözese hinaus – eine solche Verpflichtung. Also bitte überfalle nun Du [= Lange] nicht uns mit Absagen, bevor der ‚Krieg' zu Ende ist – ja nicht mal uns [= dem Verlag] offen erklärt ist." Er wolle mit Bischof Schaffran hierüber reden.[72] Wenn man die Diskussionen auf der Gesellschafterversammlung vom Februar kennt, kommen zumindest Bedenken auf, ob die Antworten, die Gülden aus dem Ordinariat und von Bischof Schaffran selbst erhielt, wirklich die volle Wahrheit wiedergeben. Vom Neuzeller Subregens Franz Georg Friemel (*1930), der mit Schaffran gesprochen hatte, wusste Gülden zu berichten, dass Friemel „nicht den Eindruck eines Auftrags zu einer neuen, ‚höheren' Zensur" hatte. Vielmehr wolle Schaffran sein „Zensoren-Gremium" um einige Fachleute vergrößern. Friemel und der vom Bischof gleichermaßen angefragte Dozent für Pastoraltheologie in Erfurt, Dr. Josef Mann (1927–2014), seien nicht für die Zensorentätigkeit zu gewinnen gewesen, „und zwar aus grundsätzlichen Bedenken gegen die Notwendigkeit kirchlicher Zensur!"[73] Zehn Tage später schrieb Gülden nach seinem Gespräch mit Schaffran und dem für die Erteilung des Imprimatur zuständigen Domkapitular Ahne erneut:

„Es wurde mir mitgeteilt, daß die Erteilung des Imprimatur für den Benno-Verlag nach wie vor allein Sache des Bautzener Ordinariates sei. Ahne wehrte sich kategorisch gegen direkte auswärtige Angriffe. Das wäre ein Mißtrauensvotum gegen sie und würde zurückgewiesen. Das einzige, was an den Gerüchten dran sei, könne nur die Verhandlung auf der Ordinarienkonferenz um eine eventuelle Erweiterung des Zensorenkreises gewesen sein, der dem kleinen Meißener Kreis u.U. einmal Arbeit abnehmen könne. Bis zum heutigen Tag sei ihm allerdings aus kei-

[72] Gülden an Lange, 3.10.1971; EAB PAD 711, Sektion 9.
[73] Gülden an Lange, 15.10.1971; EAB PAD 711, Sektion 9.

nem Bistum und auch nicht von Erfurt ein einziger neuer Mitarbeiter zur Verfügung gestellt worden. Also die Bautzener passen auf."[74]

Die Berliner Ordinarienkonferenz hatte sich auf ihrer Sitzung am 2./3. September 1971 auch mit dem *St. Benno-Verlag* beschäftigt. Hierbei ging es laut Protokoll („Verschiedenes 2. St. Benno-Verlag, a) Herausgabe von Predigthilfen; b) Kirchliche Zensoren") auch, aber nicht nur, um die Gewinnung neuer Zensoren. Den Predigthilfen war ein eigener Unterpunkt gewidmet. Nach einer kurzen Erwähnung des 1. Bandes zum Lukasjahr II, Evangelien, hält das Protokoll fest:

> „In den vom Bischöflichen Ordinariat Berlin herausgegebenen ‚Handreichungen zur Verkündigung' liegt [...] nach Meinung der Berliner Ordinarienkonferenz eine Fülle von brauchbarem Material vor, das in die Verlagsarbeit eingebracht werden sollte. Die Berliner Ordinarienkonferenz ersucht Pfarrvikar Karljosef Lange, Bernburg, in Zusammenarbeit mit Domvikar Joachim Busl, Berlin, um eine Verwertung dieses Materials besorgt zu sein, sowie Dozent Dr. Josef Mann, Neuzelle, bei der Herausgabe zu Rat zu ziehen. Die Berliner Ordinarienkonferenz bittet Bischof Schaffran [...], Pfarrvikar Karljosef Lange über die Wünsche der Berliner Ordinarienkonferenz zu informieren."[75]

Gewiss war dieser Beschluss kein direkter Versuch, Lange einen theologischen Mentor an die Seite zu stellen oder gar vorzusetzen. Dennoch sollte das fertig vorliegende Konzept der Predigtreihe nun durch von der Ordinarienkonferenz verordnete Mitarbeiter und zu berücksichtigende Publikationen aus dem Umfeld des Berliner Ordinariates modifiziert werden. Dies hätte eine Verzögerung der zeitlichen Planungen bedeutet. Offensichtlich gelang es aber bei einem direkten Gespräch zwischen Lange, Gülden und Bischof Schaffran, diesen Plan ad acta zu legen.

Bei der oben erwähnten Sitzung der Gesellschafter des *St. Benno-Verlags* vom April 1977 ging es auch um die kirchlichen Zensoren, die über die Erteilung des

---

[74] Gülden an Lange, 25.10.1971; EAB PAD 711, Sektion 9. – Bereits 1968 vermerkte das Protokoll (6.7.1968) über die Sitzung der Berliner Ordinarienkonferenz vom 25./26. Juni 1968: „Da die für den St. Benno-Verlag, Leipzig, tätigen Zensoren des Bistums Meissen überlastet sind, bittet Bischof Dr. Spülbeck darum, auch aus anderen Jurisdiktionsbezirken geeignete Zensoren zu benennen"; Forschungsstelle Kirchliche Zeitgeschichte Erfurt, Protokolle der Berliner Ordinarienkonferenz 1968 (Sammlung P).

[75] Protokoll der Berliner Ordinarienkonferenz, 2./3.9.1971; Forschungsstelle Kirchliche Zeitgeschichte Erfurt, Protokolle der Berliner Ordinarienkonferenz 1971 (Sammlung P).

Imprimatur ein Urteil zu fällen hatten. Konkret beschwerte sich Bischofsvikar Hömer aus Meiningen, dass die Geheimhaltung der Zensorenurteile seiner Ansicht nach nicht ausreichend sichergestellt war, da in einem Fall sein eigenes Votum weitergegeben worden sei. Die Gesellschafter schärften erneut ein, dass der Verlag dies gewährleisten müsse. Eigentlich sollte das System ja funktionieren, da das Exemplar des Votums, das Lange als Herausgeber bekam (und ggf. mit den Autor*innen kommunizieren konnte), nicht namentlich gekennzeichnet war. Doch handelte es sich eben auch um einen überschaubaren Kreis von Zensoren in einem überschaubaren kirchlichen Binnensystem, in dem natürlich auch Namen durchsickern oder bewusst kommuniziert werden konnten. Einige Prinzipien für das Zensorenvotum wurden nun festgehalten: Die Benennung eines Zensors sei Aufgabe und Angelegenheit des zuständigen Ortsordinarius. Sollten Nachfragen zu einem Votum aufkommen, so könne der Bischof, sofern der Zensor zustimme, „ein Gespräch zwischen Zensor und Autor veranlassen", womit natürlich die Anonymität aufgehoben wäre. Für die Predigtreihe ist solch ein Gespräch nicht dokumentiert. Auch kirchlicherseits erhielten die Zensoren eine Vergütung für ihre Tätigkeit: „Honorare für Zensoren sollen nicht vom Verlag überwiesen werden, sondern aus einem Fonds, den der Bischof von Meißen [als Ordinarius für den Verlagsstandort Leipzig] verwaltet." Und schließlich wurde ein Problem angesprochen, das wohl ein Dauerthema in den 1970-er Jahren gewesen ist, nämlich der Mangel an Zensoren. Die Jurisdiktionsträger wurden nämlich aufgefordert, „weitere geeignete Zensoren an den Bischof von Meißen" zu melden.[76] Überschaut man die Zensorenvoten bis etwa 1976, so fällt auf, dass sie ganz überwiegend aus der Feder von Klerikern aus dem Bistum Meißen und in geringerem Maß aus dem Umfeld des Philosophisch-Theologischen Studiums in Erfurt stammten. Hinzu kommen Paul Dissemond (1920–2006) aus dem Bistum Berlin, der Heiligenstädter Propst Paul Julius Kockelmann (*1930) aus dem Bischöflichen Generalvikariat in Erfurt und in einem Fall Elisabeth Antkowiak (1927–2009) aus dem Erzbischöflichen Amt Görlitz.[77]

---

[76] Protokoll über die gesonderte Sitzung der Gesellschafter 27.4.1977; DADM C.I.732.06/00-4.

[77] Die Zensoren des Bistums Meißen waren der Bischöflichen Verwaltungsstelle, Referat IIa: Seelsorge und Verkündigung zugeordnet. Der Schematismus des Bistums verzeichnet beispielsweise für das Jahr 1974 17 Personen; Schematismus des Bistums Meißen, Leipzig (1974), 14. Im Jahr 1977 waren es nur noch zehn Personen. Dass Siegfried Seifert, der jenseits der Predigtreihe eine enorme Menge an Gutachten geschrieben hatte (gewissermaßen übernahm er dieses extensive Aufgabengebiet von Domkapitular Ahne), im Schematismus 1977 geführt wurde, obwohl er kein Priester war, war außergewöhnlich; Schematismus des Bistums Meißen, Leipzig 1977, 21.

Bereits 1976 konnte der Kreis der Zensoren erweitert werden. Von nun an übernahmen auch Hömer und Stadtdechant Bruno Diefenbach (1931–2018) aus Mühlhausen, also beide aus dem Bischöflichen Amt Erfurt-Meiningen, diese Aufgabe.[78] Ab 1977 gutachteten dann tatsächlich wesentlich mehr Personen, etwa auch aus dem Bistum Berlin und dem Bischöflichen Amt Schwerin. Auch der Alttestamentler Georg Hentschel (*1941), Paderborner Priester im Erzbischöflichen Amt Magdeburg und freigestellt für seine Tätigkeit am Theologisch-Philosophischen Studium Erfurt, wurde angefragt und um ein Gutachten zu Erich Zengers Exodus-Buch (1975) gebeten. Doch der unaufgefordert Angeschriebene zeigte sich über das Ansinnen gar nicht erfreut. Er wisse nichts davon, dass man aus Magdeburg nach Bautzen seine Bereitschaft zur Übernahme der Zensorentätigkeit erklärt habe. Niemand habe ihn deswegen kontaktiert. „Ich habe“, so Hentschel in seinem Schreiben nach Bautzen, „auch keine entsprechende Erklärung abgegeben. Sie werden verstehen, daß ich gern wissen möchte, wer Ihnen etwas Ähnliches mitgeteilt hat“. Im vorliegenden Fall könne es zudem wohl nur darum gehen, „das Zengersche Manuskript erneut durchzuschauen“, da sein Lehrer Hans Lubsczyk (1911–2008) dies gründlich gelesen und – so unausgesprochen – für gut befunden habe. Hentschel werde mit Lubsczyk reden.

> „Wenn er meine Mitarbeit ausdrücklich wünscht, werde ich mir Ihre Bitte noch einmal überlegen. [...] Ob ich bereit bin, an der Zensur mitzuwirken, muß ich mir noch überlegen. Herr Prof. Dr. E. Zenger hat immerhin einen Lehrstuhl an einer kath.-theol. Fakultät inne. [...] Sollte ich mir anmaßen, die Arbeit meines verehrten Lehrers [Lubscyzk] zu zensieren? Sollte dem Autor oder dem Herausgeber entgangen sein, daß etwas gegen Glaube und Sitte verstößt?“

Umgehend erhielt Hentschel Antwort. Bereits im Mai 1976 habe Weihbischof Theodor Hubrich (1919-1992) Hentschels Namen genannt, „nachdem die Berli-

[78] Vgl. DADM C.I.735-16 Bd. XXI. Diefenbach hatte sinnigerweise gleich mit einer Thomas-Müntzer-Predigt zu tun, die er folgendermaßen kommentierte: „Die Meditationen und Predigtskizzen können nicht nach den Maßstäben eines dogmatischen Lehrbuches gewertet werden, sondern dienen der Belebung der Verkündigung des Predigers, der einen gesicherten Glaubenshorizont hat. Mit der Auflage, den Absatz 1 der Meditation S. 47f zu überarbeiten, wird die Kirchliche Druckerlaubnis empfohlen. Der betreffende Absatz ist überschrieben: ‚Prophet einer neuen Welt‘. Die kritiklose Darstellung des Thomas Müntzer und seine Bezeichnung als großer Prophet entspricht nicht der kirchlichen Lehre. Der Satz: ‚Für das Alte Testament ist Gott nicht ein Gott zweifelhafter Jenseitshoffnung‘ kann nicht unwidersprochen bleiben. Ebenso der Satz: ‚Im Christentum hat die Hoffnung Israels geradezu aufgehört, eine lebendige Hoffnung für die Welt zu sein‘“; Diefenbach, Votum, 24.8.1976; DADM C.I.735-16 Bd. XXI.

ner Ordinarienkonferenz eine Gesamtliste von Zensoren aus den einzelnen Jurisdiktionsgebieten zusammengestellt wissen wollte“. Und belehrend fuhr man fort: „Es ist Ihnen sicher bekannt, daß jede theologische Veröffentlichung, die beim *St. Benno-Verlag* erscheint, das Imprimatur benötigt.“ Deswegen benötige nun der Verlag für das Zengerbuch das Votum eines Zensors. Hentschel lehnte nach Beratungen mit einigen Professoren in Erfurt und nach der Lektüre der gültigen Zensurbestimmungen in den *Acta Apostolicae Sedis* (67 [1975], 281–284) die Übernahme eines Gutachtens ab, da er (1) seine knappe Zeit einteilen müsse, man (2) Lubsczyk direkt hätte fragen können, und (3) ihm nicht zustehe, „die Arbeit meines Lehrers noch einmal zu überprüfen“[79].

Die 18 Bände der Predigtreihe wurden durch vier Priester und einen Laien im Rahmen des *Imprimatur*-Verfahrens begutachtet: (1) Domkapitular und Bischofsvikar Georg Ahne (1921–1983) schrieb die Zensurvoten zu sieben Bänden zwischen 1971 und 1975.[80] Er war 1949 in Paderborn für das Bistum Meißen zum Priester geweiht worden und wurde dann als Kaplan in Dresden-Zschachwitz eingesetzt. 1952 wechselte er als Kaplan nach Schwarzenberg. Seit 1957 war Ahne Domvikar in Bautzen und zugleich Pfarrvertreter in Marienberg und Ordinariatsassessor. 1960 wurde er Ordinariatsrat, 1962 Domkapitular und 1973 Bischofsvikar. Seit April 1976 war er bis zu seinem Tod am 13. Februar 1983 Generalvikar.[81] Als solcher verfasste er keine Zensorenvoten mehr. (2) Ein bislang unbekannter Zensor verfasste das sehr scharfe Gutachten zum Markusjahr I, Evangelien (21.8.1972), zu dem auch Siegfried Seifert am 31.7.1972 ein Gutachten eingereicht hatte. (3) Ordinariatsrat Siegfried Seifert (1936–2013) aus Bautzen verfasste neben diesem noch zwei weitere Gutachten, wobei jenes zum Markusjahr I, 1. Lesungen (14.10.1975), durch ein weiteres, das Ahne verfasst hatte (24.10.1975), ergänzt wurde.[82] Seifert entstammte einer Dresdner Kaufmanns-

---

[79] Hentschel an Ordinariat Bautzen, 1.4.1977; Ordinariat an Hentschel, 6.4.1977; 25.4.1977 an Ordinariat; DADM C.I.735-16 Bd. XXIII. Das Zengerbuch erschien dann 1978 im *St. Benno-Verlag* als Nachdruck in der Reihe „Geistliche Schriftlesung“.

[80] Ahnes Zensorenvoten: 14.1.1971 (Lukasjahr II, Evangelien); 14.7.1971 und 29.7.1971 (Matthäusjahr I, Evangelien [1971]), hierzu wurde auch ein weiteres Gutachten durch Caritasdirektor Hermann Joseph Weisbender (1922–2001) aus Dresden eingeholt (14.8.1971), der sonst keine Bände dieser Reihe begutachtet hatte; 18.1.1973 (Markusjahr II, Evangelien); 28.5.1973 (Lukasjahr I, Evangelien); 28.6.1974 (Matthäusjahr I, 1. Lesungen); 6.3.1975 (Matthäusjahr II, 1. Lesungen); 24.10.1975 (Markusjahr I, 1. Lesungen), hierzu zusätzlich auch ein Gutachten von Seifert (14.10.1975). Die Angaben zu den kirchlichen Zensoren wurden den Akten im Diözesanarchiv Dresden-Meißen und im Erzbischöflichen Archiv Paderborn (vgl. Anm. 10) entnommen. Auf einen Einzelnachweis wird hier verzichtet.

[81] Vgl. Schematismus des Bistums Meißen. Leipzig 1977, 139.

[82] Das dritte Gutachten betraf den Band zum Markusjahr II, 1. Lesungen (29.4.1976).

familie und begann 1954 das Studium der Evangelischen Theologie in Leipzig. Für das Promotionsstudium unterbrach er seine Vikariatsausbildung. 1963 konvertierte er zum Katholizismus und legte wenig später seine Dissertation zur katholischen Kirche im frühneuzeitlichen Sachsen vor. Seit seiner Konversion stand er im Dienst des Bistums Meißen. Seit 1964 im Archiv tätig, übernahm er ab 1971 die Leitung der „Archiv- und Bibliotheksverwaltung des Domstifts und des Bischöflichen Ordinariats" und wurde zum Ordinariatsrat ernannt. Er verstarb 2013.[83] (4) Von Bruno Diefenbach (Mühlhausen) sind zwischen 1976 und 1979 sechs Voten überliefert.[84] Er war 1956 zum Priester geweiht worden und anschließend Domvikar in St. Marien/Erfurt. Seine Kaplansjahre verbrachte er 1961/62 in Mühlhausen. Es folgten Jahre als Pfarrer in Bischofferode. 1967 wurde er Pfarrer in St. Josef/Heiligenstadt, wo er bis 1996 als Stadtdechant wirkte, und im selben Jahr Mitglied des Priesterrats. Anschließend war er bis Ende 2005 Rektor des Exerzitienhauses St. Klemens in Heiligenstadt. Er verstarb 2018.[85] (5) Bischofsvikar Dieter Hömer (Meinigen) verfasste das Gutachten zum Band für das Lukasjahr II, 2. Lesungen (5.2.1977). Der 1930 geborene Würzburger Diözesanpriester wechselte 1956 in den thüringischen Teil der Diözese und wurde Kaplan in Meiningen. Als Pfarrer von Meiningen-Land (seit 1964; im Jahr zuvor bereits hier Kuratus) wechselte er als Subregens 1965 an das Erfurter Priesterseminar, dessen Regens er 1970 wurde. Von 1975 bis 1990 war Hömer Bischofsvikar für das Vikariat Meiningen und Ordinariatsrat. Nach der Wende kehrte er nach Würzburg zurück und war bis 2012 Diözesanrichter.[86]

Auffällig ist, dass sämtliche Zensoren zur Zeit der Begutachtung der Predigtreihe bedeutende Funktionen innerhalb der Verwaltung oder Seelsorge (Diefenbach) ihres Jurisdiktionsbezirks hatten. Ihre Stellungnahmen weisen quantitativ wesentlich weniger Kritikpunkte als die staatlichen Gutachten auf. Dennoch kam es zuweilen auch hier zu Überarbeitungswünschen, von denen die Erteilung des *Imprimaturs* abhängig gemacht wurde. Im Band zum Markusjahr I, Evangelien (1971), erkannte der unbekannte Zensor an einer Stelle des Entwurfes von Arnold

---

[83] Zu seiner interessanten Biographie vgl. den Nachruf von *B. Mitzscherlich*, Dr. Siegfried Seifert †, in: https://www.vda.archiv.net/lv-sachsen/aktuelles/nachrichtenarchiv/dr-siegfried-seifert.html (Zugriff am 4.1.2023).

[84] Diefenbachs Zensorenvoten: 24.8.1976 (Lukasjahr I, 1. Lesungen); 19.5.1977 (Matthäusjahr I, 2. Lesungen); August 1977 (Matthäusjahr II, 2. Lesungen); 27.3.1978 (Markusjahr I, 2. Lesungen); August 1978 (Markusjahr II, 2. Lesungen); 2.3.1979 (Lukasjahr I, 2. Lesungen).

[85] https://ar-ar.facebook.com/BistumErfurt/posts/2015410741830736/ (Zugriff am 4.1.2023).

[86] https://pow.bistum-wuerzburg.de/aktuelle-meldungen/detailansicht/ansicht/dem-bistum-erfurt-immer-eng-verbunden/ (Zugriff am 4.1.2023).

Janiszewski, dass hier „schwerwiegende Irrtümer“ enthalten seien, „wenn man davon ausgeht, daß Dogma, Gesetz und Sorge um die Wahrheit nur ‚weltliche Absicherungen‘ sind. Es ist einfach zu billig zu sagen, daß Kirchengebote und Bußvorschriften weltliche Sicherungen sind“. Die Erteilung des Nihil obstat machte der Zensor abhängig von der Umsetzung seiner Änderungswünsche, ein Vorgehen, mit dem sich der das Votum gegenzeichnende Generalvikar Bulang einverstanden erklärte.[87] Ganz anders ist das Votum für den 1. Band, zu dem Domkapitular Ahne an wertenden Aussagen lediglich feststellte:

> „Wie schon im Vorwort bemerkt wird, handelt es sich nicht immer um einheitliche Versuche, zumal die Autoren relativ schnell arbeiten mußten. Dadurch sind die Arbeiten von sehr unterschiedlichem Niveau. Zweifellos können sie aber durch ihre exegetische Darlegung für die einzelnen Perikopen, sowie für eine jeweils anschließende Meditation zum Text und einen Vorschlag für die Predigt eine gute Hilfe für die Seelsorge darstellen. Als Zensor erkläre ich nach Durchsicht des Textes: ‚Nihil obstat‘“. Es folgen dann lediglich lektoratsmäßige Anmerkungen.“[88]

Damit ist ein Ton angeschlagen, der immer wieder in den kirchlichen Gutachten begegnet – etwa auch im Votum zum letzten Band (Lukasjahr I, 2. Lesungen). Diefenbach blickt mit folgender Würdigung auf die gesamte Reihe zurück:[89]

> „Das vorliegende Manuskript schließt die ganze Reihe ab. Der Zielsetzung entsprechend wollte nie endgültig Verbindliches gesagt werden. Gerade die Vielfalt der Autoren und deren Handschriften provoziert die eigene Arbeit am Text und das persönliche Glaubenszeugnis. Nur so kann der Reichtum der Schrift den Gemeinden erschlossen werden. Hierfür ist durch das umfangreiche Werk dankenswert viel Handwerkszeug bereitgestellt worden. Die Erteilung der kirchlichen Druckgenehmigung wird befürwortet mit dem Vermerk: nihil obstat.“

---

87 NN., Votum, 21.8.1972; DADM C.I.735.16 Bd. XVII.

88 Ahne, Votum, 14.4.1971; DADM C.I.735.16 Bd. XVI.

89 Diefenbach, Votum, 2.3.1979; DADM C.I.735-16 Bd. XXIII.

4 Ertrag

Bei der staatlichen wie bei der kirchlichen Zensur der Predigtreihe treffen eingespielte Systeme aufeinander: der Verlag im jeweiligen Zusammenspiel zum einen mit staatlicher Genehmigungsbehörde und zum anderen mit kirchlicher Zensurbehörde. In beiden Systemen ging es um Zensurmaßnahmen. Bereits unabhängig von der Predigtreihe waren die Verfahrenswege eingespielt. So musste es eine Störung geben, als das Gerücht aufkam, dass die kirchlichen Amtsträger dem eigentlichen Zensor Lange auch noch einen theologischen Gutachter – oder besser: Aufpasser? – an die Seite stellen wollten. Auch wussten die beteiligten Akteure, wo die jeweiligen Grenzlinien verliefen und inhaltliche Freiräume zu verorten waren. Binnenkirchlich kannte man sich über das Studium oder aufgrund der Kleingliedrigkeit der katholischen Welt in der DDR. Die Akteure im Bistum Meißen (Verlag und Ordinariat) hatten sehr regelmäßig miteinander zu tun. Karljosef Lange gehörte zwar als Vikar in Bernburg (Erzbischöfliches Kommissariat/Bischöfliches Amt Magdeburg) nicht in diesen *inner circle*, doch pflegte er einen sehr vertrauten Umgang mit Josef Gülden, dem Cheflektor des *St. Benno-Verlags*. Die Kontakte der Verlagslektoren zu Mara Marquardt waren wohl eher durch Professionalität geprägt als durch einen weltanschaulich bedingten Konfrontationskurs. Im Zentrum der Verlagsinteressen stand, dass der je vorliegende Predigtband (wie jedes publizierte Werk des Verlags) möglichst problemlos und rasch lizensiert würde. Um dieses Ziel zu erreichen, wurden bereits verlagsseitig Stellen überarbeitet, an denen man staatliche Eingriffe vermutete. Störungen in diesem eingespielten System traten immer dann auf, wenn die Grenzlinien und Freiräume quasi von außen gestört worden, etwa durch neue Autoren, durch eine sich wandelnde Theologie, die die kirchlichen Zensoren auf den Plan riefen, durch gesellschaftliche Entwicklungen oder durch neue Mitarbeiter und Akteure auf der Ebene der Gutachter, aber auch der bischöflichen Entscheidungsträger, die über die Politik des *St. Benno-Verlags* entschieden.

Zensurierungen lassen Machtgefälle und Entscheidungspraktiken sichtbar werden. Staatlich sind diese hoheitlich mit Macht ausgestattet und ideologisch vorgeprägt. Hier gibt es keinen weltanschaulich diskutierbaren Handlungsspielraum. Allerdings setzte Marquardt auch nicht sklavisch alle Monita um, die von den externen Lektoren kamen. Ich vermute, dass die Gesprächssituation bei den finalen Absprachen in Berlin entscheidend war. Die Konflikte, die hier auftraten, waren erwartbar. Wenn man auf der Gesellschafterversammlung einen schärferen

Kurs anmahnte, so war dies die eine Seite. Die Praxis war die andere. Allen am operativen Geschäft Beteiligten musste es um Realismus und Pragmatismus gehen. Mara Marquardt scheint hier keine Hardlinerin gewesen zu sein. Das kirchliche *Imprimatur*-Verfahren ist zwar nicht gleichermaßen hoheitlich gesichert, wurde jedoch strikt gehandhabt, obgleich das Kirchenrecht ab 1975 eine etwas lockerere Handhabung hätte ermöglichen müssen. Daher nimmt es nicht wunder, dass bereits im Kontext der Publikation der ersten Bände Lange exakt wissen wollte, welche Kriterien die binnenkirchliche Zensur anwende, und sich nicht zufrieden gab mit dem ungenauen Hinweis auf „besonders strenge Maßstäbe der Beurteilung“. Es waren die Aufbrüche der Nachkonzilszeit, welche die Akzeptanz kirchlicher Zensur bei manchen pulverisierte – die Beispiele von Friemel und Hentschel wurden dargestellt –, von der Berechtigung einer solchen ganz zu schweigen. Bei der kirchlichen Zensur zeigen sich wirksame interne Abhängigkeiten von klerikalen Strukturen, die einen sehr engen Handlungsrahmen definierten. Dies wurde auch verlagsseitig kritisiert – nicht nur aus theologischen Gründen, sondern auch wegen organisatorischer Probleme einer zunehmend bedrängenden Personalsituation. Ökonomisch wie pastoral war klar, dass die Predigtbände rechtzeitig erscheinen mussten, da sie zur konkreten Unterstützung der Prediger im je anlaufenden Kirchenjahr vorhanden sein sollten. Verzögerungen, auf welcher Seite auch immer und aufgrund welcher Kritikpunkte auch immer, waren kontraproduktiv.

Der Herausgeber war Sprachrohr der Autoren und artikulierte seine eigenen theologischen Überzeugungen. Er verlangte hier einen theologischen Spielraum und rang um Positionierungen. Das theologische Machtregime sollte nach dem Konzil immer wieder neu eingestellt und austariert werden.

Bei den kirchlichen Zensuren erscheinen die Entscheidungsmaßstäbe unklar. Zentral sind die theologischen Präferenzen des Zensors und nicht eine enge rechtliche Auslegung. Hierbei tritt auch eine beunruhigende Ost-West-Divergenz hervor, da sich die *Imprimatur*-Praxis in der Bundesrepublik zunehmend und rasch relativiert hatte. In anderen Fällen, nicht beim Predigtwerk, ließe sich nämlich zeigen, so das Aktenstudium im Diözesanarchiv Dresden-Meißen, dass Werke, die in der Bundesrepublik das *Imprimatur* erhalten hatten, dennoch aufgrund kirchlicher Zensur in der DDR nicht als Lizenzausgabe gedruckt werden konnten.

Die staatliche Zensur, die sich hinter der Genehmigungspraxis verbarg, beruhte auf verschiedenen Ausschlusskriterien. Sehr oft und regelmäßig mussten Hinweise auf Personen gestrichen werden, die aufgrund ideologischer Vorgaben als unerwünschte Referenzen galten. Aus der Fülle der Beispiele seien genannt: Günther Grass, Jean-Paul Sartre, Wolfhart Pannenberg, Theodor W. Adorno und Autoren der Frankfurter Schule, Leszek Kolakowski, Friedrich Heer, Johann Baptist Metz, Graham Greene, Albert Camus, Ernst Jüngel u.v.m.[90] Zu streichen waren auch Passagen, in denen empfindliche Begriffe verwendet wurden, wie: „Revolution“, „Opium für das Volk“, „(nicht) geschlossenes System“, „Leistungsgesellschaft“, „Führer“/„führerlos“ u.a. Wenn in Predigtentwürfen oder Kommentaren die Wirklichkeit der Welt zu kritisch, als vergänglich oder sündenbeladen beschrieben wurde, so passte dies nicht in den sozialistischen Fortschrittsoptimismus. Weltverachtung ging nicht. Kritisiert wurden auch konvergenztheoretische Vorstellungen und Begriffe oder doppeldeutig interpretierbare Formulierungen wie „die Situation ist zum Fürchten“ oder eine Terminologie, in der von Grenzen oder Mauern die Rede war. Benannten die Texte eine Autoritätskrise, so musste gekennzeichnet werden, dass dies binnenkirchlich gemeint war.

All diese Restriktionen verunmöglichten die Umsetzung dieses ambitionierten Predigtwerkes nicht. Es stellt in seinem Umfang, in seiner oftmals überraschenden Zeitlosigkeit, in seiner Reichweite und der Breite des theologischen Spektrums, das durch eine hohe Zahl von Beitragenden aus der ganzen DDR sichergestellt wurde, eine beachtenswerte Leistung dar, die Einblicke in das Funktionieren der katholischen Kirche in der DDR und in die Pastoral gleichermaßen gibt wie Hinweise auf das Funktionieren des fragilen staatlich-kirchlichen Gleichgewichts.

[90] Andere Listen u.a. bei *Y.-G. Mix*, Alles Wächter rigoroser Observanz? Ideologisch betreutes Schreiben und Lesen, das Gutachterwesen oder die Zensur in den Honecker-Hager-Höpcke-Jahren, in: *Lokatis / Hochrein*, Argusaugen, 63–87, 69–73; vgl. *Plachta*, Zensur, 196.

EZECHIEL – AUS DER DIASPORA IN DIE DIASPORA

Cornelia Aßmann

1 Vom Exil in die Diaspora – eine Hinführung

Der katholische Priester Johannes M. Cramer drückt in seinem Gedicht *Der Christ in der Gemeinde* zu Beginn der 60er Jahre des 20. Jh.s das Selbstverständnis katholischer Christinnen und Christen in der DDR wie folgt aus:

> „Verstreut sind wir, fern der Mutterherde, / wie irre Schäflein auf der Weltenflur, / getrennt vom grossen Hirt und Seiner Herde, / bestimmt für eine ewige, scharfe Schur."[1]

Mit dem Motiv der „Herde", die fremd und zerstreut in der Welt lebt, umschreibt die Pastoralsynode[2] die Diasporasituation der katholischen Kirche in der DDR. Der biblisch vorgeprägte Diasporabegriff erfährt in den 50er Jahren in der katholischen Kirche der DDR eine Renaissance und einen Bedeutungswandel. So versteht die Pastoralsynode darunter „nicht das Leben von Katholiken unter Christen anderer Konfessionen – wie im Sprachgebrauch vergangener Jahrzehnte üblich -, sondern die Existenz der Christen in einer nichtchristlichen Umwelt (vgl. I Petr 1,1; Jak 1,1; Apg 8,1.4)."[3] Die Synode verortet sich in einer sozialistisch, atheis-

---

[1] *J. M. Cramer,* Der Christ in der Gemeinde (Wahrheit und Leben), Leipzig 1961, 316.

[2] 1971 nahm die *ständige Arbeitsgruppe Pastoralsynode* ihre Arbeit auf und bereitete die Pastoralsynode (1973–1975) vor. Beteiligt waren an der Synode delegierte Kleriker und Laien der DDR (vgl. *J. Pilvousek,* Die Pastoralsynode der katholischen Kirche in der DDR [1973–1975], in: PThI 31 [2011], 39–52, 48–50). Im Ergebnis bestand ein Grunddissens „in den unterschiedlichen Ansichten über das Verhältnis der katholischen Kirche zur sozialistischen Gesellschaft. Durchgesetzt hat sich ein von den Bischöfen und der Mehrheit der Synodalen getragener Kompromiss. Nur eine vorsichtig distanzierte Haltung gegenüber einem gesellschaftlichen Engagement von Kirche und einzelnen Christen sei möglich" (ebd. 50). Veröffentlich wurden die Beschlüsse 1977 in *Berliner Bischofskonferenz* (Hg.), Konzil und Diaspora. Die Beschlüsse der Pastoralsynode der katholischen Kirche in der DDR, Leipzig 1976.

[3] *Bischofskonferenz,* Konzil, §32 Anm. 12. – Die Pastoralsynode der katholischen Kirche der DDR wendet sich von einem eng definierten Diasporabegriff ab (vgl. *N. Greinacher,* Art. Diaspora, SM, Freiburg i. Br. 1967, Sp. 879–885, Sp. 879). Ebenso verfolgt sie keinen pluralistischen Ansatz, d.h. „jene Situation, in der eine Minderheit von gläubigen Katholiken sowohl mit indifferent gewordenen katholischen und evangelischen Getauften, mit gläubigen evangelischen Christen wie mit Ungetauften und Atheisten in einer pluralistischen Gesellschaft zusammenlebt" (ebd. Sp. 879).

tisch geprägten Gesellschaft, wobei sie die Situation der Gemeindemitglieder als belastend und bedrängend einstuft.[4] Gesellschaftlich werden die Mitglieder der Herde marginalisiert.[5] Mit dem Bild der „kleinen aber entschiedenen Herde“[6] will man Verfallsängsten, Resignation und Polarisierungssemantiken begegnen.

Das Motiv der *Herde* (עדר, Ez 34,12; מרעית, Ez 34,31) und ihres Hirten ist schon im Alten Testament markant.[7] Alttestamentlich wird das Volk Israel teils als Herde Gottes bezeichnet, die JHWH wie ein Hirte weidet (Ez 34,12.31; Ps 100,3). Die Fürsorge, die Gott seinem Volk angedeihen lässt, äußert sich darin, dass er Israel wie Schafe *leitet* (נהג, Ps 78,52), *sammelt* (קבץ, Jer 31,10) und *hütet* (שׁמר, Jer 31,10). Jedoch entbrennt sein Zorn gegen die Herde (Ps 74,1), sodass sie *weggeführt* (שׁבה, Jer 13,17) und *zerstreut* (פוץ, Jer 10,21) wird.[8]

Die exilisch-nachexilische Prophetie überträgt das Hirtenmotiv auf führende Schichten des Volkes und übt mittels dessen Kritik an ihnen. Ein Beispiel findet sich im Buch Ezechiel in Kap. 34, worin die menschlichen Hirten Israels wegen ihres Versagens abgesetzt werden und JHWH an ihrer statt das Hirtenamt für sein Volk übernimmt.[9] Ezechiel ist ein Prophet, der im babylonischen Exil wirkt und als Priester ohne Tempel gilt.[10] Als solcher inspiriert er eine Reihe an Mitwirkenden der zu untersuchenden Predigthilfen. Wolfgang Simon beispielsweise ver-

---

4 Vgl. *Bischofskonferenz,* Konzil, §10.

5 Vgl. *R. Grütz,* Katholizismus in der DDR-Gesellschaft 1960–1990. Kirchliche Leitbilder, theologische Deutungen und lebensweltliche Praxis im Wandel (VKZG 99), Paderborn u.a. 2004, 373.

6 Ebd. 357.

7 Vgl. *U. Becker,* Der priesterliche Prophet. Das Buch Ezechiel 25–48 (SKK.AT 12/II), Stuttgart 1971, 81. – Altorientalisch wird der König mit einem Hirten verglichen (vgl. *M. Stare,* Art. Hirte, HNBL, Freiburg i. Br. 2008, 316–317, 317). Aufgabe des Herrschenden ist es, Recht und Gerechtigkeit umzusetzen, Arme und Bedürftige zu schützen sowie äußere Feinde abzuwehren (vgl. *F. Sedlmeier,* Das Buch Ezechiel Kapitel 25–48 [NSK.AT 21/2], Stuttgart 2013, 160). „Führende gesellschaftliche Schichten können zwar mit Hirten verglichen werden, doch wendet ein regierender König [im Alten Testament] diesen Titel nie auf sich selbst an. Entgegen der altorientalischen Erfolgsgeschichte ist »Hirte« als Herrschaftstitel im Alten Israel kaum von Bedeutung“ (ebd. 160).

8 Gleichzeitig ist die Herde, die in der verlassenen und verwüsteten Stadt grast (vgl. Jes 17,2; 32,14; Jer 6,3; Zef 2,14), ein Bild für das zerstörte Jerusalem.

9 Vgl. *K.-F. Pohlmann,* Der Prophet Hesekiel/Ezechiel. Kapitel 20–48 (ATD 22,2), Göttingen 2001, 463–464 und *Sedlmeier*, Ezechiel, 166–169.

10 Ezechiel, der Sohn des Busi, wird bei der ersten Eroberung Jerusalems durch die Babylonier deportiert. Nach biblischer Darstellung soll Ezechiel 30 Jahre alt gewesen sein, d.h. in dem Alter in dem sein Dienst als Priester im Tempel begonnen hätte (Ez 1,1; 4,12–14; vgl. *Sedlmeier,* Ezechiel, 34–36). Sein Wirken als Prophet im Exil währte bis zum 50. Lebensjahr, dem Zeitpunkt, zu dem er aus dem Tempeldienst ausgeschieden wäre. Aufgrund der Wegführung nach Babylon kann Ezechiel seine Aufgabe als Priester am Tempel nicht wahrnehmen. *Pohlmann* (Ezechiel, 203–205) beschreibt ihn daher als einen Priester ohne Tempel und Kult, dem allein die Tora bleibt.

gleicht ihn mit dem „identitätskrisenanfällige[n] Landpfarrer“[11] seiner Zeit. Die Exilssituation scheint Analogien zur Diasporasituation der katholischen Kirche in der DDR bereitzustellen, die auf die eigene Situation transferiert und für den Lebensalltag katholisch Getaufter in der DDR zu übersetzen gesucht wird.

Der nachstehende Beitrag analysiert anhand der Predigthilfen zum Buch Ezechiel, wie dieser Transfer gestaltet ist, welche Bilder auf die Figur des Propheten übertragen sowie welche Problemhorizonte aus dem babylonischen Exil auf die Diasporasituation angewendet werden. Die Studie setzt sich dabei kritisch mit der Gleichsetzung der Termini *Exil* und *Diaspora* auseinander.

2 Exil oder Diaspora – terminologische und methodische Vorentscheidungen

Biblisch ist der Diasporabegriff anders konnotiert, als er in den 1960er und 1970er Jahren in der katholischen Kirche der DDR gebraucht wird. Die Septuaginta übersetzt das hebräische Lexem נדח (*versprengt*) mit *διασπορά* (Dtn 30,4; Neh 1,9; Ps 147,2).[12] Der griechische Terminus reicht in seiner Bedeutungsspanne von *verstreuen / Verstreuung* bis *auflösen.*[13] Ursprünglich bezieht er sich bib-

---

[11] *W. Simon,* 23. Sonntag im Jahreskreis. Ez 33,7–9, in: *K. Lange* (Hg.), Das Wort an die Gemeinde. Predigthilfen zu den Perikopen der neuen Leseordnung, Mattäusjahr II, Erste Lesungen, Pfingsten bis Ende des Kirchenjahres, Leipzig 1975, 223–236, 227.

[12] Vgl. *R. Bohlen,* Art. I. Israelitische und jüdische Diaspora, LThK III, Freiburg i.Br. u.a. 1995, Sp. 199–201, Sp. 199 und *E. L. Rapp,* Art. Diaspora. I. Jüdische Diaspora, RGG, Tübingen [3]1986, Sp. 174–177, Sp. 174–175.

[13] Vgl. *M. Ehm,* Die kleine Herde – die katholische Kirche in der SBZ und im sozialistischen Staat der DDR (BTKG 12), Berlin 2013, 196.

lisch auf Israelitinnen und Israeliten, die außerhalb ihres Stammeslands leben.[14] Die für das babylonische Exil primär genutzten Bezeichnungen גלות[15] undגולה [16] (*Exil, Wegführung*) werden in der Septuaginta nicht mit *διασπορά* wiedergegeben.[17]

Die Figur Ezechiel lebt im *exilium* (lat. *Verbannung, Verbannungsort*). Sein Aufenthalt dort ist das Resultat einer gewaltvollen Wegführung, die ihn dauerhaft von seiner angestammten Heimat trennt, sodass er als Fremder in einer ihm unbekannten Mehrheitsgesellschaft leben muss.[18] Der Landpfarrer des 20. Jh.s in der DDR befindet sich ebenfalls in einer kulturellen sowie religiösen Minderheitenposition, die im Gegensatz zur Situation des Propheten nicht brachial herbeigeführt ist und keine Trennung vom Herkunftsort einschließt.[19] Notwendig ist die terminologische Differenzierung, da viele der Predigthilfen zum Ezechielbuch dazu tendieren, Exil und Diaspora gleichzusetzen. Um herauszuarbeiten, *wie* die alttestamentlichen Perikopen als Verständnis- und Übersetzungshilfen für die

---

[14] Vgl. *F. V. Reiter,* Art. Exil, HNBL, Freiburg i. Br. 2008, 147. – Mit der Eroberung des babylonischen Reichs durch die Perser und die vom persischen König Kyros eröffnete Toleranzpolitik, ist es den exilierten Israeliten möglich, in ihre Heimat – die Provinz Jehud – zurückzukehren. Jedoch nehmen nur wenige die Chance wahr. Ein größerer Teil verbleibt in der Diaspora (vgl. *M. Peetz,* Das biblische Israel. Geschichte – Archäologie – Geographie, Freiburg i. Br. 2018, 195–196). Des Weiteren „gibt es Menschen in den umliegenden Provinzen, die sich als Juden oder Israeliten verstehen dürften, sowie die Angehörigen der ägyptischen Diaspora. Die Juden von Elephantine etwa wenden sich in wichtigen religiösen Fragen direkt nach Jerusalem, verstehen sich als Juden und erkennen Jerusalem als ihr Zentrum an“ (*K. Kessler,* Sozialgeschichte des alten Israels. Eine Einführung, Darmstadt [2]2008, 139). Im Neuen Testament kommt der Begriff Diaspora in Joh 7,35; Jak 1,1; 1 Petr 1,1 vor. Nach 1 Petr 1,1 lebt der Gläubige aufgrund seiner Erwählung als Fremder in seiner Umwelt, denn er ist zum eschatologischen Dasein berufen. Gleichzeitig ist er „Beisasse“, da er mit seinem Leben in den Dialog mit der Welt tritt und so Zeugnis abgibt (vgl. *Ehm,* Herde, 196 und *H.-J. Röhrig,* Art. II. Christliche Diaspora. III. Neue Diaspora, LThK III, Sp. 201–203, Sp. 201).

[15] גלות kommt in 2 Kön 25,27; Jes 20,4; 45,13; Jer 24,5; 28,4; 29,22; 40,1; 52,31; Ez 1,2; 33,21; 40,1; Am 1,6.9 und Obd 1,20 vor.

[16] Erwähnt wird גולה in 2 Kön 24,15.16; 1 Chr 5,22; Esr 1,11; 2,1; 4,1; 6,19.20.21; 8,35; 9,4; 10,6.7.8.16; Neh 7,6; Est 2,6; Jer 28,6; 29,1.4.16.20.31; 46,19; 48,7.11; 49,3; Ez 1,1; 3,11.15; 11,24.25; 12,3.4.7.11; 25,3; Am 1,15; Nah 3,10; Sach 6,10; 14,2.

[17] *M. Baumann* (u.a., Art. Diaspora, RGG[4] 2, Tübingen 1999, Sp. 826-831, Sp. 827) vermutet hinter den Termini גלות und גולה ein soteriologisches Konzept: Israel wird wegen seines Verstoßes gegen die Tora mit der Zerstreuung unter die Völker gestraft. Das Exil gibt ihm Gelegenheit zur Umkehr und Buße, sodass es von Gott neu gesammelt und zurückgeführt werden kann.

[18] Vgl. *D. Markl,* Art. Exil, WAM, Darmstadt 2013, 124–134, 134 und *Reiter*, Exil, 195.

[19] Der Diasporabegriff der Pastoralsynode inkludiert nicht die Flucht- und Vertreibungsbewegungen am Ende des Zeiten Weltkriegs, die bis in die 1950er zu einem Anstieg der Gemeindemitgliederzahlen in den Kirchen der DDR führten. Dieses Phänomen ist ein Spezifikum der ostdeutschen Diasporasituation, die die katholische Kirche in der DDR vor besondere Aufgaben stellte (vgl. *Ehm,* Herde, 197–199).

Eigenwahrnehmung der Gemeindesituation dienen, bedarf es einer solchen Unterscheidung.

Dem beobachteten Transfer wird sich in zwei Schritten angenähert. Im ersten Schritt steht die Figur des Exilspropheten im Fokus (3.1). Hierzu werden die relevanten Predigthilfen daraufhin befragt, wo sie Ezechiel und das Ezechielbuch im forschungsgeschichtlichen Diskurs ansiedeln (3.1.1). Anschließend werden die dazugehörigen Meditationen und Predigtskizzen auf Typisierungen der Prophetengestalt untersucht (3.1.2).

Der zweite Abschnitt (3.2) befasst sich mit exilischen Problemhorizonten, die auf die Gemeindesituation in der katholischen Kirche übertragen werden. Hierzu werden *Leitwörter*[20] und *Motive*[21] betrachtet, die in den Predigthilfen aus den Sonntagslesungen als Anknüpfungspunkte herausgegriffen werden. Zwei Motive werden exemplarisch exponiert: Hirt und Herde (3.2.1), Sabbatobservanz (3.2.2).

3 Ezechiel in der Diaspora – eine Analyse der Ezechielpredigten aus „Das Wort an die Gemeinde"

Für die Analyse sind die Predigtskizzen[22] von Christoph Bockisch[23] (Ez 37,1–14), Georg Jelich[24] (Ez 18,25–28), Joachim Kramer[25] (Ez 34,11–12.15–17), Hans

[20] Vgl. *M. Buber,* Zu einer neuen Verdeutschung der Schrift. Die Fünf Bücher der Weisung (Beilage), Köln u.a. 1954, 15; *H. Utzschneider/S. A. Nitsche,* Arbeitsbuch Literaturwissenschaftliche Bibelauslegung. Eine Methodenlehre zur Exegese des Alten Testaments, Gütersloh [4]2014, 95. – Nicht jedes im Text wiederholte Wort ist als Leitwort zu deklarieren, deshalb definiert *S. Bar-Efrat* (Wie die Bibel erzählt. Alttestamentliche Texte als literarische Kunstwerke verstehen, Gütersloh 2006, 229) Kriterien zur Leitwortbestimmung. Neben der Quantität der Begriffe im Untersuchungstext und in der Bibel ist zentral, wie nahe sich „die wiederholten Ausdrücke innerhalb des Texts" (ebd. 229) stehen.

[21] Die nachstehenden Ausführungen basieren auf dem Motivbegriff von *T. Hieke* und *B. Schöning* (Methoden alttestamentlicher Exegese, Darmstadt 2017, 123). Diesen fächern sie in drei Gruppen auf: geprägtes Bild, geprägtes Thema, geprägter Zug. Insbesondere das geprägte Thema ist für die Studie relevant. „Anders als das geprägte Bild, das in sich verständlich ist, bedarf das geprägte Thema einer Einbettung in einen meist narrativen Kontext" (ebd. 123).

[22] Entsprechend den Inhaltsverzeichnissen sind neun Predigthilfen zum Ezechielbuch ausgewiesen. Der Beitrag von *B. Scholz* und *K. Lange* (Fronleichnam, Ez 24,3–8 [Korr. Ex 24,3–8], in: *K. Lange* (Hg.), Das Wort an die Gemeinde. Predigthilfen zu den Perikopen der neuen Leseordnung, Markusjahr II, Erste Lesungen, Pfingsten bis Ende des Kirchenjahres, Leipzig 1976, 43–59) entfällt, da es sich um einen Druckfehler handelt.

[23] *C. Bockisch,* Pfingsten – am Vorabend, Ez 37,1–14, in: *K. Lange* (Hg.), Das Wort an die Gemeinde. Predigthilfen zu den Perikopen der neuen Leseordnung, Markusjahr II, Erste Lesungen, Pfingsten bis Ende des Kirchenjahres, Leipzig 1976, 11–22.

Lubszcyk[26] (Ez 36,13–18), Wolfgang Luckhaupt / Alois Schuh[27] (Ez 37,12–14), Wolfgang Simon (Ez 33,7–9) und Wolfgang Wenzel[28] (Ez 2,2–5) relevant. Daneben existiert eine Predigthilfe Paul MaibergerS[29] zu Ez 17,22–24, die ergänzt wird von zwei Beiträgen Alfred Mertens und M. Gutl. Alle drei Autoren sind nicht im Autorenregister ausgewiesen. Ihre Skizzen sind Nachdrucke[30], weshalb sie in der folgenden Darstellung unberücksichtigt bleiben. Ebenso wird die zweite Predigtskizze im Text Wolfgang Wenzels vernachlässigt, weil es sich hierbei ebenfalls um einen Nachdruck[31] handelt.

Alle Beiträge weisen einen ähnlichen Aufbau auf. Die ersten beiden Kapitel – exegetische Einordnung[32] und Texterläuterungen[33] – setzen sich mit dem Propheten, dem Ezechielbuch und der Leseperikope auseinander. Die beiden letzten Ab-

---

24 *G. Jelich,* 26. Sonntag im Jahreskreis, Ez 18,25–28, in: *K. Lange* (Hg.), Das Wort an die Gemeinde. Predigthilfen zu den Perikopen der neuen Leseordnung, Mattäusjahr II, Erste Lesungen, Pfingsten bis Ende des Kirchenjahres, Leipzig 1975, 258–270.

25 *J. Kramer,* 34. Sonntag im Jahreskreis, Ez 34,11–12.15–17, in: *K. Lange* (Hg.), Das Wort an die Gemeinde. Predigthilfen zu den Perikopen der neuen Leseordnung, Mattäusjahr II, Erste Lesungen, Pfingsten bis Ende des Kirchenjahres, Leipzig 1975, 361–375.

26 *H. Lubsczyk,* Osternacht VII. Ez 36,16–28, in: *K. Lange* (Hg.), Das Wort an die Gemeinde. Predigthilfen zu den Perikopen der neuen Leseordnung, Lukasjahr I, Erste Lesungen, Advent bis Pfingsten, Leipzig 1976, 256–265.

27 *W. Luckhaupt/A. Schuh,* 5. Fastensonntag, Ez 37,12–14, in: *K. Lange* (Hg.), Das Wort an die Gemeinde. Predigthilfen zu den Perikopen der neuen Leseordnung, Matthäusjahr I, Erste Lesungen, Advent bis Pfingsten, Leipzig 1974, 247–258.

28 *W. Wenzel,* 17. Sonntag im Jahreskreis, Ez 2,2–5, in: *K. Lange* (Hg.), Das Wort an die Gemeinde. Predigthilfen zu den Perikopen der neuen Leseordnung, Markusjahr II, Erste Lesungen, Pfingsten bis Ende des Kirchenjahres, Leipzig 1976, 98–110.

29 *P. Maiberger/A. Mertens/ M. Gutl,* 11. Sonntag im Jahreskreis, Ez 17,22–24, in: *K. Lange* (Hg.), Das Wort an die Gemeinde. Predigthilfen zu den Perikopen der neuen Leseordnung, Markusjahr II, Erste Lesungen, Pfingsten bis Ende des Kirchenjahres, Leipzig 1976, 70–89.

30 Vgl. *C. Gärtner,* „Das Wort an die Gemeinde". Entstehung und homiletischer Ansatz des DDR-eigenen katholischen Predigtreihenwerkes, in: ThGl 95 (2005), 80–90, 82. – Der Beitrag *Merten*s ist ein Nachdruck von „Zwischen Sorge und Zuversicht (Ez 17,22–24; Mk 4,26–34)", in: *C. Jockwig / K. Massa* (Hg.), Am Tisch des Wortes. Neue Reihe 140 (1974) 11. Sonntag. Liturgie, Lesungen, Verkündigungen, 108–111. Der unter *Gutl* geführte Text ist ein nachgedruckter Abschnitt aus *P. Jäger,* 11. Sonntag – Ez 17,22–24, in: *B. Dreher* (Hg.), Neues Predigtwerk Markus – Jahr II (Dreifaltigkeitssonntag bis letzter Sonntag: Evangelien), Graz 1970, 69–79, 77–79, den *Gutl* für den Beitrag *Jäger*s verfasste. *Maiberger*s Absatz hingegen wird nicht als Nachdruck gekennzeichnet, stammt aber aus *P. Maiberger,* Erste Lesung: Ez 17,22–24. Den niedrigen Baum lasse ich hochwachsen, in: *C. Jockwig / K. Massa* (Hg.), Am Tisch des Wortes. Neue Reihe 140 (1974) 11. Sonntag. Liturgie, Lesungen, Verkündigungen, 51–56.

31 Der Abschnitt stammt aus *H. Wicking,* ... bauen und bewahren. Homilien zu den alttestamentlichen Lesungen an den Sonn- und Feiertagen, Lesejahr B, Paderborn 1972, 204–207.

32 Vgl. *Bockisch,* Ez 37, 13–16; *Jelich,* Ez 18, 259–260; *Kramer,* Ez 34, 361–362; *Lubsczyk,* Ez 36, 256; *Luckhaupt,* Ez 36, 247–248; *Simon,* Ez 33, 223–224 und *Wenzel,* Ez 2, 98–99.

33 Vgl. *Bockisch,* Ez 37, 11–12; *Jelich,* Ez 18, 258–259; *Kramer,* Ez 34, 362–363; *Lubsczyk,* Ez 36, 257–258; *Luckhaupt,* Ez 36, 248–249; *Simon,* Ez 33, 224–225 und *Wenzel,* Ez 2, 100–102.

schnitte enthalten die Meditation[34] und mindestens zwei Predigtskizzen[35]. Abgewichen wird davon in wenigen Fällen, wenn z.B. zusätzlich eine Einordnung der literarischen Art[36] vorgenommen, formkritische Überlegungen[37] angestellt oder der Sitz im Leben[38] bestimmt wird. Die einführenden hermeneutischen Überlegungen werden daraufhin befragt, wo sie Ezechiel im alttestamentlichen Forschungsdiskurs ihrer Zeit lokalisieren (3.1.1). Anhand der Meditation und der Predigtskizzen werden Typisierungen herauskristallisiert, die die Verfasser auf die Prophetengestalt transferieren (3.1.2).

3.1 Der Exilsprophet im Fokus der Diasporagemeinde

3.1.1 Die Wahrnehmung der Forschungsliteratur zu Ezechiel

Die Einordnungen der Leseperikopen und Texterläuterungen weisen ein hohes exegetisch-wissenschaftliches Niveau auf. Die meisten[39] Autoren rezipieren außerhalb der DDR gedruckte Forschungsliteratur. Mehrfach zitiert werden Walther Eichrodt[40], Georg Fohrer,[41] Georg v. Rad[42] und Walther Zimmerli[43]. Auch die vereinzelt angeführte Literatur weist vorrangig Verfasser außerhalb der DDR

---

34 Vgl. *Bockisch*, Ez 37, 16–20; *Jelich*, Ez 18, 260–262; *Kramer*, Ez 34, 367–371; *Lubsczyk*, Ez 36, 259–260; *Luckhaupt*, Ez 36, 249–252; *Simon*, Ez 33, 227–232 und *Wenzel*, Ez 2, 102–105.

35 Vgl. *Bockisch*, Ez 37, 20–22; *Jelich*, Ez 18, 265–270; *Kramer*, Ez 34, 371–375; *Lubsczyk*, Ez 36, 262–265; *Luckhaupt*, Ez 36, 252–258; *Simon*, Ez 33, 233–236 und *Wenzel*, Ez 2, 105–110. – *Bockisch* (Ez 37,1–14, 22) bietet als einziger der genannten Autoren Hinweise für eine Kinderpredigt an.

36 Vgl. *Lubsczyk*, Ez 36, 259.

37 Vgl. *Simon*, Ez 33, 225–226.

38 Vgl. *Jelich*, Ez 18, 260.

39 Eine Ausnahme bildet die Predigthilfe *Lubsczyk*s (Ez 36), der keine Literaturhinweise einfügt.

40 *W. Eichrodt*, Der Prophet Hesekiel Kapitel 1–18 (ATD 22/1), Göttingen 1966 und ders., Der Prophet Hesekiel Kapitel 19–48 (ATD 22/2), Göttingen 1968. Erwähnt wird das Werk von *Bockisch, Jelich, Kramer* und *Luckhaupt / Schuh*.

41 *G. Fohrer*, Ezechiel (HAT 1,13), Tübingen 1955 nehmen *Bockisch, Jelich* und *Kramer* auf.

42 *Bockisch, Kramer* und *Simon* greifen auf *G. v. Rad*, Theologie des Alten Testaments (2). Die Theologie der prophetischen Überlieferungen Israels, München [5]1969 zurück.

43 Die Arbeiten von *Zimmerli* werden zitiert von *Bockisch, Jelich, Kramer* und *Luckhaupt/Schuh*. Diese betrachten *W. Zimmerli*, Ezechiel 1–24 (BKAT 13,1), Neukirchen-Vluyn 1969; Ezechiel 25–48 (BKAT 13,2), Neukirchen-Vluyn 1969; "Leben" und "Tod" im Buche des Propheten Ezechiel, in: ders. (Hg.), Gottes Offenbarung. Gesammelte Aufsätze zum Alten Testament (TB 19), München 1969, 178–191 und Grundriß der alttestamentlichen Theologie (ThW 3), Stuttgart u.a. 1972.

auf.[44] Nebenher stützen sich die Beitragsschreiber auf Predigt- und Meditationswerke, die in und außerhalb der DDR – Leipzig, Stuttgart und Freiburg i. Br. – herausgegeben wurden.[45] Der Befund zeigt, dass die Beitragenden Forschungsliteratur über die Grenzen der DDR hinaus wahrnehmen und verarbeiten. Demzufolge haben sie einen Zugang zur internationalen Literatur.[46] Des Weiteren werden geistliche, in der DDR entstandene Auslegungen aufgegriffen und es wird reihenintern auf bestehende Skizzen verwiesen.[47] D.h. theologische Diskussionen in der DDR werden berücksichtigt. Besonders die Anklänge an die Gedanken und Motive der Pastoralsynode – wie im Folgenden gezeigt wird – dokumentieren die Anteilhabe der Beitragenden an theologischen Debatten in der DDR. Pointiert zu sehen ist dies in der Predigthilfe Christoph Bockischs.[48]

Ein Vergleich der alttestamentlich-exegetisch einleitenden Darstellungen zeigt, dass ein weitgehender Konsens über die Gliederung des Ezechielbuchs besteht. Angenommen wird eine Dreiteilung: Ez 1–24 Droh- und Gerichtsworte über Jerusalem und Juda, Ez 25–32 Droh- und Gerichtsworte über fremde Völker, Ez 33–48 Heilsworte an Israel.[49] Wolfgang Luckhaupt weicht davon ab, indem er

---

44 Ein älteres Werk, dessen Druckausgabe vor dem Zweiten Weltkrieg liegt, ist *J. D. Hermann,* Ezechiel. Erklärt und Übersetzt, Leipzig/Erlangen 1924. Hauptsächlich wird Literatur aufgenommen, die nach dem Kriegsende gedruckt ist wie z.B. *E. André/A. Feuillet,* Einleitung in die Heilige Schrift, Freiburg i. Br./Wien/Basel 1963; *M. Noth,* Geschichte Israels, Göttingen ^{5}1963.

45 Aufgenommen werden O.A., Neues Stundenbuch. Ausgewählte Studientexte für ein künftiges Brevier, Leipzig 1971; *A. Albrecht,* "Ja ich bin ein König!", in: *C. Jockwig* (Hg.), Am Tisch des Wortes (117), Christkönigsfest: Liturgie, Lesung, Verkündigung, Stuttgart 1971, 88–93; *I. Hermann,* Eine Homilie zu Joh. 10,11–16, in: *H. A. Engelhof* (Hg.), Die heilige Schrift in der Gemeinde. Ein Bibelwerkbuch (1), Leipzig 1968; *J. Feiner/J. Blank* (Hg.), Neues Glaubensbuch. Der gemeinsame christliche Glaube, Freiburg i. Br. ^{6}1973.

46 *Grütz* (Katholizismus, 361–364) geht davon aus, dass es in der DDR theologisch keine eigenen Denk- und Deutemuster gab, da die Einbindung in die internationale Theologie sehr stark war. Wobei seiner Meinung nach ein Unterschied zwischen schriftlichen und mündlichen Beiträgen bestand. Vor allem schriftlich fixierte Aussagen vermieden strittige Themen, wozu die Predigtskizzen gehören.

47 Vgl. *Bockisch,* Ez 37, 17 und 19; *Kramer,* Ez 34, 361; *Simon,* Ez 33, 223 und *Wenzel,* Ez 2, 98.

48 Vgl. *Bockisch,* Ez 37, 21. – Die Offenheit der Verfasser für die internationale Theologie wird an der Rezeption des Zweiten Vatikanischen Konzils deutlich (vgl. ebd. 19).

49 Vgl. *Bockisch,* Ez 37, 11 und *Jelich,* Ez 18, 258.

Ez 40–48 als eigenständigen Abschnitt deklariert unter der Überschrift „Entwurf für eine politische und religiöse Verfassung der künftigen Gemeinde“[50].

Einstimmigkeit herrscht darüber, dass Ezechiel als Prophet Mittler und Sprachrohr Gottes gegenüber Israel ist. Jedoch wird die Motivation des prophetischen Agierens unterschiedlich bewertet. Joachim Kramer geht davon aus:

> „Der Prophet wollte seinem Volk helfen, eine verworrene und entmutigende Situation seiner Geschichte zu bewältigen.“[51]

Das Ezechiel unterstellte seelsorgerische Interesse verfolgt ebenso Georg Jelich, der meint, dass Ezechiel mehr ist als ein distanzierter Bote. Vielmehr sei er *Seelsorger*[52], den die Probleme seines Volkes beschäftigen und die er zu lösen sucht. Andere Autoren argumentieren ausgehend von der Berufung Ezechiels. Als *Wächter über Israel*[53] muss er Rechenschaft ablegen für sein Tun. Zugleich wird ihm verheißen, dass seine Arbeit von Misserfolg begleitet ist.[54] Bei der Ausrufung zum Wächter in Ez 33,7 handelt es sich um einen Koinzidenzfall[55], d.h. Ezechiel wird rechtskräftig ins *Amt* gesetzt.

Die Berufung zum *Exilspropheten*[56] in einer fremden, nicht JHWH-gläubigen Umgebung stuft Wolfgang Wenzel als eine der schwersten Aufgaben ein. Angesichts des Verlustes von Land, Königtum und Tempel droht Israel an einer Identitätskrise sowie religiösen Zweifeln zu zerbrechen.[57] Aufgabe Ezechiels ist es, Israel den Zusammenhang zwischen seinen Vergehen und dem erlittenen Schick-

---

50 *Luckhaupt,* Ez 37, 247. – Seine Einteilung stimmt mit aktuellen Gliederungsvorschlägen des Ezechielbuchs überein, die die Tempelvision in Ez 40–48 gesondert betrachten (vgl. *L. Bormann,* Bibelkunde. Altes und Neues Testament [UTB 2674], Göttingen 2005, 150). Das Heiligtum und dessen Kult stehen als neue Grundordnung im Fokus. Das menschliche Königtum spielt in dieser Vorstellung eine untergeordnete Rolle (vgl. *Becker,* Prophet, 82 und 87). „Aufs Ganze gesehen wirkt Ez 40–48 wie eine kleine Gesetzes- oder Vorschriftensammlung, für die sich in der Literatur nicht umsonst der Begriff »Verfassungsentwurf« eingebürgert hat. Hier scheint wirklich ein architektonisches, gesetzliches und territoriales Programm für die Zukunft des aus dem Exil zurückgekehrten Israel festgehalten zu sein“ (*Pohlmann,* Prophet, 528).

51 *Kramer,* Ez 34, 361.

52 Vgl. *Jelich,* Ez 18, 258.

53 Vgl. *Simon,* Ez 33, 223. – Vorbilder im Alten Testament zur Ausrufung von Propheten als Wächter finden sich in 1 Sam 14,16; 2 Sam 13,24 und 2 Kön 9,17 (vgl. *Sedlmeier,* Ezechiel, 143).

54 Vgl. *Simon,* Ez 33, 223.

55 Vgl. *Sedlmeier,* Ezechiel, 143.

56 Vgl. *Wenzel,* Ez 2, 99.

57 Vgl. ebd. 99 und *K.-F. Pohlmann,* Ezechiel. Der Stand der theologischen Diskussion, Darmstadt 2008, 18–20.

sal aufzuzeigen.[58] Gleichzeitig soll der *Mahner*[59] Israel einen Hoffnungshorizont eröffnen.[60] Die Heilsverkündigung intendiert eine Umkehr[61] Israels. Mit seiner Botschaft initiiert – so Wolfgang Luckhaupt – Ezechiel eine

> „Geistesströmung, die in der Forderung Jesu, die Anbetung Gottes im Geiste und in der Wahrheit zu vollziehen, ihren Höhepunkt erreicht.“[62]

Durch die innere Erneuerung Israels, die Ezechiel einfordert, erhält das Prophetentum in Israel eine neue Stellung.[63] Die *imposante Prophetengestalt*[64] Ezechiels umfasst damit mehr als nur Zeichenhandlungen.

3.1.2 Typisierungen des Propheten in den Predigtskizzen

Der Prophet Ezechiel ist für die Autoren der zu untersuchenden Reihe eine Inspirationsfigur. Wolfgang Simon begründet die Faszination für ihn wie folgt:

> „So weitsichtig war er ja nun wieder nicht, daß er hätte sehen können, wie nach zweieinhalb Jahrtausenden ein identitätskrisenanfälliger Landpfarrer an seinem Schreibtisch hockt und – reflektierend über die Erfolgsaussichten seiner Sonntagspredigt – ausgerechnet seinen Text vornimmt. Er konnte nicht voraussehen, wie der Geistliche des 20. Jahrhunderts wieder einmal verwundert feststellt, daß er sich und die Probleme seiner Zeit zu einem guten Teil in eben diesen antiken Texten angesprochen fühlt, ein wenig resigniert, da er somit annehmen muß, der Mensch sei in entscheidenden Fragestellungen in dreitausend Jahren nicht entscheidend weitergekommen, aber dadurch wiederum ein wenig beruhigt,

---

[58] *Bockisch* (Ez 37, 11–12) zufolge verfolgt das Ezechielbuch eine einfache Geschichtsvorstellung. Auf Gottes Offenbarung reagiert Israel widerspenstig, sodass es im göttlichen Gericht bestraft wird. Das erlittene Exil ist nicht allein Strafe, sondern ebenso Chance zur Umkehr. „Das auserwählte Volk ist es nicht wert, daß Jahwe ihm seine Barmherzigkeit zuwendet, denn die Geschichte verläuft nicht geradlinig zum Besseren hin, sondern ist ein ständiges Kreisen. Dennoch versucht Jahwe, sein Heil bei einem störrischen Volk durchzusetzen“ (ebd. 11). Vgl. dazu *J. Hausmann,* Israels Rest. Studien zum Selbstverständnis der nachexilischen Gemeinde (BWANT 124), Stuttgart 1987, 214.

[59] Vgl. *Wenzel,* Ez 2, 101.

[60] Vgl. *Lubsczyk,* Ez 36, 256 und *Wenzel,* Ez 2, 99.

[61] Vgl. *Jelich,* Ez 18, 260 und *Simon,* Ez 33, 226.

[62] *Luckhaupt,* Ez 37, 247–248.

[63] Vgl. ebd. 247.

[64] Vgl. ebd. 247.

weil es dann auf so manche bedrängende Frage von heute aufgrund geschichtlicher Analogien bereits damals erlittene Antworten gibt."[65]

Der 597 / 596 v. Chr. ins babylonische Exil verschleppte, aus einer Priesterfamilie stammende Prophet[66] wird zum Schicksalsverwandten des katholischen, in der DDR auf dem Land tätigen Pfarrers stilisiert. So wie der exilierte Prophet steht auch der in der Diaspora lebende Priester vor dem Problem, wie wirksam die Botschaft ist, die er verkündet. Simon zufolge geht es um die „Frage, ob die Zuhörer schlecht sind oder der Bußprediger"[67]. Er nutzt sie, um Prediger zu kritisieren, die meinen, Gottes Wort verstanden zu haben. Abgelehnt wird die Verkürzung der biblischen Botschaft auf einen liebenden Gott, die die Rede vom Zorn Gottes vernachlässigt oder verharmlost.[68]

In seiner ersten Skizze verweist Wolfgang Wenzel auf geistliche Worte, welche die Predigthörer treffen, deren Wirkung aber verfliegt, wenn bekannt wird, dass dahinter geistliche hohe Amtsträger stehen. Die Authentizität der Worte wird durch die institutionelle Gebundenheit aufgehoben.[69] Indem sich Wenzel auf die Aussage konzentriert, dass Israel zu spät feststellt, dass *ein Prophet mitten unter uns war* (נביא היה בתוכם, Ez 2,5) und sie auf die Situation der Hörenden transferiert, löst er das Prophetentum seiner Zeit vom Amtsverständnis.[70] Eigentlicher

---

65 *Simon,* Ez 33, 227.

66 Siehe oben Kap. 1, Anm. 10.

67 *Simon,* Ez 33, 230.

68 Vgl. ebd. 231 und *Luckhaupt,* Ez 37, 250. Siehe ebenso *E. Ballhorn,* Lesen! Lektüre als Grundhaltung von Exegese und Bibelpastoral, in: BiKi 78 (2021), 231–238, 235.

69 *Wenzel* (Ez 2, 106) weitet das Problem generell auf Autoritätspersonen aus, indem er als weitere Beispiele Eltern und Seelsorger mit einem wöchentlichen Predigtauftrag anführt.

70 Die von *Wicking* (bauen) zitierte zweite Predigtskizze, verfolgt dagegen ausgehend von Ezechiels priesterlicher Abkunft ein klerikal geprägtes Prophetentum. *Wicking* nimmt Bezug auf die schlechten Zuhörer, in dem er das *Haus der Widerspenstigkeit* (בית מרי, Ez 2,5.6.8; 3,9.26.27; 12,2. 3.9.25; 17,12; 24,3) – Bezeichnung für Israel – mit der christlichen Gemeinde gleichsetzt. Während die Bezeichnung *Haus Israel* (בית ישׂראל, z.B. Ez 3,1.4.5 – 83mal im Ezechielbuch erwähnt) ein Ehrentitel ist (vgl. *Sedlmeier,* Ezechiel 1–24, 61), designiert es aufgrund seines Verhaltens und Ungehorsams gegenüber JHWHs Geboten zum *Haus der Widerspenstigkeit* (Vgl. *Y. Eisenstat*, Sanctification and Shame. Bialik's In the City of Slaughter in Light of Leviticus and Ezekiel, in: *C. S. Ehrlich*, Purity, Holiness, and Identity in Judaism and Christianity [WUNT 305], Tübingen 2013, 263–282, 272). In der widerspenstigen Gemeinde wird das Wort gehört, „aber es bleibt beim Hören. Das Wort gewinnt keinen Lebensraum" (*Wicking,* bauen, 205). *Wicking* führt *K. H. Miskotte*s (Wenn die Götter schweigen. Vom Sinn des Alten Testaments, München 1964, 11) Bild vom vierten Menschen an, der keinen Sinn in der biblischen Botschaft entdeckt und dem es an religiöser Sensibilität mangelt. Für *Wicking* (bauen, 204) stellt sich die Frage, ob der vierte Mensch nicht bereits Realität ist und gar Teil der Gemeinde. „Wer meint, er gehöre nicht zu den Widerspenstigen, sollte sich klarmachen, daß ein jeder in seiner Weise teilhat an der Not und Schuld seines Jahrhunderts, daß er im Ganzen diese Schuld nicht leugnen kann" (ebd. 205). Jedem Hörenden wird ins

Träger sei in der Gegenwart der unerkannte, stille Prophet, von dem der Priester erst in der Trauerrede sagt, dass er ein Heiliger war. Als solcher ist er

> „unbestechlich in seinem Wort, geduldig in seinem Leiden, beharrlich in der Liebe zu Gott und den Menschen“[71].

Simon greift das Motiv des Laienpropheten auf. Wegen des Verlustes des Jerusalemer Tempels und der faktisch schlecht nachweisbaren Berufung, erklärt er Ezechiels Prophetentum zum „Privatjob“[72]. D.h. Ezechiel muss als Priester „ohne Stola“[73] und ohne institutionelle Legitimation einen Zugang zu seinen Adressaten gewinnen. Christoph Bockisch legt generalisierend das Prophetenamt auf alle Getauften und Gefirmten.[74] Prophet-Sein bedeutet für ihn: Träger des lebenspendenden Gotteswortes sein. Dabei fragt er, ob in einer Zeit zunehmender und vieler Worte, Prophetenworte Spuren hinterlassen.[75]

Resümierend ist festzuhalten, dass nicht das institutionell gebundene Priestertum Ezechiels sondern gerade seine Tempellosigkeit – d.h. seine institutionelle Ungebundenheit – inspirierend wirkt. Der Prophet wird zu einem Mittler mit unverfälschter Botschaft stilisiert, der flexibel und partnerschaftlich auf seine Adressaten eingehen muss.

3.2 Exil auf Diaspora übersetzt

Das skizzierte Ezechielbild kristallisiert zwei Tendenzen heraus. (1) Zum einen exponieren die Autoren die mit dem Propheten verbundene Exilsituation und setzen sie mit der Minderheitensituation der katholischen Kirche in der DDR gleich.

Bewusstsein gerufen, dass er ein „Schuldiger“ ist, wobei das Vergehen allgemein gehalten wird. Die Botschaft des Propheten, dürfe angesichts gegenwärtig anhaltender Widerspenstigkeit auch in den katholischen Gemeinden keine Beschönigung erfahren. Die Zusage Ezechiels, dass Gott den Menschen trotz Verfehlungen nicht verloren gehen lässt, hat Bestand, sodass Gott Menschen auch gegenwärtig berufe – „Pfarrer, Diakone, Seelsorger und Katecheten“ (ebd. 206), die „Gottes Wort in Menschenmund“ (ebd. 206) führen.

71 *Wenzel,* Ez 2, 108.

72 *Simon,* Ez 33, 229.

73 „Der Prophet muß lernen, »ohne Stola« zu verkünden, soll er sich doch an einzelne oder wenige wenden. Vor denen kann er sich aber nicht gut in voller amtlicher (auch amtssprachlicher) Rüstung aufbauen, wenn er nicht deren Widerstand geradezu herausfordern will. Man hatte sich zu lange auf die amtliche Ordnung verlassen und von ihnen Sicherheiten erwartet, die sie nicht geben konnten, da allgemeingültige und für jedes und jeden verbindliche Anweisungen in einer sich differenzierenden Welt zu schnell falsch werden“ (*Simon,* Ez 33, 229).

74 Vgl. *Bockisch,* Ez 37, 19. – Diese Aufgabe leitet er aus LG 35,1 ab.

75 Vgl. ebd., 18–19.

(2) Die Prophetengestalt wird zu einem Ideal, anhand dessen das Verhalten von Klerikern und Gläubigen messbar und kritisierbar ist. Die Kritik richtet sich gegen den kirchlichen Binnenraum.

Ähnliche Beobachtungen macht Peter Lippelt in seinen Studien zu evangelischen Predigten in den 70er Jahren.[76] Wie auch an den katholischen Predigtskizzen zu sehen ist, nutzen die Verfasserinnen und Verfasser biblische Texte als Aufhänger, um ein praktisch gelebtes Christentum zu proklamieren.[77] Die

> „biblisch geprägte Sprache bleibt zwar stets im Vordergrund, jedoch wird sie argumentativ benutzt, um z.B. bestimmte gesellschaftliche Vorgänge benennen zu können, interpretative Parallelen aufzudecken, verwendbare Formulierungen erkennbar zu machen etc."[78]

Anhand einzelner Motive des babylonischen Exils lässt sich zeigen, wie in den Predigtskizzen die Ezechielperikopen eingesetzt werden, um „[s]ituationsspezifische Erscheinungen konkreter Gemeindesituationen"[79] einer gründlichen Analyse zu unterziehen. Die folgenden Abschnitte stellen dazu zwei Motive der Ezechieltexte und deren Modifikation vor.

3.2.1 Hirt und Herde

> „Es bereitet allerhand Kopfzerbrechen, die gute Nachricht für das Heute aus einer Botschaft herauszuhören, die vor 2500 Jahren gute Nachricht war. Es ist außerdem nicht einfach, vor Großstädtern, vor Autofahrern

---

76 *P. Lippelt* (Postulierter Pragmatismus. Studien zur Theorie und Praxis evangelischer Predigten in der DDR [1949–1989], Leipzig 2015) analysiert Predigten der evangelischen Kirche in der DDR von 1950 bis 1989. Daran beobachtet er Veränderungen im Predigtstil, den Themen und dem biblischen Bezug. In der ersten Phase (50er–60er Jahre) erfolgt eine klare biblische Orientierung. Inhaltlich bleibt die Predigt allgemein, „ohne grundsätzliche Erscheinungen der Gesellschaft und des unmittelbaren Kontextes zu kritisieren" (ebd. 285). Erfahrene Repressionen werden als Gott gewollt interpretiert, durch die der Christ von Gottes Liebe getragen wird (vgl. ebd. 285–286). Andererseits stehen die Prediger unter Druck, sich mit naturwissenschaftlichen Erkenntnissen und dem Materialismus auseinandersetzen zu müssen (vgl. ebd. 288). In die zweite Phase (60er–70er Jahre) fällt katholischerseits die zu untersuchende Predigtreihe. In der dritten Phase (70er–80er Jahre) entsteht mit „dem Beginn des politischen Umbruchs in der DDR [...] eine ganz eigene Predigtsituation" (ebd. 299). Ausgehend von biblischen Texten werden pragmatische Handlungsanweisungen formuliert. Auf die weltlichen Herausforderungen gilt es, biblisch-theologisch eine angemessene Antwort zu finden.

77 *Lippert,* Pragmatismus, 293.

78 Ebd. 293.

79 Ebd. 294.

> und Trägern von Dederonkleidung vom guten Hirten und seiner Herde zu sprechen.“[80]

Mit diesem Hinweis bemerkt Joachim Kramer, dass ein Transfer der Botschaft Ezechiels auf die Situation einer katholischen Gemeinde in den 70er Jahren in der DDR nicht einfach möglich ist. Der historisch-kulturelle Abstand sowie fehlende Erfahrungen des modernen Hörers erschweren den Zugang.[81] Um den Hörenden den Textsinn zu eröffnen, greift Kramer dennoch auf Erlebnisse und Bilder zurück, die für viele Gläubige der katholischen Gemeinden in der DDR der 70er Jahre zur jüngsten Vergangenheit gehören.

> „Vor ungefähr 2500 Jahren sprach Ezechiel bereits zu Menschen, die ähnliche Erfahrungen machten, wie man sie in der Zeit des Faschismus machen konnte.“[82]

Als Vergleich für eine durch politisch Führende verführte Herde zieht er die Erfahrungen des erst kurz zurückliegenden Nationalsozialismus heran.[83] Der Berührungspunkt zwischen dem biblischen Text und der Lebenswirklichkeit der potenziellen Predigthörer liegt in der Erfahrung des Herde-Seins. Das

> „scheint ein Punkt zu sein, wo sich die Erfahrung der Exilierten in Babylon und die Erfahrungen der Menschen unserer Zeit berühren: behandelt werden – als eine Herde dummer williger Schafe“[84].

Die allgemeine, nicht DDR-bezogene Rede von den *Menschen unserer Zeit* löst Kramer durch den Hinweis auf die Verführungen durch das nationalsozialistische Regime auf.[85] Die frohe Botschaft von Ez 34 sei ein Protest „gegen ein perver-

---

80 *Kramer,* Ez 34, 367.

81 Das altorientalische Hirtenbild für einen König (vgl. *Stare,* Hirte, 317) wird – so *Kramer* (Ez 34) – nicht unvoreingenommen rezipiert: „Im Bewußtsein des Menschen werden Könige heute in vergangene, verbesserungswürdige Geschichtsepochen, Sklavenhaltergesellschaften und Feudalismus, verwiesen oder einer unwirklichen Traumwelt, Märchen und Theater, zugerechnet“ (ebd. 366).

82 *Kramer,* Ez 34, 373.

83 *Kramer* (Ez 34, 368) bemerkt, dass das von ihm gewählte Beispiel eine Engführung ist, die plakativ wirkt.

84 *Kramer,* Ez 34, 367.

85 Vgl. dazu ebd. 371. – „In den Augen der Faschisten und ihres sogenannten Führers waren sie [das Volk = Herde] nur Kanonenfutter, Arbeitstiere, Stimmvieh, Menschenrasse, namenlose Herde“ (*Kramer,* Ez 34, 367).

tiertes Hirtenamt in Israel, dem das Volk ausgeliefert gewesen war"[86]. Der Zuspruch bedingungsloser Treue Gottes zu seinem Volk und die Verheißung, dass JHWH die menschlichen Hirten absetzt, um für Israel selbst Hirte zu sein, weisen einen Weg aus der Ohnmacht der „dummen Schafe".

> „Wer sich im Gottesvolk von der Treue des guten Hirten begleitet wußte, der brauchte die selbstherrlichen Forderungen und das absolutistische Gebaren der israelitischen Machthaber nicht mehr tierisch ernst nehmen, vor Jahwe erwies es sich im Grunde als lächerlich."[87]

Damit gibt – so Kramer – die Perikope eine Antwort darauf, was katholische Christinnen und Christen ermutigte, sich am antifaschistischen Widerstand gegen das NS-Regime zu beteiligen. Mit der Rede vom antifaschistischen Widerstand greift Kramer auf den Gründungsmythos[88] der DDR zurück und erhebt die christlichen Widerstandskämpfe zu einem Teil der Bewegung. Für Kramer stellt die Beteiligung am Widerstand die höchste Form dar, dem Herdendasein zu entfliehen.[89] Biblisch begründet und aus Glaubensüberzeugung schloss sich lediglich eine kleine Gruppe von Christen dem an, sodass aus der jüngsten Vergangenheit die Fragen zurückbleiben:

> „Herdendasein, gelenkt, verwaltet, ausgenutzt, war das Schicksal? Gegen das man sich zwar innerlich auflehnen, dem man jedoch nicht entfliehen konnte?"[90]

---

[86] *Kramer,* Ez 34, 368.

[87] Ebd. 369–370.

[88] Am 11. Juni 1945 – so *R. Schmidt* (Sieger der Geschichte? Antifaschismus im »anderen Deutschland«, in: *T. Großbölting* [Hg.], Friedensstaat, Leseland, Sportnation? DDR-Legenden auf dem Prüfstand, Berlin 2009, 208–229) – verkündet die Kommunistische Partei Deutschlands ein antifaschistisches, demokratisches Regime zu gründen. Durch die ausschließliche Zulassung antifaschistischer Parteien sollte die Zielutopie erreicht werden, den Antifaschismus zu verwirklichen und so die Westzonen zu übertreffen, weil ihnen dies nicht gelungen sei (vgl. ebd. 216). In der DDR wurden Faschismus und Kapitalismus häufig parallel gesetzt (vgl. ebd. 209). „Der Antifaschismus fungierte nicht nur als orientierungsstiftende Erklärung oder Rechtfertigung von Herrschaft, sondern auch von Institutionen und Inszenierungen" (ebd. 221). Erst in den späten 80er Jahren zweifelte die nachwachsende Generation den Alleinvertretungsanspruch des Antifaschismus als Legitimationsbasis der DDR an (vgl. ebd. 223).

[89] Daneben existieren drei Ausbruchsversuche – so *Kramer* (Ez 34) – die „in eine Sackgasse" (ebd. 372) führten. Neben dem Ziel, seinen Platz ohne Rücksicht auf andere zu sichern, war es der Rückzug ins Private, der nicht zum Verlassen des Herdendaseins führte. Auch die Haltung „Blinder Gehorsam" diente nicht dazu, sich dem NS-Regime zu entziehen (vgl. ebd. 372).

[90] *Kramer*, Ez 34, 372.

Neben dieses historisch erlebte Herden-Dasein stellt er eine Vergleichsfolie aus dem Alltagsleben des DDR-Bürgers: das Warten-Lassen durch Sachbearbeiter vor Schaltern als eine neue Form der Machtdemonstration falscher Hirten.[91] Neben dem Eingangsbeispiel wirken die aktuellen Repressalien banal-menschlich.

Ebenfalls greift Christoph Bockisch das Bild der Herde auf. Er bringt es in einen Zusammenhang mit der Pastoralsynode. Die Synode erweise sich durch den Dialog vieler verschiedener Gläubiger als fruchtbar.

> „Es wurde klar, wie wichtig es ist, die Zeichen der Zeit zu erkennen, Situationen zu beleuchten und praktische Schritte und Folgerungen daraus zu ziehen. Kein Christ darf die Augen verschließen vor der Welt, in der er lebt“[92].

Die Realität, die viele beunruhigt, ist das „kleine Herde“[93]-Sein der Diaspora-Kirche. Die Minderheitensituation werde als Leid empfunden, das in der Totenfeld-Vision Ezechiels[94] eine Vorlage finde.[95] Wolfgang Luckhaupt weist ausgehend von der biblischen Sehnsucht des exilierten Israel nach seiner Heimat[96] auf die Gefahren einer solchen Minderheitensituation hin. Je kleiner und zerstreuter die Gruppe ist, umso intensiver sucht sie nach innerer Vergewisserung und Ab-

[91] „Heute gerät manchmal einer in Versuchung, sich mit weißem Kittel und Spritze, Schaltplan und Prüfgerät, Karteikasten und Kugelschreiber, Scheckbuch und Autoschlüssel aufzuspielen, und wie schön kann man andere warten lassen, nicht zu sitzen einladen, demütigen – »davon verstehen Sie nichts« –, als Fall behandeln, von einer Stelle zur anderen schicken“ (*Kramer,* Ez 34, 369).

[92] *Bockisch,* Ez 37, 20. – Siehe dazu auch *Bischofskonferenz*, Konzil, §32.

[93] *Bockisch,* Ez 37, 20.

[94] Vgl. *R. Rothenbusch,* Das Ezechiel-Buch als Stimme der babylonischen Diaspora, in: *C. Diller* u.a. (Hg.), Studien zu Psalmen und Propheten. Festschrift für Hubert Irsigler (HBS 64), Freiburg u.a. 2010, 251–276, 264–265. – *Jelich* (Ez 18, 263) meint, dass Leid blind macht. Israel könne nicht umkehren, weil die Intensität, mit der es die Strafe Gottes trifft, ihm jede Hoffnung nimmt. Die Hoffnungslosigkeit lässt die Gegenwart Gottes und sein Heilswirken für Israel in unerreichbare Ferne gleiten.

[95] Vgl. *Bockisch,* Ez 37, 20.

[96] *Luckhaupt* (Ez 37, 253) beruft sich auf die Sehnsucht nach der „guten alten Zeit“, die in den Gemeinden vorherrsche. Verbunden damit sind Erinnerungen an hohe Teilnehmendenzahlen bei Wallfahrten und Katholikentagen, gefüllte Kirchen etc. Diese Sehnsucht setzt er gleich mit dem Heimweh der exilierten Israeliten, die durch den Verlust des Jerusalemer Tempels, des Landes und dem Königtum zu resignieren drohen (vgl. *U. Bail,* „Die verzogene Sehnsucht hinkt an ihren Ort“. Literarische Überlebensstrategien nach der Zerstörung Jerusalems im Alten Testament, Gütersloh 2004, 9–10).

grenzung nach außen.[97] Durch die dafür eingesetzte Energie mangelt es der Gemeinde an Ausstrahlung.

> „Eine Zeit lang wird sie noch mit wohlwollendem Desinteresse betrachtet, bis man eines Tages keine Notiz mehr von ihr nimmt. Um des eigenen Zusammenhalts willen hat sie sich selbst das Grab geschaufelt."[98]

Auf der anderen Seite wird dazu tendiert, sich den Gegebenheiten anzupassen.[99] Jede Anpassung führt zur Kürzung der biblischen Botschaft.

> „Auf diese Weise kommt die Botschaft des Evangeliums nicht mehr zum Zuge. Die Gemeinde bereitet sich auf eine andere Art und Weise das Grab der Unbedeutsamkeit."[100]

Die Probleme, die Luckhaupt aufzeigt, spiegeln dieselben Befürchtungen wider, wie sie die Pastoralsynode hat. Daher kehrt die Synode die Rede von der *kleinen Herde* ins Positive. Es handele sich nicht um einen Sonderstatus, sondern um den Normalzustand der Kirche in der Welt. Als kleiner Rest, soll die christliche Herde in die Welt wirken und ihr Heil verschaffen.[101] Das einzige probate Mittel dazu sieht Luckhaupt in der inneren Erneuerung[102] und in der Aufgabe der Bequemlichkeit. So schreibt er:

> „Halten wir uns nicht selbst in »Gräbern« fest. Sind nicht Heimweh und Müdigkeit die Früchte unseres Gefangenseins? Es gilt die Zeichen der Zeit zu erkennen. Der Geist Gottes ist dort wirksam, wo ihm Raum gegeben wird."[103]

---

97 Vgl. *Luckhaupt,* Ez 37, 249. Siehe ebenso *M. Grohmann,* Diskontinuität und Kontinuität im alttestamentlichen Identitätskonzept, in: *M. Öhler* (Hg.), Religionsgemeinschaft und christliche Identitätsbildung im Rahmen der Antike (BSt 142), Neukirchen-Vluyn 2013, 17–42, 30–31.

98 *Luckhaupt,* Ez 37, 250.

99 Vgl. ebd. 250. – *Kramer* (Ez 34) beschreibt ähnliche Tendenzen Israels: „[M]an überlegte, ob die entschlossene Anpassung an die heidnische Umwelt nicht der einzig mögliche Ausweg sei (Ez 20,32)" (ebd. 336). Weil sich Israel nicht von prophetischen Unheilsreden zur Umkehr bewegen lasse, bedürfe es der Zusage seiner politischen Zukunft und Fortexistenz durch Gott (vgl. ebd. 366–367).

100 *Luckhaupt,* Ez 37, 250.

101 Vgl. *Bischofskonferenz,* Konzil, §41 und *Grütz,* Katholizismus, 306.

102 Die Kirche bewegt sich – so *Luckhaupt* (Ez 37, 251) – permanent in der Ambivalenz von *schon aber noch nicht.* Damit ist sie dauerhaft unterwegs und bedarf beständiger Erneuerung. Biblisches Vorbild dafür bietet Israel, das ein neues fleischernes Herz verliehen bekommt (Ez 36,26). Gott selbst initiiert Israels innere Erneuerung (vgl. ebd. 247–248). Vgl. auch *Lubsczyk,* Ez 36, 264–265.

103 *Luckhaupt,* Ez 37, 253.

3.2.2 Sabbatobservanz

Die Verbesserung der Außenwirksamkeit der Gemeinden und ihr Hineinwirken in die Welt sind nicht ohne die Beteiligung der einzelnen Gläubigen möglich. Entsprechend dem Zweiten Vatikanischen Konzil fordert die Pastoralsynode eine größere Laienbeteiligung, wozu sie die Schaffung von Räten fördert.[104] Reinhard Grütz führt drei Gründe für das Scheitern des Vorhabens an. Zum einen ist ein Teil des Klerus mit der ungewohnten, partnerschaftlichen Zusammenarbeit überfordert. Zum anderen mangelt es in den Gemeinden an Mitwirkenden, die über das nötige Potential verfügen. Zudem ist seit Beginn der 70er Jahre zu beobachten, dass das ehrenamtliche Engagement in den Gemeinden abnimmt.[105] Georg Jelich sieht in der mangelnden Bereitschaft und den weniger werdenden Gottesdienstbesuchern ein Laster seiner Zeit. Der Tendenz zum Trotz formuliert er als Ziel seiner ersten Predigtskizze:

> „Bereitschaft wecken, Schuld und Verantwortlichkeit nicht zu delegieren, sondern den Anruf zur Umkehr für sich selbst gelten zu lassen."[106]

Schuldabgabe ist für Jelich ein anthropologisches Grundproblem, das er aus dem Ezechielbuch ableitet. Israel lehnt eine Konfrontation mit seinen Verfehlungen ab, weshalb es dem Propheten störrisch das Sprichwort entgegen hält: „Die Väter essen saure Trauben und den Söhnen werden die Zähne stumpf?" (Ez 18,2). Mit dem Hinweis auf die generationsübergreifende Kollektivschuld[107] suche sich Israel herauszureden sowie der gläubige Christ unter dem Deckmantel der Kirchenkritik seine Nachlässigkeit im Glauben rechtfertige.

> „Und sind wir nicht bei der Kritik an der Kirche in ähnlicher Versuchung: Die Kirche ist reich – wir denken dabei aber nicht einen Moment

---

[104] Vgl. *Bischofskonferenz,* Konzil, §58–61.
[105] Vgl. *Grütz,* Katholizismus, 333 und 359.
[106] *Jelich,* Ez 18, 266.
[107] Dass in Ez 18,2 zitierte Sprichwort entpuppe sich – so *Becker* (Prophet) – als „halbwahre theologische Interpretation mit zynischem Unterton" (ebd. 50). Entgegen dem verkünde der Prophet, dass ein jeder in Israel für seine Taten Verantwortung übernehmen muss (vgl. *Sedlmeier,* Ezechiel 1–24, 236). Das Leben des Einzelnen hängt von seiner Bereitschaft zur Umkehr ab (vgl. *C. Dohmen,* Visionen von einem Neuanfang. Hinführung zum Buch Ezechiel, Klosterneuburg 2010, 108–109), wozu Ez 18,31 fordert: „Werft alle Vergehen von euch, die ihr verübt habt! Schafft euch ein neues Herz und einen neuen Geist! Warum wollt ihr denn sterben, ihr vom Haus Israel?" Es geht um die Beziehung des Einzelnen zu JHWH (vgl. *A. Klein,* Schriftauslegung im Ezechielbuch. Redaktionsgeschichtliche Untersuchungen zu Ez 34–39 [BZAW 391], Berlin 2008, 98).

an unseren eigenen Luxus. Die Kirche ist nicht missionarisch – daß wir selbst oft weder in Wort noch in Tat für unseren Glauben werben, bringen wir nicht damit in Zusammenhang. Der Gottesdienstbesuch läßt nach – die Umwelt, die Zeiterscheinungen oder die Überforderung auf vielen Gebieten werden genannt, aber sprechen wir auch von unserem eigenen Desinteresse und unserer Bequemlichkeit?“[108]

Offen lässt Jelich, was die Hörenden überfordert oder unter Druck setzt. Es werden keine politischen Repressalien gegen die Kirche und ihre Mitglieder in der DDR angeführt. In seiner zweiten Predigtskizze erwähnt Jelich, dass die Umwelt nicht dazu beitrage, ein festes Glaubensfundament zu etablieren. Mit *Umwelt* meint er allgemein menschliche Grunderfahrungen von Leid – Krankheit, Misserfolg und Feindschaft.[109] Ähnlich wie die Verluste Israels Glauben in Unglauben zu kehren drohen, so erschüttern Leiderfahrungen den gegenwärtigen Glaubenden.[110] Klarer, aber weiterhin auf Weltkirche bezogen, formuliert es Hans Lubsczyk:

> „Die Situation der Kirche ist überall in der Welt der Situation Israels in Babel ähnlich“[111].

Das Volk lebt in einer Gesellschaft, die sich nicht von Gottes Existenz überzeugen lässt, auch nicht durch die Heilige Schrift.[112] Die einzige Möglichkeit, Gottes Gegenwart zu bezeugen, basiere auf einer neuen Zwischenmenschlichkeit in den Gemeinden, die auf einem gemeinsamen Ziel gründet: Gott selbst.[113]

Den Zeugnischarakter der eigenen Lebensweise[114] betont ebenso Wolfgang Simon[115]. Diesen exemplifiziert er an der Sonntagspflicht, welche er mit der im

---

[108] *Jelich,* Ez 18, 267.
[109] Vgl. ebd. 268.
[110] Vgl. ebd. 268.
[111] *Lubsczyk,* Ez 36, 261.
[112] Vgl. ebd. 261–262.
[113] Diesen Anspruch leitet *Lubsczyk* (Ez 36) aus der Botschaft Ezechiels ab, dass Gott sein Volk erneuern und ihm ein neues Herz verleiht. Die Zusage aus Ez 36 finde ihren Höhepunkt in der Taufe, denn aus ihr entspringe ein neues Volk Gottes. „Jetzt kann eine neue Menschlichkeit entstehen, ein spontanes Leben, das nicht mehr unter dem Gesetz steht, sondern sich frei entfaltet in einer neuen, nicht vom Egoismus geprägten Menschheit, in einer Gesellschaft jenseits des Todes“ (ebd. 263).
[114] Vgl. *Röhrig,* Diaspora, Sp. 202.
[115] Vgl. *Simon,* Ez 33, 229.

babylonischen Exil entstandenen Sabbatobservanz[116] als *confessio* des Einzelnen gleichsetzt. Jedoch verweist Simon darauf, dass die Haltung des Gebots aufgrund der Diasporasituation erschwert werde, sodass sie nicht immer gewährleistet ist. Aufgabe sei es daher, in den Gemeinden „brüderliche Kritik“[117] zu üben und an den Wert sowie die Bedeutung dieser Pflicht zu erinnern.

> „Es geht [...] nicht an, einem nachlässig gewordenen Bruder eine alte Vorschrift wie nasse Lappen um die Ohren zu schlagen. Man muß gemeinsam einen gangbaren Weg suchen, zur rechten Zeit das rechte und ermutigende Wort finden, Hilfe anbieten, zwar auch auf bedrohliche Folgen des Fehlverhaltens hinweisen und »ins Gewissen« reden, aber nicht behaupten, sondern durch Bezeugung überzeugen.“[118]

Die Probleme und Verfehlungen sollen klar benannt werden. Es geht um eine wertschätzende Sprache. Die Chance partnerschaftlichen Auftretens liegt darin, dass Kritik nicht als Kontrolle interpretiert wird. Von *unten* her geäußert ist sie leichter annehmbar.[119]

> „Wenn wir das Ziel gegenseitiger Kritik, die Rückführung auf den von Gott vorgegebenen Weg (Ez 33,8f) zu wirklich menschlicheren Leben nicht aus dem Auge verlieren, dann wird sie auch nicht so leicht als Kontrolle, sondern als Dienst aufgefaßt, als Augenblick aufrichtiger Brüderlichkeit. Nach eindeutigem Aufweis der Schrift ist für Gott jeder der Hüter seines Bruders.“[120]

4 Resümee

In der Zusammenschau der Predigtskizzen zum Buch Ezechiel wird deutlich, dass der Prophet und seine Exilserfahrungen eine zentrale Vergleichsfolie bieten für katholische Gemeinden der 70er Jahre in der DDR. Der biblische Text dient als

[116] Vgl. *F. Sedlmeier,* Studien zu Kompositionen und Theologie von Ezechiel 20 (SBB 21), Stuttgart 1990, 260. – *Simon* (Ez 33, 226) hebt hervor, dass das Ezechielbuch im Bruch des Sabbatgebots eine besonders starke Verfehlung sieht, weil das Halten des Sabbats im Exil ein Bekenntnisakt ist.

[117] *Simon,* Ez 33, 229.

[118] Ebd. 230.

[119] Vgl. ebd. 234.

[120] Ebd. 235.

Aufhänger, um pragmatische Ratschläge[121] zu formulieren und die christliche Gemeinde zur inneren Erneuerung aufzurufen.[122] Ziel der Skizzen ist keine exegetisch tiefgehende Textauslegung, sondern ein Transfer der Botschaft von Damals auf die Situation der Hörenden.

Die Minderheitensituation der Kirche in der Welt wird parallelisiert mit der Israels im babylonischen Exil. Die Skizzen spezifizieren die Diasporasituation nicht für die DDR, sondern bleiben auf einer allgemeinen Ebene, weshalb von Weltkirche gesprochen wird.[123] Basierend auf der prophetischen Rede formulieren sie innerkirchliche Kritik, die Meinungsverschiedenheiten zwischen Klerikern und Laien andeuten[124], sowie zu einer neuen Brüderlichkeit in der Gemeinde aufrufen[125]. Dabei wird die Heilige Schrift nicht zur Auseinandersetzung mit der Weltanschauung, Politik und Gesellschaft der DDR instrumentalisiert. Akzeptabel und angebracht scheint eine solch missbilligende Auseinandersetzung lediglich in Bezug auf die Herrschaftszustände des vorangegangenen NS-Regimes zu sein.

Das biblische Bild des Hirten und seiner Herde wird in Anlehnung an die Pastoralsynode exponiert.[126] Im Vergleich der christlichen Gemeinde mit der exilierten kleinen Herde Israel wird die Spannung zwischen Diasporaeuphorie[127] und Resignation[128] deutlich. Angesprochen in den Predigtskizzen ist die kleine, verbliebene christliche Herde, deren Glaube einer strukturellen Veränderung bedarf. Das biblische Gottesvolk wird zum Orientierungspunkt für die in der Diaspora lebende Gemeinde stilisiert, denn die

> „nationale Einheit des Volkes [Israel] ist zwar gesprengt, aber der Glaube lebt weiter in kleinen Kreisen, die sich aufgrund ihres Glaubens bilden und durch ihn erhalten“[129].

---

121 Vgl. *Lippelt,* Pragmatismus, 292.
122 Siehe oben, Anm. 97 in diesem Beitrag.
123 Siehe oben, Anm. 110.
124 Vgl. *Grütz,* Katholizismus, 360.
125 Siehe oben, Anm. 117.
126 Vgl. *Grütz,* Katholizismus, 360.
127 Siehe oben, Anm. 110.
128 Siehe oben, Anm. 93.
129 *Simon,* Ez 33, 228.

KRITISCHER RÜCKBLICK AUF DIE MITARBEIT AM *WORT AN DIE GEMEINDE*

Georg Hentschel

1 Einleitung von Martin Nitsche

Georg Hentschel ist mit diesem Projekt in vielerlei Hinsicht verbunden. Er ist als Autor einiger Predigthilfen von *Das Wort an die Gemeinde*, als Priester sowie als Wissenschaftler selbst Zeitzeuge und Experte. Zudem war er mit dem Herausgeber und den meisten der Autorinnen und Autoren gut bekannt und stand in teilweise engem Austausch mit ihnen. Sein Blick geht darüber hinaus auf die Predigt- und Bibelkultur jener Epoche insgesamt. Für die Tagung hat er einen Beitrag erarbeitet, der hier schriftlich dokumentiert ist. Der Vortragsstil des Textes ist in dieser Publikation im Wesentlichen beibehalten worden. Georg Hentschel nimmt dabei vor allem die Rolle des Bibelwissenschaftlers ein, der methodische und hermeneutische Entwicklungen seines Fachs überblickt und einordnet. In einer *Relecture* seiner eigenen Beiträge zu *Das Wort an die Gemeinde* präsentiert er keine umfassende Analyse. Er demonstriert aber an einigen prägnanten Beispielen, wie sein eigener Blick auf die biblischen Texte und ihre Auslegung einem Wandel unterlegen ist und bewertet manche Kommentierung rückblickend kritisch. Dabei kommt zum Vorschein, dass die abgedruckten Predigten nicht nur im DDR-Kontext, sondern auch im Horizont der deutschsprachigen Bibelwissenschaft der 1970'er Jahre verstanden werden müssen.

In seinen Predigt-Relecturen wird beinahe beiläufig seine große Begeisterung für die Erzählungen um Elija und Elischa deutlich, die einen Schwerpunkt seiner Predigtbeiträge, seines ganzen exegetischen Wirkens und seiner Reflexionen im vorliegenden Beitrag bilden. In einem ersten Gespräch zum Thema Schriftrezeption und Diaspora begründete er diesen prägenden Schwerpunkt folgendermaßen:

> „Da ich in einem eher säkularen Umfeld zur Schule ging, faszinierten mich besonders jene Texte in der Bibel, in denen von Wundern die Rede ist. Für das Umfeld, in dem ich zur Schule ging – von 1948 bis 1960 – war es ganz klar, dass solche Wunder niemals geschehen konnten. Die Geschichten von Elia waren daher ein gutes Übungsfeld. Was ist histo-

> risch und was ist es nicht? Wie lassen sich jene Züge der Erzählungen verstehen, die keine historische Grundlage haben? Die historisch-kritische Exegese bot zumindest einen Ansatz, um solche Fragen voranzubringen. Deshalb habe ich in meinen Vorlesungen und Seminaren großen Wert darauf gelegt, dass die Studierenden etwas über die Entwicklung der Erzählungen sagen können. Aus heutiger Sicht habe ich sie damit überfordert. Denn mein Romaufenthalt 1989/90 hat mir klar gemacht, dass man zunächst synchron arbeiten muss und kann. Aber eine synchrone Analyse kann mich auch heute nicht befriedigen, wenn sie wenig Interesse an der Erhellung des historischen Hintergrunds zeigt. Das liegt vor allem daran, dass die Mehrheit in ‚meiner' Gesellschaft davon überzeugt ist, dass man biblischen Texten nicht trauen kann. In den Augen vieler meiner Gesprächspartner war und ist die Bibel ein ‚Märchenbuch'."[1]

Hier wird schon die grundsätzliche Motivation zur Beschäftigung mit biblischen Texten mit der gesellschaftlichen Situation in Beziehung gesetzt. Auch der Fokus auf ein historisch-kritisches Methodensetting findet in dieser Aussage eine Begründung. Dies deckt sich mit den Einschätzungen, die viele unserer Gesprächspartner*innen geäußert haben: Die uneingeschränkte Zulassung historisch-kritischer Exegese fiel zusammen mit der „Wiederentdeckung" der Heiligen Schrift im Rahmen der neuen Leseordnung und hat in den 1970'er Jahren für einen wirklichen biblischen Aufbruch gesorgt, wenigstens im theologisch aufgeschlossenen Milieu.[2]

Ausführlich hat sich Hentschel zum Entstehungsprozess des Predigtreihenwerkes geäußert:

> „a) Die neue Leseordnung, über die Heinrich Kahlefeld die Benutzer des Predigtwerkes informiert hat, stellte die Prediger auch in der DDR vor die Aufgabe, über jene Texte zu sprechen, die bislang im Gottesdienst nicht vorgelesen worden sind. Daraus ergab sich die Notwendigkeit, ein eigenes Predigtwerk zu erstellen, da Literatur aus der Bundesrepublik, aus Österreich und der Schweiz nicht ohne weiteres eingeführt werden durfte.
> b) Pfarrer Karljosef Lange, der aus Westfalen in die DDR gekommen war, übernahm die Aufgabe, ein solches Predigtwerk zu schaffen. Leider können wir ihn, der am 20. September 1928 geboren worden ist, heute

---

1 *G. Hentschel* im Gespräch mit Martin Nitsche und Marlen Bunzel am 01.12.2021.
2 Vgl. dazu den Beitrag von *M. Bunzel* in diesem Band.

nicht mehr befragen, ob ihn jemand auf die Idee gebracht oder ihm sogar den Auftrag erteilt hat, sich einer solchen Aufgabe zu stellen. Eine gewisse Rolle könnte der Bruder Prof. Dr. Günter Lange gespielt haben. Denn er war Professor für Religionspädagogik in Duisburg und Bochum. Für die Redaktion hat Pfarrer Karljosef Lange Herrn Pfarrer Wolfgang Simon gewinnen können, der aber schon am 4. Februar 2000 gestorben ist.
c) Pfarrer Karljosef Lange brauchte das Rad nicht neu erfinden. Prof. Bruno Dreher hat seit 1970 sein ‚Neues Predigtwerk' herausgegeben. Er wusste: ‚In der neuen Perikopenordnung vollzieht sich eine Jahrhundertwende in der Verkündigung.' Der Schatz der biblischen Botschaft ist zugänglicher geworden. ‚Diese Botschaft ist den heutigen Hörern aber nicht mehr ohne weiteres verständlich. Das biblische Wort in der Liturgie muß vielmehr ausgelegt und in die Sprache unserer Zeit übersetzt werden.' Aus diesem Grund fügt Bruno Dreher zwischen die ‚historisch-kritische Exegese' und die Predigtentwürfe eine Meditation ein, die dazu beitragen soll, den Abstand zwischen der Welt der Bibel und der gegenwärtigen Situation zu überwinden. Karljosef Lange hat die Meditation in sein Predigtwerk übernommen.
d) Die Beziehungen zwischen den beiden Predigtwerken beschränken sich aber nicht nur auf die Struktur. Es ist Prof. Bruno Dreher gelungen, eine Reihe von Priestern aus der DDR für sein Opus zu gewinnen. In Das Wort an die Gemeinde kommen nur Prediger zu Wort, die in der DDR gelebt haben. Das war offenbar eine Bedingung für die Publikation des gesamten Predigtwerkes. Für die Autoren der Exegesen, Meditationen und Predigten war es eine Chance, ihr Verständnis der biblischen Botschaft schriftlich zu fixieren.
e) Pfarrer Karljosef Lange hat allerdings auch verstanden, in Das Wort an die Gemeinde Vor- oder Nachworte unterzubringen, die auf westliche Autoren zurückgehen und bis heute aktuell geblieben sind. Dazu gehören u.a. die Einführung in die neue Leseordnung von Heinrich Kahlefeld, über die möglichen Predigtziele von Alfred Mertens, über Gesetz und Gnade von Norbert Lohfink, über das unentbehrliche Alte Testament von Hans Urs von Balthasar, sowie über die Kriterien der Predigtkritik von Rolf Zerfaß."[3]

Auf die Frage nach Zensurerfahrungen berichtet Hentschel von einem Gespräch, aus dem die Motivation für politische Enthaltsamkeit hervorgeht: Ein Prediger,

---

[3] *G. Hentschel* in einer schriftlichen Antwort am 27.10.2021 auf die ihm vorab zugeschickten Interviewfragen (zu den Fragen siehe in diesem Band *M. Bunzel*, Bibelauslegung).

der sich zu konfrontativ gegenüber staatlicher Ideologie zeigt, gefährdet nicht nur seine Position, sondern bringt möglicherweise auch den Gläubigen Unannehmlichkeiten ein:

> „Ein promovierter Chemiker, den ich in meiner ersten Gemeinde – St. Peter und Paul in Dessau – kennen und schätzen gelernt habe, hat mich einmal darum gebeten, mich nicht so deutlich zu politischen Themen in der Predigt zu äußern. ‚Ihnen kann nicht viel passieren, aber wir werden gefragt, warum wir an einem solchen Gottesdienst teilnehmen.' Ich habe mich danach an diese Bitte gehalten und mich vorsichtiger ausgedrückt."[4]

Dabei sieht Georg Hentschel rückblickend durchaus positive Seiten der gesellschaftlichen Situation für die christliche Predigtkultur, die in ihrer relativen Freiheit auch Alleinstellungsmerkmale besaß:

> „In der DDR war es höchst selten, dass jemand in freier Rede seine ureigene Überzeugung zum Ausdruck bringen durfte. Die damaligen Politiker lasen ihre Reden ab, die zuvor genau abgestimmt waren. Ein Prediger, der seine Worte klug zu wählen verstand, konnte die Herzen seiner Zuhörer relativ leicht gewinnen."[5]

Mit Blick auf relevante Themen, die die Verkündigung immer wieder prägten, kommt Hentschel zu einer Beobachtung, die durch die exemplarischen Lektüren in anderen Beiträgen gestützt wird,[6] es geht um das Thema Frieden:

> „Als junger Vikar hatte ich die Aufgabe, einen jungen Mann aus Ungarn auf die Taufe vorzubereiten. Ich war überzeugt, dass das Ziel der Katechese sein sollte, ihn zu einem ‚Mann des Friedens' zu erziehen. Es sollte ein erreichbares und erfahrbares Ziel sein. Ich habe aus diesem Grund fünf andere Geistliche gesucht, mit denen wir einen modernen Katechismus erstellen wollten. Leider ist das Projekt gescheitert. Wenn ich mich recht erinnere, haben alle aus dieser Gruppe am Predigtwerk mitgewirkt."[7]

---

4 *Hentschel* (27.10.2021).
5 Ebd.
6 Vgl. dazu den Beitrag in diesem Band von *M. Nitsche*, Predigtlektüren.
7 *Hentschel* (27.10.2021).

Im Jahr 2022 ist der reale Krieg in eine solche Nähe zu Mitteleuropa herangerückt, dass eine Sehnsucht nach Frieden in vielen Bereichen spürbar wird und auch kirchliches Handeln zunehmend angefragt ist. Georg Hentschel erwähnte im Gespräch Unterlagen zum Projekt „Friedenskatechismus", die es zukünftig zu untersuchen gilt. An einigen Stellen kann man bei der Beschäftigung mit dem Lebenswerk unserer Gesprächspartner zu dem Eindruck kommen, dass wesentliche theologische Einsichten, die in den 1970'er Jahren weit verbreitet waren, bedauerlicherweise in Vergessenheit geraten sind.[8]

Auf den nächsten Seiten folgt Georg Hentschels Relecture seinen eigenen Predigthilfen. Die Fußnoten wurden von den Herausgebern ergänzt.

2 Kritischer Rückblick auf die Mitarbeit am *Wort an die Gemeinde* (Georg Hentschel)

Als Pfarrer Karljosef Lange mich bat, an *Das Wort an die Gemeinde* mitzuarbeiten, habe ich mich gerne bereit erklärt. Jahrzehnte später blicke ich allerdings kritisch auf meine damaligen Beiträge zurück.

Die Abgrenzung der biblischen Texte

Die alttestamentlichen Lesungen an den Sonn- und Feiertagen sind bekanntlich oft stark gekürzt. Am 13. Sonntag im Matthäusjahr wird z.B. nur vorgelesen, dass der Prophet Elischa sich bei seiner Gastgeberin bedankt und ihr einen Sohn verheißt (2 Kön 4,8–10.14–16a).[9] Dass der Sohn noch im Kindesalter stirbt und von Elischa ins Leben zurückgeholt wird (V 16b–37), erfährt die Gemeinde gar nicht. Das Evangelium scheint die Kürzung noch zu rechtfertigen: „Wer einen Propheten aufnimmt, weil es ein Prophet ist, wird den Lohn eines Propheten erhalten." (Mt 10,41). Ein Hinweis auf die Kürzung der Lesung wäre sicher hilfreich gewesen.

---

[8] So auch das Fazit einiger unserer Gesprächspartner:innen, vgl. in diesem Band *M. Bunzel*, Bibelauslegung.

[9] Bezugnahme auf *G. Hentschel*, 13. Sonntag im Jahreskreis, 2 Kön 4,8–10.14–16a, in: *K. Lange* (Hg.), Das Wort an die Gemeinde. Predigthilfen zu den Perikopen der neuen Leseordnung, Mattäusjahr II, Erste Lesungen, Pfingsten bis Ende des Kirchenjahres, Leipzig 1975, 110–122.

Am 19. Sonntag im gleichen Matthäusjahr wird die Szene „Elija am Berg Horeb“ arg beschnitten (1 Kön 19,9a.11–13a). Die wiederholte Frage Jhwhs, was Elija wünscht (19,9b.13b), fehlt ebenso wie die jeweilige Antwort Elijas, die aus einer Klage besteht (19,10.14). Da die Frage Jhwhs und die Klage Elijas ganz ausgelassen werden, können die Hörer ein wichtiges Ziel des biblischen Textes in V 18 gar nicht mehr erkennen: „ein über seinen Mißerfolg und harten Widerstand verbitterter Prophet erhält von Jahwe eine tröstende Auskunft.“[10]

Am 28. Sonntag des Lukasjahres wird lediglich vorgelesen, dass Naaman geheilt wird, Elischa kein Geschenk annimmt und Naaman seinen König in dessen Tempel begleiten darf (2 Kön 5,14–17). Dabei bleibt aber offen, wer Naaman ist, woher er kommt, an wen er sich zunächst wendet und was er von Elischa erwartet. Hier ist der Prediger gefordert, das Wichtige, was in der Lesung fehlt, zu ergänzen.[11]

Die Eröffnung

Im „Wort an die Gemeinde“ beginnt die „exegetische Textbesprechung“ – oft unter der Überschrift „Zusammenhang“ – mit einem Hinweis auf die Leitlinien des Textes. Die Salbung des jungen David in 1 Sam 16,1–13 zeigt: „Stand bisher Saul im Mittelpunkt des Interesses, so wendet sich von 1 Sam 16,1–13 die Aufmerksamkeit David zu.“[12] Zugleich wird sichtbar: Wenn Saul als König verworfen wird, dann betrifft das nicht das Königtum schlechthin.

Es ist sicher hilfreich, wenn vor der Heilung Naamans (2 Kön 5,1–27) ein Überblick über verwandte Elischa-Erzählungen gegeben wird. Aber es wird aus heutiger Sicht bedenklich, wenn die Übersicht über die Erzählungen in 1 Kön 17–19 die Überschrift „Literarkritik“ trägt und auch allein unter diesem

---

[10] *Ders.*, 19. Sonntag im Jahreskreis. 1 Kön 19,9a.11–13a, in: *K. Lange* (Hg.), Das Wort an die Gemeinde. Predigthilfen zu den Perikopen der neuen Leseordnung, Mattäusjahr II, Erste Lesungen, Pfingsten bis Ende des Kirchenjahres, Leipzig 1975, 174–185,176.

[11] Bezugnahme auf *ders.*, 28. Sonntag im Jahreskreis. 2 Kön 5,14–17, in: *K. Lange* (Hg.), Das Wort an die Gemeinde. Predigthilfen zu den Perikopen der neuen Leseordnung, Lukasjahr II, Erste Lesungen, Pfingsten bis Ende des Kirchenjahres, Leipzig 1974, 247–257.

[12] *Ders.*, 4. Sonntag Fastensonntag. 1 Sam 16,1b.6–7.10–13a, in: *K. Lange* (Hg.), Das Wort an die Gemeinde. Predigthilfen zu den Perikopen der neuen Leseordnung, Mattäusjahr I, Erste Lesungen, Advent bis Pfingsten, Leipzig 1974, 233–246, 233.

Aspekt dargeboten wird. Das weist bereits auf eine entscheidende Schwäche meiner Beiträge zum Predigtbuch hin.[13]

Das Übergewicht der historisch-kritischen Exegese

Als *Das Wort an die Gemeinde* in den 70-er Jahren des vergangenen Jahrhunderts entstand, galt mein besonderes Interesse den Erzählungen über Elija und Elischa, über die Erstaunliches in den Königsbüchern erzählt wird. Die diachrone Analyse versprach, überraschende „Lösungen“ zu bieten. Aus diesem Grund spielten literarkritische Beobachtungen auch in meinen Beiträgen zum Predigtwerk eine besondere Rolle.

Gern habe ich die Frage gestellt, ob ein biblischer Text „aus einem Guß“ sei. So lautete auch die erste Frage, die meiner Auslegung der Berufung Elischas (1 Kön 19,16b.19–21) vorangestellt wurde. Die „exegetische Textbesprechung“ begann mit der „literarkritischen Scheidung zwischen 1 Kön 19,16b und 19–21“. Musste man aber sogleich zur literarkritischen Schere greifen? Die Verse 16b und 19–21 beziehen sich doch gemeinsam auf das Thema der Berufung Elischas. Damit wird bereits „eine größere Klarheit und Einheitlichkeit erreicht“. Die Beschränkung der Lesung auf Elischas Berufung ist also auch ohne Literarkritik verständlich. Ob Hasaël und Jehu gesalbt wurden (19,15 und 16a) und wie sie tatsächlich in ihr Amt kamen (2 Kön 8,7–15 und 9,1–10), brauchte nicht weiter diskutiert zu werden.[14]

Die (d.h. meine) diachrone Sicht konnte so weit gehen, dass die Erzählung über die Geburt des Sohnes der Schunemiterin (2 Kön 4,8–16) nur literarkritisch und überlieferungskritisch analysiert wurde. Dabei wurden durchaus vorhandene Spannungen im Text beobachtet. „Die Schunemiterin wird zweimal gerufen (VV. 12 und 15), ohne daß inzwischen gesagt worden wäre, daß sie abgetreten sei, obwohl das in Vers 15 … vorausgesetzt ist.“ „Eigenartig ist auch, daß der oft in Schunem weilende Elischa sich von Gehasi sagen lassen muß, was der großzügigen Gastgeberin fehlt.“ Heute ist es allerdings selbstverständlich, die Erzählung

---

[13] Bezugnahme auf *ders.*, 28. Sonntag im Jahreskreis. 2 Kön 5,14–17, in: *K. Lange* (Hg.), Das Wort an die Gemeinde. Predigthilfen zu den Perikopen der neuen Leseordnung, Lukasjahr II, Erste Lesungen, Pfingsten bis Ende des Kirchenjahres, Leipzig 1974, 247–257.

[14] Vgl. zum gesamten Abschnitt *G. Hentschel*, 4. Sonntag Fastensonntag. 1 Kön 19,16b.19-21, in: *K. Lange* (Hg.), Das Wort an die Gemeinde. Predigthilfen zu den Perikopen der neuen Leseordnung, Lukasjahr II, Erste Lesungen, Pfingsten bis Ende des Kirchenjahres, Leipzig 1974, 75-86, 75.

zunächst synchron zu analysieren, bevor man Überlegungen zu ihrer Entstehung anstellt.[15]

Wie sehr der diachrone Aspekt meine Auslegung in *Das Wort an die Gemeinde* geprägt hat, lässt sich auch daran erkennen, dass „die Geschichte der Jonatradition" die Auslegung der zentralen Botschaft beherrscht. Der Aufruf zur Buße und die Bekehrung der Bewohner Ninives gehören „zum ältesten Bestand der Jonatradition". Der Erfolg der Botschaft in Ninive (Jona 3) ist älter als die Flucht Jonas (Jona 1) und der Groll über die Stadt (Jona 4). Innerhalb des dritten Kapitels ist Jonas Wort (V 5) älter als die Reaktion des Königs, der detaillierte Anweisungen erteilt (V 6–9).[16]

Die literarkritische Analyse der Erzählung über den Aufenthalt am Gottesberg Horeb hat zur damaligen These geführt, dass die Verse in 1 Kön 19,9a.11aβ–15aβ.18 den ältesten Bestand der Erzählung über den Aufenthalt Elijas am Berg Horeb bilden. Anschließend heißt es: Von diesem Text „und nicht von dem anders abgegrenzten Lesungstext müssen wir in den folgenden Schritten ausgehen." Man sollte aber nicht von einem hypothetisch ermittelten Bibeltext ausgehen, sondern von der vorgesehenen Lesung (1 Kön 19,8b.9a.11–13a).[17]

Theologie in der Meditation

Da die Exegese in den 70-iger Jahren bisweilen allzu historisch-kritisch war, kam die Theologie der biblischen Texte mitunter erst in der Meditation zum Ausdruck.

Zu 2 Kön 5 wird erklärt: „Hier lehrt nicht die Not, sondern die Erlösung aus der konkreten Not ‚beten'."[18] Die zentrale Frage lautet: „Wie kann ein Nichtisrae-

---

[15] Vgl. zum gesamten Abschnitt *G. Hentschel*, 19. Sonntag im Jahreskreis. 2 Kön 4,8–10.14–16a, in: *K. Lange* (Hg.), Das Wort an die Gemeinde. Predigthilfen zu den Perikopen der neuen Leseordnung, Mattäusjahr II, Erste Lesungen, Pfingsten bis Ende des Kirchenjahres, Leipzig 1975, 110–122, 111.

[16] Bezugnahme auf *G. Hentschel.*, 3. Sonntag im Jahreskreis. Jona 3,1–5.10, in: *K. Lange* (Hg.), Das Wort an die Gemeinde. Predigthilfen zu den Perikopen der neuen Leseordnung, Markusjahr I, Erste Lesungen, Advent bis Pfingsten, Leipzig 1975, 106–114, 106.108.

[17] Vgl. zum gesamten Abschnitt *G. Hentschel*, 19. Sonntag im Jahreskreis. 1 Kön 19,8b.9a.11–13a, in: *K. Lange* (Hg.), Das Wort an die Gemeinde. Predigthilfen zu den Perikopen der neuen Leseordnung, Mattäusjahr II, Erste Lesungen, Pfingsten bis Ende des Kirchenjahres, Leipzig 1975, 174–185, 175.

[18] *G. Hentschel*, 28. Sonntag im Jahreskreis. 2 Kön 5,14–17, in: *K. Lange* (Hg.), Das Wort an die Gemeinde. Predigthilfen zu den Perikopen der neuen Leseordnung, Lukasjahr II, Erste Lesungen, Pfingsten bis Ende des Kirchenjahres, Leipzig 1974, 247–257, 254.

lit den Gott Israels als allein wahren Gott erkennen und ihm dienen?"[19] Weder kostbare Geschenke (V 5) noch ein „Hokuspokus" des Propheten (V 11) sind notwendig. In der Meditation wird auch die Frage beantwortet, ob Naaman sein Bekenntnis zum Gott Israels in seiner Welt bewahren kann. Er darf seinen König in den Tempel eines anderen Gottes begleiten. Wenn die Meditation einige Schritte weiterführt, merkt man das auch an den „Gedanken zur Predigt".

In 1 Kön 19,11a–12 wird dreifach betont, dass „Jahwe weder im Sturm noch im Erdbeben noch im Feuer gewesen sei". Darin „steckt offenbar eine Portion Polemik. Hier wird etwas bestritten, was man bislang noch geglaubt hat … Jahwe wird deshalb von den Naturerscheinungen gelöst, damit er mit dem Naturgott Baal nicht auf eine Stufe gestellt werden soll." Jhwh „offenbart sich nicht mehr in Naturerscheinungen, sondern … in der ‚Stimme', die der Prophet zu hören vermag."[20]

Zu 1 Kön 19,16b.19–21 wird die Frage gestellt, warum Elischa von Elija so begeistert war. Wusste er, wie sehr sich Elija gegen Unrecht zur Wehr gesetzt hat, das vom König ausging? Er hat „Hervorragendes geleistet", wenn er „das Recht des einfachen Bürgers gegen die Übermacht des Königs zu verteidigen suchte" (1 Kön 21). In der Meditation wird auch erwähnt, dass Elija für Jhwh und gegen Baal aufgetreten ist (1 Kön 18,21–40). Dabei darf man allerdings bedauern, dass weder 1 Kön 18 noch 1 Kön 21 in den Lesungen an den Sonn- und Feiertagen erscheinen. Die Prediger sollten die Lücken unserer Leseordnung kennen.[21]

Die Predigt

Die Erzählung von der Heilung Naamans gestattet in ihrer Kurzform nur eine Predigt zu entwerfen. „Naaman findet den Gott Israels erst, nachdem er von seiner individuellen Not, seinem ‚Aussatz', befreit worden ist." Wenn man in der Predigt die gesamte Erzählung vorstellt, ist ein weiteres Predigtziel möglich: Naaman erwartet „ein großes Theater", aber die Genesung geschieht „auf eine

---

[19] Ebd.

[20] Vgl. zum gesamten Abschnitt *G. Hentschel*, 19. Sonntag im Jahreskreis. 1 Kön 19,9a.11–13a, in: *K. Lange* (Hg.), Das Wort an die Gemeinde. Predigthilfen zu den Perikopen der neuen Leseordnung, Mattäusjahr II, Erste Lesungen, Pfingsten bis Ende des Kirchenjahres, Leipzig 1975, 174–185, 182.

[21] Vgl. zum gesamten Abschnitt *ders.*, 13. Sonntag im Jahreskreis. 1 Kön 19,16b.19–21, in: *K. Lange* (Hg.), Das Wort an die Gemeinde. Predigthilfen zu den Perikopen der neuen Leseordnung, Lukasjahr II, Erste Lesungen, Pfingsten bis Ende des Kirchenjahres, Leipzig 1974, 75–86, 83.

denkbar simple Weise." Naaman muss nur falsche Vorstellungen und seinen Stolz ablegen. Man könnte aber auch hervorheben: Der Aramäer „wird die ‚königlichen Geschenke' nicht los." Denn Elischa akzeptiert kein Geschenk. Naaman kann sich „nur durch ein klares Bekenntnis zu seinem Retter, dem Gott Israels" bedanken.[22]

Die anderen Texte regen zu Fragen an: Haben Prediger und Hörer schon etwas von jener „Stimme" wahrgenommen, wie sie – sicherlich viel deutlicher – an Elija ergangen ist (1 Kön 19,13b)? Sind wir schon einmal einem „Elija" begegnet, der uns fasziniert und geprägt hat (1 Kön 19,19–21)? Sind wir bereits dem lebendigen Wort Gottes begegnet, das über die Regungen und Gedanken des Herzens richtet (Hebr 4,11)?

Abschluss

Da ich nahezu alle Mitarbeiter am *Wort an die Gemeinde* kenne bzw. gekannt und geschätzt habe, bin ich sehr froh, dass es unter der maßgeblichen Leitung des Pfarrers Karljosef Lange gelungen ist, dieses Predigtbuch in der DDR zu erarbeiten und herauszugeben. Ich gebe aber auch gern zu, dass ich exegetisch heute erheblich anders arbeiten würde.

[22] Zitate aus *ders.*, 28. Sonntag im Jahreskreis. 2 Kön 5,14–17, in: *K. Lange* (Hg.), Das Wort an die Gemeinde. Predigthilfen zu den Perikopen der neuen Leseordnung, Lukasjahr II, Erste Lesungen, Pfingsten bis Ende des Kirchenjahres, Leipzig 1974, 247–257.

PREDIGTLEKTÜREN – BIBELWISSENSCHAFTLICHE PERSPEKTIVEN

Martin Nitsche

1 Einführung: Predigtreihenwerk und Schriftrezeption

Für die Bibelwissenschaft ist die Frage nach der Rezeption der biblischen Texte Teil ihres methodisch-hermeneutischen Fragehorizonts.[23] Die Wechselwirkung des Standpunktes des Auslegers/der Auslegerin mit dem auszulegenden Text ist ein selbstverständlicher Gegenstand der exegetischen Reflexion. Insofern verstehen sich die folgenden Ausführungen nicht etwa als ein pastoraltheologischer oder kirchenhistorischer „Ausflug" eines gelernten Exegeten, sondern als genuin bibelwissenschaftlicher Beitrag zum Forschungsprojekt.

Das Predigtreihenwerk von Karljosef Lange bietet dabei einige Vorzüge, die einen bibelwissenschaftlichen Zugang erleichtern. Zunächst soll das Werk schon vom Konzept her nicht einfach eine spirituelle Ideenbörse für Prediger darstellen, sondern explizit Zugänge zur Heiligen Schrift liefern. Das Werk ist eine unmittelbare Reaktion auf die im Zuge der Liturgiereform nach dem Zweiten Vatikanischen Konzil eingeführte neue und erheblich erweiterte Perikopenordnung. Karljosef Lange umschreibt die Aufgabenstellung so:

> „Der Tisch des Wortes ist nun reicher gedeckt, aber mit dem Verlesen der Texte allein ist es noch nicht getan, ihre Botschaft soll in der Predigt verkündet werden."[24]

Zum anderen lässt sich der Zusammenhang von exegetischer Arbeit und Predigtentwurf untersuchen, weil nicht nur Predigten, sondern eben auch bibelwissenschaftliche Zugänge zu den Texten dokumentiert wurden.[25] Es lässt sich auf diese

---

[23] Vgl. die Darstellung bei *T. Hieke / B. Schöning*, Methoden alttestamentlicher Exegese, Darmstadt 2017, 163–165.

[24] *K. Lange*, Vorwort, in: *K. Lange* (Hg.), Das Wort an die Gemeinde. Predigthilfen zu den Perikopen der neuen Leseordnung, Lukasjahr II, Evangelien, Pfingsten bis Ende des Kirchenjahres, Leipzig 1971, 13.

[25] Zum Aufbau der Predigthilfen vgl. den Beitrag von Norbert Clemens Baumgart im vorliegenden Band.

Weise leichter feststellen, ob ein Predigtgedanke unmittelbar aus dem Bibeltext heraus entwickelt wird oder ob andere Überlegungen zugrunde liegen. Die Aufarbeitung der spezifischen Bedingungen biblischer Arbeit in der DDR kann sich letztlich auch für das Verständnis heutiger Bibelarbeit als fruchtbar erweisen. Wo haben sich Prämissen verändert? An welchen Stellen klingen Auslegungen überraschenderweise erstaunlich aktuell? Die Zusammenarbeit mit der Kirchengeschichte ist für die bibelwissenschaftliche Erschließung dabei eine notwendige Ergänzung, sowohl im methodischen Vorgehen als auch in der historischen Einordnung. An dieser Stelle wird allerdings auch ein Nachteil der hier untersuchten Predigthilfen deutlich: Sie sind eben keine „gesprochenen" Predigten, sondern gedruckte Texte. Sie wurden nicht nur mit einem entsprechenden zeitlichen Vorlauf verfasst und können so zwar allgemeine Entwicklungen, aber kaum aktuelle Fragen behandeln. Zudem wurden sie mit dem Wissen um staatliche und kirchliche Zensur verfasst, selbst wenn im konkreten Fall letztlich keine oder nur marginale Eingriffe stattgefunden haben.[26] Schließlich kommt es auch vor, dass die kirchliche Zensur oder das Verlags-Lektorat in einem Akt vorauseilenden Gehorsams möglichen Beanstandungen der staatlichen Zensur zuvorkommen.[27] Beide Punkte – Predigtvorlage ohne Tagesaktualität; doppelte Zensur – werden in diesem Beitrag an verschiedenen Beispielen erneut thematisiert.

In der beschriebenen Gemengelage sind die Leitfragen für diesen Beitrag erst nach und nach und experimentell während der Bearbeitungsphase entstanden. Sosehr die Reflexion der Rezeptionsgeschichte eines Textes prinzipiell ins bibelwissenschaftliche Aufgabenportfolio gehört, fehlen doch spezifische Kriterienkataloge zur bibelwissenschaftlichen Predigtanalyse. Es konnte weder um offene oder verdeckte politische Positionierungen gehen noch um die Frage, wie biblische Texte vielleicht verwendet wurden, um Botschaften zu transportieren, ohne sie auszuformulieren. Für all diese Fragen fehlen Kriterien und Vergleichstexte. Die Leitfrage lautete vielmehr: An welchen Stellen wird Resonanz in dem Sinne

---

[26] Vgl. „die Schere im Kopf" im Beitrag von *M. Bunzel* und die Darstellung der Zensur in den Beiträgen *N.C. Baumgart* und *J. Seiler*. Entsprechend treffend formuliert Karljosef Lange in einem Vorwort: „Weil die Gegenwart primär nicht im Predigtbuch zu finden ist, sondern doch wohl zunächst im Leben der einzelnen Gemeinde und ihres Predigers mit allem „Drum und Dran", darum sollte (allein oder mit anderen) ein Spielraum freigelegt werden, in dem die Spannung zwischen den beiden genannten Polen entstehen und sich auswirken kann." *K. Lange*, Vorwort. Vom Umgang mit einem Predigtbuch, in: *K. Lange* (Hg.), Das Wort an die Gemeinde. Predigthilfen zu den Perikopen der neuen Leseordnung Markusjahr II, Erste Lesungen, Pfingsten bis Ende des Kirchenjahres, Leipzig 1976, 7–9; 8.

[27] Vgl. dazu die Darstellung bei Baumgart im vorliegenden Band.

erzeugt, dass der Bibeltext mit der Lebenswirklichkeit des Verfassers (der Verfasserin) und der Leserschaft in Berührung gebracht wird?

Da eine umfassende Analyse des gesamten Predigtreihenwerkes aussteht und eine solche in diesem Beitrag nicht geleistet werden kann, ist eine begründete Auswahl für die getätigten „Probebohrungen“ zu treffen: Wie kommt man innerhalb des 18-bändigen Werkes zu möglicherweise relevanten Predigtentwürfen bzw. Darstellungen des Selbstverständnisses der Predigthilfen als Schriftrezeption? Dafür werden im Folgenden drei Versuche dokumentiert und eingeordnet: Eine Analyse der bibeltheologisch relevanten Vorworte zur Reihe (2.), die gründliche Durchsicht eines gesamten Bandes mit Blick auf die beschriebenen Resonanzen und anhand von Schlagwörtern bzw. Wortfeldern (3.), die Analyse der Beiträge zweier ausgewählter Autoren (4.). Die Auswahl der zwei vorgestellten Autoren ist auf zweifachem Wege erfolgt. Am Beginn meiner Befassung mit der Predigtreihe habe ich sechs Bände der Reihe gesichtet. Dabei sind mir einige Autoren aufgefallen, weil sie in ihren Beiträgen den biblischen Text auf Grundlage einer fundierten Exegese mit der gesellschaftlichen Realität in Verbindung bringen und so dessen Relevanz aufzeigen. Im Fall von Wolfgang Luckhaupt kam hinzu, dass bereits ein Band mit Predigten veröffentlicht wurde, die er tatsächlich vorgetragen hat. Es gibt also Vergleichsmöglichkeiten zwischen den Predigtskizzen des Autors Luckhaupt, der im Wissen um die langen Fristen vom Abfassen bis zur Veröffentlichung und um die Sensibilitäten staatlicher und kirchlicher Zensurvorgänge Zensur geschrieben hat, und dem Studentenpfarrer Wolfgang Luckhaupt, der für eine konkrete Gemeinde gepredigt hat und dessen Manuskripte nach der politischen Wende 1990 veröffentlich worden sind.

2 Die Vorworte der Bände als bibeltheologische Problemanzeige

Die Vorworte in den einzelnen Bänden bieten keine schlichte Anleitung zum Gebrauch der Bücher der jeweiligen Lesejahre, sondern sind häufig programmatisch der Predigtkultur und dem Umgang mit biblischen Texten gewidmet. 17 der 18 Bände haben ein Vorwort, sodass sich insgesamt so etwas wie ein homiletischer Grundkurs ergibt. In sieben Bänden stehen Beiträge, die meist aus westdeutschen Publikationen übernommen wurden und auf zentrale Aspekte der Predigtlehre eingehen. Zweimal schreibt Lange selbst über die Predigtreihe und das Predigen im Allgemeinen sowie mit den Bänden seines Predigtreihenwerks im Besonderen.

Ganz offenbar ist die Weiterentwicklung der Predigtkultur ein Hauptziel des Herausgebers.

Ein zweites Leitthema der Vorwortsammlung ist der Umgang mit den biblischen Texten. Hier wird der Umstand reflektiert, dass auch erfahrene Prediger von der neuen Perikopenordnung mit bislang nicht verkündigten Texten konfrontiert werden. Dabei ist der Zuwachs für das Alte Testament am größten: An allen Sonntagen außerhalb der Osterzeit ist nun eine alttestamentliche Lesung vorgesehen. Im Format des Predigtreihenwerks bekommen diese Lesungen das gleiche Gewicht wie die jeweiligen Evangelienperikopen und die entsprechenden neutestamentlichen Brieflesungen, und sie werden jeweils in separaten Bänden besprochen. Bis heute wird von Zeit zu Zeit beklagt, dass die alttestamentlichen Lesungen nach wie vor ein liturgisches Schattendasein führen: häufig ausgelassen, selten ausgelegt.[28] Noch vielmehr waren diese alttestamentlichen Lesungen in den 1970'er Jahren Neuland, der Eigenwert des Alten Testaments und seiner Texte war noch zu entdecken. So gibt es unter den bibeltheologischen Vorworten vier, die die Leserinnen und Leser auf diese Zusammenhänge hinweisen und auf die Verkündigung des ersten Teils der christlichen Bibel hinweisen wollen. Dreimal werden dabei Texte namhafter Theologen aus der damaligen BRD übernommen, einmal schreibt ein Pfarrer aus der DDR.

Von Norbert Lohfink sind zwei Texte als Vorwort abgedruckt. Jenes in Band A I 1. Lesungen von 1974 trägt den Titel „Gesetz und Gnade". Es ist schon zehn Jahre zuvor in einem Sammelband erschienen[29] und geht ausweislich einer dortigen Anmerkung auf einen Vortrag bei der „Arbeitsgemeinschaft deutscher Ordensexegeten" von 1964 zurück. Das wird zunächst mit Ps 19 „als konkrete Form der Gnade Gottes für die Menschen" beschrieben.[30] Es folgt die Skizzierung verschiedener Gesetzestheologien in den einzelnen Kanonteilen: Gegen die (vermeintlich eindeutige) paulinische Gegenüberstellung von „Gesetz und Gnade" wird das positive Eigenzeugnis des Alten Testaments gestellt, um abschließend

---

[28] Vgl. z.B. den Kommentar von *Joachim Valentin* (2020), abrufbar unter: https://www.katholisch.de/artikel/27119-wie-christen-juedisches-leben-normal-sein-lassen-koennen (25.08.2022).

[29] *N. Lohfink*, Das Siegeslied am Schilfmeer. Christliche Auseinandersetzungen mit dem Alten Testament, Frankfurt a. M. 1965, 151–173.

[30] *N. Lohfink*, Vorwort. Gesetz und Gnade, in: *K. Lange* (Hg.), Das Wort an die Gemeinde. Predigthilfen zu den Perikopen der neuen Leseordnung, Mattäusjahr I, Erste Lesungen, Advent bis Pfingsten, Leipzig 1974, 7–18.

wenigstens anzudeuten, dass auch bei Paulus durchaus verschiedene Perspektiven auf „das Gesetz“ beschreibbar sind.

Das zweite Lohfink-Vorwort (C I 1. Lesungen von 1976) trägt den Titel „Von der Last der Propheten“ und deckt auf wenigen Seiten das Phänomen „Prophetie in der Bibel“ in einer erstaunlichen Breite ab. Fragen von Amt und Charisma, Selbstverständnis und Missverständnis sowie verschiedene Prophetentypen werden dabei anhand biblischer Beispiele illustriert. Kaum zu überlesen ist die Transparenz dieser Darstellungen auf die Frage nach Prophetie im Hier und Jetzt der Leserinnen und Leser des Artikels, ohne dass Lohfink dabei in plumpe Aktualisierungen verfallen würde.

Es gehört zum eigenen prophetischen Wert der Lohfinkschen Texte, dass sie hinsichtlich ihrer schrifthermeneutischen Ansätze von vielen der abgedruckten Predigten nicht eingeholt werden, Predigtentwürfe mitunter problematischen Verhältnisbestimmungen von Altem und Neuem Testament verhaftet bleiben oder unterkomplexe Vorstellungen von Prophetie im Alten Testament erkennen lassen.[31] Lohfinks grundlegende Vorworte zeigen eine Perspektive auf und dürften Wirkung entfaltet haben, sind ihrer Zeit (was die Verhältnisbestimmung von AT und NT in christlicher Theologie betrifft) aber um Jahrzehnte voraus. Insofern ist auch hier das Ziel einer theologisch fundierten Weiterentwicklung der Predigtkultur in Langes Werk ebenfalls hinsichtlich der Auswahl der Vorworte greifbar. Im ursprünglichen Lange-Plan war nur ein Lohfink-Vorwort vorgesehen; in Band A I 1 sollte eines von Hans-Walter Wolff erscheinen, welches allerdings von der staatlichen Zensur als „inhaltlich problematisch“ beanstandet und auch ausgetauscht wurde. Leider ist nicht mehr rekonstruierbar, um welchen Text es sich handelte.[32]

Das Vorwort „Über die ‚Unentbehrlichkeit‘ des Alten Testamentes“ in Band B I 1. Lesungen von 1975 ist eine Kompilation verschiedener Texte des Schweizer Theologen Hans Urs von Balthasar, vermutlich von Karljosef Lange selbst erstellt. Dabei kommen Balthasars Überlegungen zu einer Theologie der Geschichte ebenso zum Ausdruck, wie die bleibende Bedeutung des Alten Testaments in der Kirche und ein Verständnis für die jüdischen Wurzeln des Christentums. Offen bleibt in der knappen Zusammenstellung von lediglich fünf Seiten, ob diese Bedeutung auch einen bleibenden Eigenwert der Bibel Israels ein-

---

31 Dieser Eindruck kann allerdings beim Lesen der Gesamtbände entstehen, die Vorworte selbst lagen den Autor*innen nicht bei der Arbeit vor.

32 Vgl. den Auszug aus dem Dienstreisebericht vom 24.04.1974 in PAD 711 Sektion 6, Folie 6a, 1.

schließt, oder ob sie im Christentum letztlich doch immer nur in Hinordnung auf das Neue in Christus gültig bleibt. Diese kurzen Beschreibungen des Textes wollen nicht die Theologie von Balthasar entwickeln, sondern das Profil der Kompilation im Predigtband. Diese Kompilation ist es ja, die nach dem Wunsch des Herausgebers des Predigtreihenwerkes künftige Verkündigung formen sollte.

Eine besondere Bedeutung kommt dem Vorwort in Band C II 1. Lesungen von 1974 zu. Es stammt von Pfarrer Alfons Schäfer, der auch einige Predigtentwürfe verfasst hat. Es handelt sich um das einzige der bibeltheologischen Vorworte, welches genuin für die Reihe verfasst wurde, und trägt den sachlichen Titel „Zur Einführung in die alttestamentlichen Lesungen“. Inhaltlich gleicht es einer Liebeserklärung an den Kern der biblischen Theologie, den Gottesglauben Israels und weniger einer bibelkundlichen Einführung. Im letzten Absatz lässt Schäfer durchblicken, dass er um die besonderen gesellschaftlichen Umstände weiß, in die hinein die biblische Botschaft verkündet werden soll. Seine Formulierung ist vor dem Hintergrund der kirchlich-theologischen Tradition allein nicht erklärbar: „Jesus und seine Jüngergruppe macht den Anfang mit einer neuen Menschheit.“[33] In der ursprünglich eingereichten Fassung war dieser Passus auch der staatlichen Zensur aufgefallen, wie aus dem entsprechenden Gesprächsprotokoll hervorgeht:

> „Es muss entfallen ‚Jesus und seine Jüngergruppe ist der Vortrupp einer neuen Menschheit.‘ Dieser Ausdruck würde gewöhnlich auf die Partei angewendet.“[34]

3 Ein Band als Ausgangspunkt (Matthäusjahr I, 1. Lesungen, 1974)

Der Band steht zwar entstehungsgeschichtlich nicht am Anfang der Reihe, sondern in der zeitlichen Mitte des Erarbeitungsprozesses. Entsprechend ist beim Herausgeber, bei den kirchlichen Stellen, beim Verlag und bei den staatlichen Stellen eine gewisse Routine und Unaufgeregtheit im Umgang mit der Reihe fest-

---

[33] *A. Schäfer*, Vorwort. Zur Einführung in die alttestamentlichen Lesungen. „Wie könnte ich dein vergessen, Jerusalem?“, in: *K. Lange* (Hg.), Das Wort an die Gemeinde. Predigthilfen zu den Perikopen der neuen Leseordnung, Lukasjahr II, Erste Lesungen, Pfingsten bis Ende des Kirchenjahres, Leipzig 1974, 7–10, 10.

[34] PAD 711, Sektion 6, Folie 6, 1.

zustellen.[35] Von der Logik der Lesejahre her ist es allerdings der erste Band, denn in ihm werden die ersten Lesungen der ersten Hälfte des Lesejahres A bearbeitet. Die Wahl des Bandes resultiert aus den Eindrücken der ersten Lektüre einiger Bände: Die gesuchten Resonanzen zwischen Bibeltext, Auslegung und Lebenswirklichkeit der Adressatenschaft der Predigten schienen hier in besonderer Weise greifbar zu sein. Dies hat sicher mit den Lesungen aus den Prophetenbüchern zu tun, die im Advent, in der Weihnachtszeit und am Beginn der Sonntage im Jahreskreis vorgesehen sind. Sie sind ja bereits so ausgewählt, dass sie als Deutetexte für das Neue und Einzigartige am Christus-Ereignis fungieren können. Prophetische Texte sind insgesamt problematisch in einem politischen System, das einen eigenen, absoluten und ideologisch-fundierten Anspruch auf die Gegenwartsanalyse und die entsprechenden Folgerungen für die Zukunft hat.[36]

Im Übrigen hat der Band mit jenen Schwierigkeiten zu tun, die für die ganze Reihe charakteristisch sind. Die Predigt von Johannes Kirnich zum 1. Adventssonntag, die im Dienstreisebericht noch erwähnt wird, ist im Band ersetzt, obwohl auch der kirchliche Zensurbericht nichts dazu schreibt.[37] Vikar Kirnich muss erst kurz vor der Drucklegung geheiratet haben bzw. aus dem Dienst ausgeschieden sein, entsprechend war seine Mitwirkung an der Reihe bischöflicherseits untersagt.[38] Durch solche Umstellungen im Band ist es mitunter nicht möglich, Seitenzahlen aus den Zensurberichten mit konkreten Passagen in den gedruckten Predigten zusammenzubringen.

Im Folgenden werden in einem ersten Punkt einige Lektüreeindrücke dokumentiert und in einem zweiten Punkt einige Stichwort- und Wortfeldanalysen präsentiert, die sich aus der Lektüre dieses Bandes ergeben haben.

---

[35] Beispielhaft sei eine Notiz aus dem entsprechenden Dienstreisebericht vermerkt: „Frau Dr. M. ist der Meinung, diese Arbeit hätte gegenüber den ersten Bänden an Niveau (das bedeutet bei ihr, Anerkennung der hiesigen Sicht und Darstellung politischer Zusammenhänge) verloren." (PAD 711 Sektion 6, Folie 6a, 1).

[36] So auch die Einschätzung des kirchlichen Zensors mit Blick auf das oben erwähnte Lohfink-Vorwort „Von der Last der Propheten": „Konkrete politische Bedenken dürften nicht bestehen, wenn auch das Thema ‚Propheten' immer schwierig ist." (PAD 711, Sektion 7, Folie 2, 1).

[37] Vgl. das Votum in PAD 711, Sektion 7, Folie 8.

[38] Dies deckt sich mit der Darstellung einer von *Werner Strauß* unter Mitarbeit von Konrad Kobitzki erstellten Chronik zur Pfarrei Köthen, die online abrufbar ist (https://docplayer.org/187586254-K-a-t-h-o-l-i-s-c-h-e-g-e-i-s-t-l-i-c-h-e.html; abgerufen am 23.09.2022); vgl. zur Problematik der aus dem Dienst ausgeschiedenen Priester Anm. 80 im vorliegenden Beitrag.

Zur Lesung zum 1. Adventssonntag (Jes 2,1–5) hat Eberhard Gäth Meditation und Predigtskizzen verfasst. In der Perikope wird die Völkerwallfahrt zum Zion „am Ende der Tage“ verheißen. Ein Kennzeichen dieser Zeit wird ein Frieden sein, der sich aus einem Verzicht auf Krieg und Gewalt ergibt:

> Dann werden sie ihre Schwerter zu Pflugscharen umschmieden / und ihre Lanzen zu Winzermessern.
> Sie erheben nicht das Schwert, Nation gegen Nation, / und sie erlernen nicht mehr den Krieg. (Jes 2,4)[39]

Dieser Friedensgedanke, der alle Völker und Nationen umfasst, ist der biblische Anknüpfungspunkt für Gäths adventliche Predigt. Er wirbt darin zunächst dafür, die konkrete Art und Weise, wie Menschen Advent und Weihnachten deuten und begehen, zum Ausgangspunkt der Verkündigung zu wählen, keine „Beschwörung alter Zeiten und katholischer Umgebung [..., MN] Wir können die Melodie der Predigt nur auf den Saiten spielen, die da sind.“[40] Entsprechend ruft er dazu auf, gemeinsame Ziele mit Nichtchristen zu fokussieren, anstatt deren Umgang mit dem christlichen Erbe zu belächeln:

> „Christen empfinden ein Unbehagen gegenüber der Art und Weise, wie Nichtchristen Advent und Weihnachten verstehen und begehen. Da es keinen separaten Weihnachtsfrieden für Kirchgänger gibt, sollten wir weit und offen sein, die Lebensform anderer nicht diffamieren oder verdächtigen, sondern denken können: ‚Nehmt alle teil, wie alle ihr vermögt und wollt; nur nehmt teil!‘“[41]

Mit dem Stichwort „Frieden“ ist ein Thema identifiziert, das für die Reihe insgesamt prägend ist. In den Friedensbewegungen der 1970’er Jahre erkennen viele Autor*innen ein Thema, das die Katholiken in ihrer religiösen Nische mit den

---

[39] Text nach EÜ 2016.

[40] *E. Gäth*, 1. Adventssonntag, Jes 2,1–5, Meditation und Gedanken zur Predigt, in: *K. Lange* (Hg.), Das Wort an die Gemeinde. Predigthilfen zu den Perikopen der neuen Leseordnung, Mattäusjahr I, Erste Lesungen, Advent bis Pfingsten, Leipzig 1974, 24–36, 26.

[41] Ebd., 30.

großen gesellschaftlichen Strömungen verbinden kann.[42] Das Thema ist in vielen Predigten, so auch in der hier besprochenen, unmittelbar und mit konkretem Profil aus dem jeweiligen Text herausgearbeitet.[43]

Die Frage nach der Rolle einer christlichen Gemeinde in der DDR-Gesellschaft, nach Nähe und Distanz zu dieser, beschäftigt viele Autoren des Bandes. In seiner Ausarbeitung zu Gen 12,1–4a (2. Fastensonntag) macht Arnold Janiszewski die Segensverheißung[44] als Anschlussstelle für seine weiteren Gedanken aus: „Auf der Verheißung, Segen zu erhalten und zum Segen zu sein, liegt der Akzent dieser Stelle. [..., MN] Auch die Kirche soll – wie Israel damals – zum ‚Segen für alle Geschlechter' werden."[45]

Janiszewski scheut sich nicht davor, für die Umsetzung dieser großen Worte konkrete, kleinteilige Vorschläge zu machen, die die angesprochene Kirchengemeinde sehr konkret mit ihrem gesellschaftlichen Umfeld in Verbindung bringen. Da die Liste durchaus erstaunlich ist und auch durch ihren schlichten Umfang wirkt, sei sie hier vollständig wiedergegeben:

> „Eine Kirchengemeinde kann zum Segen sein:
> - wenn sie sich in ihrem Gebet und Gottesdienst als Stellvertreter auch der anderen Mitbewohner vor Gott weiß (in Gebet und Fürbitten zum Beispiel müssen diese anderen „anwesend" sein);
> - wenn sie ein lebendiger Beweis dafür ist, daß unterschiedliche Auffassungen und Traditionen Verständigung und gemeinsames Handeln nicht ausschließen (ökumenische Zusammenarbeit);
> - wenn sie versucht, ihren eigenen Glauben in einer normalen Sprache zu formulieren, so daß die Worte auch Nichteingeweihten verständlich und vor Mißdeutung geschützt werden (Wörter wie Erlösung, Rechtfertigung, eingeborener Sohn, Erbsünde, Sünde, Schuld, Buße, Abstinenz, Aszese, Tugend, heilig, Gnade, Geist,

---

42 Vgl. auch ganz ähnliche Perspektiven und Schlussfolgerungen bei *F. Schneider*, 2. Adventssonntag, Jes 11,1–10, in: *K. Lange* (Hg.), Das Wort an die Gemeinde. Predigthilfen zu den Perikopen der neuen Leseordnung, Mattäusjahr I, Erste Lesungen, Advent bis Pfingsten, Leipzig 1974, 37–50.

43 Vgl. *Gäth*, Jes 2,1–5, 26.

44 Ich werde dich zu einem großen Volk machen, dich segnen und deinen Namen groß machen. Ein Segen sollst du sein. Ich werde segnen, die dich segnen; wer dich verwünscht, den werde ich verfluchen. Durch dich sollen alle Sippen der Erde Segen erlangen (Gen 12,2–3; EÜ 2016).

45 *A. Janiszewski*, 2. Fastensonntag, Gen 12,1–4a, in: *K. Lange* (Hg.), Das Wort an die Gemeinde. Predigthilfen zu den Perikopen der neuen Leseordnung, Mattäusjahr I, Erste Lesungen, Advent bis Pfingsten, Leipzig 1974, 206–219,210.213.

Seele, Heil, Himmel, Hölle usw. haben bei Nichtchristen oft gar keine oder eine vom kirchlichen Gebrauch verschiedene Bedeutung);

- wenn sie Anordnungen und Maßnahmen der politischen Gemeinde nicht nur an ihrem kirchlichen Gruppeninteresse mißt (ein Verbot des Religionsunterrichts in einem Dorf wegen Maul- und Klauenseuche ist nicht schon Kirchenkampf!);
- wenn sie gemäß ihren Möglichkeiten auch den Bedürfnissen von Nichtchristen Rechnung trägt (ein Stück Kirchengrundstück als Spielplatz für Kinder freizugeben kann im konkreten Fall segensreicher sein, als darauf die Rosen oder Astern für den Altarschmuck zu pflanzen – oder es gar ganz brachliegen zu lassen);
- wenn sie in ihren Lebensäußerungen auch an die Andersdenkenden denkt (ein kräftiges Glockengeläut am Sonntagmorgen 6.30 Uhr wird eben nicht von allen als „segensreich" empfunden); – wenn sie insbesondere Jugendlichen zur Selbstfindung und zu bewußteren Lebensentscheidungen verhilft (durch sachgerechte Informationen zur Persönlichkeits- und Charakterbildung; durch Raum für freie Meinungsäußerung und freie Diskussionen)."

Arnold Janiszewski erkennt im Diktum „ein Segen sein" auch einen Maßstab für ganz konkretes Handeln. Er wollte dabei allerdings nicht nur zum kritischen Umgang mit den eigenen Traditionen und Gepflogenheiten aufrufen, ist aber an anderer Stelle ausgebremst worden, wie der entsprechende Dienstreisebericht vom 24.04.1974 hinsichtlich seines Textes erkennen lässt, der in seinen Entwurf eingreift:

> „[… Es, MN] wird zur kritischen Aufnahme von Nachrichten aufgerufen. Da bei uns die Nachrichten stets wahr, höchstens mitunter langweilig seien, sei die hier geforderte Haltung unberechtigt."[46]

3.2 Stichwort- und Wortfeldanalysen

Das erste Wortfeld, welches bei einer Lektüre der Bände ins Auge sticht, besteht aus den Stichworten „Exil" und „Diaspora". In ihrer Analyse ausgewählter Texte zum Ezechielbuch im vorliegenden Band konnte Cornelia Aßmann zeigen, wie sehr die Exilserfahrungen, die sich im Ezechielbuch spiegeln, als Deutehorizont und „Vergleichsfolie" für die katholische DDR-Diaspora der 70'er Jahre heran-

[46] PAD 711 Sektion 6, Folie 6a, 1.

gezogen wurden.[47] Die Zeit nach dem Zweiten Vatikanischen Konzil ist für die Katholische Theologie jene Zeit gewesen, in der der historisch-kritische Umgang mit biblischen Texten zur vorherrschenden Perspektive wurde.[48] Die Periode des babylonischen Exils wurde immer stärker als formative Epoche erkannt, vor deren Hintergrund wesentliche theologische Weiterentwicklungen und große Teile biblischer Textproduktion erklärbar wurden. Wenn diese Umstände nun auf eine starke Resonanz von Begriffen wie Exil und Diaspora mit der vorgefundenen Lebenswirklichkeit der Adressatenschaft der Predigten trifft, ist ein erheblicher Befund kaum überraschend. Die Befunde von Cornelia Aßmann lassen sich über das Buch Ezechiel hinaus auf zahlreiche Predigten zu verschiedenen biblischen Büchern ausweiten. Damit ist natürlich noch keine Aussage darüber getroffen, ob die beobachtbaren Textzugriffe und Aktualisierungen aus bibelwissenschaftlicher Perspektive von einem angemessenen Umgang mit den Perikopen zeugen oder eher lose Assoziationen darstellen.

Anhand der digitalisierten Predigtbände lassen sich gezielte Stichwortsuchen vornehmen. Im hier herangezogenen Band A I 1 ergibt sich für den Wortstamm „Exil“ ein Befund von 20 Treffern. Tauchen die Begriffe in den exegetischen Textbesprechungen auf, beschreiben sie naturgemäß die historischen Zusammenhänge. Erscheinen sie in den Meditationen oder in den Gedanken zur Predigt, finden Sie eher Anwendung für die Formulierung der Predigtbotschaft. Dies ist im untersuchten Band für den Begriff „Exil“ fünf Mal der Fall.[49] Ein deutliche Aktualisierung stellt Johannes M. Cramer her. Das im Ezechielbuch greifbare Exil wird dabei zum Sinnbild für Wüstenerfahrungen im Glauben:

> „Ob Gott – ähnlich wie die israelitische Gemeinde – auch uns wieder prüft und durch die Wüste der Glaubensnot und des Zweifels zu neuen Verheißungen führen will? Besonders bei Ez 20,32ff wird dieser Gedanke für die im Exil lebende Gemeinde aufgegriffen. Gott wird das immer zum Murren und Unglauben und Abfall bereite Volk in die Wüste zur Läuterung und zum Gericht führen, um von dort aus das Neue vorzubereiten.“[50]

---

47 Vgl. dazu *C. Aßmann* in diesem Band.
48 Vgl. auch den Beitrag von *G. Hentschel* im vorliegenden Band.
49 S. 152; 172; 173; 211; 227.
50 *J. M. Cramer*, 3. Fastensonntag, Ex 17,3–7, Meditation und Gedanken zur Predigt, in: *K. Lange* (Hg.), Das Wort an die Gemeinde. Predigthilfen zu den Perikopen der neuen Leseordnung, Mattäusjahr I, Erste Lesungen, Advent bis Pfingsten, Leipzig 1974, 220–232, 227.

Für das Stichwort „Diaspora" ergeben sich für Band A I 1 fünf Treffer. Dabei ist der Begriff dadurch gekennzeichnet, dass er sowohl für die Situation in den eigenen Gemeinden selbstverständlich gebraucht wird,[51] als auch für die jüdische Diaspora ab dem 6. Jh. v. Chr. Verwendung findet.[52] Mitunter können dann auch beide Perspektiven füreinander geöffnet werden, ohne dass dies eigens betont werden müsste. Dabei ist das folgende Textbeispiel insofern interessant, als dass die Diasporathematik dabei nicht auf die Textentstehung, sondern auf den Tradierungsprozess von Jes 11,1–10 (Doch aus dem Baumstumpf Isais wächst ein Reis hervor …) bezogen wird, der immer weitergeht – und im Grunde nicht (nie) abgeschlossen ist:

> „So rätselhaft und unglaublich die Worte klingen mussten – sie wurden von Generation zu Generation weitergegeben. Niederlagen, Deportationen, Leben in der Fremde, Zerstreuung in der Diaspora – nichts vermochte solche Worte der Hoffnung zu zerstören. Im Gegenteil, es waren solche Worte von der Zukunft, die ein gedemütigtes, zerstreutes Gottesvolk zusammenhielten. Die Kraft, der Hoffnung, die in ihnen steckte, war beständiger als jene Weltmächte, die die Existenz des Volkes Gottes in Frage stellten."[53]

Um die Anschlussfähigkeit dieser Gedanken an die Biographien vieler Menschen aus der katholischen Kirche in der DDR zu verstehen, muss an dieser Stelle auf die Vielschichtigkeit des Diasporabegriffs eingegangen werden. Er ist zunächst kein Begriff späterer, theologischer Reflexion, sondern wird, wie an den Beispielen sichtbar, völlig selbstverständlich auch für die Beschreibung der eigenen Situation verwendet. Cornelia Aßmann beschreibt in ihrem Beitrag im vorliegenden Band ausführlich, wie dieser Begriff etwa auf der zum Predigtreihenwerk zeitgenössischen Pastoralsynode gefüllt wird: Nicht mehr in Abgrenzung zu Gebieten, in denen es eine protestantische Bevölkerungsmehrheit gibt, sondern zur Beschreibung der Tatsache, dass Christen sich insgesamt einer sozialistisch-atheistischen Bevölkerungsmehrheit gegenübergestellt sehen.[54] In der späteren

---

[51] *K. Metzner*, 2. Ostersonntag, Apg 2,42–47, in: *K. Lange* (Hg.), Das Wort an die Gemeinde. Predigthilfen zu den Perikopen der neuen Leseordnung, Mattäusjahr I, Erste Lesungen, Advent bis Pfingsten, Leipzig 1974, 327–341, 330.

[52] Vgl. *A. Vogt*, 3. Adventssonntag, Jes 35,1–6a.10, in: *K. Lange* (Hg.), Das Wort an die Gemeinde. Predigthilfen zu den Perikopen der neuen Leseordnung, Mattäusjahr I, Erste Lesungen, Advent bis Pfingsten, Leipzig 1974, 51–59, 51.

[53] *Schneider*, Jes 11,1–10, 47.

[54] Vgl. *C. Aßmann* in diesem Band.

theologischen Reflexion hat sich der Begriff der „doppelten Diaspora“ etabliert, der die relative Minderheit der katholischen Bevölkerung sowohl gegenüber den protestantischen Christen als auch der Christen insgesamt bezeichnet.[55] Es ist auch zutreffend, dass die Pastoralsynode die Flucht und Vertreibung aus den ehemaligen deutschen Ostgebieten nach dem zweiten Weltkrieg nicht mit ihrem Diasporabegriff in Verbindung bringt. Dennoch prägt diese Erfahrung einen großen Teil der Katholikinnen und Katholiken in der DDR. Auch ein nennenswerter Teil der Autorinnen und Autoren in *Das Wort an die Gemeinde* bringt diese persönliche Geschichte mit. Aufgewachsen z.B. im katholisch-volkskirchlich geprägten Glatzer Land, sahen sie sich nicht nur persönlich, sondern eben auch hinsichtlich der eigenen Religiosität herausgefordert und mit einem Bruch konfrontiert. Wie würde es weitergehen? Eine Thematisierung dessen stand in der DDR allerdings häufig unter dem Verdacht, revanchistisch motiviert zu sein. Diese Zusammenhänge sind kirchenhistorisch gut aufgearbeitet und mittlerweile auch weithin bekannt.[56] Wenn nun eine Predigtskizze, wie die oben vorgestellte, die Begriffe „Generation zu Generation“, „Niederlagen“, „Deportationen“, „Leben in der Fremde“, „Zerstreuung in der Diaspora“, „Weltmächte“ miteinander in Beziehung setzt, dann ist es im Grunde genommen völlig unerheblich, dass auf der Ebene des Wortsinns lediglich das Schicksal des biblischen Israel verhandelt wird. Die Beschreibung der biblischen Zustände wird für die entsprechende Zielgruppe sicher transparent für die eigene Situation. Dies kann aus meiner Sicht für die Rezeptionsseite gesagt werden. Was die Produktionsseite betrifft: Es ist wenigstens zu vermuten, dass der selbst aus dem Sudetenland stammende Autor Franz Schneider für solche Klänge sensibel gewesen sein dürft, sie vielleicht sogar bewusst gesetzt hat.[57]

---

[55] „Die Katholiken in der DDR lebten in einer ‚konfessionellen‘ und zugleich in ‚ideologischer‘ und ‚säkularer‘“ Diaspora. Obwohl es eine Trias war, hat sich lediglich der Begriff der ‚doppelten Diaspora‘ zur Situationsbeschreibung durchgesetzt.“; *J. Pilvousek*, Von der „Gärtnerei im Norden“ zur „doppelten Diaspora“. Überlegungen zum Diasporabegriff der katholischen Kirche in der DDR, in: *B. Kranemann / P. Štica* (Hg.), Diaspora als Ort der Theologie. Perspektiven aus Tschechien und Ostdeutschland (EThSchr 48), Würzburg 2016, 101–116, 115.

[56] Vgl. etwa *Pilvousek*, Gärtnerei, 104–115; vgl. die Erklärungen von *T. Müller*, in: https://www.deutschlandfunk.de/katholische-vertriebene-in-der-ddr-treffpunkt-leipziger-zoo-100.html (abgerufen am 05.10.2022).

[57] Biographische Angaben zu Franz Schneider sind dem Nachruf des Bistums Erfurt entnommen: https://www.google.de/url?sa=t&rct=j&q=&esrc=s&source=web&cd=&ved=2ahUKEwiFjaS2irf6AhVTQ_EDHZBOA0YQFnoECAgQAQ&url=https%3A%2F%2Fwww.bistum-magde-burg.de%2Fupload%2F2018%2Fbilderjanuar%2FNachruf_Franz_Schneider.pdf&usg=AOvVaw0PjZr82vHLMWfn8uSl3pB9 (abgerufen am 28.09.2022).

4 Profile einzelner Autoren[58]

4.1 Reinhold Seppelt

Reinhold Seppelt wurde am 21.05.1943 in Oberhannsdorf (Grafschaft Glatz) geboren und 1967 in Magdeburg zum Priester geweiht. Er starb bei einem Unfall 1996 am Matterhorn. Zuletzt war er Pfarrer in Merseburg. Während des Verfassens der hier besprochenen Predigten war er als Vikar u.a. in Blankenburg am Harz (auch in Tangermünde und in Köthen) eingesetzt. Mir als Verfasser dieses Beitrags, selbst aus Blankenburg stammend, ist insofern eine biographische Verbindung gegeben: Viele Gemeindemitglieder aus Blankenburg erinnerten sich auch nach Jahrzehnten noch gerne an die prägende Jugendarbeit von „Vikar Seppelt". An die große Bestürzung nach seinem plötzlichen Tod erinnere ich mich gut. Drehten sich diese Erinnerungen häufig um gemeinsame Ausflüge oder seelsorgliche Gespräche auf Wanderungen, durfte ich Reinhold Seppelt hier noch einmal als profunden und auch mutigen Theologen entdecken. Auch unser Gesprächspartner Georg Hentschel beschreibt den früheren Kollegen als „angstfrei und gesprächsoffen, auch mit staatlichen Stellen, ohne dabei korrumpierbar zu sein."[59] Reinhold Seppelt gehört in Karljosef Langes Predigtreihenwerk mit zehn Texten in neun Bänden zu den auffälligen Vielschreibern,[60] es darf insofern von einem engen Kontakt zu Karljosef Lange und Wolfgang Simon ausgegangen werden.[61]

4.2 Reinhold Seppelt als Autor in „Das Wort an die Gemeinde"

Die erste Passage, die hier vorgestellt werden soll, stammt aus dem bereits ausführlich vorgestellten Band A I 1 und hat mit Jes 60,1–6 die erste Lesung am Fest der Erscheinung des Herrn (Epiphanie/6. Januar) als Ausgangspunkt. Die Periko-

---

[58] An dieser Stelle soll nicht verdeckt werden, dass es auch die von Marlen Bunzel gewürdigten Autorinnen gab. Die männliche Form ist gewählt, da die beiden Beispielautoren Männer waren.

[59] *G. Hentschel* im Gespräch mit Marlen Bunzel und Martin Nitsche am 01.12.21. Seppelts Fähigkeit zum „Blick über den Tellerand" belegt auch seine Mitarbeit bei Justita et Pax in der DDR ab 1981, sein Thema dort: Gerechtigkeit; vgl. dazu *D. Grande*, Dem Frieden eine Chance. Die Arbeit von Justitia et Pax in der ehemaligen Deutschen Demokratischen Republik (DDR), mit einem Vorwort von Bischof Dr. Reinhard Marx (Gerechtigkeit und Frieden 97), Bonn 2003.

[60] In A I 1 zu Jes 60,1–6; in A I 2 zu Eph 1,17–23 (mit Klaus Franke); in A II Ev zu Mt 22,34–40; in B I 1 zu Ijob 7.1–4.6–7; in Mk I Ev zu Mk 11,1–10 und zu Joh 15,1–8; in B II 2 zu Eph 5,15–20; in C I 1 zu Apg 13,14.43–52; in C I 2 zu 1 Kor 12,31–13,13; in C I Ev zu Lk 19,28–40.

[61] Vgl. die statistischen Auswertungen bei *N.C. Baumgart* im vorliegenden Band.

pe beginnt in Vers 1 mit dem bekannten Apell „Steh auf, denn es kommt dein Licht“. Dieses Licht ist Anziehungspunkt für Nationen und Könige.

In der Auslegung betont Seppelt die frohe Botschaft in schwieriger Situation (enttäuschte Hoffnungen angesichts der schwierigen Situation nach der Heimkehr aus dem babylonischen Exil), die nationenverbindende Völkerwallfahrt zum Zion und den daraus resultierenden Frieden. Zwar wird dieser Frieden im biblischen Text nicht explizit erwähnt, er resultiert aber aus der Annäherung der Völker aneinander, die Seppelt für die Bedingung des Fortbestands der Menschheit hält. Mit Papst Paul VI spricht er von der Aufgabe, „alle Völker einander brüderlich näherzubringen“[62] Für Seppelt spricht die Jesaja-Perikope unmittelbar in das Heute seiner Predigt, in eine Zeit, in der nicht nur die Kirche, sondern alle Menschen das Verbindende suchen müssen:

> „Die Sammlung und Einheit der Menschen ist aber heute nicht nur die Aufgabe, die der Kirche gestellt ist, sondern zugleich die Bedingung dafür, daß die Menschheit überlebt. Wenn die Menschheit nicht eins wird, besteht die ständige Gefahr, daß sie sich selbst vernichtet. In dieser Situation hat Jes 60,1–6 sehr aktuelle Bedeutung. Die Hoffnung auf eine zunehmende Einheit aller Nationen ist heute für alle Menschen, besonders für die Politiker, Voraussetzung, um sich den brennenden Problemen, besonders dem Problem der Sicherheit und des Friedens, stellen zu können.“[63]

Die Zukunftsfähigkeit der Menschheit und das dafür nötige Zusammenwachsen ist allen Menschen gemeinsame Aufgabe geworden. Schließlich sieht Seppelt in dem Jesajatext ein weiteres, verbindendes Moment zwischen Katholiken in der DDR und den Menschen ihrer Umgebung, die sich nicht auf Gotteserfahrungen berufen: Ihnen allen ist das aufstrahlende Licht Verheißung, niemand hat es bereits, Unglaube und Dunkel sind gemeinsame Erfahrungen:

> „Es gibt nicht nur den großen Teil der Menschen, die keine Gotteserfahrung haben oder die bewußt Gott und Gottesvorstellungen ablehnen, sondern auch die Gottferne des Gläubigen, der zwischen Glaube und Unglaube schwankt. Oft kann er kaum noch ehrlich sagen: „Ich glaube, Herr, hilf meinem Unglauben. Wo liegen die Ursachen für dieses Dun-

[62] Vgl. *R. Seppelt*, Erscheinung des Herrn, Jes 60,1–6, in: *K. Lange* (Hg.), Das Wort an die Gemeinde. Predigthilfen zu den Perikopen der neuen Leseordnung, Mattäusjahr I, Erste Lesungen, Advent bis Pfingsten, Leipzig 1974, 111–121, 116; mit Verweis auf die Rede Pauls VI. vor der UNO.

[63] *Seppelt*, Jes 60,1–6, 116.

kel? Daß Gott als Licht aufstrahlen kann, setzt ein gewisses Maß an Zeit zur Besinnung und zum Nachdenken voraus. Aber wer hat heute Zeit und Muße? Daß Gott als Licht aufstrahlen kann, setzt weiter tiefe Ehrfurcht vor der uns umgebenden Weltwirklichkeit voraus. Aber ist das möglich, wenn die Welt zum bloßen Material wird, mit dem der Mensch sich seine Welt selbst aufbaut? Wer zu Gott als dem Licht kommen will, soll zwar nicht mit leeren Händen kommen; aber wie können die Menschen sich mit ihren Reichtümern und Schätzen auf den Weg machen, wenn sie sie in ichhafter Verblendung krampfhaft festhalten und sich unfähig machen zur Freiheit des Schenkens und Gebens?"[64]

Schließlich stellt sich die Frage, wie in dieser Situation die Aufgabenbeschreibung für das Mitwirken der DDR-Katholiken am großen Menschheitsprojekt aussieht. Seppelt bemüht dafür das erst einige Jahre zurückliegende Zweite Vatikanische Konzil und seine bekannten Paradigmenwechsel:

„Können wir von uns sagen: ‚Wir sind als einzelne Christen und als Gemeinde Diener der Einheit, Zeugen für das Licht, das einen will'? Können andere sagen: ‚Seht, wie sie untereinander eins sind; was die tun, das ist wirklich ein Lichtblick'? Werden sie sehen können, wie wir auch zu den kleinen notwendigen Schritten bereit sind, zu sachlichen Gesprächen, zu jeder Art von Hilfe, vor allem aber auch zu verantwortlicher Mitarbeit auf gesellschaftlichem Gebiet? Dabei geht es nicht darum, daß wir glänzen. Das letzte Ziel ist, daß wir geeint mit allen Menschen und Völkern – ‚die Ruhmestaten des Herrn verkünden'. Die Kirche will – so hat sie es auf dem Konzil gesagt – Zeichen und Werkzeug der Einheit sein. Wollen wir es auch?"[65]

Mit dem Stichwort „gesellschaftliche Mitarbeit" setzt Seppelt ein spannungsreiches Wort, welches eher in den binnenkirchlichen Raum hinein wirkt, als dass es politische Brisanz hätte.[66] Die bereits erwähnte Pastoralsynode der katholischen Kirche in der DDR hatte sich zu einer „vorsichtigen Distanz" zu einem gesellschaftlichen Engagement von Katholikinnen und Katholiken geäußert.[67] Schon

[64] *Seppelt*, Jes 60,1–6, 117.

[65] Ebd., 121.

[66] Zur Frage nach dem gesellschaftlichen Engagement von katholischen Christen in der DDR und dem Diskurs darüber vgl. *S. Holzbrecher*, Braucht die Kirche ihre Dissidenten? Zum gesellschaftlichen Engagement katholischer Laien und Priester in der DDR, in: *B. Kranemann / P. Štica* (Hg.), Diaspora als Ort der Theologie. Perspektiven aus Tschechien und Ostdeutschland (EThSchr 48), Würzburg 2016, 137–152.

[67] Vgl. den Beitrag von *C. Aßmann* im vorliegenden Band, dort Anm. 2.

dies war ein Kompromiss, es gab Stimmen, die die Katholiken noch viel grundsätzlicher in Opposition zu Staat und Gesellschaft sahen. In einem Kommentar aus dem Jahr 1999, der er für die Zeitung „Die Welt“ verfasst hat, sieht Kardinal Joachim Meisner eine Kultur des „Nicht-Mitmachens“ als geradezu biblisch begründetes Zeugnis:

> „In einer totalitären Gesellschaft, in der jedes Einzelphänomen als *pars pro toto*, als Teil des Ganzen, bewertet werden muss, wurde die katholische Kirche immer als *particulum contra totum*, als Teil gegen das Ganze, verstanden. Das war auch die Absicht der Kirche als Kirche der kleinen Zahl, der ein solches Zeugnis über vier Jahrzehnte hinweg möglich war. Das biblische Zeugnis des Nicht-Mitmachens wurde zu einer großen Herausforderung: Als alle von Pilatus den Tod Jesu forderten, waren die wenigen Getreuen Jesu, die das nicht taten, ein Ärgernis, ein Protest gegen die gleichgeschaltete Masse, ein wirkliches Zeugnis für Christus.“[68]

Die Debatte um ein mögliches (oder unmögliches) gesellschaftliches Engagement in einem sozialistischen Staat war vor allem in der Amtszeit des Berliner Kardinals Bengsch (1961–1979) mehr oder weniger offen geführt worden, in diese Zeit fiel auch die Erarbeitung des Predigtreihenwerkes.[69] Vor dem Hintergrund solcher Ausführungen darf die Formulierung doch wenigstens als biblisch fundierte Stellungnahme in einem innerkirchlichen Diskurs gewertet werden. Das Thema der „gesellschaftlichen Mitarbeit“ taucht bei Seppelt indes nicht nur hier auf. In einer Predigtskizze zu Christi Himmelfahrt scheint diese Mitarbeit sogar unmittelbar eine Arbeit im Sinne des Reiches Gottes zu sein:

> „Das ist die Bedeutung des heutigen Festes Christi Himmelfahrt: Christus ist erhöht zum Haupt des Alls. Er ist letztes Ziel der Entwicklung. Und wir sollen das All zu ihm hinwachsen lassen (Eph 4,15). Eine faszinierende Perspektive! Aber sie wäre nichts wert, wenn wir bei der Faszination stehenblieben. Entscheidend sind die kleinen Schritte auf dieses große Ziel zu: ein Besuch bei einer Familie, die mit einem Problem nicht

---

68 *J. Meisner*, in: https://www.welt.de/welt_print/debatte/article4943940/Die-Wuestenjahre-der-Kirche.html (abgerufen am 28.09.2022).

69 Martin Ehm summiert: „Der insbesondere von intellektuellen Kreisen des DDR-Katholizismus vorangetriebene ‚Dialog‘ des Christen mit der ‚Welt‘ forderte die Anerkennung der staatlichen Autorität der DDR und das öffentliche Engagement in der Gesellschaft. Bengsch begegnete solchen Forderungen mit äußerster Skepsis und bezeichnete sie lapidar als ‚Dialogbesoffenheit‘.“; *M. Ehm*, Die kleine Herde – die katholische Kirche in der SBZ und im sozialistischen Staat DDR (Beiträge zu Theologie, Kirche und Gesellschaft im 20. Jahrhundert 12), Berlin 2007, 103.

fertig wird; eine Spende für fremde Not; bereitwillige Mitarbeit in der Gesellschaft; kurz gesagt alles, was die Annäherung der Menschen fördert. Christus braucht Mitarbeiter und nicht Abwartende, damit die Schöpfung sich weiterentwickelt auf ihre Vollendung hin."[70]

Das Thema „Mitarbeit", auch im gesellschaftlichen Bereich, taucht in den einzelnen Bänden immer wieder auf und wäre auch für eine Stichwortanalyse geeignet. Beispielhaft sei ein Abschnitt einer Predigt von Wolfgang Bartel angeführt. Sehr nah am biblischen Bildwort vom „Salz der Erde und Licht der Welt" (Mt 5,13–16) fragt er nach dessen Konsequenzen für die Christinnen und Christen seiner Zeit. Dabei wird explizit auch nach einer möglichen Rolle in einer sozialistischen Gesellschaft gefragt:

> „3. Aufgaben des Christen in unserer Welt
> - Notwendige Bewußtseinsänderung: „Konversion zur Welt" (H.-J. Schultz); Einübung christlicher Verantwortung für unsere Welt.
> - Aufgaben in der näheren Umgebung: glaubwürdige Mitmenschlichkeit in der Familie, in der Nachbarschaft, im Betrieb usw.
> - Aufgaben im sozialen und gesellschaftlichen Bereich: zukunftsbezogene Erziehung zu kritischer Sachlichkeit und Mitverantwortung, der Christ in der sozialistischen Gesellschaft, Mitarbeit bei der Lösung der Friedensfrage, Beitrag zur Bewältigung der Entwicklungsprobleme junger Nationalstaaten."[71]

Zuletzt lässt sich an einer Predigt Reinhold Seppelts ablesen, wie sehr scheinbar mutige Aktualisierungen der biblischen Botschaft, politische Bedenken der kirchlichen Zensoren und reales Agieren der staatlichen Zensur in unvorhersehbare Dynamiken miteinander geraten können. In einem Beitrag zum Evangelium der Palmsonntagsprozession im Lesejahr B (Mk 11,1–10) legt Seppelt einen Fokus auf die biblisch-intertextuellen Bezüge der Perikope und leitet aus Sach 9,9–10 das Profil Jesu als Messias, der in seine Stadt einzieht, ab. Wesentliches Resultat

---

[70] *R. Seppelt*, Christi Himmelfahrt, Eph 1,17–23, in: *K. Lange* (Hg.), Das Wort an die Gemeinde. Predigthilfen zu den Perikopen der neuen Leseordnung, Mattäusjahr I, Zweite Lesungen, Advent bis Pfingsten, Leipzig 1977, 401–412, 412.

[71] *W. Bartel*, 5. Sonntag im Jahreskreis, Mt 5,13–16, in: *K. Lange* (Hg.), Das Wort an die Gemeinde. Predigthilfen zu den Perikopen der neuen Leseordnung, Mattäusjahr I, Evangelien, Advent bis Pfingsten, Leipzig 1971, 146–159, 159. Die Textdarstellung ist aus der Vorlage übernommen.

ist die Zeichnung Jesu als „Friedenskönig“,[72] die er in der Meditation weiter ausführt und auf ihre gegenwärtige Relevanz hin untersucht. Der bemerkenswerte Text sei an dieser Stelle etwas ausführlicher zitiert, um den Leserinnen und Lesern dieses Beitrags einen besseren Eindruck zu vermitteln:

> „4. Christus ist Friedenskönig
> Dieses Thema ist in der Zeit der Revolutionen, des gewaltlosen Widerstandes, aber auch des politischen Desinteresses von großer Aktualität. Was bedeutet es in diesem Zusammenhang, daß Jesus in einer Zeit, die vom politisch-kriegerischen Messiasbild bestimmt war, als Friedenskönig auf einem Esel in Richtung Jerusalem zog? War seine Sendung ganz unpolitisch, auf das jenseitige Heil der Menschen ausgerichtet? […, MN] Man könnte meinen, der gewaltlose Widerstand, […, MN] wäre die Haltung, die dieser Friedenskönig von seinen Anhängern fordert. Ohne Zweifel entspricht sie den Forderungen der Bergpredigt am meisten. Aber man darf nicht übersehen, daß die Enzyklika Populorum progressio (Nr. 31) erklärt, Revolutionen seien erlaubt ‚im Falle der eindeutigen und lange dauernden Gewaltherrschaft, die die Grundrechte der Person schwer verletzt und dem Gemeinwohl des Landes gefährlich schadet‘. Ist das Verhalten Jesu zeitlos, so daß es für jede Situation der Weltgeschichte gilt, oder könnte Gewalt auch für ihn, zumindest im Ausnahmefall – siehe Tempelreinigung –, ein legitimes Mittel werden? Die Lösung dieses schwierigen Problems könnte in folgender Richtung liegen. Die bisherige Entwicklung der Menschheit, eigentlich schon die gesamte Entwicklung des Lebens, vollzog sich nach dem Gesetz der natürlichen Auslese und des Kampfes ums Dasein. So kann Heraklit sagen: Der Krieg ist der Vater aller Dinge. Diesem Gesetz stellt Jesus das neue Gebot der Liebe entgegen. […, MN]. Drei negative Ereignisse haben dies für bestimmte Bereiche offenbart: der in den letzten Zügen liegende Kolonialismus und Rassismus der letzten 50 Jahre, der im zweiten Weltkrieg ausgeträumte Traum von einem „Herrenvolk“ und die Explosion der ersten Atombombe in Hiroshima. […, MN] In vielen Bereichen des menschlichen Zusammenlebens wird trotzdem der Kampf ums Dasein mit wechselnden Methoden weitergehen und manchmal unumgänglich sein (Populorum progressio, Nr. 31), aber für eine durch Bevölkerungsexplosion, Technik und Wissenschaft immer mehr zusammengedrängte Menschheit wird das neue Gebot immer größere Bedeutung erlangen.

---

[72] Vgl. *R. Seppelt*, Palmsonntag – Zur Prozession, Mk 11,1–10, in: *K. Lange* (Hg.), Das Wort an die Gemeinde. Predigthilfen zu den Perikopen der neuen Leseordnung, Markusjahr I, Evangelien, Advent bis Pfingsten, Leipzig 1972, 263–276, 268.

> Durch sein ganzes Leben, besonders durch den messianischen Einzug in Jerusalem, offenbart Jesus sich als Friedenskönig, in dessen Reich es keinen Kampf ums Dasein, keinen Krieg und keine Gewalt mehr geben wird [..., MN] er erwartet als Friedenskönig, daß Gewalt nicht als Allheilmittel für die Lösung der menschlichen Probleme angesehen wird; er stellt kein moraltheologisches Dogma auf, nach dem Nichtanwendung von Gewalt in jedem Fall und in jeder Situation schon jetzt möglich sein müsste. Weder der Vertreter einer absoluten Gewaltlosigkeit, aber erst recht nicht der Verfechter von Gewalt und Revolution um jeden Preis dürfen sich auf dem sanften Ruhekissen eines ruhigen Gewissens ausruhen."[73]

Hier ist von der politischen Dimension, der Legitimität von Revolutionen und der Frage des gewaltlosen Widerstands die Rede. Es verwundert nicht, dass der kirchliche Zensor (ausweislich der vom St. Benno-Verlag stammenden Handakten Karljosef Langes) den Text für „politisch nicht unbedenklich" hält, jedoch seine Einschätzung äußert, dass das Votum der staatlichen Zensur nicht vorhersehbar sei:

> „In der Meditation werden aus den Hauptaussagen vier Predigtthemen abgeleitet: Christus, der unerkannte Herr ist mitten unter uns; Christus als König der Armen; Christus als Friedenskönig; Christus ein König, der dient. Dabei ist der Abschnitt „Christus ist Friedenskönig" politisch nicht unbedenklich. So ist jedoch im Voraus schwer zu sagen, wo Berlin ‚einhaken' wird.[74]

Was dann aber tatsächlich bemängelt wird, hat nichts mit der Rolle Jesu oder anderen theologischen Fragen zu tun – sondern mit dem Blick auf die Geschichte und auf die Entwicklung der Menschheit.[75] Eine zu negative Sicht auf diese Entwicklung darf in der DDR offenbar nicht vertreten werden. Das führt konkret dazu, dass aus der Perspektive auf 500 Jahre im ursprünglichen Seppelt-Text fünfzig Jahre werden:

---

73 *Seppelt*, Mk 11,1–10, 271–273.

74 PAD 711 Sektion 6, Folie 4, 8.

75 Zu den wechselnden Kriterien und Prinzipien staatlicher Zensur vgl. den Beitrag von N.C. Baumgart in diesem Band.

„Bei der Schilderung der Entwicklung der Menschheit darf nicht nur die negative Seite aufgezeigt werden. ‚Der in den letzten Zügen liegende Kolonialismus und Rassismus der letzten 500 Jahre' – richtiger wäre wohl: 50 Jahre." [76]

Hier und an anderen Stellen ist dem Beobachter mit einem zeitlichen Abstand von fast 50 Jahren nicht mehr ersichtlich, inwiefern die ursprüngliche Fassung der SED-Linie widerspricht, die andere Fassung ihr aber entgegenkommt. Dafür wären umfangreiche ideengeschichtliche Analysen von Nöten. Jedenfalls wurde die Änderung eingetragen, obwohl Seppelts Argument dadurch weniger nachvollziehbar wird.

4.3 Wolfgang Luckhaupt

Wie es zur bunten Zusammenstellung derer kam, die als Autorinnen und Autoren der Reihe gearbeitet haben, stellt der Beitrag von Marlen Bunzel dar. Einige davon haben schon als Studenten Entwürfe eingereicht und später an verschiedenen Orten ihren Dienst getan. Einige von Ihnen waren aber auch profilierte Gestalten der kirchlichen Öffentlichkeit. Zu dieser Kategorie gehört Wolfgang Luckhaupt, der zur Zeit der Entstehung unserer Predigtreihe Studentenpfarrer in Leipzig war (1971–1982).[77]

Luckhaupt wurde1931 in Ludwigshafen (Rhein) geboren und kam früh mit seinen Eltern nach Leipzig. Nach dem Theologiestudium in Erfurt wurde er 1957 in Bautzen zum Priester geweiht und wirkte in Altenburg, Karl-Marx-Stadt (dem heutigen Chemnitz), Plauen und Bautzen, bevor er 1971 Studentenpfarrer in Leipzig wurde. In zahlreichen Würdigungen wird Luckhaupt als prägende Gestalt für die eigene Biographie und das kirchliche Leben insgesamt gezeichnet.[78] Die Studierendengemeinden in der DDR sind, durch die Begleitung und Formung junger Intellektueller, häufig dem besonderen Interesse des Ministeriums für

---

[76] PAD 711 Sektion 6, Folie 4, 4.

[77] Die biographischen Angaben in diesem Abschnitt stammen aus: *Freundeskreis Pfarrer Wolfgang Luckhaupt* (Hg.), Wolfgang Luckhaupt. Predigten eines Wegbereiters, Dresden 2017.

[78] Peter-Paul Straube schreibt in einem Vorwort zum in Anm. 77 genannten Predigtband: „Wolfgang Luckhaupt war ein besonderer Mensch und Zeitgenosse. Wer ihm begegnete, ging nicht selten nachdenklich, aber auch ermutigt wieder von dannen. Lucki – wie er kurz genannt wurde – war nicht nur ein Vor- und Querdenker, einer, der zwischen den Zeilen lesen konnte, sondern für viele vor allem ein empathischer Mitdenker und Mutmacher, auch und gerade für Andersdenkende und -glaubende, für Menschen, die anderer Meinung waren. Seine Gegenüber fühlten sich immer als Mensch, als Person, ernst- und angenommen."

Staatssicherheit ausgesetzt gewesen.[79] Zugleich konnte Luckhaupt auch mit kirchlichen Obrigkeiten in Konflikte geraten, weil er manch bornierte Prinzipienreiterei nicht mittragen wollte.[80] Von 1982 bis zu seinem Tod durch einen Verkehrsunfall am 22. März 1987 war er Pfarrer in der Pfarrei Herz Jesu (Dresden Neustadt). Seine Dresdener Zeit war u.a. von einem besonderen Engagement im Stadtökumenekreis geprägt.

4.4 Wolfgang Luckhaupt als Prediger außerhalb der Reihe

Ein Ergebnis der Gespräche mit Autor*innen der Reihe war der deutliche Gegensatz zwischen gesprochener und veröffentlichter Predigt, besonders hinsichtlich politisch oder gesellschaftlich relevanter Positionierungen. Wolfgang Luckhaupt hat Menschen nicht zuletzt mit seinen Predigten inspiriert, sodass 2017, anlässlich seines 30. Todestages, ein Band mit ausgewählten seiner Predigten erschien. Im Diözesanarchiv des Bistums Dresden-Meissen (Bautzen) wird der Nachlass Luckhaupts verwahrt, dort fanden sich alle Manuskripte, die für den genannten Band ausgewählt wurden.[81] Wenngleich es sich um Manuskripte handelt, nicht um Mitschriften der tatsächlich gehaltenen Predigten, dürfte die Nähe zum gesprochenen Wort groß sein. Die Predigten im Band sind nicht chronologisch, sondern thematisch sortiert.

Sie waren nicht für die Veröffentlichung gedacht und bieten so einen authentischen Eindruck vom Prediger Wolfgang Luckhaupt. In diesen Predigten findet sich auf beinahe jeder Seite das, wonach man in *Das Wort an die Gemeinde* vergeblich sucht: ausgesprochen politische Predigten, nahe am Zeitgeschehen. Zugleich sind lediglich die Predigtmanuskripte ohne weitere Informationen erhalten. Es lässt sich mitunter nicht mehr herausfinden, welche Perikope die Grundlage der Predigt bildet bzw. ob sie überhaupt einen primär biblischen Bezug hatte. Der Zusammenhang zwischen Bibeltext und Auslegung kann so kaum nachvollzogen

---

[79] Vgl. *P. Straube*, Katholische Studentengemeinde in der DDR als Ort eines außeruniversitären Studium generale (EThS 70), Leipzig 1996, 128–129; vgl. ferner *T. Brose*, Geprägte Freiheit. Katholische Studentengemeinden in der DDR: Sozial-moralische Ressourcen und Lernorte des Glaubens, in: *B. Kranemann / P. Štica* (Hg.), Diaspora als Ort der Theologie. Perspektiven aus Tschechien und Ostdeutschland (EThSchr 48), Würzburg 2016, 153–166, 163–165.

[80] Im Herbst 1973 hatte er Theo Mechtenberg, den ehemaligen Magdeburger Studentenpfarrer und mittlerweile aus dem Dienst ausgeschiedenen Priester, zu einem Vortrag nach Leipzig eingeladen. Der Denunziation durch einen Mecklenburger Priester folgte die Androhung der Absetzung als Studentenpfarrer durch Bischof Gerhard Schaffran; vgl. *Straube*, Studentengemeinde, 112, Anm. 219.

[81] Zum Band vgl. Anm. 77 in diesem Beitrag.

werden. Gelegentlich werden in den Predigten jedoch selbst einzelne biblische Belegstellen herangezogen. Die folgende Predigt aus dem Jahr 1981 ist mit dem Thema „Frieden“ überschrieben und wird vom Herausgeberkreis mit den Friedensbemühungen nach dem NATO-Doppelbeschluss von 1979 assoziiert:

> „Im ‚Neuen Deutschland‘ können wir die Frage lesen, die auch unsere Frage ist: Angesichts der Hochrüstung machen sich viele Bürger Gedanken und Sorgen zu der Frage, ob der Frieden erhalten werden kann. Die Antwort wird dort gegeben: Der Frieden muss bewaffnet werden; der Frieden muss verteidigt werden. Das kann nicht unsere Antwort sein. Wer sich Jesus Christus verbunden fühlt, muss die Worte kennen: Stecke dein Schwert in die Scheide, denn wer zum Schwert greift, wird durch das Schwert umkommen. Und noch viel radikaler: Ihr habt gehört, dass gesagt worden ist, Auge um Auge, Zahn um Zahn.[82] Ich aber sage euch: Leistet dem, der euch Böses antut, keinen Widerstand, sondern wenn dich einer auf die rechte Wange schlägt, dann halte auch die andere hin.“[83]

Das Thema Frieden, welches in *Das Wort an die Gemeinde* große Bedeutung hat, ist hier, Anfang der 1980’er Jahre, am konkreten, weltpolitisch verankerten Beispiel diskutiert. Konkret sind auch Luckhaupts Handlungsempfehlungen an seine Hörerinnen und Hörer:

> „Stärke jede Rede über den Frieden. Bestreite jeder Rede über den Krieg das Recht, das meint, Friedenspunkte zu schaffen. Trägt einer ein Abzeichen auf dem Ärmel, sage ihm: Ich bin auch dafür. Triffst Du einen Bausoldaten, dann sage ihm: Du hast richtig gehandelt. Verweigert einer den

---

[82] Auf die Debatte um die rechte Auslegung des so genannten Talionsrechtes und die sensible Auslegung der Bibel Israels muss hier nicht eingegangen werden. Luckhaupt legt nicht Ex 21,24 aus, er bezieht sich auf die Jesusrede in Mt 5,38–39, wo ein gewisser Gegensatz sicher konstruiert wird. Für die Wendung „Auge um Auge“ scheint Luckhaupt eine gewisse Vorliebe zu haben, er nutzt sie auch in der dritten abgedruckten Predigt von 1984 als negative Kontrastfolie: „Wie üben wir mit den Kindern diesen Grundsatz Jesu ein? Das wird wohl schwierig sein. Denn das Kind erfährt doch in der Erziehung den Grundsatz: ‚Auge um Auge, Zahn für Zahn‘. Wenn du dies tust, erhältst du die Belohnung – wenn du es nicht machst, erhältst du Strafe. [..., MN] Nur Erziehung muss darüber hinausgehen, sie muss diesen Grundsatz überholen durch Einübung in das andere Verhalten“, *Freundeskreis*, Luckhaupt, 59.

[83] *Freundeskreis*, Luckhaupt, 37.

Reserveoffiziersanwärter[84] dann sage ihm: richtig. Hat einer Bedenken gegen Zivilverteidigung, dann bestärke ihn."

In seinen Predigten in der Leipziger Studentengemeinde konnte Luckhaupt sehr unmittelbar auf die Anfragen eingehen, denen sich katholische Studierende im Rahmen des Studiums an einer sich als sozialistisch verstehenden Universität entgegengestellt sahen. Der Hintergrund des folgenden Abschnitts sind die staatsdoktrinären Einleitungsveranstaltungen zu Semesterbeginn, die Predigt dürfte aus der ersten Hälfte der 1970'er Jahre stammen:[85]

> „Am Anfang eines Studienjahres wird die Konfrontation unserer Weltanschauung mit der des dialektischen Materialismus wieder deutlich bewusst. Für diejenigen, die anfangen zu studieren, stellt sie sich in einer Schärfe, die sie vielleicht noch nicht gekannt haben. Daher erscheinen mir einige Reflexionen zu der nicht aufhebbaren Differenz notwendig. Heute soll es um Glauben und Wissen gehen."[86]

Der Abschnitt stellt einen weiteren Unterschied zu den Texten in *Das Wort an die Gemeinde* heraus: Gesprochene Predigten können auf eine konkrete Situation eingehen. Den Texten Luckhaupts aus dem zu untersuchenden Predigtreihenwerk fehlt diese konkrete Anbindung, eine Lektüre muss auf deutlich feinere Andeutungen eingestellt sein. Zugleich wird durch die Gegenüberstellung ein weiterer Kontrast deutlich.

4.5 Wolfgang Luckhaupt und seine Predigten in „Das Wort an die Gemeinde"

Nach dem Studentenpfarrer Wolfgang Luckhaupt, der mitunter in loser Anlehnung an biblische Motive die Lebenssituation seiner Studierenden deuten konnte, begegnet in *Das Wort an die Gemeinde* der Theologe, der Bibelausleger Wolf-

---

[84] Vgl. *Straube*, Studentengemeinde, 128–129; wo die Frage nach der Reserveoffiziersbewerbung als ein Thema staatlich-kirchlicher Konflikte mit den Studierendengemeinden im Zentrum dargestellt wird; siehe Anm. 79 in diesem Beitrag.

[85] Die Herausgeber*innen schreiben in der Einleitung zum Predigtmanuskript: „Am Beginn eines jeden Studienjahres waren an den DDR- Universitäten Einleitungsvorlesungen und Seminare zum Marxismus/Leninismus Pflichtveranstaltungen, flapsig genannt ‚Rote Woche'. Das ist der Hintergrund der Bemerkungen im ersten Absatz der Predigt", *Freundeskreis*, Luckhaupt, 165. Die Datierung ergibt sich aus dem ebenfalls in der Einleitung angeführten Kinofilm von 1973.

[86] *Freundeskreis*, Luckhaupt, 165.

gang Luckhaupt, der seine Gedanken eng an die exegetische Texterschließung anbindet. Von Wolfgang Luckhaupt sind sechs Beiträge in sechs Bänden abgedruckt worden.[87] Die im Folgenden besprochenen Auszüge stammen aus einem Beitrag zu Ez 37,12–14. Ausgangssituation ist das weite Feld voll Totengebein (Ez 37,1). JHWH öffnet die Gräber, schenkt seinen Geist, macht sein Volk wieder lebendig und setzt es wieder in sein Land (auf seinen Ackerboden). In der exegetischen Textbesprechung schreibt Luckhaupt:

> „Die zerstreuten Gebeine versinnbildlichen die gegenwärtige Situation des Volkes Israel. Die von Jahwe in 37,3 gestellte Frage „Menschensohn, werden diese Gebeine wieder zum Leben zurückkehren?“ wird mit einem damals gebräuchlichen Sprichwort beantwortet: „Verdorrt sind unsere Gebeine, dahin ist unsere Hoffnung, es ist aus mit uns“ (37,11). Wie die nach dem Tode zerstreuten Knochen niemals mehr einen lebendigen Menschen bilden können, so wird Israel niemals mehr als Volk in seine Heimat zurückkehren können. [..., MN] Das Bild wandelt sich vom Totenfeld zu Gräbern. Gegenüber einem Totenfeld unterstreicht ein verschlossenes Grab die Hoffnungslosigkeit. Das Exil in Babylon bedeutet das Grab aller Hoffnung.“[88]

Dieser düsteren, aber textnahen[89] Beschreibung folgt in der Meditation unmittelbar der Übertrag in die Lebenssituation seiner kirchlichen Zielgruppe:

> „Minderheitssituationen bergen viele Gefahren in sich. Je kleiner der Kreis der Getreuen wird, um so fester muß man sich zusammenschließen, sich stärker der gegenseitigen Zugehörigkeit vergewissern. Ein großer Teil der Energie, die früher nach außen hin eingesetzt werden konnte, wird nun für die Erhaltung der Identität der Gruppe verbraucht. Eine sol-

[87] In A I 1 zu Ez 37,12–14 (mit Alois Schuh); in A I Ev zu Mt 4,1–11; in A II 2 zu Röm 12,1–2; in B I Ev zu , Joh 10,11–18; in C I Ev zu Lk 4,21–30; in C II 1 zu Sir 3,17–18.20.28–29.

[88] *W. Luckhaupt*, 5. Fastensonntag, Ez 37,12–14, in: *K. Lange* (Hg.), Das Wort an die Gemeinde. Predigthilfen zu den Perikopen der neuen Leseordnung, Mattäusjahr I, Erste Lesungen, Advent bis Pfingsten, Leipzig 1974, 247–253, 248–249.

[89] Luckhaupt betont den Eigenwert der Ezechiel-Lesung deutlich und empfiehlt, den vorgesehenen Abschnitt auszuweiten, um ihm keine Deutung vom Tagesevangelium her überzustülpen: „Die Perikope dieses Sonntags enthält die abschließende Deutung der Vision vom Totenfeld. Die in der Perikopenordnung vorgenommene Lostrennung der Ausdeutung von der Gesamterzählung erscheint wenig glücklich. Sie erfolgte wohl mit Blick auf das zu diesem Sonntag gehörige Evangelium von der Auferweckung des Lazarus. Es empfiehlt sich, die gesamte Vision wegen ihrer eindrucksvollen Aussage zu verlesen oder, falls dies für den Hörer zu lang erscheint, die wesentlichen Aspekte in die Verkündigung einfließen zu lassen, wobei deren Inhalt in kurzer Zusammenfassung der Perikope vorangestellt werden könnte“, *Luckhaupt*, Ez 37,12–14, 248.

che kleiner werdende Gemeinde verliert durch diesen Energieaufwand nach innen langsam ihre Wirksamkeit nach außen. Eine Zeitlang wird sie noch mit wohlwollendem Desinteresse betrachtet, bis man eines Tages keine Notiz mehr von ihr nimmt. Um des eigenen Zusammenhaltens willen hat sie sich selbst das Grab geschaufelt.“[90]

In der folgenden Predigtskizze heißt es:

„Wir haben Heimweh, weil wir nicht richtig sehen oder nicht richtig sehen wollen. Denn das Eingehen auf die Botschaft Jesu erfordert, die Bequemlichkeit aufzugeben. Halten wir uns nicht selbst in „Gräbern“ fest. Sind nicht Heimweh und Müdigkeit die Früchte unseres Gefangenseins? Es gilt die Zeichen der Zeit zu erkennen. Der Geist Gottes ist dort wirksam, wo ihm Raum gegeben wird.“[91]

Einerseits spielen die Ausschnitte mit dem oben vorgestellten Schwerpunkt der Themen Diaspora / Exil, ergänzt um das Stichwort Minderheit. Die Katastrophe in der Geschichte Israels, der Verlust des eigenen Landes, wird auf die kirchliche Situation übertragen, mit allen geschilderten Anknüpfungsmöglichkeiten und Resonanzpunkten. Dabei wird die äußere Situation für diese Kirche nicht schöngeredet, alle Schwierigkeiten, die das Christsein in der Diaspora mit sich bringt, können in die größte denkbare Katastrophe für Israel, festgemacht am Bild des Grabes, integriert werden. Die Hoffnungsperspektive, die der biblische Text eröffnet, wird dann auch den Hörer*innen dieser Predigtgedanken unmittelbar zugänglich.

5 Gegenlektüren

Die vorgestellten Beispiele sind nicht jedem Aspekt nach paradigmatisch für das Predigtreihenwerk. Wie eingangs erläutert, wurde gezielt nach den beschriebenen Resonanzen gesucht. Viele Texte in der Reihe haben aber (lediglich) das Ziel, den Bibeltext selbst aus seiner Zeit heraus verständlich zu machen. So sollte die breitere Auswahl biblischer Texte für die Leseordnung auch fruchtbar gemacht werden. Die verschiedenen Perspektiven werden auch im Beitrag von Marlen Bunzel deutlich, die Autor*innen der Reihe zu Wort kommen lässt. Dazu kommt: Aus

---

[90] *Luckhaupt*, Ez 37,12–14, 249–250.
[91] Ebd., 253.

den hier zitierten Texten lassen sich nicht einfach politische Stellungnahme oder eine klar abgrenzbare und in der Bibel gegründete DDR-Theologie extrahieren. Die Predigten sind katholische Predigten aus der DDR, aber auch solche aus den 1970'er Jahren aus dem deutschsprachigen Raum, solche aus dem so genannten Ostblock, solche aus der Phase unmittelbar nach den Aufbrüchen des Zweiten Vatikanischen Konzils und vieles mehr.

> „Die Gemeinde muß sich als Friedensbringerin verstehen. Sie ist mitverantwortlich für den Frieden der Welt. Sie muß Scheidewände niederreißen und mitarbeiten an der Aufrichtung des Friedens. Die Gemeinde kann ihren Friedensdienst nur leisten, wenn sie arm und demütig auftritt und wirkt. Sie muß sich solidarisch mit allen Armen und Ausgestoßenen geben. Nicht Herrschen, sondern Dienen muß ihren Lebensstil prägen."[92]

Der Abschnitt ist in mehrfacher Hinsicht bemerkenswert. Der Begriff „Scheidewand" ist aufgrund einer Intervention der staatlichen Zensur in den Text gerutscht, ursprünglich stand dort „Mauer". Norbert Clemens Baumgart hat diese Stelle entdeckt bei Vorarbeiten zu seinem Beitrag entdeckt.[93] Dann wird auch noch das Mitarbeiten an der Aufrichtung des Friedens thematisiert, Begriffe, die in diesem Beitrag mit Blick auf andere Predigtentwürfe als resonant mit gesellschafts- und kirchenpolitischen Fragestellungen beschrieben werden. Die Predigt von Bernhard Otte ist allerdings ursprünglich nicht für *Das Wort an die Gemeinde*, sondern für die (westdeutsche) Reihe *Am Tisch des Wortes* verfasst worden. Stellt dieses Beispiel nicht das gesamte Anliegen dieses Beitrags in Frage? Dazu seien zwei Anmerkungen vorgebracht. Zunächst: Wenn deutlich wird, dass Themen über die katholische DDR-Diaspora hinaus Bedeutung haben, verlieren sie deswegen ihre Bedeutung nicht, bleiben eben auch DDR-spezifisch, wenngleich nicht in einem distinkten Sinne. Hier werden Themen und Stichworte deutlich, die in den 1970'er Jahren offenbar gesamtdeutsch (und darüber hinaus) relevant waren und entsprechend in Resonanz mit biblischen Texten geraten konnten. Zudem: Der hermeneutische Ansatz des vorliegenden Beitrags ist ein rezeptionsäs-

---

92 Vgl. *B. Otte*, 14. Sonntag im Jahreskreis, Sach 9,9–10, in: *K. Lange* (Hg.), Das Wort an die Gemeinde. Predigthilfen zu den Perikopen der neuen Leseordnung, Mattäusjahr II, Erste Lesungen, Pfingsten bis Ende des Kirchenjahres, Leipzig 1975, 124–130,130.

93 Insgesamt findet der Begriff „Scheidewand" fünf Mal in drei Bänden Verwendung, jeweils an Stellen, an denen man eher den Begriff „Mauer" erwarten würde. Der oben zitierte Otte-Beitrag ist insofern interessant, als dass er auch nicht im Register des Bandes aufgelistet ist, dort ist nur der zweite Autor, Konrad Beißel, vermerkt.

thetischer, kein produktionsorientierter.[94] Die Otte-Predigt ist mitsamt ihren Anklängen von Lange ausgewählt und abgedruckt worden, hat die verschiedenen Zensurprozesse durchlaufen und ist durch die Veröffentlichung und Verwendung als Predigtvorlage in den Resonanzraum der katholischen DDR-Diaspora eingetreten. Festlegungen darüber, was der Autor hier sagen oder andeuten wollte, können auf diesem Wege ohnehin nicht getroffen werden. Wer sich für kontextuelle Theologien und die Rezeption biblischer Texte interessiert, wird doch wenigstens registrieren, dass das spezifische, zur Mitarbeit animierende Friedensthema auch hier aus dem neunten Kapitel des Sacharjabuches heraus entwickelt wird, genauso wie es oben bei der Palmsonntagspredigt von Reinhold Seppelt der Fall war.

Eine zweite Gegenlektüre untersucht einen Auszug aus einer Predigt des bekannten Pastoraltheologen Rolf Zerfaß (1934–2022), welche dieser durch einen Kontakt mit Lange originär für *Das Wort an die Gemeinde* verfasst hat (kein Nachdruck aus einer anderen Reihe). Er legt die Osternachtlesung Jes 54,5–17 aus. In einer Ehemetaphorik wird die ungebrochene Treue Gottes zu seinem Volk und seiner Stadt betont. Zunächst setzt Zerfaß beim historischen Hintergrund des Textes an:

> „Betrachtet man den inneren Zustand der Exilsgemeinde, der diese Worte gelten, so muß man den Mut bewundern, mit dem angesichts von Müdigkeit und Erschöpfung die Botschaft von der ungebrochenen Treue Gottes verkündet wird. Angesichts dieser Treue Gottes, die nicht verdient werden kann, wird das vergangene Verschulden des Volkes so unwichtig, daß es keiner Erwähnung wert ist. Das Volk soll nicht auf die vergangenen Fehler schauen, sondern auf die gegenwärtige und künftige Treue Gottes, der so gut ist, weil er sich von dem Geschöpf seiner Liebe nicht trennen will und kann. Das Volk darf auf diese Treue setzen, auch wenn die Tatsachen dagegen sprechen.“[95]

Schreibt Zerfaß diese Zeilen im Rahmen der Textauslegung zunächst von der Situation des exilierten Israel, zieht er in der Meditation unmittelbare Parallelen in die Jetzt-Zeit seines Beitrags:

---

[94] Vgl. dazu den Abschnitt zu einer Predigt von Franz Schneider auf S. 7.

[95] *R. Zerfaß*, Osternacht IV, Jes 54,5–17, in: *K. Lange* (Hg.), Das Wort an die Gemeinde. Predigthilfen zu den Perikopen der neuen Leseordnung, Markusjahr I, Erste Lesungen, Advent bis Pfingsten, Leipzig 1975, 273–278, 274.

„Die äußere Situation heutiger Verkündigung: Wieweit gleicht sie der Situation des Exils? Ist die Kirche in der modernen säkularisierten Gesellschaft eine Kirche in der Zerstreuung (Diaspora), eine unfruchtbare Kirche (wenn man an die rückläufigen Tauf- und Erstkommunionziffern denkt)? Und wieweit ist diese ihre gegenwärtige Lage auch Folge ihrer früheren Sünden Exilierungsschicksal, Ausdruck des Zorns Gottes – eines Zorns freilich, den Gott nicht aufrechterhalten will, weil ihn das selber zuviel kostet.“[96]

Die Fragen münden in der Predigtskizze in die Überzeugung, dass die Situationen durch die Jahrhunderte hindurch letztlich verbunden bleiben, weil die Treue Gottes und das Wagnis des Glaubens gegen alle Wahrscheinlichkeiten und Realitäten ähnlich bleiben:

„Gilt dies alles auch uns in der Diaspora der Siebzigerjahre, oder ist das einer glücklicheren Generation verheißen worden, die es leichter hatte, Gottes Treue zu glauben? Gott weiß, daß die Verschleppten in Babel keinen Grund zu großem Optimismus hatten. Sie fühlten sich vom Leben abgeschnitten, ohne jede Chance eines Neubeginns. Von Wohlfahrt keine Spur, Drangsal und Schrecken nicht fern, sondern hautnah und täglich zu spüren. Aber Ostern ist ja genau dies: Hoffnung, Freiheit, Heimat, Freude. Das wahre Ostern fing immer genau dort erst an, wo man – auch gegen die erdrückende Macht der Tatsachen und selbst der eigenen Schuld – daran zu glauben wagt, daß Gott immer noch und für alle Zukunft zu uns steht.“[97]

Hat Rolf Zerfaß die „Diaspora der 70’er Jahre“ mit ihren Glaubensschwierigkeiten auf den DDR-Kontext hin formuliert oder ist die Predigt nicht doch auch darüber hinaus verständlich? Klingt sie in diesem Predigtreihenwerk anders als sie es in Österreich oder im Rheinland getan hätte? In jedem Fall liegt eine Auslegung vor, die den biblischen Text nicht nur für die Ausdeutung des kirchlichen Festes (Ostern) verwendet, sondern die Fragen und Hoffnungen des Textes in ihrer Relevanz für die Hörerinnen und Hörer der Predigt erschließt.

---

[96] *Zerfaß*, Jes 54,5–17, 275

[97] Ebd., 277.

6 Fazit

Die Reihe insgesamt ist eine unmittelbare Folge eines doppelten „biblischen Aufbruchs“ in der katholischen Kirche: mit der Betonung der Rolle der Heiligen Schrift in der Liturgie durch das Zweite Vatikanische Konzil mitsamt der folgenden, umfangreicheren Perikopenordnung und durch die verheißungsvollen Neuansätze historisch-kritischer Exegese, die zu dieser Zeit voll zur Geltung kommen. Insofern ist die diesem Beitrag zugrundeliegende Fragestellung nicht weit hergeholt. An vielen Stellen lässt sich deutlich zeigen, wie Autorinnen und Autoren konkrete Ergebnisse ihrer exegetischen Analysen in Meditation und Predigt mit der politischen und gesellschaftlichen Situation der katholischen Gemeinden in der DDR in Beziehung setzen. Gleichzeitig bestätigt sich auf der Lektüreseite ein wesentlicher Eindruck aus unseren Hintergrundgesprächen (Beitrag von Marlen Bunzel): Vielen Autor*innen ging es zunächst und vor allem darum, die eigene, zum Teil auch neu erworbene Faszination für die biblischen Texte weiterzugeben, zunächst unabhängig von der konkreten gesellschaftlichen Situation. In gewisser Weise ist auch dieser Ansatz typisch und ließe sich als eine Form kontextueller Theologie beschreiben.

Die Wege zur Auswahl der Probebohrungen in diesem Beitrag waren verschieden: Analyse der bibeltheologischen Vorworte, Durchsicht eines Bandes und Stichwortsuche, Profilierung einzelner Autoren. Alle methodischen Ansätze waren letztlich zielführend und haben mitunter zu ähnlichen Befunden geführt. Die Gegenlektüren bestätigen den Eindruck, dass die Einordnung in den gesamtdeutschen Kontext ebenso angezeigt wäre wie eine interkonfessionelle Bearbeitung der Schriftrezeption und der Predigtkultur in der DDR. Hier liegen weiter Forschungsdesiderate vor. Auch eine komparative Untersuchung anderer, osteuropäischer Bibelnutzungs- und Predigtkulturen würde den Gesamtbefund klarer erscheinen lassen.

Eine letzte Zielbeschreibung dieses Beitrags sei abschließend angeführt. Ungewöhnlich breit wurde aus den Texten des Predigtreihenwerks zitiert, mitunter nur knapp kommentiert. Neben den berechtigten Forschungsfragen ist dieser Beitrag damit eine Form der Wertschätzung für eine beeindruckende theologische und organisatorische Leistung, sowohl der einzelnen Autor*innen, als auch des Herausgebers Karljosef Lange. Ihr Werk sollte deutlich sichtbar und in Teilen nachlesbar werden.

PREDIGEN ÜBER CHRISTA T. EINE PROBLEMSKIZZE ZUR REZEPTION LITERARISCHER TEXTE *IN DAS WORT AN DIE GEMEINDE* MIT EINER BETRACHTUNG VON BEZUGNAHMEN AUF CHRISTA WOLFS NACHDENKEN ÜBER CHRISTA T.

Franziska Rauh

1 Die Rezeption literarischer Texte in Das Wort an die Gemeinde: Eine Problemskizze

„Für eine ‚codierte Sprache' waren wir nicht clever genug, das war auch nicht unser Anliegen. Wir haben uns viel an Literatur festgehalten". – So äußerte sich, im Rückblick auf die Arbeit an *Das Wort an die Gemeinde*, eine Autorin der Predigtreihe im Gespräch mit Marlen Bunzel.[1] Die Aussage macht neugierig: Wie zeigt sich dieses ‚Festhalten an Literatur' in den Predigtvorschlägen und welche literarischen Texte werden herangezogen?

Ein Blick in die Predigten hinein bestätigt die Vermutung, dass die Rezeption literarischer Texte in *Das Wort an die Gemeinde* ein lohnender Forschungsgegenstand ist. Eine erste Durchsicht der Bände zum Lesejahr A, wie sie zur Vorbereitung dieses Beitrags vorgenommen wurde, legt eine Fülle von Bezügen offen: Literarische Texte von beinahe einhundert identifizierbaren Autor:innen werden in diesen sechs Bänden rezipiert,[2] von Augustinus bis Peter Hacks, von Ursula Wölfel bis Bertolt Brecht, J. D. Salinger bis Jean-Paul Sartre, Ingeborg Bachmann bis G. K. Chesterton. Deutschsprachige Literatur ist ebenso vertreten wie französischsprachige, schwedische, tschechische, polnische und russische Literatur, Literatur aus dem Vereinigten Königreich und den Vereinigten Staaten. Romane, Erzählungen, Dramen, Gedichte, Tagebücher, Biografien, Briefe, Märchen und Novellen gehören zu den rezipierten Gattungen.

Wenn hier von der Rezeption ‚literarischer Texte' die Rede ist, ist damit bereits die erste und eine grundlegende Herausforderung des Themas markiert: Was

---

1 *M. Geburek* im Gespräch mit Marlen Bunzel, S. 24 in diesem Band.

2 Siehe 4. Anhang: Übersicht zur Rezeption literarischer Texte in *Das Wort an die Gemeinde*, Bände zum Lesejahr A, ab S. 196.

sind ‚literarische Texte'? Wer sich der Rezeption literarischer Texte in der Predigtreihe widmet, ist mit der weitreichenden Frage nach dem Literaturbegriff konfrontiert, den er/sie voraussetzt, und muss zumindest eine zweckgebundene Arbeitsdefinition dessen vorlegen, was er/sie unter ‚literarisch' versteht.[3] Das Ziel des vorliegenden Beitrags ist es, Fragestellungen zu markieren, und nicht, selbst eine umfassende Betrachtung des Themas ‚Rezeption literarischer Texte in *Das Wort an die Gemeinde*' zu bieten – das wäre ein umfangreiches Forschungsprojekt. Entsprechend kann auch eine Definition dessen, was sinnvollerweise in diesem Fragezusammenhang als ‚literarisch' aufzufassen ist, hier nicht entwickelt werden.[4] Dennoch liegt einer Aufzählung von Autor:innen, Sprachen und Gattungen wie der vorangehenden natürlich ein Vorverständnis von ‚Literatur' zugrunde, das transparent gemacht werden muss.

Wenn dieser Beitrag die Untersuchung der Rezeption *literarischer* Texte als lohnend darstellt und als Ausblick eine erste Liste rezipierter literarischer Texte zu sechs Bänden der Reihe bereitstellt, ist *literarisch* als Abgrenzung zu wissenschaftlichen, Sach-, Fach- und Lehrtexten zu verstehen,[5] wie sie in der Predigtreihe v. a. im Abschnitt der ‚exegetischen Textbesprechung' herangezogen wer-

---

3 So auch *E. Grözinger*, Dichtung in der Predigtvorbereitung. Zur homiletischen Rezeption literarischer Texte – dargestellt am Beispiel der „Predigtstudien" (1968–1984) unter besonderer Berücksichtigung von Bertolt Brecht, Max Frisch und Kurt Marti, Diss. Mainz 1990, 34.

4 Anregungen zu diesen Abgrenzungsfragen kann eine kritische Auseinandersetzung mit *E. Grözingers* Dissertation bieten. *Grözinger* spricht sich für einen „pragmatische[n] Literaturbegriff" aus, bei dem als literarisch alle Texte gelten, „in denen die Sprache nicht primär instrumentell gebraucht wird und die nicht im Dienst eines ganz bestimmten Zweckes verfasst wurden, sondern die vor allem ästhetische Erfahrung ermöglichen", Dichtung, 40. Einen engeren Literaturbegriff schlägt *J. Seip* in seiner Dissertation vor, die sich eine „kriteriologische Verhältnisbestimmung von Literatur und Verkündigung" (so der Untertitel) zum Ziel setzt und zu diesem Zweck Literatur definiert als „schriftlich fixierte Werke, die bestimmten Normen, d.h. ästhetischen Anforderungen genügen", wobei *Seip* die Normen „Fiktionalität", „Autonomie" und „Mehrdeutigkeit" nennt, vgl. *J. Seip*, Einander die Wahrheit hinüberreichen. Kriteriologische Verhältnisbestimmung von Literatur und Verkündigung (STPS 48), Würzburg 2002, 23.

5 Vgl. eine ähnliche Abgrenzung bei *G. Otto*, „Literatur" in der Predigt, in: TPT 18 (1983) 40–48, 40: „Literatur wird hier im weitesten Sinne verstanden als qualifiziertes sprachliches ‚Material' außerhalb des fachwissenschaftlich-theologischen Zusammenhangs: Parabeln oder Legenden, Gedichte oder Kurzgeschichten, Biographien, Autobiographien, Romane usw." Siehe dazu auch *A. Barsch*, Art. Literaturbegriff, in: *A. Nünning* (Hg.), Metzler Lexikon Literatur- und Kulturtheorie. Ansätze – Personen – Grundbegriffe, Stuttgart [5]2013, 454–455, 454: „[I]m engeren Sinne, d. h. in Abgrenzung zu Begriffsbildungen wie Sach-, Fach-, oder Sekundärliteratur, bezeichnet der Terminus ‚L[iteraturbegriff]' historisch kontingente Vorstellungen von Lit[eratur], die in einer sozialen Gruppe gemeinsam geteilt werden. […] Aus technischer Sicht schneidet ein L[iteraturbegriff] aus der Menge aller Texte diejenigen heraus, die unter die jeweilige Vorstellung fallen, und trennt somit literar. von nicht-literar. Texten. Das Prädikat ‚ist literar.' kann folglich als das Ergebnis einer Zuschreibung unter Anwendung eines L[iteratubegriff]s verstanden werden."

den. So sind Fachliteratur der Theologie und anderer relevanter Fächer, philosophische Abhandlungen, Lesebücher für den Schulgebrauch, kirchliche Lehrtexte und rabbinische Auslegungen biblischer Texte in der Betrachtung außen vor geblieben.

Eine zweite Abgrenzung schließt aus der hier berücksichtigten Auswahl Texte aus, die behelfsweise als ‚religiöse Gebrauchstexte' bezeichnet werden sollen: Damit gemeint sind Texte, die primär durch ihre „Einbindung in liturgisches oder privates Frömmigkeitshandeln"[6] bzw. „durch den kirchlichen Gebrauch signifikant bestimmt sind"[7]. Entsprechend wurden Gebete und geistliche Liedtexte, Ordensregeln sowie religiöse ‚Erbauungsliteratur' im engeren Sinn,[8] etwa Meditationstexte, ebenfalls nicht erfasst.[9] Dass selbst diese vorläufige und grobe Abgrenzung bereits ausreichend Probleme aufwirft und etwa die Grenzziehung zwischen einem Gedicht und einem Gebet im Einzelfall weder möglich noch sinnvoll sein kann, ist hier vorausgesetzt. Es sei aber darauf hingewiesen, dass dieser Betrachtung nicht eine Beschränkung auf ‚weltliche Literatur' (wie auch immer ein solcher Begriff zu bestimmen wäre) im Sinne einer Ausgrenzung dezidiert ‚christlicher Literatur'[10] zugrunde liegt: Texte, die sich als deutschsprachige „christliche Kanonliteratur" bestimmen lassen, etwa von Werner Bergengruen, Gertrud von le Fort oder Reinhold Schneider,[11] sind ebenso erfasst wie Texte, die sich dem französischen *renouveau catholique*[12] zuordnen lassen, etwa Georges Bernanos' *Tagebuch eines Landpfarrers*. In der Tat machen Texte dieser Gruppe einen großen Teil der rezipierten Literatur aus.

---

6 *D. Schlüter*, ‚Christliche Literatur' und ihre Kanonisierung seit 1945. 1. Teilband: Literaturkonzepte und Argumentationsmuster in der deutschsprachigen Literaturtheologie von 1945 bis heute, Diss. Dortmund 2001, 32.

7 *Grözinger*, Dichtung, 41.

8 „Erbauungsliteratur" wird hier verstanden im Sinne der Definition von *I. Denissenko* als „Sammelbezeichnung für die auf die religiöse Stärkung (Aedificatio) der Persönlichkeit des christlichen Lesers gerichtete Lit[eratur]. Ziel der E[rbauungsliteratur] ist es, den individuellen spirituellen Erfahrungshorizont des Gläubigen zu bereichern und ihm praktische Hilfe zur tugendhaften christlichen Lebensführung zu gewähren", s. Art. Erbauungsliteratur, in: *D. Burdorf / C. Fasbender / B. Moennighoff* (Hg.), Metzler Lexikon Literatur. Begriffe und Definitionen, Stuttgart ^{3}2007, 203.

9 Diese Abgrenzung entspricht in etwa der *E. Grözingers*, die in ihrer Dissertation Texte unberücksichtigt lässt, „sofern sie entscheidend durch ihren Gebrauch in der kirchlichen Praxis geprägt sind", siehe Dichtung, 41, sowie Texte, die „primär der Bezeugung des christlichen Glaubens dienen und für diesen Zweck konzipiert sind", ebd., 45.

10 Zum Begriff der „Christlichen Literatur" und den (historisch sich wandelnden) Problemen, die damit verbunden sind, siehe die Dissertation von *Schlüter*, Christliche Literatur, in drei Bänden.

11 *Schlüter*, Christliche Literatur 1, 59.

12 Siehe dazu ebd., 61.

Möglichst weit gehalten wurde der zugrunde gelegte Literaturbegriff in Hinblick auf die Kriterien der Fiktionalität[13] und Schriftlichkeit[14]: Faktuale Gattungen wie der Brief, die Biografie oder das Tagebuch wurden einbezogen. Auch Bezugnahmen auf (mythologische) Stoffe, die nicht an einem konkreten, schriftlichen Text festgemacht werden, wurden in die Liste aufgenommen.

Neben diesen Abgrenzungsfragen liegt eine weitere Herausforderung des Themas in der Berücksichtigung der Publikationsbedingungen in der DDR. Die Entstehung der Predigtreihe im Spannungsfeld zwischen staatlicher und kirchlicher Zensur wird an anderer Stelle in diesem Band ausführlich beleuchtet.[15] Hier sei nur darauf hingewiesen, dass diese Thematik für die Frage der Rezeption literarischer Texte in doppelter Hinsicht relevant ist: zum einen, weil über das Verfahren der staatlichen Druckgenehmigungserteilung bestimmt wurde, welche Texte DDR-Leser:innen zugänglich waren und damit, welche Texte die (Mehrzahl der) Predigt-Autor:innen überhaupt rezipieren und wiederum bei ihren Leser:innen als bekannt oder zumindest verfügbar voraussetzen konnten; zum anderen, weil *Das Wort an die Gemeinde* selbst dieses Verfahren durchlief. Wie die Berichte zu den Gesprächen mit Frau Dr. Marquardt dokumentieren, die in der Hauptabteilung Verlage und Buchhandel im Ministerium für Kultur für die Erteilung der Druckgenehmigung der Reihe zuständig war, war gerade die Frage, welche Texte wie in den Predigtskizzen rezipiert werden, wiederholt Anlass für Eingriffe der Zensur: So wurde angemerkt, dass auf Texte, die in der DDR nicht erschienen waren, nicht verwiesen werden sollte, etwa auf Günter Grass' *Blechtrommel*[16] oder nicht genannte Werke Graham Greenes und Albert Camus'.[17] Andere Bezugnahmen wurden wegen konkreter ideologischer Einwände gegen bestimmte Texte/Autoren gestrichen, etwa ein Verweis auf Sartres *Die schmutzi-*

---

13 Zu Fiktionalität als Kennzeichen literarischer Texte siehe etwa *B. Moennighoff*, Art. Literatur, in: *D. Burdorf / C. Fasbender / Ders.* (Hg.), Metzler Lexikon Literatur. Begriffe und Definitionen, Stuttgart ³2007, 445; *A. Barsch*, Art. Fiktion/Fiktionalität, in: *A. Nünning* (Hg.), Metzler Lexikon Literatur- und Kulturtheorie. Ansätze – Personen – Grundbegriffe, Stuttgart ⁵2013, 214–215, 215.

14 Siehe dazu *H. Haferland*, Art. Mündlichkeit/Schriftlichkeit, in: *D. Burdorf / C. Fasbender / B. Moennighoff* (Hg.), Metzler Lexikon Literatur. Begriffe und Definitionen, Stuttgart ³2007, 517–518, 517, der darauf hinweist, dass „nur im Rahmen eines weiten Lit[eratur]begriffs" „mündliche Dichtung" zur Literatur zu rechnen sei.

15 Siehe v.a. der Beitrag von J. Seiler in diesem Band.

16 Siehe dazu: Bericht über die Dienstreise nach Berlin am 1.IV.1971 (Herr Kokschal und Herr Hieke verhandelten mit Frau Dr. Marquardt), PAD 711, Sektion 6, Folie 1, 1: „Die Beispiele von Günther [sic] Grass ‚Blechtrommel' und J. P. Sartre ‚Bei geschlossenen Türen' müssen entfallen. Beide Werke sind bei uns nicht veröffentlicht."

17 Siehe dazu ebd., 5: „Graham Greene und A. Camus werden mit Werken zitiert […], die bei uns nicht veröffentlicht sind. Die Ausführung darüber muß deshalb entfallen."

gen Hände, in den Augen der Zensur ein „sehr bösartiges antikommunistisches Stück".[18] An weiteren Stellen wurden Einwände gegen die vorgelegte „Auslegung" eines literarischen Textes erhoben, so gegen die Interpretation von Max Frischs *Andorra* in einer Predigt zu Ex 34,[19] oder gegen die Einbettung von Brechts „An die Nachgeborenen" in einer Predigt zu 1 Kön 3[20]. Neben der staatlichen war die Predigtreihe auch der kirchlichen Zensur unterworfen; die Bemerkungen der Zensur zu den Bezugnahmen auf literarische Texte verdienen sicherlich eine eigenständige Betrachtung.

Stellt man sich den genannten Herausforderungen, verspricht die Analyse der Rezeption literarischer Texte Erkenntnisse in drei Bereichen. Zum einen bietet die Auswertung der literarischen Bezüge Einsichten bezüglich des *Profils der Predigtreihe*: Welche literarischen Texte werden von den Autor:innen „als homi-

---

18 Siehe dazu Bericht, 5. Die vollständige Anmerkung im Bericht lautet: „Die Anspielung auf das Werk von Sartre, ‚Schmutzige Hände', ein sehr bösartiges antikommunistisches Stück, das S. selbst wieder zurückgezogen hätte, muß entfallen."

19 Siehe Auszug aus Bericht über die Dienstreise nach Berlin am 21.1.1975 (Herr Gottelt und Herr Kokschal verhandelten mit Frau Dr. Marquardt), PAD 711, Sektion 6, Folie 7, 1. Im Auszug aus dem Bericht heißt es: „Der Verfasser referiert über Max Frisch, Andorra. Die Auslegung stimmt aber nicht, weil die Situation, die Frisch beispielhaft schildern will, verkannt wird. Die Erzählung spielt z. Z. des deutschen Faschismus in der Schweiz, dort hat man Angst, die von den Nazis Verfolgten aufzunehmen. Man will den starken Nachbarn nicht verärgern. Durch den Anschlag auf den angeblichen Juden reagieren sich die Leute ab. Man sollte versuchen, hier ohne dieses Beispiel auszukommen." Der Bericht betrifft den Band zum Mattäusjahr II, Erste Lesungen, darin die „Gedanken zur Predigt" zum Dreifaltigkeitssonntag von *A. Schäfer*. Vergleicht man den Bericht mit der gedruckten Fassung der Predigt, fällt auf, dass der Anregung, auf das literarische Beispiel ganz zu verzichten, nicht gefolgt wurde. Ein Vergleich mit der ursprünglichen Fassung von Schäfers Predigt ist nicht möglich, die vorliegenden Formulierungen ähneln jedoch auffällig denen im Bericht aus dem Gespräch mit Frau Dr. Marquardt: „Er [Max Frisch, F.R.] läßt die Geschichte in dem kleinen Bergstaat Andorra spielen, meint aber die Schweiz, wo man *zur Zeit des Faschismus Angst* hatte, *von den Nazis Verfolgte aufzunehmen*, weil man *den starken Nachbarn nicht verärgern wollte*", *A. Schäfer*, Dreifaltigkeitssonntag, Ex 34,4b-6.8–9, Gedanken zur Predigt, in: *K. Lange* (Hg.), Das Wort an die Gemeinde. Predigthilfen zu den Perikopen der Leseordnung, Mattäusjahr II, Erste Lesungen, Pfingsten bis Ende des Kirchenjahres, Leipzig 1975, 36–40, 36 [Hervorhebungen F.R.].

20 Siehe Auszug, 5. Im Auszug aus dem Bericht heißt es: „Das Gedicht von B. Brecht wird unzutreffend ausgelegt, da nicht berichtet ist, daß Brecht dieses Gedicht während seiner Emigration und im Blick auf den Faschismus schrieb." Der Bericht betrifft den Band zum Mattäusjahr II, Erste Lesungen, darin die erste Predigtskizze zum 17. Sonntag im Jahreskreis von *J. M. Cramer*. Auch hier fällt auf, dass die Formulierung, mit der das Zitat des Gedichts eingeleitet wird, der Formulierung der Anmerkung im Bericht weitgehend entspricht: „B. Brecht hat recht, wenn er *als Emigrant im Blick auf den Faschismus* in seinem Gedicht ‚An die Nachgeborenen' klagt: […]", *J. M. Cramer*, 17. Sonntag im Jahreskreis. 1 Kön 3,5.7–12. Gedanken zur Predigt. Erste Skizze: Worum wir bitten sollen, in: *K. Lange* (Hg.), Das Wort an die Gemeinde. Predigthilfen zu den Perikopen der Leseordnung, Mattäusjahr II, Erste Lesungen, Pfingsten bis Ende des Kirchenjahres, Leipzig 1975, 159–161, 160.

letisch […] relevant wahrgenommen"[21]? Welche Sprache, welche literarturhistorischen Zeiträume dominieren? Gibt es weltanschauliche Tendenzen, erwartbarer oder überraschender Art? Gibt es besonders präsente Themen? Gewinnbringend könnte hier insbesondere der Vergleich mit anderen Reihen zur Predigtvorbereitung und -hilfe aus (annähernd) derselben Zeit sein. Elisabeth Grözingers Studie *Dichtung in der Predigtvorbereitung*, die die „homiletische Rezeption literarischer Texte […] am Beispiel der ‚Predigtstudien'" des Kreuz-Verlags für den Zeitraum 1968–1984 untersucht,[22] bietet sich für eine Gegenüberstellung an.

Gilt das Erkenntnisinteresse primär den *literarischen Texten und dem DDR-Literaturbetrieb der 1970er Jahre*, ist die Frage, welche Texte in *Das Wort an die Gemeinde* rezipiert werden, nicht weniger interessant: Welche Texte waren so bekannt, beliebt oder einflussreich, dass die Autor:innen der Reihe sie aufgriffen und ihre Kenntnis wohl auch bei ihren Rezipient:innen voraussetzten? Welche Bezugnahmen waren offenbar unproblematisch, sodass sie die Druckgenehmigung für die jeweilige Predigt nicht gefährdeten, und welche wurden im Druckgenehmigungsverfahren beanstandet? Aus welchen Gründen? Nicht zuletzt bieten die Predigten mit Blick auf einzelne literarische Texte Dokumente der (produktiven) Rezeption, die neben Zeugnisse wie Rezensionen oder wissenschaftliche Auseinandersetzungen treten: Welche Aspekte eines Textes werden aufgegriffen? Mit welchen Themen werden die Texte assoziiert, welche Interpretationen vorgelegt? Wo stellen Zensor:innen diese Interpretationen infrage und inwiefern? Besonders interessant dürften hier die Predigten sein, die Zeugnisse zeitgenössischer Rezeption darstellen, die sich also auf literarische Texte beziehen, die etwa zur Zeit der Entstehung der Predigtreihe erschienen sind: Wie wird hier wenige Jahre nach Erscheinen Jurek Beckers *Jakob der Lügner*, Hermann Kants *Das Impressum* oder Christa Wolfs *Nachdenken über Christa T.* gelesen?

Der dritte Bereich, in dem die Analyse der Rezeption literarischer Texte in *Das Wort an die Gemeinde* Erkenntnisse verspricht, betrifft die Beziehung zwi-

---

21 *Grözinger*, Dichtung, 52.

22 Vgl. ebd.

schen den beiden erstgenannten: das wiederholt problematisierte[23] *Verhältnis von Predigt und Literatur* oder, weiter gefasst, von „Literatur und Verkündigung"[24]. Wodurch ist die spezifische Ausgestaltung dieses Verhältnisses in *Das Wort an die Gemeinde* gekennzeichnet? Welche Funktionen erfüllt die Bezugnahme auf literarische Texte in den Predigten? Findet ein Dialog mit dem literarischen Text statt, der „[d]ie Autonomie der Literatur [...] ernst [nimmt]" [25], oder wird der literarische Text instrumentalisiert?[26] Dient Literatur als „Steinbruch"[27] wohlklingender Formulierungen oder wird der literarische Text als „Ausdruck einer ‚fremden' Perspektive wahrgenommen, dessen Reflexion [...] entscheidend zur Erschließung des Predigttextes für die Gegenwart beiträgt"[28]?

Wer sich den hier skizzierten und weiteren Fragen zur Rezeption literarischer Texte in *Das Wort an die Gemeinde* widmen möchte, sei es in einem umfassenden Forschungsprojekt oder in punktuellen Analysen, kann auf relevante Vorar-

---

23 Vgl. *Grözinger*, Dichtung, etwa 39–40; *Seip*, Wahrheit, insbesondere 358 (siehe Zitate in Anm. 26). Vgl. auch *Otto*, Literatur, 47–48; *H.-G. Sundermann*, Geliehene Worte – Über Literatur in der Predigt, in: *U. Schoenborn / S. Pfürtner* (Hg.), Der bezwingende Vorsprung des Guten. Exegetische und theologische Werkstattberichte. Festschrift Wolfgang Harnisch, Münster / Hamburg 1994, 393–404, 395, 403–404; *C. Grethlein*, Das Potenzial von Literatur für die Praktische Theologie – dargestellt am Beispiel aktueller Romane, in: Pastoraltheologie 103 (2014), 405–417, 412. Letzterer bemerkt: „Kritisch wurde hiergegen [gegen die am Übergang der 1960er zu den 1970er Jahren entstehende sog. ‚Literaturtheologie'] eine, nicht zuletzt unter dem Verwertungsdruck verständliche, der Autonomie von Literatur jedoch entgegengesetzte Funktionalisierung moniert, nicht zuletzt aus rezeptionsästhetischen Einsichten. So bestehen Bedenken gegen eine direkte Bezugnahme auf literarische Texte ohne Beachtung von deren Eigendynamik".

24 Vgl. den Untertitel von *Seip*, Wahrheit: „Kriteriologische Verhältnisbestimmung von Literatur und Verkündigung".

25 *Seip*, Wahrheit, 358.

26 Siehe dazu *Grözinger*, Dichtung, die „die Ablehnung jedes nur instrumentalisierenden Umgangs mit Literatur in der Predigtvorbereitung" betont: „Wo nämlich Literatur nur zur Kennzeichnung eines Sachverhalts gebraucht wird, kann von ästhetischer Erfahrung mit Literatur keine Rede mehr sein. Das spezifische Potential von Literatur wird demnach in einer nicht-dialogorientierten Rezeption von Literatur nicht realisiert", 39–40. In ähnlicher Weise warnt *Seip*, Wahrheit: „Wenn nicht in den Blick gerät, was Literatur ist, was sie will, worin sie autonom ist und sein darf, dann kann ein gewolltes, ‚neues' Verhältnis von Verkündigung und Literatur schnell in einem Unverhältnis enden. Nicht wenige Predigtreihen – und die Ergebnisse Grözingers bestätigen dies – funktionalisieren die Literatur. Eine Rolle spielt dabei weniger, dass Literatur in der Predigt nur ausschnitthaft vorkommen kann, sondern weitaus mehr die nicht selten [sic] tendenzfreie Wahl. Die Autonomie der Literatur wird in Fällen der Tendenz, beispielweise der Marginalisierung oder Instrumentalisierung, nicht ernst genommen: verallgemeinert gesagt leisten nicht wenige Predigtreihen einen Beitrag gegen das II. Vatikanum und weichen einem konstruktiven Dialog [zwischen Verkündigung und Literatur, F.R.] aus", 358. *Seip* arbeitet an früherer Stelle die „Absicht des Konzils, wieder zu einem fruchtbaren Dialog mit dem künstlerischen Schaffen unserer Tage", zu kommen, heraus, insbesondere anhand von GS 59 und 62, vgl. ebd., 142–146, Zitat 146.

27 *Otto*, Literatur, 47, vgl. *Sundermann*, Geliehene Worte, 395. Vgl. auch *Grözingers* Formulierung von Literatur „als Reservoir prägnanter Formulierungen", Dichtung, 85.

28 *Grözinger*, Dichtung, 85.

beiten zurückgreifen, zum einen freilich auf die z. T. hier zitierte wissenschaftliche Literatur zum Thema Predigt und Literatur im Allgemeinen und insbesondere auf die Dissertation Grözingers. Wie oben angedeutet, könnte das Material, welches *Das Wort an die Gemeinde* bietet, auf Übereinstimmungen und Abweichungen zu den „[s]ignifikante[n] Tendenzen der Rezeption des in den ‚Predigtstudien' nachgewiesenen literarischen Materials"[29] überprüft werden, die Grözinger identifiziert, etwa eine Dominanz deutschsprachiger Literatur des 20. Jahrhunderts[30] sowie durch „Zeit- und Traditionskritik"[31] charakterisierter Literatur, insbesondere „christlicher, marxistischer und existentialistischer Prägung"[32]. Auch Grözingers „Fünf Modelle der Verwendung von Literatur in den ‚Predigtstudien'"[33] könnten, bei kritischer Betrachtung, Anregungen zu einer Klassifizierung der Bezugnahmen auf literarische Texte in *Das Wort an die Gemeinde* bieten.

Zum anderen liegen Vorarbeiten direkt zu *Das Wort an die Gemeinde* vor, die als Ausgangspunkte für eine tiefergehende Beschäftigung mit dem Thema der Rezeption literarischer Texte genutzt werden können, so die diesem Beitrag beigefügte vorläufige Übersicht der literarischen Texte, die in den Bänden zum Lesejahr A rezipiert werden,[34] sowie ein Verzeichnis der in der Predigtreihe erwähnten Namen und ein Stichwortverzeichnis,[35] die zu einem früheren Zeitpunkt von Bertram Pittner erstellt wurden: Über das Namensregister lassen sich diejenigen Bezugnahmen auf literarische Texte finden, die durch Nennung des Autorennamens markiert sind. Das Stichwortregister bietet vereinzelt ebenfalls Hinweise auf die Rezeption literarischer Texte, etwa wenn unter dem Stichwort „Gericht" eine Bezugnahme auf Kafkas *Proceß* vermerkt ist, unter „Getto" eine Referenz auf Jurek Beckers *Jakob der Lügner*, unter „Weisheit" ein Verweis auf Lessings *Nathan der Weise*, unter „Herz" ein Hinweis auf das Märchen *Das kalte Herz* usw.

---

29 *Grözinger*, Dichtung, 52.
30 Vgl. ebd., 55.
31 Ebd., 72.
32 Ebd., 67.
33 Ebd., 76.
34 Siehe 4. Anhang: Übersicht zur Rezeption literarischer Texte in *Das Wort an die Gemeinde*, Bände zum Lesejahr A, ab S. 196.
35 Siehe digitaler Anhang zu PAD 711.

2 Zur Rezeption von Christa Wolfs Nachdenken über Christa T. in Das Wort an die Gemeinde

2.1 Erstes Beispiel: Der gefährliche Wunsch nach Vollkommenheit

Auf diese allgemeinen Überlegungen zu Bedingungen und möglichen Fragestellungen einer Untersuchung der Rezeption literarischer Texte in *Das Wort an die Gemeinde* soll nun der Blick auf ein konkretes Beispiel einer solchen Rezeption folgen. Der zweite Teil dieses Beitrags widmet sich in einem *close reading* den Bezugnahmen auf Christa Wolfs *Nachdenken über Christa T.* (1968), das in den Bänden zum Lesejahr A an drei Stellen aufgegriffen wird. Dies macht den Text neben Goethes *Faust I* zum am häufigsten in diesen Bänden rezipierten Text.

Für Marcel Reich-Ranicki ist *Nachdenken über Christa T.* 1969 der Text einer Autorin, „die sich ostentativ zur DDR bekennt", einer „DDR-Autorin" im engen Sinn.[36] Zugleich ist es der Text einer Autorin, die zur Zeit seines Erscheinens im Vorstand des Schriftstellerverbandes der DDR „als politisch unzuverlässig" gilt[37]: Sein Erscheinen fällt zeitlich zusammen mit Christa Wolfs Weigerung, sich 1968 als Mitglied des Verbands mit der Intervention der Truppen des Warschauer Paktes im ‚Prager Frühling' einverstanden zu erklären,[38] und mit dem Beginn ihrer Überwachung durch die Staatssicherheit.[39] *Nachdenken über Christa T.* durchläuft in der DDR einen langwierigen Publikationsprozess, bevor der Text 1969 schließlich in geringer Auflage ausgeliefert wird und Wolf auf dem VI. Schriftstellerkongress harsche Kritik einbringt: „Doppelbödigkeit" und „Selbstbespiegelung" sind Stichworte der Debatte.[40]

Dieser Text nun wird wenige Jahre nach seinem Erscheinen in *Das Wort an die Gemeinde* aufgegriffen. Das ‚Festhalten an Literatur', so erläutert die eingangs zitierte Predigt-Autorin Maria Geburek, ist ein von den Autor:innen der Predigtreihe unterschiedlich intensiv genutztes Verfahren: „Wir haben uns viel an Literatur festgehalten, natürlich nicht jede/r von uns gleichermaßen; besonders

---

[36] *M. Reich-Ranicki*, Christa Wolfs unruhige Elegie. „Nachdenken über Christa T." – ein höchst bemerkenswerter DDR-Roman, in: Die Zeit 21/1969, online: https://www.zeit.de/1969/21/christa-wolfs-unruhige-elegie [13.09.2022].

[37] *I. Nagelschmidt*, Von der Zeitgenossenschaft zur Zeitzeugenschaft. Christa Wolf in Zeit- und Generationszusammenhängen, in: *Hilmes, C.* / Dies. (Hg.), Christa Wolf-Handbuch. Leben – Werk – Wirkung, Stuttgart 2016, 1–62, 23.

[38] Vgl. ebd., 22–23.

[39] Vgl. ebd., 23.

[40] Ebd., 22.

doll hat das Pfr. Bartel gemacht".[41] In einer Predigt dieses literaturaffinen Herwig Bartel findet sich die erste Bezugnahme auf *Nachdenken über Christa T.*: in seiner ‚Meditation' (und den daran anschließenden ‚Gedanken zur Predigt') zu Mt 25,1-13.[42] Bartel nimmt das Gleichnis von den klugen und den törichten Jungfrauen zum Anlass, über das „Zuspät" nachzudenken, im Leben des Einzelnen und „für das Volk Gottes". Über einen Aufruf zur Wachsamkeit hinaus, den er mit *Gaudium et spes* als Aufruf zum Wahrnehmen der „Zeichen der Zeit" begreift, fasst Bartel das Evangelium als „Ermutigung" auf: „Es wird gefeiert werden", diese schlichte Zusage enthält der Text für Bartel eben auch: „Der Bräutigam wird kommen. Gott ist unsere Zukunft, die die Gegenwart erhellt. Darum wird das Ende gut sein."[43]

An dieser Stelle seiner Überlegungen greift Bartel zwei Bezugstexte auf: Günter Kunerts Gedicht *Aufbruch eines bedeutenden Tieres* und *Nachdenken über Christa T.* Formal fällt zunächst auf, dass Bartel umfangreiche und klar markierte Zitate der Texte Kunerts und Wolfs bietet: Damit ermöglicht er den Texten, für sich zu sprechen, und seinen Leser:innen, sich auf die Texte einzulassen, Bartels Interpretation für sich zu überprüfen und die Auszüge bei Bedarf in ihrem ursprünglichen Kontext nachzulesen.[44]

Kunerts Gedicht ist dem Thema des Aufbruchs gewidmet, der andauernden Anstrengung ohne Ankunft. Es entwirft ein Bild vom Leben des Menschen als eines Getriebenen, der das „nötige unfaßbare Paradies" stets „hinter der nächsten Ecke" sucht, nur um enttäuscht weiter zu hasten, sobald er diese erreicht hat.[45] Die letzten Verse des von Bartel zitierten Auszugs aus Kunerts Gedicht lauten:

> „Brich auf Unzählig-Zelliges
> aber wisse: Du kommst nie an. Aber es braucht den
> herrlichen
> Aufbruch den herrischen Ausbruch den höheren
> Abmarsch.
> Ohne den verliert es sein Leben in Dasein. Brich auf
> zu deinen Zielen.

---

41 Maria Geburek im Gespräch mit Marlen Bunzel, vgl. *M. Bunzel*, Bibelauslegung, in diesem Band.

42 *H. Bartel*, 32. Sonntag im Jahreskreis. Mt 25,1–13. Meditation, in: *K. Lange* (Hg.), Das Wort an die Gemeinde. Predigthilfen zu den Perikopen der Leseordnung, Mattäusjahr II, Evangelien, Pfingsten bis Ende des Kirchenjahres, Leipzig 1972, 342–346, 345.

43 *Bartel*, Mt 25 Meditation, 343.

44 Vgl. *Grözingers* „Modell E" der Verwendung literarischer Texte, Dichtung, 81, 82.

45 *G. Kunert*, Aufbruch eines bedeutenden Tieres, in: ders., Notizen in Kreide. Gedichte, Leipzig 1970, 81–87, 85.

> Was du erreichen willst ist unerreichbar damit du es
> erreichst."[46]

Dieser Aussage stellt Bartel, mit einem Kopfnicken in Richtung Sisyphos-Mythos, die Zusage des Bibeltextes entgegen: „Unser Text überbietet die Aussage Kunerts. Soll der Mensch nur aufbrechen um des Aufbrechens willen? Ohne je anzukommen? So gleicht er doch Sisyphus. Es gibt aber ein Ankommen. Es wird gefeiert werden. Unsere Ankunft in unserer Zukunft (die Seine ist) ist uns zugesagt."[47]

Eher assoziativ als einer zusammenhängenden Argumentation folgend – wie es der Form der ‚Meditation' entspricht – lässt Bartel auf diese Einschätzung ein längeres Zitat aus *Nachdenken über Christa T.* folgen:

> „Christa Wolf spricht in ihrem Buch ‚Nachdenken über Christa T.' davon, ‚den gefährlichen Wunsch nach reiner, schrecklicher Vollkommenheit in sich zu nähren' (S. 185). Und (S. 68): ‚Was braucht die Welt zu ihrer Vollkommenheit? Das und nichts anderes war die Frage, die sie in sich verschloß, tiefer aber noch die anmaßende Hoffnung, sie, sie selbst, Christa T., wie sie war, könnte der Welt zu ihrer Vollkommenheit nötig sein. Nichts Geringeres hat sie zum Leben gebraucht, der Anspruch ist allerdings gewagt und die Gefahr, sich zu überanstrengen groß. Nicht umsonst hat die Schwester sie gewarnt, die auf ihrem Dorf ihrer Schule treu geblieben und sogar im Begriff ist, sich vernünftig zu verheiraten. Christa T., in den Briefen, die sie ihr schreibt, schwankt zwischen neidvoller Bewunderung: sie ist doch tüchtig, die Schwester, sie packt das Leben an, sie überläßt sich nicht unfruchtbaren Grübeleien – und dem Vorwurf, die Schwester gebe sich zu früh zufrieden, bescheide sich, hole nicht alles aus sich heraus.'"[48]

Bartel bewertet diesen Wunsch als etwas Richtiges, zu Ermutigendes: „Unsere Verkündigung muß und darf diesen Wunsch nach reiner schrecklicher Vollkommenheit nähren. Darin wird Hoffnung, Bereitschaft, Wachsein geweckt."[49] Vor dem Hintergrund seines Einspruchs gegen Kunerts Gedicht, gegen das Bild vom Menschen als Sisyphos, der nie ans Ziel gelangt, ist diese Bewertung schlüssig:

---

[46] Ebd., zit. n. *Bartel*, Mt 25 Meditation, 344.

[47] *Bartel*, Mt 25 Meditation, 344–345.

[48] Ebd., 345. Für die Zitate siehe: *C. Wolf*, Nachdenken über Christa T., Frankfurt a. M. ^{5}2020 [Erstveröffentlichung 1968], 173 und 65–66.

[49] *Bartel*, Mt 25 Meditation, 345.

Für Bartel ist der Wunsch nach Vollkommenheit, das Streben danach sinnvoll, gerechtfertigt, weil es „ein Ankommen [gibt]“, weil er aus einer religiösen Perspektive auf eine Erfüllung dieses Wunsches vertraut:

> „Unser Text [Mt 25, F.R.] sagt uns Zweiflern: Es ist recht, diesen Wunsch in sich zu nähren. Der Mensch ist ganz für diese Vollkommenheit entworfen und gar nicht für die Leere. Er darf, er muß das Heute ergreifen, damit er nicht alles verpaßt: durch Vorbeigehen am Mitmenschen, durch Verträumen der Zeichen der Zeit. Denn wir alle sind als Individuen und als Gesellschaft in eine glückliche Zukunft gerufen. Und der Name dieser Zukunft, die schon begonnen hat, heißt Reich Gottes.“[50]

Bartel entnimmt dem literarischen Text den Wunsch nach Vollkommenheit, der Text dient ihm als Zeuge dieses Wunsches in Menschen. Die entschlossen positive Bewertung des Wunsches hingegen ist eine These Bartels, die er aus dem Bibeltext ableitet. Der literarische Text zeichnet sich in diesem Punkt durch größere Ambivalenz aus: Einerseits „[berichtet die Erzählerin] mit Bewunderung und unverhohlener Sympathie […] von der Geradlinigkeit, der Phantasie und dem Ideenreichtum Christa T.s“[51]. Über ihr gemeinsames Ergriffensein von der „Idee der Vollkommenheit“ in der Studienzeit urteilt sie rückblickend mildewohlwollend: „Einmal im Leben, zur rechten Zeit, sollte man an Unmögliches geglaubt haben“[52]. Es gibt Phasen, da ist Christa T. „froh, daß sie Wünsche hat, die über sie hinausgehen.“[53] – Jedoch: Christa T. muss auch „Dämme bauen gegen unmäßige Ansprüche, phantastische Wünsche, ausschweifende Träume“[54].

---

[50] *Bartel*, 32. Sonntag im Jahreskreis. Mt 25,1–13. Gedanken zur Predigt, in: *K. Lange* (Hg.), Das Wort an die Gemeinde. Predigthilfen zu den Perikopen der Leseordnung, Mattäusjahr II, Evangelien, Pfingsten bis Ende des Kirchenjahres, Leipzig 1972, 346–348, 348.

[51] *T. Hörnigk*, Nachdenken über Christa T. (1968), in: *C. Hilmes / I. Nagelschmidt* (Hg.), Christa Wolf-Handbuch. Leben – Werk – Wirkung, Stuttgart 2016, 90–96, 94. Vgl. dazu etwa *Wolf*, Nachdenken, 18: „Ich wollte an einem Leben teilhaben, das solche Rufe hervorbrachte, hoohaahoo, und das ihr bekannt sein mußte.“; 19–20: „Sie kam von Gott weiß woher, denn Eichholz kann jeder sagen, lief ihre Figuren auf unserem viereckigen Schulhof, die auf schwer bestimmbare Weise von den unseren abzuweichen schienen, ging unsere paar Straßen ab, die alle auf dem Marktplatz endeten, setzte sich auf den Rand des Brunnens, […] hielt ihre Hand in das Wasser und sah sich mit ihrem gründlichen Blick um. Und ich mußte auf einmal denken, daß dieses Wasser da vielleicht doch nicht das Wasser des Lebens war und die Marienkirche nicht das erhabenste Bauwerk und unsere Stadt nicht die einzige Stadt der Welt.“; 64: „Sie hat, jetzt spreche ich von Christa T., nichts inniger herbeigewünscht als unsere Welt, und sie hat genau die Art Phantasie gehabt, die man braucht, sie wirklich zu erfassen“.

[52] *Wolf*, Nachdenken, 64, 65.

[53] Ebd., 126.

[54] Ebd., 145.

Das ‚Nähren des Wunsches nach Vollkommenheit' führt zum Leiden an der Diskrepanz zwischen Wunsch und Realität:[55] „Das war auch so ein Zug an ihr: sich über die objektiven Tatsachen hinwegsetzen. Und danach der große Katzenjammer, daß man reden und reden konnte…"[56], so lässt die Erzählerin eine Studienkameradin sich an Christa T. erinnern.[57] „Mehr als einmal. Dieses Meer von Traurigkeit! Bloß weil die Leute nicht so sein wollten, wie sie sie sah."[58] Und nicht nur die ‚objektiven Tatsachen' und ‚die Leute' verfehlen das Ideal, auch das eigene Ich: „Weil sie [Christa T.] an der Welt nicht zweifeln konnte, blieb ihr nur der Zweifel an sich"[59], resümiert die Erzählerin. Ob man Christa T. „am Widerspruch zwischen sozialistischem Ideal und sozialistischer Wirklichkeit"[60] scheitern sieht, oder am „Widerspruch zwischen ihrem tatsächlichen Ich und ihrem Ich-Ideal"[61] – in jedem Fall lässt eine Diskrepanz zwischen angestrebter Vollkommenheit und erlebter Unvollkommenheit Christa T. leiden. „Ich rauche zu stark, bin oft zerschlagen und traurig", schreibt Christa T. an ihre Schwester, nur wenige Zeilen unterhalb der von Bartel zitierten Passage.[62]

Diese Zitate zeigen: Allzu schnell geht Bartel darüber hinweg, dass der Wunsch nach Vollkommenheit in dem von ihm gewählten Zitat als „gefährlich"[63] qualifiziert wird. Nur mit einer kurzen Bemerkung erkennt er die „Gefahr der Überanstrengung" an, auf die im Zitat hingewiesen wird: „Im Hinblick auf die Gefahr der Überanstrengung wäre ein Wort zur rechten Gelassenheit zu sagen."[64] Es ist wohl der knappen Form der ‚Meditation' geschuldet, dass er diesen Gedanken nicht weiter ausführt. Aber so lapidar eingeworfen klingt der Verweis auf die ‚rechte Gelassenheit' beinahe zynisch, stellt man ihm die Worte Christa T.s gegenüber:

---

[55] *E.-M. Konrad*, „Kein Ich kommt auf, natürlich nicht." Identitätssuche und Ich-Konstitution in Christa Wolfs Nachdenken über Christa T., in: literatur für leser 38 (2015), 271–292, 271.

[56] *Wolf*, Nachdenken, 61.

[57] *S. Gödeke-Kolbe*, Je weiter das Wort zurücksieht, desto näher kommt seine Sprache – die literarische Gewissheit zwischen Glaube und Zweifel am Beispiel der Erinnerungsepik Christa Wolfs, in: *P. Reifenberg* (Hg.), Christa Wolf – Selbst(er)findungen (8./9. April 2005 / Erbacher Hof, Akademie des Bistums Mainz), Mainz 2005, 1–10, 6.

[58] *Wolf*, Nachdenken, 61.

[59] Ebd., 92.

[60] *Konrad*, Kein Ich, 271.

[61] Ebd., 272.

[62] *Wolf*, Nachdenken, 66.

[63] Ebd., 173. Vgl. auch die Charakterisierung Christa T.s als „gefährdet" durch ihre Studienkollegin Gertrud Dölling, ebd., 59.

[64] *Bartel*, Mt 25 Meditation, 345.

> „Mir steht alles fremd wie eine Mauer entgegen. Ich taste die Steine ab, keine Lücke. Was soll ich es mir länger verbergen: Keine Lücke für mich. An mir liegt es. Ich bin es, der die notwendige Konsequenz fehlt. [...] Ich weiß nicht, wozu ich da bin. Kannst du verstehen, was das heißt? Ich erkenne alles, was falsch an mir ist, aber es bleibt doch mein Ich, ich reiß es doch nicht aus mir heraus! Und doch. Einen Weg kenn ich, den ganzen Jammer auf einmal und von Grund auf loszuwerden... Ich kann meine Gedanken nicht mehr davon losmachen."[65]

Für Christa T. mündet das Nähren des Wunsches nach Vollkommenheit nicht in „Hoffnung, Bereitschaft, Wachsein"[66], sondern in „Lustlosigkeit, Depression, Resignation"[67], „an den Rand des Existieren-Könnens"[68]. Es ist gerade ihr „Drang [...], sich zu vervollkommnen im Sinne von Zu-sich-selber-Finden",[69] der Christa T. dazu führt, wie Sisyphos nie anzukommen, dem Motto folgend:

> „hinter sich lassen, was man zu gut kennt, was keine Herausforderung mehr darstellt. Neugierig bleiben auf die anderen Erfahrungen, letzten Endes auf sich selbst in den neuen Umständen. Die Bewegung mehr lieben als das Ziel. – Die Nachteile einer solchen Natur für ihre Umgebung und für sie selbst liegen auf der Hand."[70]

Das Streben nach Vollkommenheit, das notwendig ein Nicht-Einverstanden-Sein mit der unvollkommenen gegenwärtigen Wirklichkeit einschließt, erschöpft auf Dauer. Als Christa T. erkrankt, ist „Müdigkeit die auffallendste Erscheinungsform" ihrer Krankheit.[71] Sie stirbt an Leukämie, aber der Text „hebt [diesen Tod]

---

[65] *Wolf*, Nachdenken, 86.

[66] Siehe oben, Anm. 49 in diesem Beitrag.

[67] *Reich-Ranicki*, Elegie.

[68] *W. Mauser*, Subjektivität – Chance oder Verirrung? Zu Christa Wolfs „Nachdenken über Christa T.", in: Sprachkunst 12 (1981), 171–185, 175.

[69] Ebd., 176

[70] *Wolf*, Nachdenken, 53.

[71] *H. Mohr*, Produktive Sehnsucht. Struktur, Thematik und politische Relevanz von Christa Wolfs „Nachdenken über Christa T.", in: *A. Drescher* (Hg.), Christa Wolf: Ein Arbeitsbuch. Studien – Dokumente – Bibliographie, Berlin / Weimar 1989, 32–62, 55. Siehe dazu *Wolf*, Nachdenken, 164: „in den letzten Jahren haben wir sie nie anders als müde gesehen. Heute kann man ja fragen, was diese Müdigkeit verriet, damals unterblieb die Frage wegen Sinnlosigkeit. Die Antwort hätte weder ihr noch uns genützt. Soviel ist sicher: Niemals kann man durch das, was man tut, so müde werden wie durch das, was man nicht tut oder nicht tun kann. Das war ihr Fall."; 173: „Im letzten Jahr muß diese Müdigkeit, über die wir uns manchmal aufhielten, in heftige Todesmüdigkeit übergegangen sein, gegen die hat sie sich wild aufgelehnt. Die Krankheit näherte sich als Müdigkeit, verführerisch."

ins Zweideutige. […] Krankheit und Tod werden gedeutet als endlich doch zu zahlender Preis für die ‚Verweigerung der Zustimmung' […], für die Nicht-Anpassung".[72]

Bartels Predigt antwortet auf diese Verzweiflung und Erschöpfung der Christa T. mit der Verkündigung einer glücklichen „Zukunft, die schon begonnen hat" und in die der Einzelne wie die Gesellschaft gerufen sind:[73] Das ist in seiner Auslegung, was der Bibeltext „uns Zweiflern [sagt]."[74] Man kann mit Gert Otto ein solches „Frage-Antwort-Schema" schon prinzipiell ablehnen (hier in etwas polemischer Weise), „in dem weltliche Literatur die ungelösten Fragen der Menschen konkretisieren muß, damit die christlichen Antworten um so heller leuchten"[75]. Zielführender scheint jedoch die Frage, ob die Antworten, die die Predigt gibt, den Fragen, die der literarische Text stellt, angemessen sind.

Diesbezüglich zeigen sich zwei Spannungen zwischen Predigt und literarischem Text. Die erste ist die oben skizzierte: Der Aussage Bartels, dass der Mensch „ganz für diese Vollkommenheit entworfen" sei und „gar nicht für die Leere" würde Christa T. wohl zustimmen, ist sie doch eine Person, die offen für Verheißungen ist, die prinzipiell an eine „neue Welt"[76] glaubt.[77] Doch das Leben der Christa T., wie es die Erzählerin von Wolfs Text (re)konstruiert, wirft die Frage auf, wie mit der Spannung zwischen diesem Entwurf und der erlebten Lebenswirklichkeit, einschließlich des Scheiterns am Entwurf, umzugehen ist. Einen Vorschlag in dieser Frage bietet Bartel nicht, wenn er sich auf die Ankündigung der „glücklichen Zukunft" beschränkt (obwohl auch er, wie Christa T., „viel auf Wirklichkeit [hält]",[78] auf Gegenwart). Wie kann das gehen, „im Ergreifen des Heute das Morgen gewinnen",[79] ohne sich zu erschöpfen? Hier entsteht eine Spannung inhaltlicher Art, weil der literarische Text eine Frage stellt, die die Predigt gar nicht berücksichtigt.

Die zweite Spannung ergibt sich aus dem je unterschiedlichen Aussagemodus von Predigt und literarischem Text: Die Idee einer ‚glücklichen Zukunft, die

---

72 *Mohr*, Produktive Sehnsucht, 54. Vgl. *Gödeke-Kolbe*, Je weiter das Wort, 6.
73 *Bartel*, Mt 25 Gedanken zur Predigt, 348.
74 Ebd. Siehe dazu die Passage im Zusammenhang: „Im genannten Roman Christa Wolfs spricht Christa T. davon, ‚den gefährlichen Wunsch nach reiner, schrecklicher Vollkommenheit in sich zu nähren, ganz oder gar nicht zu sagen und unmißverständlich in sich das Echo zu hören: gar nicht' (185). Unser Text sagt uns Zweiflern: Es ist recht…".
75 *Otto*, Literatur, 47.
76 *Wolf*, Nachdenken, 63.
77 Vgl. *Mohr*, Produktive Sehnsucht, 48–49.
78 *Wolf*, Nachdenken, 205.
79 *Bartel*, Mt 25 Gedanken zur Predigt, 347.

schon begonnen hat' – ist sie auch in der Predigt und im literarischen Text unterschiedlicher Art – hat durchaus Anknüpfungspunkte in Wolfs Text. Auch Christa T. und ihre Studienkamerad:innen treibt die Zuversicht an, auf ein „Paradie[s]" hinzuarbeiten, „an dessen Schwelle" sie sich „mit großer Gewißheit" stehen sehen:[80] „Denn die neue Welt, die wir unantastbar machen wollten, [...] sie gab es wirklich. Es gibt sie, und nicht nur in unseren Köpfen, und damals fing sie für uns an."[81] Aber auf diese Zuversicht wird in *Nachdenken über Christa T.* skeptisch geblickt: „Das Paradies kann sich rar machen, das ist so seine Art."[82] Sie ist wie alles Dargestellte Gegenstand eines unabgeschlossenen Nachdenkprozesses: Skepsis,[83] Zweifel,[84] Suche prägen die Darstellungsweise des Textes, der sich durch „den mutmaßenden Charakter des Erzählten"[85] auszeichnet. „Das ‚Nachdenken' enthält sich der Verdeutlichung".[86] Es ist ein Prozess mit „stets nur partiellen Resultate[n]",[87] ein grundsätzlich unabgeschlossener Prozess, in dem „viele Fragen ohne Antwort bleiben"[88]:

> „Das ‚Nachdenken' ist skeptisch und aktiv zugleich, in einer Art zorniger Hoffnung. Es verneint den zufriedenen Stolz über wirklich oder vermeintlich Erreichtes, und es warnt vor dem Irrtum, die ökonomische und technische Entwicklung in einem sozialistischen Land führe notwendig und gleichsam von selbst zur Aufhebung der Entfremdung."[89]

---

80 *Wolf*, Nachdenken, 64.
81 Ebd., 63.
82 Ebd., 65.
83 Vgl. *Mohr*, Produktive Sehnsucht, 59.
84 Ebd., 36: „Die für das Nachdenken über die tote Freundin spezifischen Schwierigkeiten verallgemeinern sich zum Zweifel am literarischen Handwerk."
85 *Hörnigk*, Christa T., 96. Vgl. *A. Diesing*, Erzählen als identitätsbildender Prozess in Christa Wolfs Nachdenken über Christa T. und Kindheitsmuster (Europäische Hochschulschriften, Reihe 1: Deutsche Sprache und Literatur). Frankfurt a. M. 2010, 33: „Die Erzählerin gestaltet den Fortgang des Textes nicht aus einer gefestigten Position heraus, sie kann den Text nicht souverän steuern. Vielmehr wird er immer wieder durchbrochen von Mutmaßungen und Andeutung, Überlegungen der Erzählerin und auch der Autorin."
86 *Mohr*, Produktive Sehnsucht, 55.
87 Ebd., 32.
88 *Hörnigk*, Christa T., 96. Vgl. *Mohr*, Produktive Sehnsucht, 55: „Es stellt den Leser vor offene Fragen, vor allem die des Todes der Christa T."; *Diesing*, Erzählen, 55: „Hierzu trägt auch die Reflexionsebene bei, weil dort Fragen aufgeworfen werden, die sich einer eindeutigen Antwort entziehen."
89 *Mohr*, Produktive Sehnsucht, 60. Vgl. auch *Hörnigk*, Christa T., 93, die von einem „Bestehen auf der Elegie" in Nachdenken über Christa T. spricht, das „durchaus auch den Gestus der Opposition gegen den unermüdlich öffentlich beschworenen Optimismus von ständiger gesellschaftlicher Aufwärtsentwicklung [hat], vom ‚Überholen, ohne einzuholen' und ähnlicher propagandistischer Orientierungen in den letzten Jahren der Ulbricht-Ära in der DDR."

Die eschatologische Ankündigung des Reiches Gottes in einer Predigt hat eine andere Qualität als die Parolen vom gesellschaftlichen Aufschwung der DDR-Führung und beides soll hier nicht gleichgesetzt werden. Es soll aber darauf aufmerksam gemacht werden, dass *Nachdenken über Christa T.* ein Text ist, der einfache Zusagen einer glücklichen Zukunft in Zweifel zieht. Auch wenn eine Predigt nicht Erzähltext, sondern Verkündigung ist, anderen Zielsetzungen folgt und sich entsprechend anderer Ausdrucksmittel bedient: In dem Moment, in dem Bartel Wolfs tastenden Text in seine Predigt hineinholt, ist eine Konfrontation gegeben zwischen dem Modus der offenen Suchbewegung im literarischen Text, in dem selbst und vor allem die eigenen Aussagen immer wieder aufs Neue angezweifelt werden,[90] und dem Modus der bestimmten Zusage in der Predigt. Diese Konfrontation wirft die Frage auf, ob ein schlichtes religiöses Glücksversprechen – schon in der Art der Aussage – nicht eine ebenso unangemessene Antwort auf das ‚Nachdenken über Christa T.' ist wie ein politisches.

2.2 Zweites Beispiel: Das Zu-sich-selber-Kommen des Menschen und Christen

Eine in gewisser Hinsicht ähnliche Art, den literarischen Text einzusetzen, kann in Ullrich Hoffmanns[91] ‚Gedanken zur Predigt' zur ersten Lesung des Vierten Fastensonntags im Matthäusjahr, Eph 5,8-14, beobachtet werden. Hoffmanns Ausgangspunkt ist das Zitat „Die meisten Menschen sterben als Kopie, während sie als Originale geboren sind."[92] Die literarische Figur der Christa T. ist für ihn

---

90 Vgl. z. B. *Wolf*, Nachdenken, 79: „Wie man es erzählen kann, so ist es nicht gewesen."; 126: „So kann es gewesen sein, aber ich bestehe nicht darauf."; 138: „[W]ährend all dem gewinnt ein altes Mißtrauen wieder in mir die Oberhand [...]. Selbst wenn ich es schaffen könnte, alles getreulich wiederzugeben, was ich von ihr noch weiß oder in Erfahrung gebracht habe, selbst dann wäre denkbar, daß derjenige, dem ich alles erzähle, [...] daß er am Ende nichts von ihr wüßte." Vgl. dazu *Mohr*, Produktive Sehnsucht, 37: „Die Erzählerin ist [...] voller Skrupel; Fragwürdigkeit und Unzulänglichkeit ihrer Mittel und Materialien sind ihr voll bewußt."; vgl. *Reich-Ranicki*, Elegie: „Trotzig fast und ostentativ betont Christa Wolf das Bruchstückhafte und das Ungewisse: ‚So kann es gewesen sein, aber ich bestehe nicht darauf'; ‚Es spielt ja gar keine Rolle, ob sie (die Geschichte) sich genauso zugetragen hat oder nicht.'"

91 Der Name „Ullrich Hoffmann" gehört zu denjenigen, die im Autorenverzeichnis der Predigtreihe nicht aufgeführt sind.

92 *U. Hoffmann*, 4. Fastensonntag, Eph 5,8–14, Gedanken zur Predigt, in: *K. Lange* (Hg.), Das Wort an die Gemeinde. Predigthilfen zu den Perikopen der Leseordnung, Mattäusjahr I, Zweite Lesungen, Advent bis Pfingsten, Leipzig 1977, 250–255, 250. *Hoffmann* gibt als Quelle des Zitats, das in unterschiedlichen Varianten zirkuliert und unterschiedlichen Urhebern zugeschrieben wird, nur an: „ein Dichter des vergangenen Jahrhunderts".

ein Beispiel „einer Frau, die nicht als Kopie sterben wollte“: „In ‚Nachdenken über Christa T.‘ von Christa Wolf kann der Leser miterleben, wie ein Mensch versucht, zu werden, was er ist. […] Christa T. hat gelebt im Versuch, sie selbst zu sein.“[93] Wie Bartel bietet Hoffmann seinen Leser:innen ein eindeutig markiertes und umfängliches Zitat aus dem literarischen Text an:

> „Eine ihrer Mitstudentinnen, die nach ihrem Tode versucht, ihr [Christa T., F.R.] nachzudenken, um sie zu schützen vor dem Vergessenwerden, erinnert sich an Begebenheiten in ihrer gemeinsamen Studienzeit.
> ‚Sie gab zu, daß man an sich zu arbeiten hatte. Sie verschwand für Tage. Sie arbeite, hieß es, und wir taten, als glaubten wir daran; dann war sie wieder da, kurz vor den Prüfungen. Wir hatten den ganzen Stoff schon wiederholt, wir hatten schon unsere Kladden ausgetauscht, hatten schon Auszüge gemacht und Karteikarten angelegt, hatten Lernkollektive gebildet und waren Verpflichtungen eingegangen: Keine Durchschnittsnote unter ‚gut‘! Da erschien sie wieder und konnte sich unschuldsvoll nach den Themen erkundigen. Wir verbargen unsere Verzweiflung. Anstatt sie in der nächsten Versammlung zu befragen, wo sie denn um Gottes willen gewesen sei, womit sie denn ihre Tage hingebracht habe, anstatt sie zur Verantwortung zu ziehen, steckte man ihr Hefte zu, bot ihr Hilfe an. Günter, unser sommersprossiger Sekretär, legte ihr seine Tabellen vor: wie sie durch schlechtes Lernergebnis die Durchschnittsnoten ihrer Seminargruppe drücken werde. Ob sie das wirklich wolle? – Um keinen Preis! sagte Christa T. Ihr seid ja alle so tüchtig! … Es stellte sich heraus, daß sie Dostojewski gelesen hatte und nun nachdenken mußte über die Behauptung, das Allerweichste könne das Allerhärteste besiegen. Ob dieser Satz immer gelte, mußte man sich doch fragen.“[94]

Im Umgang mit dem literarischen Text lässt sich auch bei Hoffmann ein „Frage-Antwort-Schema“[95] erkennen. Er entnimmt Wolfs Text als Essenz eine Frage: „Als ich das Buch las, hatte ich den Eindruck, daß dies eine entscheidende Frage im Leben der Christa T. war: Was ist das, dieses Zu-sich-selber-Kommen des Menschen?“[96] In der Tat ist diese Frage, ein Zitat von Johannes R. Becher, das Motto, das *Nachdenken über Christa T.* vorangestellt ist,[97] worauf Hoffmann aber

---

93 *Hoffmann*, Eph 5 Gedanken zur Predigt, 250–251.

94 Ebd., 251. Die hier zitierte Passage ist in der für diesen Beitrag verwendeten Ausgabe von *Nachdenken über Christa T.* auf S. 45–46 zu finden.

95 *Otto*, Literatur, 47.

96 *Hoffmann*, Eph 5 Gedanken zur Predigt, 251.

97 *Wolf*, Nachdenken, 7.

nicht hinweist. Er betont die Bedeutung dieser Frage für Christen, insbesondere in der Fastenzeit, und bietet in seiner Predigtskizze eine Antwort darauf an: „Kein anderer Versuch sollte uns so sehr beschäftigten als der, zu sich selbst zu kommen – Getaufter, Kind des Lichtes zu werden."[98] ‚Zu sich selber kommen', das bedeutet für Hoffmann mit Eph 5,8 ‚Kind des Lichtes werden'. Was das wiederum umfasst, entnimmt er ebenfalls dem Epheserbrief: „Güte – Gerechtigkeit – Wahrheit" (vgl. Eph 5,9): „Damit sind nicht nur die Eigenschaften unseres äußeren Tuns gemeint, darin spricht sich die Haltung dessen aus, der Kind des Lichtes ist."[99]

Darüber hinaus findet keine Auseinandersetzung mit dem literarischen Text statt: Auch hier ist dieser in erster Linie Zeuge der Frage – welche Antwort der literarische Text selbst auf die Frage gibt, die ihm ja leitend vorangestellt ist, bzw. ob er überhaupt Antwort gibt oder vielleicht vielmehr die Frage offenhält,[100] damit befasst sich Hoffmanns Predigtskizze nicht. Dass er trotzdem ausführlich aus Wolfs Text zitiert, kann als Einladung an Leser:innen aufgefasst werden, den Text und seine Antwortsuche selbst zu entdecken. Die Predigtskizze aber schafft keinen Raum, in dem die Antwortversuche im literarischen Text (oder deren Verweigerung) mit dem Antwortangebot Hoffmanns, das ja das des biblischen Textes sein soll, miteinander verglichen werden, wo eines sich durch das andere anfragen lassen kann oder beide einander ergänzen können. Wenn die Frage, die das vielschichtige Nachdenken über Christa T. leitet und auf die der Text gerade keine abschließende Antwort gibt,[101] mit den drei Stichworten „Güte – Gerechtigkeit – Wahrheit" beantwortet wird, bleibt der Eindruck, dass der literarische Text als Dialogpartner nicht vollkommen ernst genommen wird, dass, ähnlich wie im ersten Beispiel dieses Beitrags, die Art der Antwort der Art der Frage nicht gerecht wird.

2.3 Drittes Beispiel: Die Unfähigkeit, die Dinge so zu sagen, wie sie sind

Der schon genannte Herwig Bartel greift in einer weiteren Predigt eine Passage aus *Nachdenken über Christa T.* auf, und zwar diejenige, die der von Hoffmann

[98] *Hoffmann*, Eph 5 Gedanken zur Predigt, 251.
[99] Ebd., 252.
[100] Siehe dazu oben, die Ausführungen zum Aussagemodus des „Nachdenkens", S. 188f.
[101] Vgl. *Mauser*, Subjektivität, 175: „Die Ich-Erzählerin nimmt für sich in Anspruch, über das – wie Becher es ausdrückt – ‚Witterungsvermögen dafür und die Ahnung dessen' zu verfügen, ‚daß der Mensch noch nicht zu sich selber gekommen ist' (LS, 77), sie behauptet aber keineswegs, die Antwort auf diese Frage zu besitzen."

zitierten unmittelbar vorausgeht. Ort der Bezugnahme ist wieder eine ‚Meditation', zu Jes 56,1-7. Es ist diesmal der Gedanke der „Geschichtlichkeit der Verkündigung", der ihn Christa Wolfs Text assoziieren lässt. Bartel fragt angesichts des Widerspruchs, den er zwischen Jes 56,1-7 und Dtn 23,1-8 wahrnimmt: „Woher [mag der Prophet] die Erkenntnis [genommen haben], daß die Zeit für die Gültigkeit jenes Wortes [Dtn 23, F.R.] vorbei ist? Anscheinend hat er die ‚Zeichen der Zeit' gesehen und im Geiste Gottes gedeutet. Offenbar war ihm die Geschichtlichkeit der Offenbarung bewußt."[102] Aus der Einsicht, dass „die alte Intention Gottes in die Situation der Welt" immer wieder „neu hinein" gesprochen werden muss, dass um ihren zeitgemäßen sprachlichen Ausdruck stets neu gerungen werden muss, folgert er: „Das würde dann aber z. B. bedeuten, daß das Wiederholen alter richtiger Formeln schädlich sein kann, weil die ehemals treffenden Worte so ihre Bedeutung gewandelt haben, daß sie heute nicht mehr das Gemeinte aussprechen, sondern verdecken."[103]

Die gleiche oder doch zumindest „eine ähnliche Erfahrung"[104] sieht Bartel in zwei literarischen Bezugstexten formuliert: In *Nachdenken über Christa T.* und in Rilkes Gedicht *Ich fürchte mich so vor der Menschen Wort.*[105] Wie im ersten Beispiel führt Bartel ausführliche und markierte Zitate an. Hier noch mehr als in der Meditation zu Mt 25 lässt er die literarischen Texte für sich stehen und wirken, nur eingeordnet durch seinen Eindruck, sie formulierten „eine ähnliche Erfahrung" wie die, die seiner Einschätzung nach dem Bibeltext zugrunde liegt, und durch eine die Meditation abschließende Frage: „Wie kommen wir dazu, daß wir nicht reden wie die Schriftgelehrten, sondern wie einer, der Macht hat (vgl. Mt 7,28)? Zum Beispiel wie Tritojesaja."[106] Auf diese Weise bleiben Bartels Überlegungen zu Jesaja, Wolfs Text und Rilkes Gedicht als drei Annäherungen an dasselbe Problem nebeneinander stehen: drei Perspektiven auf „die Gefährlichkeit der allzu hurtigen Worte"[107], wie Bartel formuliert.

Worin also ähneln sich die Erfahrung, die Bartel aus Jes 56 herausliest, und die Erfahrung Christa T.s und worin unterscheiden sich die Perspektiven im literarischen Text und in der Predigtmeditation? Bartel zitiert:

---

[102] *H. Bartel*, 20. Sonntag im Jahreskreis. Jes 56,1.6–7. Meditation, in: *K. Lange* (Hg.), Das Wort an die Gemeinde. Predigthilfen zu den Perikopen der Leseordnung, Mattäusjahr II, Erste Lesungen, Pfingsten bis Ende des Kirchenjahres, Leipzig 1975, 189–193, 192.
[103] Ebd.
[104] Ebd.
[105] Vgl. ebd., 192–193.
[106] Ebd., 193.
[107] Ebd.

„Bei Christa Wolf wird eine ähnliche Erfahrung so ausgesprochen: ‚Sie (Christa T.) muß frühzeitig Kenntnis bekommen haben von unserer Unfähigkeit, die Dinge so zu sagen, wie sie sind... Ach, sie traute ja diesen Namen nicht.... sie zweifelte ja an der Wirklichkeit von Namen, mit denen sie doch umging; sie ahnte ja, daß die Benennung kaum je gelingt und daß sie dann nur für kurze Zeit mit dem Ding zusammenfällt, auf das sie gelegt wurde.'"[108]

Die Erzählerin von *Nachdenken über Christa T.* stellt diese Überlegungen angesichts der Menge an Geschriebenem an, das ihre Freundin Christa T. bei ihrem Tod hinterlassen hat: „Tagebücher, Skizzen, Beobachtungen, Geschichten, Titellisten, [...] Entwürfe und Briefe".[109] Sie ist von diesen Aufzeichnungen überrascht, denn sie hatte Christa T. zu deren Lebzeiten unterstellt, dass sie nicht schreibe („Warum schreibst du nicht, Krischan?"), und Christa T. hatte dies nicht bestritten.[110] Warum gab sie nicht zu, dass sie schrieb? Aus einem Misstrauen gegenüber der „Wirklichkeit von Namen", so die Mutmaßung der Erzählerin, aufgrund ihrer Einsicht in die „Unfähigkeit, die Dinge so zu sagen, wie sie sind"[111].

Diese Sprachskepsis ist grundsätzlicher als die, die Bartel aus dem Jesaja-Text ableitet: Bartel geht es vorwiegend um einen Bedeutungs*wandel*: Die Worte sind „*ehemals treffende* Worte", die nur – erst – „heute nicht mehr das Gemeinte aussprechen"[112]. Dies entspricht der Einsicht Christa T.s, dass „die Benennung [...] nur für kurze Zeit mit dem Ding zusammenfällt". Doch selbst diese kurze Phase der Übereinstimmung von Ding und Name ist für Christa T. der Ausnahmefall: „die Benennung [gelingt] kaum je."[113] „Christa T. mißtraut den Sprechenden, aber auch der Sprache, die nur selten Dinge nennt, ohne sie zu verformen, nach vorgegebenen Konventionen zu verändern, zu verfälschen."[114] Sie hat „Angst vor den ungenauen, unzutreffenden Wörtern", denn: „Sie hielt das Leben für verletzbar durch Worte."[115] Ihre ist nicht die Angst, dass die ‚alten richtigen Formeln'[116]

[108] *H. Bartel*, Jes 56 Meditation, 192–193. Die zitierten Stellen sind in der für diesen Beitrag verwendeten Ausgabe von Nachdenken über Christa T. auf den Seiten 43 und 45 zu finden.
[109] *Wolf*, Nachdenken, 43–44.
[110] Ebd., 43; vgl. auch 202.
[111] Ebd., 45, 43.
[112] *Bartel*, Jes 56 Meditation, 192. Hervorhebung F.R.
[113] *Wolf*, Nachdenken, 45.
[114] *Mohr*, Produktive Sehnsucht, 49.
[115] *Wolf*, Nachdenken, 202.
[116] Siehe oben, Anm. 103 in diesem Beitrag.

nicht mehr greifen, sondern die Skepsis, ob es überhaupt ‚richtige Formeln' gibt. Während ‚Neubenennung' für Bartels Problem die Lösung ist, ist sie für Christa T. gerade das, was Misstrauen hervorruft: „Sie zweifelte ja, inmitten unseres Rauschs der Neubenennungen"[117]. Und dennoch – das ist es, was die Verwunderung der Erzählerin in dieser Passage auslöst – schreibt Christa T.: Es ist rückblickend nicht der Fall gewesen, dass sie „verzichtet und die Dinge ihrem Lauf überläßt."[118] Sie wehrt sich „gegen die Übermacht der Dinge", „schreibend".[119] Ihr Ausruf „Daß ich nur schreibend über die Dinge komme!" klingt wie ein „Selbstvorwurf"[120], aber enthält auch eine Anerkennung.[121] Er kennzeichnet Christa T. als eine Figur, die andauernd, aber letztlich erfolgreich um einen den Dingen angemessen Ausdruck ringt, um dieselbe Frage, die Bartel biblisch gefärbt so formuliert: „Wie kommen wir dazu, daß wir […] reden wie einer, der Macht hat?"[122] Für Bartel ist „Tritojesaja" einer, dem das gelingt, und wenn es im literarischen Text von Christa T. heißt, dass sie, „trotz allem, über die Dinge kam"[123] wird das Reden mit Macht – die sprachliche Überwindung der „Übermacht der Dinge"[124] – auch ihr zugestanden. Bartel sieht den Anknüpfungspunkt zum literarischen Text in der Sprachskepsis der Christa T., aber seine offene Gegenüberstellung von Predigttext und literarischem Text erlaubt es, auch diese zweite Parallele zu ziehen. Führt man diesen Gedanken zu Ende, wird dem literarischen Text eine besondere Würde zugestanden: Er wird als Ort sichtbar, an dem das Suchen und Finden der ‚treffenden Worte' sich ebenso vollzieht wie in der Prophetie und der folglich angesichts der Frage ‚Wie kommen wir dazu, dass wir reden wie einer, der Macht hat?' zu einem Lernort werden kann.

---

117 *Wolf*, Nachdenken, 45.

118 Ebd., 43.

119 Ebd., 44.

120 Ebd., 43: *„Daß ich nur schreibend über die Dinge komme!* – Hat sie es sich wirklich vorgeworfen? Erklärt dieser geheime Selbstvorwurf den Zustand ihrer Hinterlassenschaft?" [Hervorhebung im Original].

121 In diesem Sinne interpretiert auch *Mauser*, Subjektivität, 176: „Schon früh findet sie einen Weg, ‚sich gegen die Übermacht der Dinge zu wehren': Schreiben […]. ‚Daß ich nur schreibend über die Dinge komme!', notiert sie. Sie entdeckt Trost ‚in den geschriebenen Zeilen' […] und gewinnt die Gewißheit, daß ‚innerlich beteiligtes Schreiben immer auch mit Selbstbehauptung und Selbstentdeckung zu tun hat'".

122 *Bartel*, Jes 56 Meditation, 193.

123 *Wolf*, Nachdenken, 44.

124 Ebd.

3 Schlussbemerkung

Die vorangehenden Betrachtungen bieten einen punktuellen Einblick in die Rezeption literarischer Texte in *Das Wort an die Gemeinde*. Sie zeigen beispielhaft auf, welche Themen und Fragen Anlass für die Bezugnahme auf einen literarischen Text geben können und wie die Integration eines literarischen Textes den Modus der Predigt in Frage stellen kann, wenn der Eindruck entsteht, die Predigt solle oder wolle die Fragen beantworten, die die Literatur stellt.

In erster Linie aber sollen die Überlegungen dieses Beitrags auf das Phänomen der Rezeption literarischer Texte in der Predigtreihe aufmerksam machen und zu einer tiefergehenden Auseinandersetzung mit dem Thema anregen, die sowohl im Gesamtüberblick als auch in der Betrachtung der einzelnen Bezugnahmen interessante Einsichten zum ‚Festhalten an Literatur' in *Das Wort an die Gemeinde* erwarten lässt.

4 Anhang: Übersicht zur Rezeption literarischer Texte im *Wort an die Gemeinde*, Bände zum Lesejahr A

Autor:in	*Titel*	*Band*	*Lesung / Ev.*	*Bibeltext*	*Predigt-Autor:in*	*Seite*
Andersen, H. C.	Das hässliche Entlein	AI	2. Lesungen	1 Kor 1,26-31	Würstl, R.	162
Andres, S.	Der Reporter Gottes. Eine Hörfolge in 10 Kapiteln.	AI	Evangelien	Mt 17,1-9	Bockisch, C.	196
Augustinus	Bekenntnisse	AII	2. Lesungen	Röm 8,18-23	Brack, A.	134-5
Bachmann, I.	Undine geht	AII	1. Lesungen	Ex 34,4b-6.8-9	Schäfer, A.	36
Bambula-Klabre, J.	Gläubige (in: Offene Fenster 2: Schülergedichte)	AI	Evangelien	Lk 2,1-14	Egenolf, H.-A.	61
Becher, J. R.	Lob dem Schöpfer	AII	Evangelien	Mt 13,44-52	Geburek, M.	158
Becker, J.	Jakob der Lügner	AII	1. Lesungen	Jes 55,10-11	Bockisch, H. C.	142-3
Beitlich, P.	Sehnsucht, (in: Offene Fenster: Schülergedichte)	AI	1. Lesungen	Jes 11,1-10	Schneider, F.	42
Bergengruen, W.	Das Feuerzeichen	AI	2. Lesungen	1 Petr 4,13-16	Kluck, A.	424
	Das Netz	AI	2. Lesungen	Röm 15,4-9	Scholze, B.	33
	Die himmlische Rechenkunst	AI	2. Lesungen	1 Kor 1,26-31	Würstl, R.	158
		AII	Evangelien	Mt 13,1-23	Friemel, F. G.	132
		AII	2. Lesungen	Röm 11,13-15. 29-32	Cramer, J. M.	198
	Die Sultansrose	AI	1. Lesungen	Jes 42,1-4.6-7	Quack, W.	130

	Kern der Welt	AI	Evangelien	Joh 9,1-41	Weider, W.	221
	Zu Lehen	AI	2. Lesungen	Röm 8,8-11	Bartel, H.	259
Bernanos, G.	Die begnadete Angst	AI	2. Lesungen	Kol 3,1-4	Bautz, M.	327
	Tagebuch eines Landpfarrers	AII	2. Lesungen	1 Kor 4,1-5	Bernhard, A.	52
		AI	1. Lesungen	Jes 42,1-4.6-7	Quack, W.	130
Bertram, H.	Flug in die Hölle	AI	1. Lesungen	Ex 17,3-7	Cramer, J. M.	228
Bonhoeffer, D.	Widerstand und Ergebung. Briefe und Aufzeichnungen aus der Haft.	AII	2. Lesungen	Phil 2,1-11	Schneider, F.	266
Borchert, W.	Die lange lange Straße lang	AII	Evangelien	Mt 25,14-30	Kamphaus, F.	355
	Draußen vor der Tür	AII	1. Lesungen	Ez 18,25-28	Jelich, G.	263
		AI	Evangelien	Joh 17,1-11a	Mann, J.	379
Brecht, B.	An die Gleichgeschalteten	AII	Evangelien	Mt 22,15-21	Simon, W.	315
	An die Nachgeborenen	AII	1. Lesungen	1 Kön 3,5.7-12	Cramer, J. M.	160-1
	Die heilige Johanna der Schlachthöfe	AII	Evangelien	Mt 13,1-23	Friemel, F. G.	135
	Die Teppichweber von Kujan-Bulak ehren Lenin	AII	Evangelien	Mt 13,44-52	Geburek, M.	166
	Gespräche	AI	1. Lesungen	Jes 42,1-4.6-7	Quack, W.	138
	Herr Puntila und sein Knecht Matti	AI	1. Lesungen	Apg 2,14a.36-41	Lobreyer, J.	356
	Leben des Galilei	AI	1. Lesungen	Jes 52,13-53,12	Kirsch, E.	289

	Lob des Lernens	AII	2. Lesungen	Röm 14,7-9	Nowak, L.	241
Brüder Grimm	Aschenputtel	AI	2. Lesungen	1 Kor 1,26-31	Würstl, R.	162
	Hans im Glück	AII	Evangelien	Joh 6,51-58(59)	März, C.-P.	40
		AII	Evangelien	Mt 13,1-23	Friemel, F. G.	133
	Von einem, der auszog das Fürchten zu lernen	AI	2. Lesungen	1 Petr 4,13-16	Dippenbruck, F.	421
Bruyn, G. de	Buridans Esel	AI	2. Lesungen	Röm 5,12-19	Marx, G.	194
Buber, M.	Die Erzählungen der Chassidim	AII	2. Lesungen	Röm 11,33-36	Zerfaß, R. / Friemel, F. G.	208
	Einleitung zu den Erzählungen der Chassidim	AI	2. Lesungen	1 Kor 11,23-26	Friemel, F. G.	290
Buzzati, D.	Das Haus mit den sieben Stockwerken	AII	Evangelien	Mt 13,1-23	Friemel, F. G.	133, 135-6
Camus, A.	Die Pest	AII	2. Lesungen	Phil 1,20-24.27a	Lauenroth, H.-E.	248
Chesterton, G.K.	*unidentifiziert*	AI	1. Lesungen	Jes 2,1-5	Gäth, E.	25
	Das schlimmste Verbrechen der Welt	AI	1. Lesungen	Jes 42,1-4.6-7	Quack, W.	134
Claudel, P.	Der seidene Schuh	AII	Evangelien	Joh 20,19-23	Schäfer, A.	18
		AII	2. Lesungen	Röm 9,1-5	Kockelmann, P. J.	181
	Gesammelte Werke. Bd. 6: Religion	AI	1. Lesungen	Jes 42,1-4.6-7	Quack, W.	137
Beauvoir, S. de	Eine gebrochene Frau	AII	1. Lesungen	Jer 20,10-13	Montag, U. /	103-4

					Sterzinsky, G.	
Delp, A.	Im Angesicht des Todes	AII	2. Lesungen	Röm 6,3-4.8-11	Metzner, K.	108-9
	In Freiheit und in Fesseln. Ein Vermächtnis.	AI	1. Lesungen	Jes 50,4-7	Ducke, K.-H.	268
Dostojewski, F.	Die Brüder Karamasow	AI	Evangelien	Mt 4,1-11	Luckhaupt, W.	183
		AI	2. Lesungen	Phil 2,6-11	Bernhard, A.	273
Dürrenmatt, F.	Meteor	AII	Evangelien	Mt 9,36-10,8	Marx, G.	81
Eich, G.	Versuch eines Requiems	AII	2. Lesungen	1 Kor 15,20-26,28	Schäfer, A.	364-5
Eichendorff, J. von	Der Umkehrende	AII	2. Lesungen	Röm 6,3-4.8-11	Metzner, K.	108
Eluard, P.	Das gute Recht	AII	2. Lesungen	Phil 1,20-24.27a	Lauenroth, H-E.	253-4
Fontane, T.	Cécile	AII	2. Lesungen	Röm 4,18-25	Aufderbeck, H.	74
Frank, A.	Tagebuch der Anne Frank	AI	2. Lesungen	1 Petr 3,15-18	Janiszewski, K.	396-7
Fried, E.	Vordruck	AI	Evangelien	Mt 5,17-37	Sachse, G.	173
Frisch, M.	Tagebuch 1946-1949	AII	1. Lesungen	Ex 34,4b-6.8-9	Schäfer, A.	36
Gide, A.	*Brief an Paul Claudel*	AI	Evangelien	Joh 9,1-41	Weider, W.	225
Goethe, J. W.	Faust I	AI	1. Lesungen	Jes 42,1-4.6-7	Quack, W.	132
		AI	Evangelien	Joh 14,1-12	Gunkel, T.	343
		AI	2. Lesungen	Röm 15,4-9	Scholze, B.	32
	Die Natur (Fragment)	AII	2. Lesungen	Röm 8,28-30	Ulrich, M.	156-7
Goldstein, C.	Leben ohne Stern (in: Ghetto	AI	Evangelien	Mt 4,12-23	Metzner, K.	142-3

	[Autorenkollektiv]: Berichte aus dem Warschauer Ghetto)					
Gollancz, V.	In Darkest Germany	AI	1. Lesungen	Joel 2,12-18	Daßmann, V.	189
Greene, G.	Die Kraft und die Herrlichkeit	AI	2. Lesungen	1 Kor 1,26-31	Würstl, R.	159
		AII	2. Lesungen	1 Kor 4,1-5	Bernhard, A.	52
Hacks, P.	Adam und Eva	AI	2. Lesungen	Röm 15,4-9	Scholze, B.	33
	Über „Adam und Eva“ (in: Sinn und Form XXV)	AII	1. Lesungen	Dtn 8,2-3.14-16a	Kleiner, M.	48
Hammarskjöld, D.	Zeichen am Weg	AII	Evangelien	Mt 13,44-52	Geburek, M.	167
		AII	2. Lesungen	Röm 6,3-4.8-11	Metzner, K.	108
Hauff, W.	Das kalte Herz	AII	2. Lesungen	1 Joh 4,7-16	Bernhard, A.	41-2
		AII	1. Lesungen	Jes 55,1-3	Krause, V. / Kuschel, J. / Stolpe, T.	172
Hausmann, M.	Lampioon küsst Mädchen und kleine Birken. Abenteuer eines Wanderers	AII	1. Lesungen	Hos 6,3b-6	Ulrich, M.	80
Heiduczek, W.	Abschied von den Engeln	AII	2. Lesungen	1 Kor 4,1-5	Bernhard, A.	52
		AI	Evangelien	Mt 2,1-12	Knobloch, H.	108, 109
Heine, H.	Deutschland. Ein Wintermärchen	AI	Evangelien	Mt 24,37-44	Heide, A.	11, 14

Hemingway, E.	Der alte Mann und das Meer	AII	Evangelien	Mt 13,1-23	Friemel, F. G.	133
Herzfelde, W.	Ballade von der Liebe	AI	1. Lesungen	Apg 2,14a.36-41	Lobreyer, J.	356-7
Hesse, H.	Knulp	AI	1. Lesungen	Gen 1,1-2,2	Schäfer, A.	304
Hoffmann, H.	Der Struwwelpeter	AII	1. Lesungen	Jes 55,10-11	Bockisch, H. C.	136
Hofmannsthal, H. von	Jedermann	AII	1. Lesungen	Weish 6,13-17	Friemel, F. G.	349
Hohler, F.	Der kranke, kranke Regenwurm	AII	1. Lesungen	Jer 20,7-9	Kraning, W.	220
Jouhandeau, M.	Fräulein Zéline oder Gottes Glück zum Gebrauch eines alten Fräuleins	AI	Evangelien	Joh 9,1-41	Weider, W.	222
Kahlau, H.	Glück	AII	2. Lesungen	1 Thess 5,1-6	Egenolf, H.-A.	346
	Unausweichlich	AII	Evangelien	Mt 13,44-52	Geburek, M.	159
	Wegweiser	AII	2. Lesungen	1 Kor 15,20-26,28	Schäfer, A.	367
Kant, H.	Das Impressum	AI	2. Lesungen	2 Tim 1,8b-10	Kleiner, M.	217, 223
Kästner, E.	Monolog des Blinden	AI	Evangelien	Mt 5,17-37	Sachse, G.	173
Kierkegaard, S.	Tagebücher	AI	Evangelien	Joh 1,29-34	Sammet, G.	128
King, M. L.	Die neue Richtung unseres Zeitalters (Nobelpreisrede am 10.12.1964)	AII	2. Lesungen	Phil 4,6-9	Degenhardt, R.	272

	Warum wir nicht warten können[1]	AI	1. Lesungen	Jes 50,4-7	Ducke, K.-H.	268
		AII	1. Lesungen	Weish 12,13.16-19	Ulrich, M.	148
Klepper, J.	Unter dem Schatten deiner Flügel. Aus den Tagebüchern der Jahre 1932-1942.	AII	2. Lesungen	Röm 8,35.37-39	Friemel, F. G.	171
Kolitz, Z.[2]	Jossel Rakovers Wendung zu Gott	AII	Evangelien	Mt 15,21-28	Ulrich, M.	197
Kopp, J. V.	Die Tochter Sions	AII	2. Lesungen	1 Kor 4,1-5	Bernhard, A.	52
Kreißig, H.	Der steinerne Mann	AI	1. Lesungen	Gen 2,7-9; 3,1-7a	Schöpfer, L.	200
Krüss, J.	Das schwarze Schaf	AII	1. Lesungen	Ex 22,20-26 (21-27)	Kraning, W.	317

---

1 *Ducke* gibt als Titel „Warum wir nicht schweigen können“ an, gemeint ist aber wohl der genannte Titel, in der von Ducke zitierten zweiten Auflage, erschienen 1967 im Union-Verlag Berlin. *Ulrich* zitiert den korrekten Titel.

2 *Ulrich* entnimmt das Zitat aus *R. Krüger*, Die Kunst der Synagoge. Eine Einführung in die Probleme von Kunst und Kult des Judentums, Leipzig 1966, 44f., und zitiert den Text als „Tagebuchaufzeichnungen eines Juden, die er am 28. April 1943 im Warschauer Getto macht, nachdem Frau und Kinder bereits umgebracht worden waren“. Er reiht sich damit in die verschlungene Rezeptionsgeschichte des Textes ein, in der dieser immer wieder als authentisches Dokument eines realen Jossel Rackover aus dem Warschauer Ghetto rezipiert und präsentiert worden ist (vgl. *P. Badde*, Zvi Kolitz, in: *Z. Kolitz*, Jossel Rakovers Wendung zu Gott. Jiddisch – Deutsch. Aus dem Jiddischen übertragen, herausgegeben und kommentiert von Paul Badde, Zürich 2004, 103–169, 144–148, 161, 162), ungeachtet der Tatsache, dass es sich dabei, der ursprünglichen Gattungsbezeichnung gemäß, um eine „Erzählung“ (ebd., 144, 159) des Autors Zvi Kolitz handelt, der „nie in Warschau war“ (ebd., 146) und sich wiederholt ausdrücklich zu seiner Autorschaft bekannt hat (vgl. ebd., 143, 147). Der Text „erschien erstmals am 25. September 1946 in *Die Jiddische Zeitung*, Buenos Aires. Eine Abschrift des Textes gelangte 1953 […] an die jiddische Vierteljahreszeitschrift *Die Goldene Keït* in Tel Aviv“ (ebd., 200), „ohne die Titelzeile, das kurze Motto, den Namen des Autors und die Gattungsbezeichnung: ‚Erzählung‘. Im Frühjahr 1954 druckt[e] die berühmte jiddische Vierteljahresschrift den Text als ‚authentisches‘ Dokument ab.“ (ebd., 144). Auf diese Veröffentlichung folgte eine Rezeptionsgeschichte, auch der deutschen Übersetzung, in der die Erzählung „immer wieder [versuchte], ihren Autor abzuschütteln“ (ebd., 139). *P. Badde* hat sie in den 1990er Jahren recherchiert und dokumentiert, siehe *Badde*, Zvi Kolitz.

Kunert, G.	Aufbruch eines bedeutenden Tieres	AII	Evangelien	Mt 25,1-13	Bartel, H.	343-4
	Lehrpfad	AI	2. Lesungen	1 Petr 1,17-21	Kirsch, E.	361
Lasker-Schüler, E.	Herbst	AI	1. Lesungen	Apg 2,14.22-28	Grabner-Haider, A.	348
	Weltflucht	AII	2. Lesungen	1 Kor 15,20-26,28	Schäfer, A.	362
	Wo mag der Tod mein Herz lassen	AI	1. Lesungen	Apg 2,14.22-28	Grabner-Haider, A.	348
Le Fort, G. von	Am Tor des Himmels	AII	1. Lesungen	Weish 12,13.16-19	Ulrich, M.	151, 153
	Die Tochter Jephthas. Eine Legende.	AI	Evangelien	Joh 9,1-41	Weider, W.	221
		AII	Evangelien	Mt 21,33-43	Tautz, D.	285
Lec, S. J.	Unfrisierte Gedanken: Aphorismen	AI	1. Lesungen	Joel 2,12-18	Daßmann, V.	187
Leskow, N.	Der Gaukler Pamphalon	AII	Evangelien	Mt 13,44-52	Geburek, M.	164-5
Levi, P.	Ist das ein Mensch?	AI	2. Lesungen	1 Kor 11,23-26	Friemel, F. G.	285
Macourek, M.	Die Wolke im Zirkus	AI	1. Lesungen	Jes 50,4-7	Ducke, K.-H.	267
		AII	Evangelien	Mt 13,44-52	Geburek, M.	165-6
Mann, H.	Der Untertan	AII	1. Lesungen	Apg 10,34a.42-48	Ulrich, M.	21
Marshall, B.	Alle Herrlichkeit ist innerlich	AII	2. Lesungen	1 Kor 4,1-5	Bernhard, A.	52

	Das Wunder des Malachias	AII	2. Lesungen	1 Kor 4,1-5	Bernhard, A.	52
		AI	Evangelien	Joh 9,1-41	Weider, W.	222
	Du bist schön, meine Freundin	AII	2. Lesungen	1 Kor 4,1-5	Bernhard, A.	52
	Keiner kommt zu kurz oder der Stundenlohn Gottes	AII	2. Lesungen	1 Kor 4,1-5	Bernhard, A.	52
Marti, K.	Das könnte manchen herren so passen	AII	2. Lesungen	1 Kor 15,20-26,28	Schäfer, A.	362-3
	Geburt	AI	2. Lesungen	Gal 4,4-7	Stehr, E.	88-9
Miquel, A.	Warum musst du gehen? - Tagebuch eines Vaters	AII	2. Lesungen	Phil 1,20-24.27a	Lauenroth, H.-E.	254-5
Nigg, W.	Des Pilgers Wiederkehr	AI	1. Lesungen	Gen 12,1-4a	Janiszewski, A.	215
Ogiermann, O.	Bis zum letzten Atemzug. Der Prozeß gegen Bernhard Lichtenberg	AI	1. Lesungen	Jes 50,4-7	Ducke, K.-H.	268
Pascale, B.	Pensées	AII	Evangelien	Mt 13,44-52	Geburek, M.	159, 161
		AII	2. Lesungen	Röm 8,28-30	Ulrich, M.	156
Pausewang, G.	Guadalupe	AII	1. Lesungen	Sir 27,30-28,7	Sternal, R.	245
Perrin, H.	Tagebuch eines Arbeiterpriesters	AI	1. Lesungen	Apg 2,42-47	Metzner, K.	338, 340
Philipe, A.	Nur einen Seufzer lang:	AII	Evangelien	Joh 20,19-23	Schäfer, A.	23

	Geschichte einer Liebe					
Proust, M.	Auf der Suche nach der verlorenen Zeit	AII	1. Lesungen	Jes 55,1-3	Haar, J.	167
Remarque, E. M.	Der Funke Leben	AI	2. Lesungen	1 Kor 11,23-26	Friemel, F. G.	284
Rilke, R. M.	Briefe an einen jungen Dichter	AII	Evangelien	Mt 15,21-28	Ulrich, M.	195
	Ich fürchte mich so vor der Menschen Wort	AII	1. Lesungen	Jes 56,1.6-7	Bartel, H.	193
Saint-Exupéry, A.	*unidentifiziert*	AII	1. Lesungen	Ex 34,4b-6.8-9	Schäfer, A.	39
	Die Stadt in der Wüste	AI	1. Lesungen	Ex 17,3-7	Cramer, J. M.	228
	Wind, Sand und Sterne	AII	Evangelien	Mt 22,34-40	Seppelt, R.	326
Salinger, J.D.	Der Fänger im Roggen	AII	Evangelien	Mt 21,28-32	Jensch, B.	272
Sartre, J.-P.	Der Teufel und der liebe Gott	AI	Evangelien	Lk 2,1-14	Egenolf, H.-A.	61
	Die Fliegen	AII	1. Lesungen	Weish 12,13.16-19	Ulrich, M.	150
	Geschlossene Gesellschaft	AII	1. Lesungen	Ex 34,4b-6.8-9	Schäfer, A.	39
		AII	Evangelien	Joh 20,19-23	Schäfer, A.	14
Schiller, F.	Die Weltweisen	AI	1. Lesungen	Joel 2,12-18	Daßmann, V.	190
	Wilhelm Tell	AI	1. Lesungen	Jes 42,1-4.6-7	Quack, W.	131
Schneider, R.	Verhüllter Tag	AI	2. Lesungen	–	Lange, K.	9-10
	Winter in Wien. Aus meinen Notizbüchern 1957/58.	AI	1. Lesungen	Jes 50,4-7	Ducke, K.-H.	266

Schöne, J.	Experiment Freude	AI	2. Lesungen	Kol 3,1-4	Bautz, M.	327
Schwarz, J.	Der Drache	AI	2. Lesungen	1 Petr 1,3-9	Rosner, C.	352
Seghers, A.	Transit	AI	2. Lesungen	1 Kor 11,23-26	Friemel, F. G.	284
Sostschenko, M.	Die Kuh im Propeller	AII	2. Lesungen	1 Thess 2,7b-9.13	Seeber, U. / Löwenberg, B.	318-9
	Werthers Leiden oder die Zukunftsvisionen eines Radfahrers	AI	Evangelien	Mt 2,13-15.19-23	Hintner, D.	78
Stifter, A.	Witiko	AI	1. Lesungen	Jes 42,1-4.6-7	Quack, W.	128
Vahl, A.	Martin Luther King. Stationen auf dem Wege. Berichte und Selbstzeugnisse	AI	1. Lesungen	Jes 50,4-7	Ducke, K.-H.	268
Weizsäcker, C. F. von	Bedingungen des Friedens	AII	2. Lesungen	1 Thess 5,1-6	Egenolf, H.-A.	349-50
Werfel, F.	Der veruntreute Himmel	AII	Evangelien	Mt 22,15-21	Simon, W.	314
White, N. G.	Der Sturm ist vorüber	AII	2. Lesungen	1 Kor 4,1-5	Bernhard, A.	52
Wolf, C.	Der geteilte Himmel	AII	2. Lesungen	1 Thess 5,1-6	Egenolf, H.-A.	351
	Nachdenken über Christa T.	AI	2. Lesungen	Eph 5,8-14	Hoffmann, U.	250
		AII	1. Lesungen	Jes 56,1.6-7	Bartel, H.	192-3
		AII	Evangelien	Mt 25,1-13	Bartel, H.	345, 348
Wölfel, U.	Das Miststück	AII	2. Lesungen	Röm 9,1-5	Kockelmann, P. J.	186-7

Zweig, S.	Buchmendel	AII	2. Lesungen	1 Joh 4,7-16	Bernhard, A.	39-41
Ohne Autorenangabe	Abenteuer des Freiherrn von Münchhausen	AI	2. Lesungen	Apg 10,34-38	Seeber, U.	126
	Atlas-Mythos	AI	1. Lesungen	Gen 1,1-2,2	Schäfer, A.	298
	Fabel vom Fuchs und der Schnecke	AII	2. Lesungen	Röm 3,21-25a.28	Christian, P.	64
	Legende über Jesus und Judas in Da Vincis Abendmahl	AI	2. Lesungen	Eph 5,8-14	Hoffmann, U.	253
	Narziss-Mythos	AII	1. Lesungen	Jes 56,1.6-7	Bartel, H.	193
	Odysseus-Mythos	AII	Evangelien	Mt 13,1-23	Friemel, F. G.	136
	Prometheus-Mythos	AI	1. Lesungen	Gen 1,1-2,2	Schäfer, A.	297
	Sisyphos-Mythos	AI	2. Lesungen	Jak 5,7-11	Kraning, W.	39
		AI	1. Lesungen	Gen 1,1-2,2	Schäfer, A.	298

HOMILETIK IM SPIEGEL DER VORWORTE. EINE ERSTE BILANZ

Maria Widl

Die Predigt im eucharistischen Gottesdienst ist ein wesentlicher Bestandteil der kirchlichen Verkündigung und daher für Sonntagsgottesdienste vorgeschrieben. Sie soll dazu dienen, den Gläubigen den Reichtum der Heiligen Schrift näher zu bringen, sie für sich immer neu zu entdecken. Das Konzil gibt dabei dem Wort Gottes sakramentalen Charakter, indem es vom „Tisch des Wortes" analog zum „Tisch des Brotes" spricht. Das war im Katholizismus bei weitem nicht immer so. Lange galt die Bibel als das Proprium des Protestantismus, dem man katholischerseits die im Katechismus erschlossene Tradition entgegensetzte. Entsprechend gibt es im Katholizismus angesichts dieser Kehrtwende hin zur Bibel deutlichen Nachholbedarf auf diesem Feld, der auch noch bald 60 Jahre nach dem Konzil besteht. Um dem entgegen zu wirken, hat P. Franziskus den „Sonntag des Wortes Gottes"[1] initiiert, der erstmals 2020 begangen wurde, in Deutschland am 4. Sonntag im Jahreskreis (also Ende Januar) als ökumenischer Bibelsonntag.

Die Bibel erschließt sich nicht von selbst, den Gläubigen und auch den theologisch gebildeten Predigern nicht. Nun galt die Predigt die längste Zeit der Kirchengeschichte neben der Beichte als wichtigstes Instrument der Seelenführung. Was liegt also näher, als sie zur Moralpredigt auszugestalten, die gut auch ohne nähere Schriftkenntnis und assoziativ gestaltet werden konnte. Die Zeiten haben sich geändert; heute kann solches in unseren Breiten kaum noch jemand hören. Geblieben ist die Tatsache, dass es begnadete und weniger begabte Prediger gibt. Papst Franziskus, mit wachem Blick für die Realität, stellt denn auch fest:

> „Wenden wir uns jetzt der Verkündigung innerhalb der Liturgie zu, die von den Hirten sehr ernst genommen werden muss. Ich werde besonders – und sogar mit einer gewissen Akribie – bei der Homilie und ihrer Vorbereitung verweilen, denn in Bezug auf diesen wichtigen Dienst gibt es viele Beschwerden, und wir dürfen unsere Ohren nicht verschließen. Die Homilie ist der Prüfstein, um die Nähe und die Kontaktfähigkeit eines Hirten zu seinem Volk zu beurteilen. In der Tat wissen wir, dass die Gläubigen ihr große Bedeutung beimessen; und sie, wie die geweihten

[1] „Der dem Wort Gottes gewidmete Sonntag möge im Volk Gottes die andächtige und beständige Vertrautheit mit der Heiligen Schrift wachsen lassen." (Aperuit illis, Nr. 15).

> Amtsträger selbst, leiden oft, die einen beim Zuhören, die anderen beim Predigen. Es ist traurig, dass das so ist. Dabei kann die Homilie wirklich eine intensive und glückliche Erfahrung des Heiligen Geistes sein, eine stärkende Begegnung mit dem Wort Gottes, eine ständige Quelle der Erneuerung und des Wachstums." (EG 135)[2]

Jedenfalls ist die Bedeutung der Predigt nicht zu verkennen. Sie ist jene Form kirchlicher Verkündigung und Glaubensbildung, die mit Abstand die größte Reichweite und den größten Einfluss auf das Glaubensverständnis des Volkes Gottes hat – allen anderen erwachsenenbildnerischen und katechetischen Maßnahmen zum Trotz. Von daher kommt ihr bis heute eine überragende Bedeutung für die Verkündigung zu, die seit dem Konzil spezifisch als Evangelisierung zu fassen ist – mit demselben Verzögerungseffekt, der auch beim Bibelbewusstsein zu beobachten ist.

In dem Maße, in dem Prediger bereit sind, ihre Predigten bibeltheologisch fundiert zu gestalten, sind sie auf Predigthilfen angewiesen; und das gilt bis heute. Dazu ist Motivation erforderlich, denn auch mit dieser Hilfe ist die Erstellung einer guten Predigt sehr arbeitsintensiv. Entsprechend hat man schon bei der Predigtreihe der DDR *Das Wort an die Gemeinde* kleine Vorworte gestaltet, die zu Grundsätzlichem Stellung beziehen und zur Erarbeitung von Predigten im Dienste der Verkündigung motivieren wollen. Diese sind nachfolgend kurz vorgestellt.[3] In den Vorworten lässt sich insgesamt ein homiletisches Programm der Reihe erkennen. Damit wird ein Forschungsdesiderat sichtbar: Die Beiträge müssten detailliert beschrieben und in den homiletischen Diskurs der 1970'er Jahre eingeordnet werden: mit Blick auf die Verkündigung in der DDR, im gesamtdeutschen Sprachraum, aber auch mit Blick auf vergleichbare Entwicklungen z.B. in Osteuropa.

Karljosef Lange hatte im Vorwort zum ersten ausgelieferten Band seines Predigtreihenwerks zur Kritik aufgerufen. Dem Folgeband (Matthäusjahr II, Evangelien von 1972) stellt er anstelle des üblichen Vorworts „Vorbemerkungen des Herausgebers" voran, in denen er auf erste kritische Anmerkungen eingeht. Die Rückmeldungen kreisen zum einen (auch durch die neue Leseordnung und die Veränderungen der Predigtkultur bedingt) um die Frage, wie „biblisch" eine Predigt sein kann oder muss. Einen anderen Schwerpunkt der Rückmeldungen stel-

---

2 Papst Franziskus in seinem Apostolischen Schreiben „Evangelii Gaudium" (EG) vom 24. November 2013 unter der Nummer 135.

3 Mein herzlicher Dank gilt Martin Nitsche für die intensive Zuarbeit.

len Fragen zur Länge der Beiträge dar. Für Lange liegt dahinter nicht nur ein Problem bezüglich des Umfangs der Predigthilfen. Letztlich gehe es auch um die Frage, welche Rolle der Exegese im Predigtgeschehen zukommt:

> „Die Autoren klagen zudem über die Schwierigkeit, Predigtvorschläge zu skizzieren, da jede Gemeinde und jeder Prediger anders seien. Bei genauem Hinsehen entdeckt man hinter jeder genannten Frage die Forderung, sich kürzer zu fassen, so dass sich die ganze Kritik auf die Frage nach der Länge der Bearbeitungen zu konzentrieren scheint."[4]

Lange legt im Folgenden dar, warum der gewählte Dreischritt aus Exegese, Meditation und Predigtentwurf nicht nur weit verbreitet, sondern auch sachlich notwendig ist. Es braucht seines Erachtens Exegese, Meditation, Kreativität im Bild- und Beispielhaften und das Zeugnis eines Zeugen, der aus der Gnade und im Dialog mit der Gemeinde spricht. Weniger geht (für ihn) nicht. In sieben weiteren Bänden setzt er Vorworte, die ganz grundsätzlich oder an konkreten Beispielen Predigttechniken und Predigtkulturen in den Blick nehmen. Diese Vorworte nehmen explizit Anleihe bei verbreiteten westlichen Handbüchern der Homiletik. Sie wollen zu einer ausführlichen Predigtvorbereitung anregen und primär die Beschäftigung mit der Bibel fördern. Diese „homiletischen Vorworte" seien im Folgenden knapp aufgelistet und charakterisiert.

1 Franz Kamphaus, Die Predigt und ihre Hörer, in: Markusjahr I, Evangelien (1972), 7–12.[5]

Für Franz Kamphaus ist die Predigtvorbereitung eine Ellipse mit den Brennpunkten Text und Hörer. Die Hörer sind dabei konstitutiv, weil das Wort Gottes immer ein Wort *für* und nicht *an und für sich* ist. Auch die Evangelien sind Ergebnis dieses gläubigen Rezeptionsprozesses; es gibt sie nicht ohne ihn. Zugleich bedingt Hören auch, nicht bloß das Eigene zu hören. Die Hörer sollen nicht nur mit sich selbst versöhnt werden, sondern mit Gott. Dazu reicht nicht soziale Analyse, sondern die konkrete Begegnung in der Pastoral und im geteilten Alltag. Dazu

[4] *K. Lange*, Vorbemerkungen des Herausgebers, in: *K. Lange.* (Hg.), Das Wort an die Gemeinde. Predigthilfen zu den Perikopen der Leseordnung Mattäusjahr II, Evangelien, Pfingsten bis Ende des Kirchenjahres, Leipzig 1972, 7–12,7.

[5] *F. Kamphaus*, Vorwort, in: *K. Lange.* (Hg.), Das Wort an die Gemeinde. Predigthilfen zu den Perikopen der Leseordnung Markusjahr I, Evangelien, Advent bis Pfingsten, Leipzig 1972, 7–12.

können gute Predigtvorgespräche dienen, aber auch differenzierte Kritik danach. Interessierte Laien wissen viel über Bibelkritik und haben Fragen, die weit über den kindlichen Glauben hinausgehen. Man kann und braucht sie davor nicht zu schützen. Wahrhaftigkeit ist wesentliche Voraussetzung der Verkündigung. Die immer gleiche „moralische Nutzanwendung“ missachtet die Hörer und die Schrift gleichermaßen, weil sie unhistorisch ist. Ebenso führt der Versuch zur Belanglosigkeit, das wesentliche Kerygma zu abstrahieren und es bloß in ein aktuell schickes Gewand zu stecken.

2 Friedrich Wulf, Verkündigung als geistlicher Vorgang, in: Markusjahr II, Evangelien (1973), 7–17.[6]

Am Anfang steht die Feststellung der schwieriger werdenden Vermittlung von Bibel und Glaube. Das ist nicht nur ein Sprachproblem. Die gesamte Themenwelt der Bibel und des Glaubens entspricht nicht mehr dem Leben der Menschen. Das Problem gab es schon immer, es war nur durch die gesellschaftlichen und kirchlichen Konventionen verdeckt: Das Geheimnis Gottes verrechnet sich nicht so einfach mit unserer Erfahrung. Zudem ist der Glaube immer geschichtlich und seine Ausdrucksformen sind kontextuell, schon in den Evangelien. Es gibt nicht die Glaubenswahrheit an sich. Und genau darin korrigiert uns die Exegese.

Schließlich steht die Aufgabe an, überkommene Formen theologischen Denkens in die Fragestellungen und Lebenskonzepte unserer Zeit zu übersetzen – ein theologisches Experiment, das noch am Anfang steht. Geglückte Neuinterpretationen wecken und vertiefen aber noch nicht zwangsläufig den Glauben. Daher gilt es, sich inmitten des eigenen Lebens und der Zeit auf Gottes Wort einzulassen. Praktisch heißt das, in Gerechtigkeit und Liebe für die Menschen da zu sein. Alles andere sind fromme und leere Worte.[7] Die Schwierigkeiten der Hörer, zu glauben, geschieht durch Bewusstmachung, aber auch durch Anleitung zum je eigenen Weg. Der zweite Zugang geht von den menschlichen Erfahrungen aus und führt zu ihren Tiefenschichten der Welterfahrungen, der Hoffnungen und

---

[6] *F. Wulf*, Vorwort. Verkündigung als geistlicher Vorgang, in: *K. Lange*. (Hg.), Das Wort an die Gemeinde. Predigthilfen zu den Perikopen der Leseordnung Markusjahr II, Evangelien, Pfingsten bis Ende des Kirchenjahres, Leipzig 1973, 7– 17; zuerst veröffentlich in: Geist und Leben 45 (1972), 168–179.

[7] Die Ausführungen lassen in diesem Teil so etwas wie eine „elementarisierte Systematik“ aufscheinen.

Enttäuschungen – und darin kann man Jesus begegnen, der das alles durchlebt hat. Der Verkündiger muss daher zuerst die eigene Lebens- und Glaubenserfahrung in Einheit einbringen.

3 Rolf Zerfaß, Kriterien der Predigtkritik, in: Matthäusjahr II, 1. Lesungen (1975), 7–14.[8]

Die Notwendigkeit der Predigtkritik ist vorausgesetzt, das Modell wird weitgehend an Rudolf Bohren orientiert.[9] Kreativität wird zu einem Kriterium der Predigtkritik; „Verkündigung muss Kreativität fördern" (S. 13). „Christliche Verkündigung interpretiert die Erfahrungen der Menschen, indem sie sie in den Horizont der Geschichte Gottes mit den Menschen stellt, die vom Geist Gottes bewegt ist und dem neuen Himmel und der neuen Erde entgegendrängt. Darum verändern sie die Lebensbedingungen der Menschen. Verriet die Predigt Zielvorstellungen von der Zukunft? Hat sie die Welterfahrung der Menschen richtig, d.h. im Blick auf die unabgegoltenen Verheißungen Gottes, interpretiert, hat sie Lust und Mut gemacht, zu leben und neue Erfahrungen zu machen? Verkündigung mobilisiert, sie lehrt das Lernen. Wenn man daher nach der Predigt keine Einfälle mehr hat, war es keine christliche Verkündigung." (S. 13–14).

4 Karljosef Lange, Vom Umgang mit einem Predigtbuch, in: Markusjahr II, 1. Lesungen (1976), 7–10.[10]

Lange formuliert nach einleitenden Gedanken zehn sehr konkrete Hinweise, die auf der Priorität der eigenen Lektüre der biblischen Predigttexte basieren. Es folgt ein kurzer, übernommener Text unter dem Titel „Lesen und lesen ist zweierlei".[11]

---

[8] *R. Zerfaß*, Vorwort. Kriterien der Predigtkritik, in: *K. Lange.* (Hg.), Das Wort an die Gemeinde. Predigthilfen zu den Perikopen der Leseordnung Mattäusjahr II, 1. Lesungen, Pfingsten bis Ende des Kirchenjahres, Leipzig 1975, 7–14.

[9] Vgl. *R. Bohren*, Predigtlehre, München 1971.

[10] *K. Lange*, Vorwort. Kriterien der Predigtkritik, in: *K. Lange.* (Hg.), Das Wort an die Gemeinde. Predigthilfen zu den Perikopen der Leseordnung Markusjahr II, 1. Lesungen, Pfingsten bis Ende des Kirchenjahres, Leipzig 1976, 7–10.

[11] Bei Lange mit folgender Zitation: „Aus *H. Arens – F. Richard – J. Schulte*, Kreativität und Predigtarbeit, München 1974."

5 (nach)[12] Alfred Mertens, Ein Bauplan für die Predigt, in: Lukasjahr II, 2. Lesungen (1977), 7–12.[13]

Die Predigt sollte sich nicht am Schreiben orientieren, sondern sich als Lernprozess im Sinne der Lernpädagogik (i.A. an H. Arens) betrachten. Predigtvorbereitung geht den Weg von hinten nach vorn: Zum Schluss wird die Stimmigkeit und der „rote Faden“ überprüft, das Konzept ist dialogisch, muss also die Hörer in ihren Gedanken und Stimmungen wirklich ernst nehmen.

Hörer leiden primär an mangelnder Zielstrebigkeit der Predigt und wissen nachher nicht mehr, worum es ging. „Lernweg“ kann auch den Abschied von festen Schemata beinhalten. Lernprozesse haben drei Phasen: eine Suchphase, die aus einer Bedürfnisspannung kommt; eine Findungsphase, wo Lösungen sichtbar (gemacht) werden; Einübung, Vertiefung und Verstärkung als praktische Anwendung und Verhaltensänderung. Das bedeutet in Schritten:

- Motivation: nicht bloß auf den Text verweisen; keinen Aufreißer nutzen, weil danach Langeweile folgt;
- Problemstellung: Richtung der Lösungssuche ohne ihre Vorwegnahme aufzeigen; entweder das Problem bewusstmachen oder eine These formulieren;
- Versuch und Irrtum: Lösungsansätze aus dem Zeitgespräch einbeziehen, diese im Sinne einer Unterscheidung der Geister diskutieren, die angebotene Lösung aus dem Text schlüssig machen;
- Modelle der Umsetzung und Einübung aufzeigen, die einleuchten.

---

12 Die Überarbeitung ist vermutlich durch den Herausgeber erfolgt.

13 *(nach) A. Mertens,* Vorwort. Ein Bauplan für die Predigt, in: *K. Lange.* (Hg.), Das Wort an die Gemeinde. Predigthilfen zu den Perikopen der Leseordnung Lukasjahr II, 2. Lesungen, Pfingsten bis Ende des Kirchenjahres, Leipzig 1977, 7–12.

6 Alfred Mertens, Die sprachliche Gestaltung und die Aneignung der Predigt, in: Mattäusjahr II, 2. Lesungen (1978), 7–12.[14]

Predigt ist eine Rede, wird aber oft nach der Art eines schriftlichen Textes vorgetragen und noch mit emotionalem Understatement, weil alles andere verdächtig erscheint; dazu muss sie die Sprache des Glaubens sprechen. Mertens postuliert vier Eigenschaften einer guten Predigt (im Anschluss an Wolfgang Bartholomäus): erfahrungsbezogen, menschenbezogen, performative Klarheit als betreffendes Zeugnis, aus dem Schweigen kommend.

Dazu gibt er praktische Spielregeln der Rede: kurze Sätze, primär Hauptsätze, Fremdwörter umgehen, nur nötige Adjektive verwenden, verbaler statt subjektivistischer Stil, aktive statt passive Formulierungen, leitmotivisches Reden (Thema immer wieder erinnern), ausreichende Redundanz zum Mitdenken, im Sprech-Denken mit Stichwortzettel vorbereiten.

7 Alfred Mertens, Vorwort. Was die Predigt leisten kann – Über die möglichen Predigtziele, in: Markusjahr II, 2. Lesungen (1979), 7–14.[15]

Die Ziele der Predigt orientieren sich an der Gemeinde. Aus der Predigtmeditation ergeben sich Überzeugungssätze, aus denen das Ziel gewählt werden kann. Es gibt einige Auswahlkriterien: an den Anliegen der Hörer orientieren und ihnen Trost geben, aber auch starre Gewohnheiten aufbrechen; das gilt auch für den Prediger. Das Ziel muss theologisch geprüft werden. Katholiken wünschen ausdrücklich inhaltsreichere Predigten; dabei geht es nicht um *den* Glauben, sondern um *das* Glauben. Veränderungsprozesse geschehen nicht durch die Predigt allein, sie brauchen flankierende Maßnahmen in der Pastoral.

> „Last not least: Ich bin nicht geneigt, ohne weiteres in das allgemeine Klagelied über die „moderne Predigtmisere“ einzustimmen. Ich habe

[14] *(nach) A. Mertens,* Vorwort. Ein Bauplan für die Predigt, in: *K. Lange.* (Hg.), Das Wort an die Gemeinde. Predigthilfen zu den Perikopen der Leseordnung Mattäusjahr II, 2. Lesungen, Pfingsten bis Ende des Kirchenjahres, Leipzig 1978, 7–12; Zuerst veröffentlicht unter: A. Schrodi (Hg.), Gottes Wort im Kirchenjahr in, Würzburg 1976, 13–18.

[15] *A. Mertens,* Vorwort. Was die Predigt leisten kann – Über die möglichen Predigtziele, in: *K. Lange.* (Hg.), Das Wort an die Gemeinde. Predigthilfen zu den Perikopen der Leseordnung Mattäusjahr II, 2. Lesungen, Pfingsten bis Ende des Kirchenjahres, Leipzig 1979, 7–14.

> immer die Erfahrung gemacht: Eine Predigt, die von theologischer Sachkenntnis, überzeugender Glaubenserfahrung und einigem rhetorischen Können getragen ist, findet aufmerksame und dankbare Hörer, und sie erreicht auch etwas bei ihnen. Zweifellos sind unsere Hörer, verwöhnt durch das Angebot in den Medien, anspruchsvoller geworden. Muß das ein Fehler sein? Es wäre zu wünschen, wenn wir Prediger uns durch unsere Hörer herausgefordert fühlten, selbst anspruchsvoller zu werden für unsere Predigtarbeit.“ (S. 13–14).

Mit diesem ersten Aufschlag zur Homiletik im Predigtreihenwerk der DDR *Das Wort an die Gemeinde* ist deutlich geworden, dass seine Anliegen sowohl damals auf der Höhe der Zeit waren, als sie auch heute kaum an Aktualität verloren haben. Was für die Grundsätze gilt, kann allerdings nach einem ersten Blick auf die sachliche Durchführung der einzelnen Entwürfe jedenfalls nicht gesagt werden. Hier zeigt sich insofern die Qualität der damaligen Bearbeitungen, als sie sich explizit als zeit- und kontext-bedingt darstellen. Wie passgenau das allerdings seinerzeit war und inwieweit die Bände tatsächlich das Predigtgeschehen positiv beeinflusst haben, könnte erst durch tiefergehende Forschungen geprüft werden.

DAS VERSCHOLLENE KONVOLUT. ANZEIGE EINES FORSCHUNGSDESIDERATS ZUR LIZENZAUSGABE *„FÜR DIE DDR UND DIE SOZIALISTISCHEN LÄNDER“* DES LUKAS-KOMMENTARS VON HEINZ SCHÜRMANN

Christof Gärtner

Was im Folgenden als Forschungsdesiderat angezeigt werden soll, hat zwei markante Berührungspunkte zu den im hier vorgelegten Band präsentierten Forschungsergebnissen: einen inhaltlich-thematischen und einen persönlichen. Konkret geht es um das Konvolut eines 1969 in der Bundesrepublik (im Folgenden "Westausgabe") erschienenen ersten Teils des Lukas-Kommentars von Heinz Schürmann (Kapitel 1,1–9,50).[1] Der Begriff *Konvolut* ist hier deshalb gewählt, weil es sich bei diesem Exemplar um eine Sammlung der aus technischen Gründen aus dem Buchblock gelösten Seiten handelt. Sie wurden für den fotomechanischen Nachdruck zum Zweck einer Veröffentlichung als Lizenzausgabe *„für die DDR und die sozialistischen Länder“* (im Folgenden „Ostausgabe“)[2] durch ergänzende und/oder korrigierende Überklebungen präpariert.[3] Letztere bilden den ersten angesprochenen Berührungspunkt und ergeben – parallel zur Untersuchung des Predigtreihenwerkes – die sich zu weiterer Erforschung anbietende Frage: Welche inhaltlich-*korrigierenden* Veränderungen, die in der Ostausgabe in keiner Weise markiert werden und auch im Druckbild nicht erkenntlich sind, wurden hier vorgenommen und aus welchen Gründen?[4]

Was ich als Verfasser dieses Beitrags zum Konvolut selber sagen kann, beruht im Kern auf mündlichen Auskünften – und hier ist der zweite Berührungspunkt

[1] *H. Schürmann*, Das Lukasevangelium. Erster Teil (HThKNT, III), Freiburg i.Br. ^{1}1969, ^{4}1990. Ein zweiter Teil des Kommentars (Kapitel 9,51–11) erschien dann m.W. 1994.

[2] *Ders.*, Das Lukasevangelium. Erster Teil (Lizenzausgabe), Leipzig ^{1}1970, ^{2}1971.

[3] Die Seiten, auf denen Veränderungen vorgenommen wurden, sind durch ein kleines Kreuz auf dem oberen Seitenrand gekennzeichnet worden. Die entsprechenden Stellen sind durch ein händisches Überstreichen der jeweiligen Seite leicht zu entdecken. Es fehlt Blatt XIII/XIV.

[4] Eine Reihe von Druckfehlern, "die aus technischen Gründen (...) nicht getilgt werden konnten", sind in der Ostausgabe auf den Seiten 591f dagegen aufgeführt. Das deutet in jedem Fall auf eine äußerst gründliche – eben auch inhaltliche – Überarbeitung der Nachdruckvorlagen der Westausgabe hin.

benannt – von Karljosef Lange, dem Herausgeber des Predigtreihenwerkes *„Das Wort an die Gemeinde"*, mit dem ich freundschaftlich verbunden war.[5]

> Aus streng wissenschaftlicher Perspektive ist das Sich-berufen auf „nur" mündliche Aussagen, die in diesem Fall auch schon viele Jahre zurückliegen, nicht unproblematisch. Zu leicht verfälschen sich mit der Zeit die Erinnerungen oder verschwinden gar ganz. Allerdings scheint mir dieses Vorgehen im konkreten Fall trotzdem unerlässlich, da viele der hier verarbeiteten Informationen nur (noch) durch die beteiligten (und noch lebenden) Augenzeug/-innen zu erhalten sind. Zum anderen mag man aber im Zusammenhang mit Fragen nach der *Bibelrezeption* auch daran denken, dass die Botschaft der Hl. Schrift selber ja – zumal anfangs – über Jahrhunderte „nur" mündlich weitergegeben wurde. Dennoch glauben wir, dass uns die göttliche Botschaft trotz manchem *„Unvollkommenen und Zeitbedingten"* (DV 15) doch aufs Ganze gesehen bezeugt ist. Ohne anmaßend zu sein: Möge analog hier auch zutreffen, dass die verwendeten mündlichen Informationen im Wesentlichen richtig oder jedenfalls für das Nachdenken und die Forschung anregend sind.

Das angesprochene Konvolut befand sich offenbar zuletzt nicht mehr im Besitz des St. Benno-Verlags, der es ja für die Drucklegung gebrauchte, sondern von Heinz Schürmann selbst, dessen Schwester, die ihm den Haushalt führte, es nach seinem Tod offenbar dem/einem Erfurter Weihbischof vermachte (Weihbischof Hans-Reinhard Koch?). Karljosef Lange erbat und erhielt es wohl von Letzterem. Über Herrn Pastor Lange gelangte es dann zu mir und ich selbst habe es im Juni 2016 mit entsprechenden schriftlichen Hinweisen zum Erhalt für die Nachwelt in den Bestand der Erzbischöflichen Akademischen Bibliothek in Paderborn übergeben.[6]

In der Erzbischöflichen Akademischen Bibliothek ist nun allerdings das Konvolut aus unerfindlichen Gründen verschollen und trotz intensiver Suche *„noch*

---

5 Vgl. *C. Gärtner*, „Das Wort an die Gemeinde". Entstehung und homiletischer Ansatz des DDR-eigenen katholischen Predigtreihenwerkes, in: ThGl 95 (2005) 80–90, 80f. Der Beitrag ist im Anhang des Bandes noch einmal abgedruckt. – Karljosef Lange lebte bis zu seinem Tod am 18.02.2023 in einem Altenpflegeheim in seiner Geburtsstadt Warburg. Sein Grab befindet sich auf dem dortigen Burgfriedhof.

6 Die dortige Signatur ist PAD 710 und enthält im Wesentlichen die hier bereits beschriebenen Angaben. Unter der Signatur PAD 711 ist das entsprechende Quellenmaterial für die Erforschung des Predigtreihenwerkes eingestellt: *„Pad 711. Das DDR-eigene katholische Predigtreihenwerk ‚Das Wort an die Gemeinde'. Dokumentation des Entstehungsprozesses und homiletischer Ansatz. Ordner mit Dokumenten. Aus dem Besitz von Pastor Karljosef Lange, Dortmund. Der EAB übergeben von Dr. Christof Gärtner. (...) 13.6.2016"*.

nicht wieder aufgetaucht“[7]. Alternativ wurde im Vorfeld dieser Veröffentlichung versucht durch einen computerbasierten Vergleich den (vorübergehenden?) Verlust dieses einmaligen Zeitzeugnisses wenigstens abzufedern.[8] Doch leider erbrachten weder der Versuch des Vergleichs beider Kommentare (West- und Ostausgabe) durch ein Texterkennungsprogramm, noch der Vergleich der Bilddateien der einzelnen Seiten ein erkenntnisbildendes Ergebnis, sodass weiter auf das Auftauchen des Konvoluts gehofft werden muss.

> Mögliche andere Quellen zur Erforschung der inhaltlichen Veränderungen der Ost- im Vergleich zur Westausgabe könnten zum einen, falls vorhanden, staatliche und/oder kirchliche Zensurunterlagen sein, sofern man davon ausgeht, dass hier ein ähnliches Verfahren angewendet wurde, wie wir es beim Predigtreihenwerk sehen konnten. Eine weitere mögliche Quelle wären zum anderen – wiederum: falls vorhanden – Unterlagen beim St. Benno-Verlag. Hier ist nach den Aussagen von Karljosef Lange anzunehmen, dass die Änderungen vermutlich vom damaligen Lektor des St. Benno-Verlages, Herrn Beckmann, vorgenommen wurden. Näheres zu seiner Person ist mir allerdings nicht bekannt.

In jedem Fall können wir (auch) am Beispiel des Konvoluts sehen, dass die Herausgabe theologischer Werke bzw. Nachdrucke von im Westen erschienenen Werken unter den Bedingungen der ehemaligen DDR aus den verschiedensten Gründen überaus mühevoll war, wie wir es schon beim Predigtreihenwerk feststellen konnten. Und das eben nicht nur in – im weitesten Sinn – politischer, sondern auch in ganz konkreter Hinsicht: akribischste Arbeit der Findung entsprechend zu überarbeitender Stellen im gesamten Werk (ggf. bereits im Vorfeld oder dann eben auf Grund der Auflagen der staatlichen und/oder kirchlichen Zensur), Suche nach Alternativen, Findung einer sprachlichen bzw. formalen Passung im jeweiligen Kontext (der Druckvorlage), Erstellung und Einfügung (durch Überkleben) von entsprechenden Zeilen, Text- und/oder Wort-„Schnipseln“.

Bei der Frage nach erhofften Erkenntnissen einer hier angeregten näheren Untersuchung der Veränderungen der Ostausgabe des Lukas-Kommentars kann aus den benannten Gründen lediglich – oder „immerhin“ – gesagt werden, dass es, jenseits aller möglicherweise zensurbedingten Veränderungen, *eine* Absicht der

---

7 Schriftliche Mitteilung von Herrn Bibliotheksdirektor Prof. Dr. Hans-Walter Stork am 24.01.2022.

8 Hier ist Herrn Dr. Martin Nitsche für die Initiative und sein Engagement, Frau Anna Sophie Reitnauer für die Mühen der Digitalisierung Dank zu sagen.

Herausgeber war, bei den bibliographischen Angaben entweder Verbesserungen der Original-Ausgabe oder die Hinzunahme von exegetischer Literatur, die zwischenzeitlich auch in der DDR erschienen war, zu erreichen.[9] Weitere Fragen bleiben ein Desiderat: Wie verlief der genaue Entstehungsprozess bis zur Drucklegung der Ostausgabe und gab es dabei – ggf. welche – Parallelen zu *Das Wort an die Gemeinde*? Welche Zensurvorgaben gab es bei diesem Werk von staatlicher Seite, welche von kirchlicher Seite (wenn es sie denn gab)? Woher (und von wem genau) waren diese motiviert? Sind sie inhaltlich gleichzusetzen mit den Vorgaben beim Predigtreihenwerk? Gab es, wie bei *Das Wort an die Gemeinde*, Konflikte bzgl. der einzuarbeitenden Veränderungen?

> Und noch ein Desiderat anderer Art in diesem Zusammenhang (was allerdings schon sehr ins Spekulative geht): Heinz Schürmann hat zu DDR-Zeiten nur den/einen ersten Teil seines Lukas-Kommentars veröffentlicht. (Erst 1994, also nach der Wende, erschien m.W. ein zweiter Teil, der allerdings nur den Text von Vers 9,51 bis Kapitel 11 einschließlich umfasst.) Auf meine Frage, warum Schürmann nicht bereits zu DDR-Zeiten weitere Teile seines Kommentars veröffentlicht hat, erzählte mir Karljosef Lange, dass Schürmann sich (offenbar irgendwo in den folgenden Teilen/Kapiteln) exegetisch etwas *„verrannt"* habe. Jedenfalls habe sich seine (Außenseiter-)Position nicht halten lassen. Da er das aber nicht offen habe zugeben wollen, habe er dann einfach auf den zweiten Kommentarteil verzichtet; also weder seine umstrittene Position wiederholt, noch einer anderen schließlich zugestimmt. – Ob an dieser mir im Gedächtnis gebliebenen Version etwas dran sein könnte? Immerhin kannten sich beide gut und Schürmann hatte, nachdem man zunächst ihn, dann Wolfgang Trilling gefragt hatte, schließlich Lange als Herausgeber des Predigtreihenwerkes ins Spiel gebracht. In jedem Fall wäre es höchst interessant, ob in Schürmanns Nachlass möglicherweise noch unveröffentlichte Kommentarteile vorhanden sind und welche Positionen er darin vertritt.

---

[9] Leistbar war im Vorfeld nur der Vergleich der bibliografischen Angaben in beiden Ausgaben. Veränderungen finden sich, ohne sie hier inhaltlich im Einzelnen anzuführen, auf den folgenden Seiten: XV (mittig), XXVII (mittig), XXIX (unten), XXX (oben und unten), XXXI (oben, mittig und unten) und XXXII (oben), XXXV (unten) und XXXVII (mittig).

INTERVIEW MIT BISCHOF DR. GERHARD FEIGE ÜBER *DAS WORT AN DIE GEMEINDE*

Die Fragen stellten Marlen Bunzel und Martin Nitsche

1. Haben Sie mit den Büchern „Das Wort an die Gemeinde" gearbeitet?

Ja, nicht immer, aber oft, vor allem in den ersten Jahren meines priesterlichen Dienstes. Besonders gefallen hat mir die Dreiteilung der Beiträge in „Exegetische Textbesprechung", „Meditation" und „Gedanken zur Predigt". Das bot sowohl eine recht solide biblische Erschließung als auch weiterführende geistliche und geistige Anregungen. Enthalten waren und sind darin eben keine Lesepredigten, sondern Hilfen, um eigene Entwürfe zu entwickeln. Selbst heute schaue ich noch gelegentlich in einen der 18 Bände, die weiterhin in meinem Bücherregal stehen.

2. Ist Ihnen etwas über die Entstehung dieser Predigtreihe bekannt?

Wer die Idee hatte und wie diese Veröffentlichung genau zustande gekommen ist, weiß ich nicht. In den Jahren ihres Erscheinens – 1973 bis 1979 – war ich gerade im Theologiestudium und in der Ausbildung zum Priester bzw. ab 1978 dazu geweiht und eingesetzt. Ich habe aber den Redaktor aller Bände – Wolfgang Simon – sehr gut gekannt. Er war der Vikar meiner Jugendzeit, zu dem ich auch danach weiterhin Kontakt hatte. Und so bin ich bei Besuchen von ihm auch einige Male gebeten worden, entsprechende Druckfahnen zu lesen und zu korrigieren.

3. Kennen Sie einige der Autoren und Autorinnen persönlich?

Die meisten der Autoren und Autorinnen habe ich entweder damals schon gekannt oder etwas später kennengelernt. Ein großer Teil von ihnen gehörte zur – gewissermaßen – katholischen „Elite" in der DDR, viele stammten aus der Magdeburger Ortskirche oder aus dem Umfeld vom Philosophisch-Theologischen

Studium und Priesterseminar in Erfurt. Darunter waren – für damalige Verhältnisse erstaunlich – sogar einige Frauen und westdeutsche Geistliche.

4. Können Sie etwas über die Rezeption und Wirkung der Predigtreihe „Das Wort an die Gemeinde" sagen?

Nur so viel, dass diese auch außerhalb der DDR einige Beachtung gefunden hat. Manche Westdeutschen, die zu uns zu Besuch kamen, haben ihren Zwangsumtausch dazu genutzt, um den einen oder anderen Band zu erwerben. Und ich selbst habe bei Reisen in verschiedene mittelost- und osteuropäische Länder für mir bekannte deutschsprachige katholische wie auch orthodoxe Priester einige Exemplare mitgenommen und an sie verschenkt. Einmal musste ich deswegen auch an der ungarisch-rumänischen Grenze aus dem Zug aussteigen. Rumänische Grenzbeamte beschlagnahmten meine Bücher – aber auch Ansichtskarten vom Erfurter Dom – wegen „religiösen Inhalts", ich bekam eine Quittung und durfte erst mit dem nächsten Zug in Richtung Bulgarien weiterfahren.

5. Gab es, wenn Sie zurückblicken, gängige „sprachliche Codes" oder geprägte Wendungen, die einerseits dem Adressatenkreis geläufig waren, andererseits für eine mögliche staatliche Zensur unangreifbar waren?

Viele beherrschten damals die Kunst, gewissermaßen auch zwischen den Zeilen sprechen, hören und lesen zu können. Zudem hatten wir als Priester ziemliche Narrenfreiheit und konnten zum Beispiel in Predigten mehr als andere sagen, während manche der Zuhörer und Zuhörerinnen danach gelegentlich in ihren Betrieben befragt wurden, warum sie nicht widersprochen oder aus Protest die Kirche verlassen hätten.

Gänzlich unangreifbar war wohl nichts; es blieb eine Gratwanderung. So konnten bestimmte Andeutungen manchmal einer Zensur zum Opfer fallen, andererseits aber auch durchgehen. Beispielhaft möchte ich dafür auf einige Formulierungen verweisen, die im Band I. 1. Lesungen auf Seite 272 zu finden sind. Dort heißt es unter anderem zur Lesung in der Osternacht über den Auszug aus Ägypten: „Im gespaltenen Meer schafft Gott ‚der Freiheit eine Gasse‘. Durch diese gewagte Gasse zieht die Kirche durch die Jahrhunderte und in die Zukunft. Nur nicht stehenbleiben! … Der Blick in die Zukunft, nach vorn auf das rettende Ufer, lässt das Volk Gottes schneller ausschreiten. Es ist zwar auf der Flucht, aber auf der Flucht nach vorn. Seine Sicherheit gründet sich auf die Erfahrung der Relativität der irdischen Macht. Die ägyptischen Kampfwagen waren zwar schrecklich. Aber sie waren zu stabil, sie konnten nicht schwimmen.“

6. Haben Sie Kenntnis von Zensur dieser Predigten oder ähnlicher Veröffentlichungen, ggf. auch eigene Erfahrungen?

Wie sich die Zensur hinsichtlich dieser Predigtreihe konkret ausgewirkt hat, ist mir nicht bekannt. Man kann aber 100%ig davon ausgehen, dass alles kritisch gegengelesen wurde. Predigten, die zum Beispiel in den – erstaunlicherweise gestatteten – sonntäglichen Morgenfeiern bei Radio DDR gehalten wurden, mussten darum etwa sechs Wochen vorher eingereicht werden. Wie ich mehrfach gehört habe, sollen für theologische Texte einige Professoren der Evangelischen Fakultät der Humboldt-Universität in Berlin zuständig gewesen sein.

Was die Zensur religiöser Lieder betrifft, mögen zwei kuriose Beispiele verdeutlichen. Bei dem neuen geistlichen Lied „Wir hocken hinter unseren Mauern“ musste das Wort „Mauern“ durch das Wort „Zäunen“ ausgewechselt werden. Grund dafür war die 1961 hochgezogene Berliner Mauer, der sogenannte „antifaschistische Schutzwall“, der sich in Wirklichkeit gegen die eigene Bevölkerung richtete. Und das Lied „Was ihr dem geringsten Menschen tut, das habt ihr ihm getan …“ konnte in der DDR-Ausgabe des alten „Gotteslob“ unter der Nummer 619 nur mit drei Strophen erscheinen. Statt der vierten Strophe findet sich dort ein Leerraum. Es fehlt der Text: „Immer ist er unter denen, die gekreuzigt worden sind; in unmenschlichen Systemen lebt er hilflos wie ein Kind. Mitten unter uns steht er unerkannt.“ Offensichtlich hat man das auf sich bezogen oder befürchtet, damit in Verbindung gebracht zu werden.

7. *Wie würden Sie rückblickend die Predigtkultur in der DDR aus persönlichen Erfahrungen heraus beschreiben?*

Da ich bei Gottesdiensten eigentlich fast immer selbst predigen musste, kann ich dazu nicht viel sagen. Ich jedenfalls habe versucht, auf den gesellschaftlichen Kontext bezogen zu predigen, und konnte mir noch in den ersten Jahren nach der Wiedervereinigung nicht vorstellen, dies auch in westdeutschen Verhältnissen zu tun.

8. *Gab es damals „Mode-Themen"? Gab es besonders beliebte oder relevante Bibeltexte, vielleicht auch im Unterschied zu heute?*

Predigten sind meistens nicht „steril", sondern spiegeln Entwicklungen und Herausforderungen ihres zeitlichen und räumlichen Kontextes wider. Für meine Studienzeit und die Phase danach bedeutete das infolge der Bibel-Bewegung, des II. Vatikanischen Konzils und der gestiegenen Hochschätzung der Exegese, sich stark an alt- und neutestamentlichen Texten zu orientieren, deren Entstehungszusammenhänge und ursprüngliche Aussageabsichten zu erheben und auf die Gegenwart zu beziehen. Das belegt auch die Predigtreihe „Das Wort an die Gemeinde", der es weniger oder gar nicht um themenzentrierte oder systematische Predigten ging. Und die liturgische Leseordnung des Kirchenjahres bildete dazu die Grundlage. Selbstverständlich gab es auch zu bestimmten Anlässen programmatische Predigten. Lieblingsthemen sind mir dabei aber nicht in Erinnerung, wohl aber biblische Anknüpfungspunkte wie die Knechtschaft in Ägypten, das babylonische Exil oder der Aufruf zur Kreuzesnachfolge. Nach dem Mauerfall von 1989 jedoch spielte zum Beispiel Psalm 126 eine große Rolle: „Als der Herr das Los der Gefangenschaft Zions wendete, da waren wir alle wie Träumende. Da war unser Mund voll Lachen und unsere Zunge voll Jubel. Da sagte man unter den anderen Völkern: 'Der Herr hat an ihnen Großes getan.'" Auch Psalm 66 wurde aufgegriffen: „Du hast, o Gott, uns geprüft, und uns geläutert, wie man Silber läutert. Du brachtest uns in schwere Bedrängnis und legtest uns eine drückende Last auf die Schulter. Du ließest Menschen über unsere Köpfe schreiten. Wir gingen durch Feuer und Wasser. Doch du hast uns in die Freiheit hinausgeführt." Und zu Weihnachten klang Jesaja 9,1-4 so aktuell wie schon lange nicht mehr: „Das Volk, das im Dunkel lebt, schaut ein großes Licht; über denen, die im Land der Finsternis wohnen, strahlt ein Licht auf. Du erregst lauten Jubel und schenkst große Freude. … Denn wie am Tag von Midian zerbrichst du das drückende Joch, das Tragholz auf unserer Schulter und den Stock des Treibers. Jeder Stiefel, der dröhnend daher stampft, jeder Mantel, der mit Blut befleckt ist, wird verbrannt, wird ein Fraß des Feuers."

9. *Wie beurteilen Sie rückblickend die gedruckten Predigten innerhalb der sonst üblichen Predigtkultur jener Zeit?*

Es waren – so meine ich – größtenteils weder oberflächliche „Eintagsfliegen" noch zeitlose „Allgemeinplätze", sondern biblisch fundierte und zeitgeschichtlich beeinflusste Entwürfe oder Anregungen, die geholfen haben, sich kurz und gut auf eine Predigt vorzubereiten und für aktuelle Bezüge zu sensibilisieren.

Marlen Bunzel und Martin Nitsche danken für die Beantwortung der Fragen.

AUTOR:INNEN-REGISTER ZU *DAS WORT AN DIE GEMEINDE*

Franziska Richter

Dieses Register umfasst alle Inhalte der 18-bändigen Predigtreihe *Das Wort an die Gemeinde* (K. Lange [Hg.], *Das Wort an die Gemeinde: Predigthilfen zu den Perikopen der neuen Leseordnung,* Bände 1–18, Leipzig 1971–79). Es ist alphabetisch nach den Nachnamen der Autor:innen geordnet. Mehrere Beiträge einzelner Autor:innen sind nach der Struktur der Reihe, also zunächst anhand der Lesejahre A, B, C und dann anhand der liturgischen Abfolge 1. Lesung, 2. Lesung, Evangelium sortiert.

Bei der Erstellung des Registers habe ich mich an den Inhaltsverzeichnissen der einzelnen Bände orientiert, wobei nicht alle dort erwähnten Namen auch in dem Autorenverzeichnis des jeweiligen Bandes zu finden sind. Etwaige abweichende Schreibweisen von Autorennamen sind jeweils in einer Fußnote aufgeführt.

Ich bedanke mich herzlich bei Martin Nitsche, der die Rohfassung des Registers zusammengetragen und zur Verfügung gestellt hat.

Ackermann, Manfred, 7. Ostersonntag, Apg 1,12–14, in: *K. Lange* (Hg.), Mattäusjahr I, Erste Lesungen, Advent bis Pfingsten, Leipzig 1974, 389–408 (mit Ulrich Pohl).

–, Palmsonntag, Mt 21,1–11, in: *K. Lange* (Hg.), Mattäusjahr I, Evangelien, Advent bis Pfingsten, Leipzig 1971, 243–250 (mit Wolfgang Trilling).

–, 4. Ostersonntag, Apg 4,8–11, in: *K. Lange* (Hg.), Markusjahr I, Erste Lesungen, Advent bis Pfingsten, Leipzig 1975, 316–323.

–, Sonntag nach Weihnachten – Fest der Heiligen Familie, Lk 2,22(39)–40, in: *K. Lange* (Hg.), Markusjahr I, Evangelien, Advent bis Pfingsten, Leipzig 1972, 77–83.

–, Palmsonntag - Zur Passion, Mk 15,1–39, in: *K. Lange* (Hg.), Markusjahr I, Evangelien, Advent bis Pfingsten, Leipzig 1972, 277–285.

–, 4. Ostersonntag, Offb 7,9.14b–17, in: *K. Lange* (Hg.), Lukasjahr I, Zweite Lesungen, Advent bis Pfingsten, Leipzig 1979, 298–306.

–, 27. Sonntag im Jahreskreis, 2 Tim 1,6–8.13–14, in: *K. Lange* (Hg.), Lukasjahr II, Zweite Lesungen, Pfingsten bis Ende des Kirchenjahres, Leipzig 1977, 286–301.

Arens, H.[1], 8. Sonntag im Jahreskreis, 2 Kor 3,1b–6, in: *K. Lange* (Hg.), Markusjahr I, Zweite Lesungen, Advent bis Pfingsten, Leipzig 1978, 185–197 (mit Karljosef Lange).
–, 22. Sonntag im Jahreskreis, Jak 1,17–18.21b–22.27, in: *K. Lange* (Hg.), Markusjahr II, Zweite Lesungen, Pfingsten bis Ende des Kirchenjahres, Leipzig 1979, 178–193 (mit Lothar Ullrich).

Aufderbeck, Hugo, 10. Sonntag im Jahreskreis, Röm 4,18–25, in: *K. Lange* (Hg.), Mattäusjahr II, Zweite Lesungen, Pfingsten bis Ende des Kirchenjahres, Leipzig 1978, 65–76 (mit Heinz Schürmann und E. Beck).
–, 12. Sonntag im Jahreskreis, Gal 3, 26–29, in: *K. Lange* (Hg.), Lukasjahr II, Zweite Lesungen, Pfingsten bis Ende des Kirchenjahres, Leipzig 1977, 83–91.

Augst, Rüdiger, 5. Fastensonntag, Joh 11,1–45, in: *K. Lange* (Hg.), Mattäusjahr I, Evangelien, Advent bis Pfingsten, Leipzig 1971, 228–242.
–, 20. Sonntag im Jahreskreis, Joh 6,51–59, in: *K. Lange* (Hg.), Markusjahr II, Evangelien, Pfingsten bis Ende des Kirchenjahres, Leipzig 1973, 156–161.

Balthasar, Hans Urs von, Vorwort: Über die „Unentbehrlichkeit" des Alten Testamentes, in: *K. Lange* (Hg.), Markusjahr I, Erste Lesungen, Advent bis Pfingsten, Leipzig 1975, 7–11.

Bartel, Wolfgang, 5. Sonntag im Jahreskreis, Mt 5,13–16, in: *K. Lange* (Hg.), Mattäusjahr I, Evangelien, Advent bis Pfingsten, Leipzig 1971, 146–159.
–, 4. Ostersonntag 1 Petr 2,20b–25, in: *K. Lange* (Hg.), Mattäusjahr I, Zweite Lesungen, Advent bis Pfingsten, Leipzig 1977, 362–377.
–, 1. Fastensonntag, 1 Petr 3,18–22, in: *K. Lange* (Hg.), Markusjahr I, Zweite Lesungen, Advent bis Pfingsten, Leipzig 1978, 214–224.
–, 27. Sonntag im Jahreskreis, Gen 2,18–24, in: *K. Lange* (Hg.), Markusjahr II, Erste Lesungen, Pfingsten bis Ende des Kirchenjahres, Leipzig 1976, 261–271.

Bartel, Herwig, 5. Fastensonntag, Röm 8,8–11, in: *K. Lange* (Hg.), Mattäusjahr I, Zweite Lesungen, Advent bis Pfingsten, Leipzig 1977, 256–265 (mit Michael Göpfert).
–, 20. Sonntag im Jahreskreis, Jes 56,1.6–7, in: *K. Lange* (Hg.), Mattäusjahr II, Erste Lesungen, Pfingsten bis Ende des Kirchenjahres, Leipzig 1975, 187–197.

[1] Nicht im Autorenverzeichnis des Bandes aufgeführt.

–, 32. Sonntag im Jahreskreis, Mt 25,1–13, in: *K. Lange* (Hg.), Mattäusjahr II, Evangelien, Pfingsten bis Ende des Kirchenjahres, Leipzig 1972, 338–348.
–, 21. Sonntag im Jahreskreis, Eph 5,21–32, in: *K. Lange* (Hg.), Markusjahr II, Zweite Lesungen, Pfingsten bis Ende des Kirchenjahres, Leipzig 1979, 164–177 (mit M. Limbeck).
–, 2. Ostersonntag, Apg 5,12–16, in: *K. Lange* (Hg.), Lukasjahr I, Erste Lesungen, Advent bis Pfingsten, Leipzig 1976, 273–285 (mit Gerhard Fischer).
–, 3. Ostersonntag, Offb 5,11–14, in: *K. Lange* (Hg.), Lukasjahr I, Zweite Lesungen, Advent bis Pfingsten, Leipzig 1979, 289–297.

Bartsch, E., 1. Adventssonntag, Mk 13,33–37, in: *K. Lange* (Hg.), Markusjahr I, Evangelien, Advent bis Pfingsten, Leipzig 1972, 13–22 (mit Heinrich Kahlefeld).

Bautz, Michael, Ostern, Kol 3,1–4, in: *K. Lange* (Hg.), Mattäusjahr I, Zweite Lesungen, Advent bis Pfingsten, Leipzig 1977, 320–330 (mit Claus-Peter März).

Beck, E., 10. Sonntag im Jahreskreis, Röm 4,18–25, in: *K. Lange* (Hg.), Mattäusjahr II, Zweite Lesungen, Pfingsten bis Ende des Kirchenjahres, Leipzig 1978, 65–76 (mit Hugo Aufderbeck und Heinz Schürmann).

Beißel, Konrad, 14. Sonntag im Jahreskreis, Sach 9,9–10, in: *K. Lange* (Hg.), Mattäusjahr II, Erste Lesungen, Pfingsten bis Ende des Kirchenjahres, Leipzig 1975, 123–131.

Bengsch, Heinrich, 3. Fastensonntag, 1 Kor 1,22–25, in: *K. Lange* (Hg.), Markusjahr I, Zweite Lesungen, Advent bis Pfingsten, Leipzig 1978, 233–243.
–, 18. Sonntag im Jahreskreis, Eph 4,17.20–24, in: *K. Lange* (Hg.), Markusjahr II, Zweite Lesungen, Pfingsten bis Ende des Kirchenjahres, Leipzig 1979, 128–135 (mit Dieter Katte).
–, 5. Ostersonntag, Offb 21,1–5a, in: *K. Lange* (Hg.), Lukasjahr I, Zweite Lesungen, Advent bis Pfingsten, Leipzig 1979, 307–319 (mit F. Meyer und Karljosef Lange).
–, 19. Sonntag im Jahreskreis, Weish 18,6–9, in: *K. Lange* (Hg.), Lukasjahr II, Erste Lesungen, Pfingsten bis Ende des Kirchenjahres, Leipzig 1974, 142–151.

Berger, Joachim, 5. Ostersonntag, Joh 14,1–12, in: *K. Lange* (Hg.), Mattäusjahr I, Evangelien, Advent bis Pfingsten, Leipzig 1971, 329–345 (mit Theo Gunkel).
–, 6. Ostersonntag, Offb 21,10–14.22–23, in: *K. Lange* (Hg.), Lukasjahr I, Zweite

Lesungen, Advent bis Pfingsten, Leipzig 1979, 320–332 (mit F. Meyer, Karljosef Lange und Franz Kamphaus).
–, 27. Sonntag im Jahreskreis, Lk 17,5–10, in: *K. Lange* (Hg.), Lukasjahr II, Evangelien, Pfingsten bis Ende des Kirchenjahres, Leipzig 1971, 263–275.

Bernard, Johannes, 31. Sonntag im Jahreskreis, Weish 11,23–12,2, in: *K. Lange* (Hg.), Lukasjahr II, Erste Lesungen, Pfingsten bis Ende des Kirchenjahres, Leipzig 1974, 278–288 (mit Heribert Rücker).

Bernhard, Armin, 4. Sonntag im Jahreskreis, Zef 2,3; 3,12–13, in: *K. Lange* (Hg.), Mattäusjahr I, Erste Lesungen, Advent bis Pfingsten, Leipzig 1974, 156–168.
–, Herz-Jesu-Fest, 1 Joh 4,7–16, in: *K. Lange* (Hg.), Mattäusjahr II, Zweite Lesungen, Pfingsten bis Ende des Kirchenjahres, Leipzig 1978, 30–43.
–, 8. Sonntag im Jahreskreis, 1 Kor 4,1–5, in: *K. Lange* (Hg.), Mattäusjahr II, Zweite Lesungen, Pfingsten bis Ende des Kirchenjahres, Leipzig 1978, 44–55.
–, Palmsonntag, Phil 2,6–11, in: *K. Lange* (Hg.), Mattäusjahr I, Zweite Lesungen, Advent bis Pfingsten, Leipzig 1977, 266–279 (mit Franz Kamphaus).
–, 9. Sonntag im Jahreskreis, 2 Kor 4,6–11, in: *K. Lange* (Hg.), Markusjahr I, Zweite Lesungen, Advent bis Pfingsten, Leipzig 1978, 198–209.
–, 2. Weihnachtstag – Stephanustag, Mt 10,17–22, in: *K. Lange* (Hg.), Markusjahr I, Evangelien, Advent bis Pfingsten, Leipzig 1972, 65–76.
–, 16. Sonntag im Jahreskreis, Jer 23,1–6, in: *K. Lange* (Hg.), Markusjahr II, Erste Lesungen, Pfingsten bis Ende des Kirchenjahres, Leipzig 1976, 121–131 (mit Ernst Pfeiffer).
–, 4. Fastensonntag, 2 Kor 5,17–21, in: *K. Lange* (Hg.), Lukasjahr I, Zweite Lesungen, Advent bis Pfingsten, Leipzig 1979, 238–253 (mit Franz Kamphaus und H. Hubert).
–, 2. Fastensonntag, Lk 9,28b–36, in: *K. Lange* (Hg.), Lukasjahr I, Evangelien, Advent bis Pfingsten, Leipzig 1973, 184–195.
–, Ostersonntag – Am Tage, Joh 20,1–9, in: *K. Lange* (Hg.), Lukasjahr I, Evangelien, Advent bis Pfingsten, Leipzig 1973, 274–284 (mit Alfons Schäfer).

Bihler, J., Taufe des Herrn, Apg 10,34–38, in: *K. Lange* (Hg.), Lukasjahr I, Zweite Lesungen, Advent bis Pfingsten, Leipzig 1979, 96–105 (mit Bernhard Otte und Ulrich Hoffmann).

Bockisch, Christoph, 2. Fastensonntag, Mt 17,1–9, in: *K. Lange* (Hg.), Mattäusjahr I, Evangelien, Advent bis Pfingsten, Leipzig 1971, 186–197.

–, 15. Sonntag im Jahreskreis, Jes 55,10–11, in: *K. Lange* (Hg.), Mattäusjahr II, Erste Lesungen, Pfingsten bis Ende des Kirchenjahres, Leipzig 1975, 132–143.

–, 1. Fastensonntag, Gen 9,8–15, in: *K. Lange* (Hg.), Markusjahr I, Erste Lesungen, Advent bis Pfingsten, Leipzig 1975, 186–198.

–, Pfingsten – am Vorabend, Ez 37,1–14, in: *K. Lange* (Hg.), Markusjahr II, Erste Lesungen, Pfingsten bis Ende des Kirchenjahres, Leipzig 1976, 11–22.

–, 28. Sonntag im Jahreskreis, Weish 7,7–11, in: *K. Lange* (Hg.), Markusjahr II, Erste Lesungen, Pfingsten bis Ende des Kirchenjahres, Leipzig 1976, 272–282.

–, 26. Sonntag im Jahreskreis, Mk 9,38–43.45.47–48, in: *K. Lange* (Hg.), Markusjahr II, Evangelien, Pfingsten bis Ende des Kirchenjahres, Leipzig 1973, 221–235.

–, 7. Ostersonntag, Offb 22,12–14.16–17.20, in: *K. Lange* (Hg.), Lukasjahr I, Zweite Lesungen, Advent bis Pfingsten, Leipzig 1979, 342–350.

–, 15. Sonntag im Jahreskreis, Dtn 30,10–14, in: *K. Lange* (Hg.), Lukasjahr II, Erste Lesungen, Pfingsten bis Ende des Kirchenjahres, Leipzig 1974, 97–106.

–, 18. Sonntag im Jahreskreis, Koh 1,2; 2,21–23, in: *K. Lange* (Hg.), Lukasjahr II, Erste Lesungen, Pfingsten bis Ende des Kirchenjahres, Leipzig 1974, 131–141.

Brack, Arnold, 15. Sonntag im Jahreskreis, Röm 8,18–23, in: *K. Lange* (Hg.), Mattäusjahr II, Zweite Lesungen, Pfingsten bis Ende des Kirchenjahres, Leipzig 1978, 128–140.

–, 21. Sonntag im Jahreskreis, Hebr 12,5–7.11–13, in: *K. Lange* (Hg.), Lukasjahr II, Zweite Lesungen, Pfingsten bis Ende des Kirchenjahres, Leipzig 1977, 187–197.

Broeske, Raimund, 3. Adventssonntag, 1 Thess 5,16–24, in: *K. Lange* (Hg.), Markusjahr I, Zweite Lesungen, Advent bis Pfingsten, Leipzig 1978, 49–65.

Buhl, Erika, 5. Sonntag im Jahreskreis, Jes 58,6a.7–10, in: *K. Lange* (Hg.), Mattäusjahr I, Erste Lesungen, Advent bis Pfingsten, Leipzig 1974, 169–177 (mit Werner Muschick).

–, 21. Sonntag im Jahreskreis, Mt 16,13–20, in: *K. Lange* (Hg.), Mattäusjahr II, Evangelien, Pfingsten bis Ende des Kirchenjahres, Leipzig 1972, 200–210.

–, Weihnachten – In der Morgenfrühe, Tit 3,4–7, in: *K. Lange* (Hg.), Markusjahr I, Zweite Lesungen, Advent bis Pfingsten, Leipzig 1978, 77–84 (mit Werner Muschik und Franz Kamphaus).

–, 4. Fastensonntag, Jos 5,9a.10–12, in: *K. Lange* (Hg.), Lukasjahr I, Erste Lesungen, Advent bis Pfingsten, Leipzig 1976, 205–213 (mit Werner Muschick).

–, 2. Ostersonntag, Offb l,9–11a.12–13.17–19, in: *K. Lange* (Hg.), Lukasjahr I, Zweite Lesungen, Advent bis Pfingsten, Leipzig 1979, 275–288 (mit Gisbert Greshake, Werner Muschick und F. Meyer).

–, 2. Sonntag im Jahreskreis, Joh 2,1–12, in: *K. Lange* (Hg.), Lukasjahr I, Evangelien, Advent bis Pfingsten, Leipzig 1973, 92–106 (mit Werner Muschick).

–, 20. Sonntag im Jahreskreis, Jer 66,18–21, in: *K. Lange* (Hg.), Lukasjahr II, Erste Lesungen, Pfingsten bis Ende des Kirchenjahres, Leipzig 1974, 152–161 (mit Werner Muschick).

–, 27. Sonntag im Jahreskreis, Hab 1,2–3; 2,2–4, in: *K. Lange* (Hg.), Lukasjahr II, Erste Lesungen, Pfingsten bis Ende des Kirchenjahres, Leipzig 1974, 236–246 (mit Werner Muschick).

–, 29. Sonntag im Jahreskreis, 2 Tim 3,14–4,2, in: *K. Lange* (Hg.), Lukasjahr II, Zweite Lesungen, Pfingsten bis Ende des Kirchenjahres, Leipzig 1977, 323–334 (mit Werner Muschick).

–, 30. Sonntag im Jahreskreis, 2 Tim 4,6–8.16–18, in: *K. Lange* (Hg.), Lukasjahr II, Zweite Lesungen, Pfingsten bis Ende des Kirchenjahres, Leipzig 1977, 335–346 (mit Werner Muschick).

Busch, Th., Christi Himmelfahrt, Apg 1,1–11, in: *K. Lange* (Hg.), Lukasjahr I, Erste Lesungen, Advent bis Pfingsten, Leipzig 1976, 334–343.

Busl, Joachim, 14. Sonntag im Jahreskreis, Röm 8,9.11–13, in: *K. Lange* (Hg.), Mattäusjahr II, Zweite Lesungen, Pfingsten bis Ende des Kirchenjahres, Leipzig 1978, 113–127 (mit Karljosef Lange, Walter Dirks und J. Mayer-Scheu).

Christian, Paul, 9. Sonntag im Jahreskreis, Röm 3,21–25a.28, in: *K. Lange* (Hg.), Mattäusjahr II, Zweite Lesungen, Pfingsten bis Ende des Kirchenjahres, Leipzig 1978, 56–64.

–, Allerheiligen, Offb 7,2–4.9–14, in: *K. Lange* (Hg.), Mattäusjahr II, Erste Lesungen, Pfingsten bis Ende des Kirchenjahres, Leipzig 1975, 322–329.

–, 9. Sonntag im Jahreskreis, Mt 7,21–27, in: *K. Lange* (Hg.), Mattäusjahr II, Evangelien, Pfingsten bis Ende des Kirchenjahres, Leipzig 1972, 48–58.

–, 34. Sonntag im Jahreskreis, Mt 25,31–46, in: *K. Lange* (Hg.), Mattäusjahr II, Evangelien, Pfingsten bis Ende des Kirchenjahres, Leipzig 1972, 358–367.

–, Hochfest der ohne Erbsünde empfangenen Jungfrau und Gottesmutter Maria, Gen 3,9–15, in: *K. Lange* (Hg.), Markusjahr I, Erste Lesungen, Advent bis

Pfingsten, Leipzig 1975, 41–53.

–, 2. Fastensonntag, Mk 9,1–10, in: *K. Lange* (Hg.), Markusjahr I, Evangelien, Advent bis Pfingsten, Leipzig 1972, 218–226.

–, 31. Sonntag im Jahreskreis, Hebr 7,23–28, in: *K. Lange* (Hg.), Markusjahr II, Zweite Lesungen, Pfingsten bis Ende des Kirchenjahres, Leipzig 1979, 306–318 (mit Wolfgang Leonhardt).

Christian, Paulus, 18. Sonntag im Jahreskreis, Kol 3,1–5.9–11, in: *K. Lange* (Hg.), Lukasjahr II, Zweite Lesungen, Pfingsten bis Ende des Kirchenjahres, Leipzig 1977, 146–155.

Cramer, Johannes Maria[2], 3. Fastensonntag, Ex 17,3–7, in: *K. Lange* (Hg.), Mattäusjahr I, Erste Lesungen, Advent bis Pfingsten, Leipzig 1974, 220–232.

–, 12. Sonntag im Jahreskreis, Röm 5,12–15, in: *K. Lange* (Hg.), Mattäusjahr II, Zweite Lesungen, Pfingsten bis Ende des Kirchenjahres, Leipzig 1978, 85–97.

–, 20. Sonntag im Jahreskreis, Röm 11,13–15.29–32, in: *K. Lange* (Hg.), Mattäusjahr II, Zweite Lesungen, Pfingsten bis Ende des Kirchenjahres, Leipzig 1978, 190–201.

–, Karfreitag, Hebr 4,14–16;5,7–9, in: *K. Lange* (Hg.), Mattäusjahr I, Zweite Lesungen, Advent bis Pfingsten, Leipzig 1977, 296–306.

–, 5. Ostersonntag, 1 Petr 2,4–9, in: *K. Lange* (Hg.), Mattäusjahr I, Zweite Lesungen, Advent bis Pfingsten, Leipzig 1977, 378–388.

–, 2. Ostersonntag, 1 Joh 5,1–6, in: *K. Lange* (Hg.), Markusjahr I, Zweite Lesungen, Advent bis Pfingsten, Leipzig 1978, 283–292.

–, 3. Ostersonntag, 1 Joh 2,1–5a, in: *K. Lange* (Hg.), Markusjahr I, Zweite Lesungen, Advent bis Pfingsten, Leipzig 1978, 293–299 (mit Bruno Scholze).

–, 4. Ostersonntag, 1 Joh 3,1–2, in: *K. Lange* (Hg.), Markusjahr I, Zweite Lesungen, Advent bis Pfingsten, Leipzig 1978, 300–306.

–, 2. Adventssonntag, Mk 1,1–8, in: *K. Lange* (Hg.), Markusjahr I, Evangelien, Advent bis Pfingsten, Leipzig 1972, 23–31.

–, 34. Sonntag im Jahreskreis, Christkönigsfest, Dan 7,13–14, in: *K. Lange* (Hg.), Markusjahr II, Erste Lesungen, Pfingsten bis Ende des Kirchenjahres, Leipzig 1976, 346–358.

–, 29. Sonntag im Jahreskreis, Hebr 4,14–16, in: *K. Lange* (Hg.), Markusjahr II, Zweite Lesungen, Pfingsten bis Ende des Kirchenjahres, Leipzig 1979, 273–282.

–, Osternacht V, Jes 55,1–11, in: *K. Lange* (Hg.), Lukasjahr I, Erste Lesungen, Advent

[2] In Band Markusjahr I Evangelien „Johannes Cramer".

bis Pfingsten, Leipzig 1976, 227–234.
–, 16. Sonntag im Jahreskreis, Gen 18,1–10a, in: *K. Lange* (Hg.), Lukasjahr II, Erste Lesungen, Pfingsten bis Ende des Kirchenjahres, Leipzig 1974, 107–118 (mit Winfried Lawetzky).
–, 25. Sonntag im Jahreskreis, Am 8,4–7, in: *K. Lange* (Hg.), Lukasjahr II, Erste Lesungen, Pfingsten bis Ende des Kirchenjahres, Leipzig 1974, 210–223.

Daßmann, Vinzenz, Aschermittwoch, Joel 2,12–18, in: *K. Lange* (Hg.), Mattäusjahr I, Erste Lesungen, Advent bis Pfingsten, Leipzig 1974, 178–191.
–, Christi Himmelfahrt, Mt 28,16–20, in: *K. Lange* (Hg.), Mattäusjahr I, Evangelien, Advent bis Pfingsten, Leipzig 1971, 355–370.
–, 17. Sonntag im Jahreskreis, 1 Kön 3,5.7–12, in: *K. Lange* (Hg.), Mattäusjahr II, Erste Lesungen, Pfingsten bis Ende des Kirchenjahres, Leipzig 1975, 155–163 (mit Wilfried Lück).
–, 2. Sonntag im Jahreskreis, 1 Kor 6,13c–15a, in: *K. Lange* (Hg.), Markusjahr I, Zweite Lesungen, Advent bis Pfingsten, Leipzig 1978, 105–116.
–, 9. Sonntag im Jahreskreis, Mk 2,23–3,6, in: *K. Lange* (Hg.), Markusjahr I, Evangelien, Advent bis Pfingsten, Leipzig 1972, 183–196.
–, Dreifaltigkeitssonntag, Dtn 4,32–34.39–40, in: *K. Lange* (Hg.), Markusjahr II, Erste Lesungen, Pfingsten bis Ende des Kirchenjahres, Leipzig 1976, 32–42 (mit Karljosef Lange).
–, 19. Sonntag im Jahreskreis, Hebr 11,1–2.8–19, in: *K. Lange* (Hg.), Lukasjahr II, Zweite Lesungen, Pfingsten bis Ende des Kirchenjahres, Leipzig 1977, 156–170.

Degenhardt, Robert, 27. Sonntag im Jahreskreis, Phil 4,6–9, in: *K. Lange* (Hg.), Mattäusjahr II, Zweite Lesungen, Pfingsten bis Ende des Kirchenjahres, Leipzig 1978, 270–278 (mit K. Lang und L. Wachinger).
–, 15. Sonntag im Jahreskreis, Am 7,12–15, in: *K. Lange* (Hg.), Markusjahr II, Erste Lesungen, Pfingsten bis Ende des Kirchenjahres, Leipzig 1976, 111–120.
–, 1. Adventssonntag, 1 Thess 3,12–4,2, in: *K. Lange* (Hg.), Lukasjahr I, Zweite Lesungen, Advent bis Pfingsten, Leipzig 1979, 12–21.

Diefenbach, Bruno, Fest der Heiligen Familie, Sir 3,2–6.12–14, in: *K. Lange* (Hg.), Mattäusjahr I, Erste Lesungen, Advent bis Pfingsten, Leipzig 1974, 85–96.
–, 4. Adventssonntag, Mt 1,18–24, in: *K. Lange* (Hg.), Mattäusjahr I, Evangelien, Advent bis Pfingsten, Leipzig 1971, 41–51.

–, Dreifaltigkeitssonntag, 2 Kor 13,11–13, in: *K. Lange* (Hg.), Mattäusjahr II, Zweite Lesungen, Pfingsten bis Ende des Kirchenjahres, Leipzig 1978, 13–20.
–, 14. Sonntag im Jahreskreis, 2 Kor 12,7–10, in: *K. Lange* (Hg.), Markusjahr II, Zweite Lesungen, Pfingsten bis Ende des Kirchenjahres, Leipzig 1979, 80–89.
–, 15. Sonntag im Jahreskreis, Kol 1,15–20, in: *K. Lange* (Hg.), Lukasjahr II, Zweite Lesungen, Pfingsten bis Ende des Kirchenjahres, Leipzig 1977, 117–126.
–, 34. Sonntag im Jahreskreis – Christkönigsfest, Kol 1,12–20, in: *K. Lange* (Hg.), Lukasjahr II, Zweite Lesungen, Pfingsten bis Ende des Kirchenjahres, Leipzig 1977, 382–390.

Dippenbruck, Franz, 7. Ostersonntag, 1 Petr 4,13–16, in: *K. Lange* (Hg.), Mattäusjahr I, Zweite Lesungen, Advent bis Pfingsten, Leipzig 1977, 414–425 (mit Alfons Kluck).

Dirks, Walter, 14. Sonntag im Jahreskreis, Röm 8,9.11–13, in: *K. Lange* (Hg.), Mattäusjahr II, Zweite Lesungen, Pfingsten bis Ende des Kirchenjahres, Leipzig 1978, 113–127 (mit Karljosef Lange, Joachim Busl und J. Mayer-Scheu).

Drewes, Heinrich, 2. Adventssonntag, 2 Petr 3,8–14, in: *K. Lange* (Hg.), Markusjahr I, Zweite Lesungen, Advent bis Pfingsten, Leipzig 1978, 34–48.

Dreher, Bruno, Herz-Jesu-Fest, Joh 19,31–37, in: *K. Lange* (Hg.), Markusjahr II, Evangelien, Pfingsten bis Ende des Kirchenjahres, Leipzig 1973, 66–73.
–, Aschermittwoch, Mt 6,1–6.16–18, in: *K. Lange* (Hg.), Lukasjahr I, Evangelien, Advent bis Pfingsten, Leipzig 1973, 168–172.

Ducke, Karl-Heinz, Palmsonntag, Jes 50,4–7, in: *K. Lange* (Hg.), Mattäusjahr I, Erste Lesungen, Advent bis Pfingsten, Leipzig 1974, 259–270 (mit Georg Hentschel).
–, Osternacht VIII, Röm 6,3–11, in: *K. Lange* (Hg.), Mattäusjahr I, Zweite Lesungen, Advent bis Pfingsten, Leipzig 1977, 307–319 (mit Joachim Wanke und Dieter Katte).
–, Fronleichnam, Hebr 9,11–15, in: *K. Lange* (Hg.), Markusjahr II, Zweite Lesungen, Pfingsten bis Ende des Kirchenjahres, Leipzig 1979, 37–36.
–, 13. Sonntag im Jahreskreis, Gal 5,1.13–18, in: *K. Lange* (Hg.), Lukasjahr II, Zweite Lesungen, Pfingsten bis Ende des Kirchenjahres, Leipzig 1977, 92–102.
–, 20. Sonntag im Jahreskreis, Lk 12,49–53, in: *K. Lange* (Hg.), Lukasjahr II, Evangelien, Pfingsten bis Ende des Kirchenjahres, Leipzig 1971, 178–187.

Eckstein, Dieter, 5. Sonntag im Jahreskreis, 1 Kor 2,1–5, in: *K. Lange* (Hg.), Mattäusjahr I, Zweite Lesungen, Advent bis Pfingsten, Leipzig 1977, 164–172.

Egenolf, Hans-Andreas, 4. Adventssonntag, Jes. 7,10–14, in: *K. Lange* (Hg.), Mattäusjahr I, Erste Lesungen, Advent bis Pfingsten, Leipzig 1974, 60–69.

–, Weihnachtsfest – in der Nacht, Lk 2,1–14, in: *K. Lange* (Hg.), Mattäusjahr I, Evangelien, Advent bis Pfingsten, Leipzig 1971, 52–63.

–, 33. Sonntag im Jahreskreis, 1 Thess 5,1–6, in: *K. Lange* (Hg.), Mattäusjahr II, Zweite Lesungen, Pfingsten bis Ende des Kirchenjahres, Leipzig 1978, 343–352.

–, 8. Sonntag im Jahreskreis, Hos 2,16–22, in: *K. Lange* (Hg.), Markusjahr I, Erste Lesungen, Advent bis Pfingsten, Leipzig 1975, 166–178.

–, Oktav von Weihnachten – Neujahr, Gal 4,4–7, in: *K. Lange* (Hg.), Markusjahr I, Zweite Lesungen, Advent bis Pfingsten, Leipzig 1978, 95–104.

–, 4. Adventssonntag, Lk 1,26–38, in: *K. Lange* (Hg.), Markusjahr I, Evangelien, Advent bis Pfingsten, Leipzig 1972, 44–55.

–, Weihnachten, Lk 2,15–20, in: *K. Lange* (Hg.), Markusjahr I, Evangelien, Advent bis Pfingsten, Leipzig 1972, 56–64.

–, 26. Sonntag im Jahreskreis, Num 11,25–30, in: *K. Lange* (Hg.), Markusjahr II, Erste Lesungen, Pfingsten bis Ende des Kirchenjahres, Leipzig 1976, 247–260.

–, Dreifaltigkeitssonntag, Röm 8,14–17, in: *K. Lange* (Hg.), Markusjahr II, Zweite Lesungen, Pfingsten bis Ende des Kirchenjahres, Leipzig 1979, 16–26.

–, 2. Sonntag im Jahreskreis, Jes 62,1–5, in: *K. Lange* (Hg.), Lukasjahr I, Erste Lesungen, Advent bis Pfingsten, Leipzig 1976, 89–102.

–, Weihnachten – Am Tage, Hebr 1,1–6, in: *K. Lange* (Hg.), Lukasjahr I, Zweite Lesungen, Advent bis Pfingsten, Leipzig 1979, 67–79.

–, 1. Weihnachtsfeiertag, Joh 1,1–18, in: *K. Lange* (Hg.), Lukasjahr I, Evangelien, Advent bis Pfingsten, Leipzig 1973, 52–65.

–, 5. Ostersonntag, Joh 13,31–33a.34–35, in: *K. Lange* (Hg.), Lukasjahr I, Evangelien, Advent bis Pfingsten, Leipzig 1973, 314–321.

–, 31. Sonntag im Jahreskreis, 2 Thess 1,11–2,3a, in: *K. Lange* (Hg.), Lukasjahr II, Zweite Lesungen, Pfingsten bis Ende des Kirchenjahres, Leipzig 1977, 347–359.

–, 32. Sonntag im Jahreskreis, 2 Thess 2,16–3,5, in: *K. Lange* (Hg.), Lukasjahr II, Zweite Lesungen, Pfingsten bis Ende des Kirchenjahres, Leipzig 1977, 360–370.

–, 33. Sonntag im Jahreskreis, 2 Thess 3,7–12, in: *K. Lange* (Hg.), Lukasjahr II, Zweite Lesungen, Pfingsten bis Ende des Kirchenjahres, Leipzig 1977, 371–381.

–, Pfingstsonntag, Joh 20,19–23, in: *K. Lange* (Hg.), Lukasjahr II, Evangelien, Pfingsten bis Ende des Kirchenjahres, Leipzig 1971, S.19.

Eisenmann, Andreas, 16. Sonntag im Jahreskreis, Kol 1,24–28, in: *K. Lange* (Hg.), Lukasjahr II, Zweite Lesungen, Pfingsten bis Ende des Kirchenjahres, Leipzig 1977, 127–136 (mit Hubert Pietrzok).

Emeis, Dieter, 26. Sonntag im Jahreskreis, Jak 5,1–6, in: *K. Lange* (Hg.), Markusjahr II, Zweite Lesungen, Pfingsten bis Ende des Kirchenjahres, Leipzig 1979, 227–243 (mit Ursula Schwalke und Wolfgang Simon).

Engelmann, Gerhard, 3. Sonntag im Jahreskreis, Jes. 8,23b–9,3, in: *K. Lange* (Hg.), Mattäusjahr I, Erste Lesungen, Advent bis Pfingsten, Leipzig 1974, 149–155.

Engels, Bernhard, Dreifaltigkeitssonntag, Mt 28,16–20, in: *K. Lange* (Hg.), Markusjahr II, Evangelien, Pfingsten bis Ende des Kirchenjahres, Leipzig 1973, 26–40.

Feiereis, Konrad, 13. Sonntag im Jahreskreis, Weish 1,13–15; 2,23–24, in: *K. Lange* (Hg.), Markusjahr II, Erste Lesungen, Pfingsten bis Ende des Kirchenjahres, Leipzig 1976, 90–97 (mit Martin Johannes Fiedler).

–, 2. Fastensonntag, Phil 3,17–4,1, in: *K. Lange* (Hg.), Lukasjahr I, Zweite Lesungen, Advent bis Pfingsten, Leipzig 1979, 209–218 (mit Martin Johannes Fiedler).

Feilzer, H., Mariä Aufnahme in den Himmel, 1 Kor 15,20–26, in: *K. Lange* (Hg.), Markusjahr II, Zweite Lesungen, Pfingsten bis Ende des Kirchenjahres, Leipzig 1979, 145–151 (mit D. Zeller).

Feix, Harald, 24. Sonntag im Jahreskreis, Mk 8,27–35, in: *K. Lange* (Hg.), Markusjahr II, Evangelien, Pfingsten bis Ende des Kirchenjahres, Leipzig 1973, 197–209.

Fiedler, Martin Johannes, 13. Sonntag im Jahreskreis, Weish 1,13–15; 2,23–24, in: *K. Lange* (Hg.), Markusjahr II, Erste Lesungen, Pfingsten bis Ende des Kirchenjahres, Leipzig 1976, 90–97 (mit Konrad Feiereis).

–, 2. Fastensonntag, Phil 3,17–4,1, in: *K. Lange* (Hg.), Lukasjahr I, Zweite Lesungen, Advent bis Pfingsten, Leipzig 1979, 209–218 (mit Konrad Feiereis).

Fischer, Gerhard, 6. Ostersonntag, Apg 10,25–26.34–35.44–48, in: *K. Lange* (Hg.),

Markusjahr I, Erste Lesungen, Advent bis Pfingsten, Leipzig 1975, 332–341 (mit Klaus Weyers).
–, 2. Ostersonntag, Apg 5,12–16, in: *K. Lange* (Hg.), Lukasjahr I, Erste Lesungen, Advent bis Pfingsten, Leipzig 1976, 273–285 (mit Herwig Bartel).
–, 23. Sonntag im Jahreskreis, Weish 9,13–19, in: *K. Lange* (Hg.), Lukasjahr II, Erste Lesungen, Pfingsten bis Ende des Kirchenjahres, Leipzig 1974, 179–191.
–, 25. Sonntag im Jahreskreis, 1 Tim 2,1–8, in: *K. Lange* (Hg.), Lukasjahr II, Zweite Lesungen, Pfingsten bis Ende des Kirchenjahres, Leipzig 1977, 252–267.

Franke, Klaus, Christi Himmelfahrt; Eph 1,17–23, in: *K. Lange* (Hg.), Mattäusjahr I, Zweite Lesungen, Advent bis Pfingsten, Leipzig 1977, 401–413 (mit Reinhold Seppelt).

Freitag, Johannes, 7. Sonntag im Jahreskreis, Jes 43,18–19.21–22.24b–25, in: *K. Lange* (Hg.), Markusjahr I, Erste Lesungen, Advent bis Pfingsten, Leipzig 1975, 156–165.

Friemel, Franz Georg, 18. Sonntag im Jahreskreis, Röm 8,35.37–39, in: *K. Lange* (Hg.), Mattäusjahr II, Zweite Lesungen, Pfingsten bis Ende des Kirchenjahres, Leipzig 1978, 165–177.
–, 21. Sonntag im Jahreskreis, Röm 11,33–36, in: *K. Lange* (Hg.), Mattäusjahr II, Zweite Lesungen, Pfingsten bis Ende des Kirchenjahres, Leipzig 1978, 202–212 (mit Rolf Zerfaß).
–, 23. Sonntag im Jahreskreis, Röm 13,8–10, in: *K. Lange* (Hg.), Mattäusjahr II, Zweite Lesungen, Pfingsten bis Ende des Kirchenjahres, Leipzig 1978, 223–233 (mit D. Katte).
–, Gründonnerstag, 1 Kor 11,23–26, in: *K. Lange* (Hg.), Mattäusjahr I, Zweite Lesungen, Advent bis Pfingsten, Leipzig 1977, 280–295 (mit Ralph Sauer).
–, 27. Sonntag im Jahreskreis, Jes 5,1–7, in: *K. Lange* (Hg.), Mattäusjahr II, Erste Lesungen, Pfingsten bis Ende des Kirchenjahres, Leipzig 1975, 271–282.
–, 32. Sonntag im Jahreskreis, Weish 6,13–17, in: *K. Lange* (Hg.), Mattäusjahr II, Erste Lesungen, Pfingsten bis Ende des Kirchenjahres, Leipzig 1975, 343–349.
–, 15. Sonntag im Jahreskreis, Mt 13,1–23, in: *K. Lange* (Hg.), Mattäusjahr II, Evangelien, Pfingsten bis Ende des Kirchenjahres, Leipzig 1972, 124–140.
–, 4. Fastensonntag, 2 Chr 36,14–16.19–23, in: *K. Lange* (Hg.), Markusjahr I, Erste Lesungen, Advent bis Pfingsten, Leipzig 1975, 230–245 (mit Joseph Reindl und Karljosef Lange).

–, Pfingstsonntag, Apg 2,1–1, in: *K. Lange* (Hg.), Markusjahr II, Erste Lesungen, Pfingsten bis Ende des Kirchenjahres, Leipzig 1976, 23–31 (mit Matthias Kühn und Konrad Zdarsa).
–, 15. Sonntag im Jahreskreis, Eph 1,3–4, in: *K. Lange* (Hg.), Markusjahr II, Zweite Lesungen, Pfingsten bis Ende des Kirchenjahres, Leipzig 1979, 90–99.
–, 1. Fastensonntag, Den 26,4–10, in: *K. Lange* (Hg.), Lukasjahr I, Erste Lesungen, Advent bis Pfingsten, Leipzig 1976, 175–185.
–, 2. Fastensonntag, Gen 15,5–12.17–18, in: *K. Lange* (Hg.), Lukasjahr I, Erste Lesungen, Advent bis Pfingsten, Leipzig 1976, 186–194.
–, Dreifaltigkeitssonntag, Röm 5,1–5, in: *K. Lange* (Hg.), Lukasjahr II, Zweite Lesungen, Pfingsten bis Ende des Kirchenjahres, Leipzig 1977, 39–50.

Garstecki, Jochen, Oktavtag von Weihnachten – Neujahr, Lk 2,16–21, in: *K. Lange* (Hg.), Lukasjahr I, Evangelien, Advent bis Pfingsten, Leipzig 1973, 66–76.
–, 28. Sonntag im Jahreskreis, Lk 17,11–19, in: *K. Lange* (Hg.), Lukasjahr II, Evangelien, Pfingsten bis Ende des Kirchenjahres, Leipzig 1971, 276–285.

Gäth, Eberhard, 1. Adventssonntag, Jes 2,1–5, in: *K. Lange* (Hg.), Mattäusjahr I, Erste Lesungen, Advent bis Pfingsten, Leipzig 1974, 19–36 (mit Joseph Reindl).

Geburek, Maria, 17. Sonntag im Jahreskreis, Mt 13,44–52, in: *K. Lange* (Hg.), Mattäusjahr II, Evangelien, Pfingsten bis Ende des Kirchenjahres, Leipzig 1972, 153–167.
–, 16. Sonntag im Jahreskreis, Mk 6,30–34, in: *K. Lange* (Hg.), Markusjahr II, Evangelien, Pfingsten bis Ende des Kirchenjahres, Leipzig 1973, 115–123.
–, 3. Ostersonntag, Joh 21,1–19, in: *K. Lange* (Hg.), Lukasjahr I, Evangelien, Advent bis Pfingsten, Leipzig 1973, 288–304.

Gedigk, Eugen, 1. Adventssonntag, Röm13,11–14, in: *K. Lange* (Hg.), Mattäusjahr I, Zweite Lesungen, Advent bis Pfingsten, Leipzig 1977, 14–25.
–, Ostersonntag, 1 Kor 5,6b–8, in: *K. Lange* (Hg.), Markusjahr I, Zweite Lesungen, Advent bis Pfingsten, Leipzig 1978, 272–282.

Göbel, Josef, Fronleichnam, Mk 14,12–16.22–26, in: *K. Lange* (Hg.), Markusjahr II, Evangelien, Pfingsten bis Ende des Kirchenjahres, Leipzig 1973, 41–52 (mit Klaus Weyers).
–, 25. Sonntag im Jahreskreis, Lk 16,1–13, in: *K. Lange* (Hg.), Lukasjahr II, Evangelien,

Pfingsten bis Ende des Kirchenjahres, Leipzig 1971, 245–252.

Göpfert, Michael, 5. Fastensonntag, Röm 8,8–11, in: *K. Lange* (Hg.), Mattäusjahr I, Zweite Lesungen, Advent bis Pfingsten, Leipzig 1977, 256–265 (mit Herwig Bartel).

Grabner-Haider, Anton[3], 3. Ostersonntag, Apg 2,14.22–28, in: *K. Lange* (Hg.), Mattäusjahr I, Erste Lesungen, Advent bis Pfingsten, Leipzig 1974, 342–350 (mit D. Katte und M. Teubner).

–, 2. Sonntag im Jahreskreis, 1 Kor 12,4–11, in: *K. Lange* (Hg.), Lukasjahr I, Zweite Lesungen, Advent bis Pfingsten, Leipzig 1979, 106–116 (mit Georg Sterzinsky).

Greshake, Gisbert, 2. Ostersonntag, Offb 1,9-11a.12–13.17–19, in: *K. Lange* (Hg.), Lukasjahr I, Zweite Lesungen, Advent bis Pfingsten, Leipzig 1979, 275–288 (mit Werner Muschick, Erika Buhl und F. Meyer).

Grond, Eberhard, 4. Adventssonntag, Hebr 10,5–10, in: *K. Lange* (Hg.), Lukasjahr I, Zweite Lesungen, Advent bis Pfingsten, Leipzig 1979, 60–66.

–, 2. Ostersonntag, Joh 20,19–31, in: *K. Lange* (Hg.), Lukasjahr I, Evangelien, Advent bis Pfingsten, Leipzig 1973, 285–287.

–, 17. Sonntag im Jahreskreis, Gen 18,20–32, in: *K. Lange* (Hg.), Lukasjahr II, Erste Lesungen, Pfingsten bis Ende des Kirchenjahres, Leipzig 1974, 119–130.

Gunkel, Theo, 5. Ostersonntag, Joh 14,1–12, in: *K. Lange* (Hg.), Mattäusjahr I, Evangelien, Advent bis Pfingsten, Leipzig 1971, 329–345 (mit Joachim Berger).

–, 6. Ostersonntag, Joh 15,9–17, in: *K. Lange* (Hg.), Markusjahr I, Evangelien, Advent bis Pfingsten, Leipzig 1972, 356–368 (mit Bernd Richter).

Gutl, M., 11. Sonntag im Jahreskreis, Ez 17,22–24, in: *K. Lange* (Hg.), Markusjahr II, Erste Lesungen, Pfingsten bis Ende des Kirchenjahres, Leipzig 1976, 70–79 (mit Paul Maiberger und Alfred Mertens).

Haag, Herbert, Aschermittwoch, Joel 2,12–18, in: *K. Lange* (Hg.), Lukasjahr I, Erste Lesungen, Advent bis Pfingsten, Leipzig 1976, 164–174.

[3] Vorname mitunter abgekürzt.

Hase, Werner, Erscheinung des Herrn, Eph 3,2–3a.5–6, in: *K. Lange* (Hg.), Lukasjahr I, Zweite Lesungen, Advent bis Pfingsten, Leipzig 1979, 90–95.

Heide, Alfred, 1. Adventssonntag, Mt 24,37–44, in: *K. Lange* (Hg.), Mattäusjahr I, Evangelien, Advent bis Pfingsten, Leipzig 1971, 7–16.

Henning, Gerhard, Fest der Aufnahme Mariens, Lk 1,39–56, in: *K. Lange* (Hg.), Lukasjahr II, Evangelien, Pfingsten bis Ende des Kirchenjahres, Leipzig 1971, 166–177 (mit Josef Scholz, Harald Reichmann und Stephan Kotzula).

Hentschel, Georg, 4. Fastensonntag, 1 Sam 16,1b.6–7.10–13a, in: *K. Lange* (Hg.), Mattäusjahr I, Erste Lesungen, Advent bis Pfingsten, Leipzig 1974, 233–246

–, Palmsonntag, Jes 50,4–7, in: *K. Lange* (Hg.), Mattäusjahr I, Erste Lesungen, Advent bis Pfingsten, Leipzig 1974, 259–270 (mit Karl-Heinz Ducke).

–, 13. Sonntag im Jahreskreis, 2 Kön 4,8–10.14–16a, in: *K. Lange* (Hg.), Mattäusjahr II, Erste Lesungen, Pfingsten bis Ende des Kirchenjahres, Leipzig 1975, 110–122.

–, 19. Sonntag im Jahreskreis, 1 Kön 19,8b.9a.11–13a, in: *K. Lange* (Hg.), Mattäusjahr II, Erste Lesungen, Pfingsten bis Ende des Kirchenjahres, Leipzig 1975, 174–186 (mit Karljosef Lange).

–, 3. Sonntag im Jahreskreis, Jon 3,1–5.10, in: *K. Lange* (Hg.), Markusjahr I, Erste Lesungen, Advent bis Pfingsten, Leipzig 1975, 106–116.

–, 19. Sonntag im Jahreskreis, 1 Kön 19,3a–8, in: *K. Lange* (Hg.), Markusjahr II, Erste Lesungen, Pfingsten bis Ende des Kirchenjahres, Leipzig 1976, 149–162 (mit Hans Lubsczyk).

–, 28. Sonntag im Jahreskreis, Hebr 4,12–13, in: *K. Lange* (Hg.), Markusjahr II, Zweite Lesungen, Pfingsten bis Ende des Kirchenjahres, Leipzig 1979, 258–272.

–, 13. Sonntag im Jahreskreis, 1 Kön 19,16b.19–21, in: *K. Lange* (Hg.), Lukasjahr II, Erste Lesungen, Pfingsten bis Ende des Kirchenjahres, Leipzig 1974, 75–86.

–, 28. Sonntag im Jahreskreis, 2 Kön 5,14–17, in: *K. Lange* (Hg.), Lukasjahr II, Erste Lesungen, Pfingsten bis Ende des Kirchenjahres, Leipzig 1974, 247–257.

Herbst, Karl, 10. Sonntag im Jahreskreis, Mt 9,9–13, in: *K. Lange* (Hg.), Mattäusjahr II, Evangelien, Pfingsten bis Ende des Kirchenjahres, Leipzig 1972, 59–74.

Hillebrand, Markus, 1. Adventssonntag, 1 Kor 1,3–9, in: *K. Lange* (Hg.), Markusjahr I, Zweite Lesungen, Advent bis Pfingsten, Leipzig 1978, 24–33 (mit Karl Maly).

–, 7. Sonntag im Jahreskreis, 2 Kor 1,18–22, in: *K. Lange* (Hg.), Markusjahr I, Zweite Lesungen, Advent bis Pfingsten, Leipzig 1978, 174–184.
–, 5. Sonntag im Jahreskreis, 1 Kor 15,1–11, in: *K. Lange* (Hg.), Lukasjahr I, Zweite Lesungen, Advent bis Pfingsten, Leipzig 1979, 157–167 (mit H. Hubert).

Hintner, Dietmar, 1. Sonntag nach Weihnachten – Fest der heiligen Familie, Mt 2,13–15. 19–23, in: *K. Lange* (Hg.), Mattäusjahr I, Evangelien, Advent bis Pfingsten, Leipzig 1971, 64–80.
–, 15. Sonntag im Jahreskreis, Mk 6,7–13, in: *K. Lange* (Hg.), Markusjahr II, Evangelien, Pfingsten bis Ende des Kirchenjahres, Leipzig 1973, 99–114.
–, Fest der Erscheinung des Herrn, Mt 2,1–12, in: *K. Lange* (Hg.), Lukasjahr I, Evangelien, Advent bis Pfingsten, Leipzig 1973, 76–81.
–, 11. Sonntag im Jahreskreis, Gal 2,16.19–21, in: *K. Lange* (Hg.), Lukasjahr II, Zweite Lesungen, Pfingsten bis Ende des Kirchenjahres, Leipzig 1977, 72–82.

Hoefs, Karl-Heinz, 21. Sonntag im Jahreskreis, Jes 22,19–23, in: *K. Lange* (Hg.), Mattäusjahr II, Erste Lesungen, Pfingsten bis Ende des Kirchenjahres, Leipzig 1975, 198–209 (mit Franz Kapaun und Ottmar Schilling).

Hoffmann, Josef, 6. Sonntag im Jahreskreis, 1 Kor 15,12.16–20, in: *K. Lange* (Hg.), Lukasjahr I, Zweite Lesungen, Advent bis Pfingsten, Leipzig 1979, 168–180 (mit Bernward Jensch).

Hofmann, Ulrich[4], 4. Fastensonntag, Eph 5,8–14, in: *K. Lange* (Hg.), Mattäusjahr I, Zweite Lesungen, Advent bis Pfingsten, Leipzig 1977, 240–255 (mit Ursula Schwalke).
–, 6. Sonntag im Jahreskreis, 1 Kor 10,31–11,1, in: *K. Lange* (Hg.), Markusjahr I, Zweite Lesungen, Advent bis Pfingsten, Leipzig 1978, 164–173 (mit Manfred Pawellek).
–, Taufe des Herrn, Apg 10,34–38, in: *K. Lange* (Hg.), Lukasjahr I, Zweite Lesungen, Advent bis Pfingsten, Leipzig 1979, 96–105 (mit J. Bihler und Bernhard Otte).

Hubert, H., 5. Sonntag im Jahreskreis, 1 Kor 15,1–11, in: *K. Lange* (Hg.), Lukasjahr I, Zweite Lesungen, Advent bis Pfingsten, Leipzig 1979, 157–167 (mit Markus Hillebrand).
–, 4. Fastensonntag, 2 Kor 5,17–21, in: *K. Lange* (Hg.), Lukasjahr I, Zweite Lesungen,

---

4 Schreibweise variiert, auch „Hoffmann, Ullrich".

Advent bis Pfingsten, Leipzig 1979, 238–253 (mit Armin Bernhard und Franz Kamphaus).

Janiszewski, Arnold, 2. Fastensonntag, Gen 12,1–4a, in: *K. Lange* (Hg.), Mattäusjahr I, Erste Lesungen, Advent bis Pfingsten, Leipzig 1974, 206–219.

–, 25. Sonntag im Jahreskreis, Mt 20,1–16a, in: *K. Lange* (Hg.), Mattäusjahr II, Evangelien, Pfingsten bis Ende des Kirchenjahres, Leipzig 1972, 246–261.

–, 6. Sonntag im Jahreskreis, Lev 13,1–2.45–46, in: *K. Lange* (Hg.), Markusjahr I, Erste Lesungen, Advent bis Pfingsten, Leipzig 1975, 142–155.

–, 7. Ostersonntag, Joh 17,11b–19, in: *K. Lange* (Hg.), Markusjahr I, Evangelien, Advent bis Pfingsten, Leipzig 1972, 378–390.

–, 4. Sonntag im Jahreskreis, Jer 1,4–5.17–19, in: *K. Lange* (Hg.), Lukasjahr I, Erste Lesungen, Advent bis Pfingsten, Leipzig 1976, 114–127.

–, 4. Fastensonntag, Lk 15,1–3.11–32, in: *K. Lange* (Hg.), Lukasjahr I, Evangelien, Advent bis Pfingsten, Leipzig 1973, 205–217.

–, 24. Sonntag im Jahreskreis, Lk 15,1–32 bzw. Lk 15,1–10, in: *K. Lange* (Hg.), Lukasjahr II, Evangelien, Pfingsten bis Ende des Kirchenjahres, Leipzig 1971, 232–244.

Janiszewski, Konrad, 6. Ostersonntag, 1 Petr 3,15–18, in: *K. Lange* (Hg.), Mattäusjahr I, Zweite Lesungen, Advent bis Pfingsten, Leipzig 1977, 389–400.

Janiszewski, Reinhold, 26. Sonntag im Jahreskreis, Lk 16,19–31, in: *K. Lange* (Hg.), Lukasjahr II, Evangelien, Pfingsten bis Ende des Kirchenjahres, Leipzig 1971, 253–262.

Javet, Jean-Samuel, 13. Sonntag im Jahreskreis, Lk 9,51–62, in: *K. Lange* (Hg.), Lukasjahr II, Evangelien, Pfingsten bis Ende des Kirchenjahres, Leipzig 1971, 71–83.

Jeckel, H., 11. Sonntag im Jahreskreis, 2 Kor 5,6–10, in: *K. Lange* (Hg.), Markusjahr II, Zweite Lesungen, Pfingsten bis Ende des Kirchenjahres, Leipzig 1979, 45–55 (mit Bruno Löwenberg und Karl Maly).

Jelich, Georg, 26. Sonntag im Jahreskreis, Ez 18,25–28, in: *K. Lange* (Hg.), Mattäusjahr II, Erste Lesungen, Pfingsten bis Ende des Kirchenjahres, Leipzig 1975, 258–270.

Jensch, Bernward, Weihnachten – In der Nacht, Jes 9,1–3.5–6, in: *K. Lange* (Hg.), Mattäusjahr I, Erste Lesungen, Advent bis Pfingsten, Leipzig 1974, 70–84.
–, 26. Sonntag im Jahreskreis, Mt 21,28–32, in: *K. Lange* (Hg.), Mattäusjahr II, Evangelien, Pfingsten bis Ende des Kirchenjahres, Leipzig 1972, 262–273.
–, 2. Adventssonntag, Jes 40,1–5.9–11, in: *K. Lange* (Hg.), Markusjahr I, Erste Lesungen, Advent bis Pfingsten, Leipzig 1975, 26–40.
–, 2. Ostersonntag, Apg 4,32–37, in: *K. Lange* (Hg.), Markusjahr I, Erste Lesungen, Advent bis Pfingsten, Leipzig 1975, 288–301.
–, 8. Sonntag im Jahreskreis, Mk 2,18–22, in: *K. Lange* (Hg.), Markusjahr I, Evangelien, Advent bis Pfingsten, Leipzig 1972, 171–182 (mit Berthold Richardt).
–, 21. Sonntag im Jahreskreis, Joh 6,61–70, in: *K. Lange* (Hg.), Markusjahr II, Evangelien, Pfingsten bis Ende des Kirchenjahres, Leipzig 1973, 162–175.
–, 6. Sonntag im Jahreskreis, 1 Kor 15,12.16–20, in: *K. Lange* (Hg.), Lukasjahr I, Zweite Lesungen, Advent bis Pfingsten, Leipzig 1979, 168–180 (mit Josef Hoffmann).

Kahlefeld, Heinrich, 1. Adventssonntag, Mk 13,33–37, in: *K. Lange* (Hg.), Markusjahr I, Evangelien, Advent bis Pfingsten, Leipzig 1972, 13–22 (mit E. Bartsch).
–, 2. Sonntag im Jahreskreis Joh 1,35–42, in: *K. Lange* (Hg.), Markusjahr I, Evangelien, Advent bis Pfingsten, Leipzig 1972, 104–113 (mit Alfons Kirchgässner, Josef Mann und Bertram Pricelius).
–, 7. Sonntag im Jahreskreis, Mk 2,1–12, in: *K. Lange* (Hg.), Markusjahr I, Evangelien, Advent bis Pfingsten, Leipzig 1972, 160–170 (mit Heinrich Schlier und Reinhard Wramba).
–, Pfingsten – Am Vorabend, Joh 7,37–39, in: *K. Lange* (Hg.), Markusjahr II, Evangelien, Pfingsten bis Ende des Kirchenjahres, Leipzig 1973, 19–25.
–, Gründonnerstag, Joh 13,1–15, in: *K. Lange* (Hg.), Lukasjahr I, Evangelien, Advent bis Pfingsten, Leipzig 1973, 255–262 (mit Rolf Zerfaß).
–, 14. Sonntag im Jahreskreis, Lk 10,1–12.17–20, in: *K. Lange* (Hg.), Lukasjahr II, Evangelien, Pfingsten bis Ende des Kirchenjahres, Leipzig 1971, 84–97.

Kamphaus, Franz, 32. Sonntag im Jahreskreis, 1 Thess 4,13–18, in: *K. Lange* (Hg.), Mattäusjahr II, Zweite Lesungen, Pfingsten bis Ende des Kirchenjahres, Leipzig 1978, 322–342 (mit Karljosef Lange).
–, Palmsonntag, Phil2,6–11, in: *K. Lange* (Hg.), Mattäusjahr I, Zweite Lesungen, Advent bis Pfingsten, Leipzig 1977, 266–279 (mit Armin Bernhard).
–, 22. Sonntag im Jahreskreis, Mt 16,21–27, in: *K. Lange* (Hg.), Mattäusjahr II,

Evangelien, Pfingsten bis Ende des Kirchenjahres, Leipzig 1972, 211–222.
–, 33. Sonntag im Jahreskreis, Mt 25,14–30, in: *K. Lange* (Hg.), Mattäusjahr II, Evangelien, Pfingsten bis Ende des Kirchenjahres, Leipzig 1972, 349–357.
–, Weihnachten – In der Morgenfrühe, Tit 3,4–7, in: *K. Lange* (Hg.), Markusjahr I, Zweite Lesungen, Advent bis Pfingsten, Leipzig 1978, 77–84 (mit Erika Buhl und Werner Muschik).
–, Vorwort: Die Predigt und ihre Hörer, in: *K. Lange* (Hg.), Markusjahr I, Evangelien, Advent bis Pfingsten, Leipzig 1972, 7–13.
–, 5. Fastensonntag, Joh 12,20–33, in: *K. Lange* (Hg.), Markusjahr I, Evangelien, Advent bis Pfingsten, Leipzig 1972, 254–262 (mit Bertram Pittner).
–, Christi Himmelfahrt, Mk 16,15–20, in: *K. Lange* (Hg.), Markusjahr I, Evangelien, Advent bis Pfingsten, Leipzig 1972, 369–377.
–, Allerheiligen, 1 Joh 3,1–3, in: *K. Lange* (Hg.), Markusjahr II, Zweite Lesungen, Pfingsten bis Ende des Kirchenjahres, Leipzig 1979, 296–305 (mit M. Mees und Karl Heinz Pfeifer).
–, 13. Sonntag im Jahreskreis, Mk 5,21–43, in: *K. Lange* (Hg.), Markusjahr II, Evangelien, Pfingsten bis Ende des Kirchenjahres, Leipzig 1973, 74–84.
–, 4. Fastensonntag, 2 Kor 5,17–21, in: *K. Lange* (Hg.), Lukasjahr I, Zweite Lesungen, Advent bis Pfingsten, Leipzig 1979, 238–253 (mit Armin Bernhard und H. Hubert).
–, 6. Ostersonntag, Offb 21,10–14.22–23, in: *K. Lange* (Hg.), Lukasjahr I, Zweite Lesungen, Advent bis Pfingsten, Leipzig 1979, 320–332 (mit F. Meyer, Karljosef Lange und Joachim Berger).
–, Osternacht, Lk 24,1–12, in: *K. Lange* (Hg.), Lukasjahr I, Evangelien, Advent bis Pfingsten, Leipzig 1973, 264–273.

Kapaun, Franz, 21. Sonntag im Jahreskreis, Jes 22,19–23, in: *K. Lange* (Hg.), Mattäusjahr II, Erste Lesungen, Pfingsten bis Ende des Kirchenjahres, Leipzig 1975, 198–209 (mit Karl-Heinz Hoefs und Ottmar Schilling).

Katte, Dieter, 3. Ostersonntag, Apg 2,14.22–28, in: *K. Lange* (Hg.), Mattäusjahr I, Erste Lesungen, Advent bis Pfingsten, Leipzig 1974, 342–350 (mit M. Teubner und A. Grabner-Haider)
–, 23. Sonntag im Jahreskreis, Röm 13,8–10, in: *K. Lange* (Hg.), Mattäusjahr II, Zweite Lesungen, Pfingsten bis Ende des Kirchenjahres, Leipzig 1978, 223–233 (mit Franz Georg Friemel).
–, Osternacht VIII, Röm 6,3–11, in: *K. Lange* (Hg.), Mattäusjahr I, Zweite Lesungen,

Advent bis Pfingsten, Leipzig 1977, 307–319 (mit Karl-Heinz Ducke und Joachim Wanke).

–, 18. Sonntag im Jahreskreis, Eph 4,17.20–24, in: *K. Lange* (Hg.), Markusjahr II, Zweite Lesungen, Pfingsten bis Ende des Kirchenjahres, Leipzig 1979, 128–135 (mit Heinrich Bengsch).

Kaufhold, Jürgen, 29. Sonntag im Jahreskreis, Lk 18,1–8, in: *K. Lange* (Hg.), Lukasjahr II, Evangelien, Pfingsten bis Ende des Kirchenjahres, Leipzig 1971, 286–300 (mit Horst Mosebach, Bernhard Kühn und Winfried Pohl).

Kertelge, Karl, 4. Adventssonntag, Röm 16,25–27, in: *K. Lange* (Hg.), Markusjahr I, Zweite Lesungen, Advent bis Pfingsten, Leipzig 1978, 66–76 (mit Rolf Zerfaß und Karljosef Lange).

Kirchgässner, Alfons, 2. Sonntag im Jahreskreis Joh 1,35–42, in: *K. Lange* (Hg.), Markusjahr I, Evangelien, Advent bis Pfingsten, Leipzig 1972, 104–113 (mit Heinrich Kahlefeld, Josef Mann und Bertram Pricelius).

–, 19. Sonntag im Jahreskreis, Eph 4,30–5,2, in: *K. Lange* (Hg.), Markusjahr II, Zweite Lesungen, Pfingsten bis Ende des Kirchenjahres, Leipzig 1979, 136–144 (mit Norbert Stryczek).

Kirnich, Johannes, 3. Fastensonntag, Joh 4,5–42, in: *K. Lange* (Hg.), Mattäusjahr I, Evangelien, Advent bis Pfingsten, Leipzig 1971, 198–210.

–, 34. Sonntag im Jahreskreis, Joh 18, 33b–37, in: *K. Lange* (Hg.), Markusjahr II, Evangelien, Pfingsten bis Ende des Kirchenjahres, Leipzig 1973, 341–351.

–, 7. Sonntag im Jahreskreis, Lk 6,27–38, in: *K. Lange* (Hg.), Lukasjahr I, Evangelien, Advent bis Pfingsten, Leipzig 1973, 154–167.

Kirsch, Eberhard, Karfreitag, Jes 52,13–53,12, in: *K. Lange* (Hg.), Mattäusjahr I, Erste Lesungen, Advent bis Pfingsten, Leipzig 1974, 281–293

–, 3. Ostersonntag, 1 Petr 1,17–21, in: *K. Lange* (Hg.), Mattäusjahr I, Zweite Lesungen, Advent bis Pfingsten, Leipzig 1977, 354–361.

–, 13. Sonntag im Jahreskreis, Mt 10,37-42, in: *K. Lange* (Hg.), Mattäusjahr II, Evangelien, Pfingsten bis Ende des Kirchenjahres, Leipzig 1972, 100–112.

–, Ostermontag, Apg 2,14.22–32, in: *K. Lange* (Hg.), Markusjahr I, Erste Lesungen, Advent bis Pfingsten, Leipzig 1975, 279–287.

–, 33. Sonntag im Jahreskreis, Mk 13,24–32, in: *K. Lange* (Hg.), Markusjahr II, Evangelien, Pfingsten bis Ende des Kirchenjahres, Leipzig 1973, 326–340.
–, Weihnachten – Am Tage, Jes 52,7–10, in: *K. Lange* (Hg.), Lukasjahr I, Erste Lesungen, Advent bis Pfingsten, Leipzig 1976, 67–75.
–, 1. Fastensonntag, Rom 10,8–13, in: *K. Lange* (Hg.), Lukasjahr I, Zweite Lesungen, Advent bis Pfingsten, Leipzig 1979, 200–208.

Kleiner, Michael, 2. Fastensonntag, 2 Tim 1,8b–10, in: *K. Lange* (Hg.), Mattäusjahr I, Zweite Lesungen, Advent bis Pfingsten, Leipzig 1977, 210–224.
–, Fronleichnam, Dtn 8,2–3.14–16a, in: *K. Lange* (Hg.), Mattäusjahr II, Erste Lesungen, Pfingsten bis Ende des Kirchenjahres, Leipzig 1975, 41–54.
–, 24. Sonntag im Jahreskreis, Jak 2,14–18, in: *K. Lange* (Hg.), Markusjahr II, Zweite Lesungen, Pfingsten bis Ende des Kirchenjahres, Leipzig 1979, 202–214.

Klubescheidt, Christian, 34. Sonntag im Jahreskreis, Lk 23,35–43, in: *K. Lange* (Hg.), Lukasjahr II, Evangelien, Pfingsten bis Ende des Kirchenjahres, Leipzig 1971, 362–373.

Kluck, Alfons, 7. Ostersonntag, 1 Petr 4,13–16, in: *K. Lange* (Hg.), Mattäusjahr I, Zweite Lesungen, Advent bis Pfingsten, Leipzig 1977, 414–425 (mit Franz Dippenbruck).
–, 32. Sonntag im Jahreskreis, Hebr 9,24–28, in: *K. Lange* (Hg.), Markusjahr II, Zweite Lesungen, Pfingsten bis Ende des Kirchenjahres, Leipzig 1979, 319–330.
–, 6. Ostersonntag, Apg 15,1–2.6.22–29, in: *K. Lange* (Hg.), Lukasjahr I, Erste Lesungen, Advent bis Pfingsten, Leipzig 1976, 322–333.
–, 15. Sonntag im Jahreskreis, Lk 10,25–37, in: *K. Lange* (Hg.), Lukasjahr II, Evangelien, Pfingsten bis Ende des Kirchenjahres, Leipzig 1971, 98–111.

Klupsch, Olaf, 6. Ostersonntag, Apg 8, 5–8.14–17, in: *K. Lange* (Hg.), Mattäusjahr I, Erste Lesungen, Advent bis Pfingsten, Leipzig 1974, 374–384.
–, 19. Sonntag im Jahreskreis, Mt 14,22–23, in: *K. Lange* (Hg.), Mattäusjahr II, Evangelien, Pfingsten bis Ende des Kirchenjahres, Leipzig 1972, 178–187.

Knoch, Otto, Zur neuen Perikopenordnung, in: *K. Lange* (Hg.), Lukasjahr II, Evangelien, Pfingsten bis Ende des Kirchenjahres, Leipzig 1971, 11–18.

Knobloch, Hubertus, Fest der Erscheinung des Herrn, Mt 2,1–12, in: *K. Lange* (Hg.),

Mattäusjahr I, Evangelien, Advent bis Pfingsten, Leipzig 1971, 95–112.
–, 4. Sonntag im Jahreskreis, 1 Kor 7,32–35, in: *K. Lange* (Hg.), Markusjahr I, Zweite Lesungen, Advent bis Pfingsten, Leipzig 1978, 138–148.
–, 24. Sonntag im Jahreskreis, 1 Tim 1,12–17, in: *K. Lange* (Hg.), Lukasjahr II, Zweite Lesungen, Pfingsten bis Ende des Kirchenjahres, Leipzig 1977, 228–251.

Kockelmann, Paul Julius, 19. Sonntag im Jahreskreis, Röm 9,1–5, in: *K. Lange* (Hg.), Mattäusjahr II, Zweite Lesungen, Pfingsten bis Ende des Kirchenjahres, Leipzig 1978, 178–189.
–, Aschermittwoch, 2 Kor 5,20–6,2, in: *K. Lange* (Hg.), Mattäusjahr I, Zweite Lesungen, Advent bis Pfingsten, Leipzig 1977, 173–180.
–, 20. Sonntag im Jahreskreis, Spr 9,1–6, in: *K. Lange* (Hg.), Markusjahr II, Erste Lesungen, Pfingsten bis Ende des Kirchenjahres, Leipzig 1976, 174–183.
–, Hochfest der ohne Erbsünde empfangenen Jungfrau und Gottesmutter Maria, Eph 1,3–6.11–12, in: *K. Lange* (Hg.), Lukasjahr I, Zweite Lesungen, Advent bis Pfingsten, Leipzig 1979, 22–30.

Kotzula, Stephan, Fest der Aufnahme Mariens, Lk 1,39–56, in: *K. Lange* (Hg.), Lukasjahr II, Evangelien, Pfingsten bis Ende des Kirchenjahres, Leipzig 1971, 166–177 (mit Josef Scholz, Harald Reichmann und Gerhard Henning).

Kramer, Joachim, 34. Sonntag im Jahreskreis, Ez 34,11–12.15–17, in: *K. Lange* (Hg.), Mattäusjahr II, Erste Lesungen, Pfingsten bis Ende des Kirchenjahres, Leipzig 1975, 361–375.

Kraning, Willi, 3. Adventssonntag, Jak 5,7–11, in: *K. Lange* (Hg.), Mattäusjahr I, Zweite Lesungen, Advent bis Pfingsten, Leipzig 1977, 35–45.
–, 22. Sonntag im Jahreskreis, Jer 20,7–9, in: *K. Lange* (Hg.), Mattäusjahr II, Erste Lesungen, Pfingsten bis Ende des Kirchenjahres, Leipzig 1975, 210–222.
–, 30. Sonntag im Jahreskreis, Ex 22,20–26 (21–27), in: *K. Lange* (Hg.), Mattäusjahr II, Erste Lesungen, Pfingsten bis Ende des Kirchenjahres, Leipzig 1975, 311–231 (mit Hans Lubsczyk).
–, 4. Fastensonntag, Eph 2,4–10, in: *K. Lange* (Hg.), Markusjahr I, Zweite Lesungen, Advent bis Pfingsten, Leipzig 1978, 245–259.
–, 25. Sonntag im Jahreskreis, Mk 9,30–37, in: *K. Lange* (Hg.), Markusjahr II, Evangelien, Pfingsten bis Ende des Kirchenjahres, Leipzig 1973, 210–220.

–, 4. Adventssonntag, Mich 5,1–4a, in: *K. Lange* (Hg.), Lukasjahr I, Erste Lesungen, Advent bis Pfingsten, Leipzig 1976, 54–66.

–, 22. Sonntag im Jahreskreis, Lk 14,1.7–14, in: *K. Lange* (Hg.), Lukasjahr II, Evangelien, Pfingsten bis Ende des Kirchenjahres, Leipzig 1971, 203–215.

Kraus, Rüdiger, 31. Sonntag im Jahreskreis, Lk 19,1–10, in: *K. Lange* (Hg.), Lukasjahr II, Evangelien, Pfingsten bis Ende des Kirchenjahres, Leipzig 1971, 314–323.

Krause, Viktor, 18. Sonntag im Jahreskreis, Jes 55,1–3, in: *K. Lange* (Hg.), Mattäusjahr II, Erste Lesungen, Pfingsten bis Ende des Kirchenjahres, Leipzig 1975, 164–173 (mit Josef Kuschel und Theodor Stolpe).

Krenz, Klaus, Osternacht, Mt 28,1–10, in: *K. Lange* (Hg.), Mattäusjahr I, Evangelien, Advent bis Pfingsten, Leipzig 1971, 277–291.

Krüger, Christian, 9. Sonntag im Jahreskreis, Dtn 11,18.26–28, in: *K. Lange* (Hg.), Mattäusjahr II, Erste Lesungen, Pfingsten bis Ende des Kirchenjahres, Leipzig 1975, 55–67 (mit Karljosef Lange).

–, 14. Sonntag im Jahreskreis, Mt 11,25–30, in: *K. Lange* (Hg.), Mattäusjahr II, Evangelien, Pfingsten bis Ende des Kirchenjahres, Leipzig 1972, 113–123.

–, 33. Sonntag im Jahreskreis, Mal 3,19–20a (4,1–2a), in: *K. Lange* (Hg.), Lukasjahr II, Erste Lesungen, Pfingsten bis Ende des Kirchenjahres, Leipzig 1974, 300–310.

Krutzler, J., Mariä Aufnahme in den Himmel, Offb 11,19a; 12,1–6a, in: *K. Lange* (Hg.), Markusjahr II, Erste Lesungen, Pfingsten bis Ende des Kirchenjahres, Leipzig 1976, 163–173 (mit Winnibald Reiner).

Kühn, Bernhard, 29. Sonntag im Jahreskreis, Lk 18,1–8, in: *K. Lange* (Hg.), Lukasjahr II, Evangelien, Pfingsten bis Ende des Kirchenjahres, Leipzig 1971, 286–300 (mit Horst Mosebach, Winfried Pohl und Jürgen Kaufhold).

Kühn, Wilhelm, 30. Sonntag im Jahreskreis, 1 Thess1,5c–10, in: *K. Lange* (Hg.), Mattäusjahr II, Zweite Lesungen, Pfingsten bis Ende des Kirchenjahres, Leipzig 1978, 299–309.

–, 5. Ostersonntag, Apg 9,26–31, in: *K. Lange* (Hg.), Markusjahr I, Erste Lesungen, Advent bis Pfingsten, Leipzig 1975, 324–331.

–, 30. Sonntag im Jahreskreis, Sir 35,15b–17.20–22a, in: *K. Lange* (Hg.), Lukasjahr II, Erste Lesungen, Pfingsten bis Ende des Kirchenjahres, Leipzig 1974, 269–277.
–, 17. Sonntag im Jahreskreis, Kol 2,12–14, in: *K. Lange* (Hg.), Lukasjahr II, Zweite Lesungen, Pfingsten bis Ende des Kirchenjahres, Leipzig 1977, 137–145 (mit Georg Walter).

Kühn, Matthias, Pfingstsonntag, Apg 2,1–1, in: *K. Lange* (Hg.), Markusjahr II, Erste Lesungen, Pfingsten bis Ende des Kirchenjahres, Leipzig 1976, 23–31 (mit Franz Georg Friemel und Konrad Zdarsa).
–, Herz-Jesu-Fest, Eph 3,8–12.14–19, in: *K. Lange* (Hg.), Markusjahr II, Zweite Lesungen, Pfingsten bis Ende des Kirchenjahres, Leipzig 1979, 37–44.
–, Herz-Jesu-Fest, Röm 5,5–11, in: *K. Lange* (Hg.), Lukasjahr II, Zweite Lesungen, Pfingsten bis Ende des Kirchenjahres, Leipzig 1977, 64–71.

Kuschel, Josef, 18. Sonntag im Jahreskreis, Jes 55,1–3, in: *K. Lange* (Hg.), Mattäusjahr II, Erste Lesungen, Pfingsten bis Ende des Kirchenjahres, Leipzig 1975, 164–173 (mit Viktor Krause und Theodor Stolpe).

Lang, K., 27. Sonntag im Jahreskreis, Phil 4,6–9, in: *K. Lange* (Hg.), Mattäusjahr II, Zweite Lesungen, Pfingsten bis Ende des Kirchenjahres, Leipzig 1978, 270–278 (mit Robert Degenhardt und L. Wachinger).

Lange, Günter, 30. Sonntag im Jahreskreis, Mk 10,46–52, in: *K. Lange* (Hg.), Markusjahr II, Evangelien, Pfingsten bis Ende des Kirchenjahres, Leipzig 1973, 284–297 (mit Karljosef Lange).
–, 7. Ostersonntag, Apg 7,55–60, in: *K. Lange* (Hg.), Lukasjahr I, Erste Lesungen, Advent bis Pfingsten, Leipzig 1976, 344–357.

Lange, Karljosef, 14. Sonntag im Jahreskreis, Röm 8,9.11–13, in: *K. Lange* (Hg.), Mattäusjahr II, Zweite Lesungen, Pfingsten bis Ende des Kirchenjahres, Leipzig 1978, 113–127 (mit Joachim Busl, Walter Dirks und J. Mayer-Scheu).
–, 32. Sonntag im Jahreskreis, 1 Thess 4,13–18, in: *K. Lange* (Hg.), Mattäusjahr II, Zweite Lesungen, Pfingsten bis Ende des Kirchenjahres, Leipzig 1978, 322–342 (mit Franz Kamphaus).
–, 3. Sonntag im Jahreskreis, 1 Kor 1,10–13.17, in: *K. Lange* (Hg.), Mattäusjahr I, Zweite Lesungen, Advent bis Pfingsten, Leipzig 1977, 142–151 (mit Eberhard Prause).

–, 9. Sonntag im Jahreskreis, Dtn 11,18.26–28, in: *K. Lange* (Hg.), Mattäusjahr II, Erste Lesungen, Pfingsten bis Ende des Kirchenjahres, Leipzig 1975, 55–67 (mit Christian Krüger).
–, 19. Sonntag im Jahreskreis, 1 Kön 19,8b.9a.11–13a, in: *K. Lange* (Hg.), Mattäusjahr II, Erste Lesungen, Pfingsten bis Ende des Kirchenjahres, Leipzig 1975, 174–186 (mit Georg Hentschel).
–, 4. Fastensonntag, 2 Chr 36,14–16.19–23, in: *K. Lange* (Hg.), Markusjahr I, Erste Lesungen, Advent bis Pfingsten, Leipzig 1975, 230–245 (mit Franz Georg Friemel und Joseph Reindl).
–, 4. Adventssonntag, Röm 16,25–27, in: *K. Lange* (Hg.), Markusjahr I, Zweite Lesungen, Advent bis Pfingsten, Leipzig 1978, 66–76 (mit Rolf Zerfaß und Karl Kertelge).
–, 8. Sonntag im Jahreskreis, 2 Kor 3,1b–6, in: *K. Lange* (Hg.), Markusjahr I, Zweite Lesungen, Advent bis Pfingsten, Leipzig 1978, 185–197 (mit H. Arens).
–, 3. Fastensonntag, Joh 2,13–25, in: *K. Lange* (Hg.), Markusjahr I, Evangelien, Advent bis Pfingsten, Leipzig 1972, 227–241.
–, Vorwort: Vom Umgang mit einem Predigtbuch, in: *K. Lange* (Hg.), Markusjahr II, Erste Lesungen, Pfingsten bis Ende des Kirchenjahres, Leipzig 1976, 7–10.
–, Dreifaltigkeitssonntag, Dtn 4,32–34.39–40, in: *K. Lange* (Hg.), Markusjahr II, Erste Lesungen, Pfingsten bis Ende des Kirchenjahres, Leipzig 1976, 32–42 (mit Vinzenz Dassmann).
–, Fronleichnam, Ez 24,3–8, in: *K. Lange* (Hg.), Markusjahr II, Erste Lesungen, Pfingsten bis Ende des Kirchenjahres, Leipzig 1976, 43–59 (mit Bruno Scholze).
–, 16. Sonntag im Jahreskreis, Eph 2,13–16, in: *K. Lange* (Hg.), Markusjahr II, Zweite Lesungen, Pfingsten bis Ende des Kirchenjahres, Leipzig 1979, 100–116.
–, 27. Sonntag im Jahreskreis, Mk 10,2–16, in: *K. Lange* (Hg.), Markusjahr II, Evangelien, Pfingsten bis Ende des Kirchenjahres, Leipzig 1973, 236–253.
–, 30. Sonntag im Jahreskreis, Mk 10,46–52, in: *K. Lange* (Hg.), Markusjahr II, Evangelien, Pfingsten bis Ende des Kirchenjahres, Leipzig 1973, 284–297 (mit Günter Lange).
–, Vorwort: Ein Nachwort zu der ganzen Reihe, in: *K. Lange* (Hg.), Lukasjahr I, Zweite Lesungen, Advent bis Pfingsten, Leipzig 1979, 7–11.
–, 5. Ostersonntag, Offb 21,1–5a, in: *K. Lange* (Hg.), Lukasjahr I, Zweite Lesungen, Advent bis Pfingsten, Leipzig 1979, 307–319 (mit Heinrich Bengsch und F. Meyer).
–, 6. Ostersonntag, Offb 21,10-14.22–23, in: *K. Lange* (Hg.), Lukasjahr I, Zweite Lesungen, Advent bis Pfingsten, Leipzig 1979, 320–332 (mit Joachim Berger, F.

Meyer und Franz Kamphaus).
–, Vorwort in eigener Sache, in: *K. Lange* (Hg.), Lukasjahr I, Evangelien, Advent bis Pfingsten, Leipzig 1973, 7–10.
–, Taufe Jesu, Lk 3,15–16.21–22, in: *K. Lange* (Hg.), Lukasjahr I, Evangelien, Advent bis Pfingsten, Leipzig 1973, 82–91 (mit Wolfgang Trilling und Josef Mann).
–, Fronleichnam, Gen 14,18–20, in: *K. Lange* (Hg.), Lukasjahr II, Erste Lesungen, Pfingsten bis Ende des Kirchenjahres, Leipzig 1974, 36–46.
–, Vorwort, in: *K. Lange* (Hg.), Lukasjahr II, Evangelien, Pfingsten bis Ende des Kirchenjahres, Leipzig 1971, S.9.

Lauenroth, Hans-Eckhard, 25. Sonntag im Jahreskreis, Phil 1,20–24.27a, in: *K. Lange* (Hg.), Mattäusjahr II, Zweite Lesungen, Pfingsten bis Ende des Kirchenjahres, Leipzig 1978, 244–256.
–, Ostermontag, 1 Kor 15,1–8, in: *K. Lange* (Hg.), Mattäusjahr I, Zweite Lesungen, Advent bis Pfingsten, Leipzig 1977, 331–341.
–, 33. Sonntag im Jahreskreis, Hebr 10,11–14.18, in: *K. Lange* (Hg.), Markusjahr II, Zweite Lesungen, Pfingsten bis Ende des Kirchenjahres, Leipzig 1979, 331–340.
–, 3. Sonntag im Jahreskreis, Neh 8,2–4a.5–6.8–10, in: *K. Lange* (Hg.), Lukasjahr I, Erste Lesungen, Advent bis Pfingsten, Leipzig 1976, 102–113.

Lawetzky, Winfried, 16. Sonntag im Jahreskreis, Gen 18,1–10a, in: *K. Lange* (Hg.), Lukasjahr II, Erste Lesungen, Pfingsten bis Ende des Kirchenjahres, Leipzig 1974, 107–118 (mit Johannes Maria Cramer).

Lieb, Ulrich[5]*,* 5. Ostersonntag, 1 Joh 3,18–24, in: *K. Lange* (Hg.), Markusjahr I, Zweite Lesungen, Advent bis Pfingsten, Leipzig 1978, 307–319 (mit Ulrich Seeber).

Leonhardt, Wolfgang, 25. Sonntag im Jahreskreis, Weish 2,12.17–20, in: *K. Lange* (Hg.), Markusjahr II, Erste Lesungen, Pfingsten bis Ende des Kirchenjahres, Leipzig 1976, 233–246.
–, 31. Sonntag im Jahreskreis, Hebr 7,23–28, in: *K. Lange* (Hg.), Markusjahr II, Zweite Lesungen, Pfingsten bis Ende des Kirchenjahres, Leipzig 1979, 306–318 (mit Paul Christian).

Limbeck, M., 21. Sonntag im Jahreskreis, Eph 5,21–32, in: *K. Lange* (Hg.), Markusjahr II,

---

[5] Schreibweise variiert, auch „Leb, Ulrich“

Zweite Lesungen, Pfingsten bis Ende des Kirchenjahres, Leipzig 1979, 164–177 (mit Herwig Bartel).

Lobfink, Norbert, Vorwort: Von der Last der Propheten, in: *K. Lange* (Hg.), Lukasjahr I, Erste Lesungen, Advent bis Pfingsten, Leipzig 1976, 7–16.
–, 24. Sonntag im Jahreskreis, Ex 32,7–11.13–14, in: *K. Lange* (Hg.), Lukasjahr II, Erste Lesungen, Pfingsten bis Ende des Kirchenjahres, Leipzig 1974, 192–209.

Lobreyer, Josef, 4. Ostersonntag, Apg 2,14a.36–41, in: *K. Lange* (Hg.), Mattäusjahr I, Erste Lesungen, Advent bis Pfingsten, Leipzig 1974, 351–363.
–, 3. Adventssonntag, Joh 1,6.8.19–28, in: *K. Lange* (Hg.), Markusjahr I, Evangelien, Advent bis Pfingsten, Leipzig 1972, 32–43.
–, 22. Sonntag im Jahreskreis, Dtn 4.1–2.5–8, in: *K. Lange* (Hg.), Markusjahr II, Erste Lesungen, Pfingsten bis Ende des Kirchenjahres, Leipzig 1976, 197–211.

Löwenberg, Bruno, 31. Sonntag im Jahreskreis, 1 Thess 2,7b–9.13, in: *K. Lange* (Hg.), Mattäusjahr II, Zweite Lesungen, Pfingsten bis Ende des Kirchenjahres, Leipzig 1978, 310–231 (mit Ullrich Seeber).
–, 11. Sonntag im Jahreskreis, 2 Kor 5,6–10, in: *K. Lange* (Hg.), Markusjahr II, Zweite Lesungen, Pfingsten bis Ende des Kirchenjahres, Leipzig 1979, 45–55 (mit H. Jeckel und Karl Maly).

Lubsczyk, Hans, 2. Sonntag im Jahreskreis, Jes 49,3.5–6, in: *K. Lange* (Hg.), Mattäusjahr I, Erste Lesungen, Advent bis Pfingsten, Leipzig 1974, 139–148.
–, Gründonnerstag, Ex 12,1–8.11–14, in: *K. Lange* (Hg.), Mattäusjahr I, Erste Lesungen, Advent bis Pfingsten, Leipzig 1974, 271–280.
–, 25. Sonntag im Jahreskreis, Jes 55,6–9, in: *K. Lange* (Hg.), Mattäusjahr II, Erste Lesungen, Pfingsten bis Ende des Kirchenjahres, Leipzig 1975, 246–257.
–, 30. Sonntag im Jahreskreis, Ex 22,20–26 (21–27), in: *K. Lange* (Hg.), Mattäusjahr II, Erste Lesungen, Pfingsten bis Ende des Kirchenjahres, Leipzig 1975, 311–231 (mit Hans Willi Kraning).
–, 3. Adventssonntag, Jes 61,1–2a.10–11, in: *K. Lange* (Hg.), Markusjahr I, Erste Lesungen, Advent bis Pfingsten, Leipzig 1975, 54–67.
–, 1. Fastensonntag, Mk 1,12–15, in: *K. Lange* (Hg.), Markusjahr I, Evangelien, Advent bis Pfingsten, Leipzig 1972, 207–217 (mit Wolfgang Trilling).
–, 19. Sonntag im Jahreskreis, 1 Kon 19,3a–8, in: *K. Lange* (Hg.), Markusjahr II, Erste

Lesungen, Pfingsten bis Ende des Kirchenjahres, Leipzig 1976, 149–162 (mit Georg Hentschel).

–, Osternacht VII, Ez 36,16–28, in: *K. Lange* (Hg.), Lukasjahr I, Erste Lesungen, Advent bis Pfingsten, Leipzig 1976, 256–265.

Luckhaupt, Wolfgang, 5. Fastensonntag, Ez 37,12–14 in: *K. Lange* (Hg.), Mattäusjahr I, Erste Lesungen, Advent bis Pfingsten, Leipzig 1974, 247–258 (mit Alois Schuh).

–, 1. Fastensonntag, Mt 4,1–11, in: *K. Lange* (Hg.), Mattäusjahr I, Evangelien, Advent bis Pfingsten, Leipzig 1971, 178–185.

–, 22. Sonntag im Jahreskreis, Röm 12,1–2, in: *K. Lange* (Hg.), Mattäusjahr II, Zweite Lesungen, Pfingsten bis Ende des Kirchenjahres, Leipzig 1978, 213–222.

–, 4. Ostersonntag, Joh 10,11–18, in: *K. Lange* (Hg.), Markusjahr I, Evangelien, Advent bis Pfingsten, Leipzig 1972, 333–342.

–, 4. Sonntag im Jahreskreis, Lk 4,21–30, in: *K. Lange* (Hg.), Lukasjahr I, Evangelien, Advent bis Pfingsten, Leipzig 1973, 120–127.

–, 22. Sonntag im Jahreskreis, Sir 3,17–18.20.28–29, in: *K. Lange* (Hg.), Lukasjahr II, Erste Lesungen, Pfingsten bis Ende des Kirchenjahres, Leipzig 1974, 170–178.

Lück, Wilfried, 17. Sonntag im Jahreskreis, 1 Kön 3,5.7–12, in: *K. Lange* (Hg.), Mattäusjahr II, Erste Lesungen, Pfingsten bis Ende des Kirchenjahres, Leipzig 1975, 155–163 (mit Johannes Maria Cramer).

–, 4. Fastensonntag, Joh 3,14–21, in: *K. Lange* (Hg.), Markusjahr I, Evangelien, Advent bis Pfingsten, Leipzig 1972, 242–253.

Maly, Karl, 1. Adventssonntag, 1 Kor 1,3–9, in: *K. Lange* (Hg.), Markusjahr I, Zweite Lesungen, Advent bis Pfingsten, Leipzig 1978, 24–33 (mit Markus Hillebrand).

–, 11. Sonntag im Jahreskreis, 2 Kor 5,6–10, in: *K. Lange* (Hg.), Markusjahr II, Zweite Lesungen, Pfingsten bis Ende des Kirchenjahres, Leipzig 1979, 45–55 (mit H. Jeckel und Bruno Löwenberg).

Maiberger, Paul, 11. Sonntag im Jahreskreis, Ez 17,22–24, in: *K. Lange* (Hg.), Markusjahr II, Erste Lesungen, Pfingsten bis Ende des Kirchenjahres, Leipzig 1976, 70–79 (mit Alfred Mertens und M. Gutl).

Mann, Josef, 7. Ostersonntag, Joh 17,1–11a, in: *K. Lange* (Hg.), Mattäusjahr I, Evangelien, Advent bis Pfingsten, Leipzig 1971, 371–379.

–, 23. Sonntag im Jahreskreis, Mt 18,15–20, in: *K. Lange* (Hg.), Mattäusjahr II, Evangelien, Pfingsten bis Ende des Kirchenjahres, Leipzig 1972, 223–234.

–, 2. Sonntag im Jahreskreis Joh 1,35–42, in: *K. Lange* (Hg.), Markusjahr I, Evangelien, Advent bis Pfingsten, Leipzig 1972, 104–113 (mit Heinrich Kahlefeld, Alfons Kirchgässner und Bertram Pricelius).

–, 18. Sonntag im Jahreskreis, Ex 16,2–4.12–15, in: *K. Lange* (Hg.), Markusjahr II, Erste Lesungen, Pfingsten bis Ende des Kirchenjahres, Leipzig 1976, 141–148.

–, Taufe Jesu, Lk 3,15–16.21–22, in: *K. Lange* (Hg.), Lukasjahr I, Evangelien, Advent bis Pfingsten, Leipzig 1973, 82–91 (mit Wolfgang Trilling und Karljosef Lange).

Marx, Gerhard, 1. Fastensonntag, Röm 5,12–19, in: *K. Lange* (Hg.), Mattäusjahr I, Zweite Lesungen, Advent bis Pfingsten, Leipzig 1977, 181–209.

–, 11. Sonntag im Jahreskreis, Mt 9,36–10,8, in: *K. Lange* (Hg.), Mattäusjahr II, Evangelien, Pfingsten bis Ende des Kirchenjahres, Leipzig 1972, 75–87.

–, 17. Sonntag im Jahreskreis, Joh 6,1–15, in: *K. Lange* (Hg.), Markusjahr II, Evangelien, Pfingsten bis Ende des Kirchenjahres, Leipzig 1973, 124–132 (mit Johannes Nemec).

–, 3. Ostersonntag, Apg 5,27b–32.40b–41, in: *K. Lange* (Hg.), Lukasjahr I, Erste Lesungen, Advent bis Pfingsten, Leipzig 1976, 286–299.

–, 3. Sonntag im Jahreskreis, 1 Kor 12,12–30, in: *K. Lange* (Hg.), Lukasjahr I, Zweite Lesungen, Advent bis Pfingsten, Leipzig 1979, 117–143.

März, Claus-Peter, Ostern, Apg 10,34a.37–43, in: *K. Lange* (Hg.), Mattäusjahr I, Erste Lesungen, Advent bis Pfingsten, Leipzig 1974, 317–326.

–, Ostern, Kol 3,1–4, in: *K. Lange* (Hg.), Mattäusjahr I, Zweite Lesungen, Advent bis Pfingsten, Leipzig 1977, 320–330 (mit Michael Bautz).

–, Fronleichnam, Joh 6,51–58(59), in: *K. Lange* (Hg.), Mattäusjahr II, Evangelien, Pfingsten bis Ende des Kirchenjahres, Leipzig 1972, 34–47.

–, 7. Ostersonntag, Apg 1,15–17, in: *K. Lange* (Hg.), Markusjahr I, Erste Lesungen, Advent bis Pfingsten, Leipzig 1975, 342–352.

–, 3. Sonntag im Jahreskreis, Mk 1,14–20, in: *K. Lange* (Hg.), Markusjahr I, Evangelien, Advent bis Pfingsten, Leipzig 1972, 114–127.

–, 4. Sonntag im Jahreskreis, Mk 1,21–28, in: *K. Lange* (Hg.), Markusjahr I, Evangelien, Advent bis Pfingsten, Leipzig 1972, 128–138 (mit Wolfgang Trilling).

–, 22. Sonntag im Jahreskreis, Mk 7,1–8a.14–15.21–23, in: *K. Lange* (Hg.), Markusjahr II, Evangelien, Pfingsten bis Ende des Kirchenjahres, Leipzig 1973, 176–186.

–, 1. Fastensonntag, Lk 4,1–13, in: *K. Lange* (Hg.), Lukasjahr I, Evangelien, Advent bis

Pfingsten, Leipzig 1973, 173–183.
–, Dreifaltigkeitssonntag, Spr 8,22–31, in: *K. Lange* (Hg.), Lukasjahr II, Erste Lesungen, Pfingsten bis Ende des Kirchenjahres, Leipzig 1974, 24–35.

Mayer-Scheu, J., 14. Sonntag im Jahreskreis, Röm 8,9.11–13, in: *K. Lange* (Hg.), Mattäusjahr II, Zweite Lesungen, Pfingsten bis Ende des Kirchenjahres, Leipzig 1978, 113–127 (mit Karljosef Lange, Walter Dirks und Joachim Busl).

Mechtenberg, Theo, 3. Adventssonntag, Mt 11,2–11, in: *K. Lange* (Hg.), Mattäusjahr I, Evangelien, Advent bis Pfingsten, Leipzig 1971, 31–40.
–, 19. Sonntag im Jahreskreis, Lk 12,32–48, in: *K. Lange* (Hg.), Lukasjahr II, Evangelien, Pfingsten bis Ende des Kirchenjahres, Leipzig 1971, 155–165.

M., Th., 18. Sonntag im Jahreskreis, Mt 14,13–21, in: *K. Lange* (Hg.), Mattäusjahr II, Evangelien, Pfingsten bis Ende des Kirchenjahres, Leipzig 1972, 168–177.

Mees, M., Allerheiligen, 1 Joh 3,1–3, in: *K. Lange* (Hg.), Markusjahr II, Zweite Lesungen, Pfingsten bis Ende des Kirchenjahres, Leipzig 1979, 296–305 (mit Franz Kamphaus und Karl-Heinz Pfeifer).

Meisner, Joachim, Fronleichnam, 1 Kor 10,16–17, in: *K. Lange* (Hg.), Mattäusjahr II, Zweite Lesungen, Pfingsten bis Ende des Kirchenjahres, Leipzig 1978, 21–29.
–, 23. Sonntag im Jahreskreis, Jes 35,4–7a, in: *K. Lange* (Hg.), Markusjahr II, Erste Lesungen, Pfingsten bis Ende des Kirchenjahres, Leipzig 1976, 212–219.

Mertens, Alfred, 11. Sonntag im Jahreskreis, Ez 17,22–24, in: *K. Lange* (Hg.), Markusjahr II, Erste Lesungen, Pfingsten bis Ende des Kirchenjahres, Leipzig 1976, 70–79 (mit Paul Maiberger und M. Gutl).
–, Vorwort: Was die Predigt leisten kann – Über die möglichen Predigtziele, in: *K. Lange* (Hg.), Markusjahr II, Zweite Lesungen, Pfingsten bis Ende des Kirchenjahres, Leipzig 1979, 7–14.
–, Vorwort: Ein Bauplan für die Predigt („nach Alfred Mertens"), in: *K. Lange* (Hg.), Lukasjahr II, Zweite Lesungen, Pfingsten bis Ende des Kirchenjahres, Leipzig 1977, 7–12.

Metzner, Kurt, 2. Ostersonntag, Apg 2,42–47, in: *K. Lange* (Hg.), Mattäusjahr I, Erste

Lesungen, Advent bis Pfingsten, Leipzig 1974, 327–341.
–, 3. Sonntag im Jahreskreis, Mt 4,12–23, in: *K. Lange* (Hg.), Mattäusjahr I, Evangelien, Advent bis Pfingsten, Leipzig 1971, 132–145.
–, 13. Sonntag im Jahreskreis, Röm 6,3–4.8–11, in: *K. Lange* (Hg.), Mattäusjahr II, Zweite Lesungen, Pfingsten bis Ende des Kirchenjahres, Leipzig 1978, 98–112.
–, 6. Ostersonntag, 1 Joh 4,7–10, in: *K. Lange* (Hg.), Markusjahr I, Zweite Lesungen, Advent bis Pfingsten, Leipzig 1978, 320–331.
–, Osternacht, Mk 16,1–8, in: *K. Lange* (Hg.), Markusjahr I, Evangelien, Advent bis Pfingsten, Leipzig 1972, 300–317.
–, 29. Sonntag im Jahreskreis, Jes 53,10–11, in: *K. Lange* (Hg.), Markusjahr II, Erste Lesungen, Pfingsten bis Ende des Kirchenjahres, Leipzig 1976, 283–294.
–, 7. Sonntag im Jahreskreis, 1 Kor 15,45–49, in: *K. Lange* (Hg.), Lukasjahr I, Zweite Lesungen, Advent bis Pfingsten, Leipzig 1979, 181–189.
–, 4. Adventssonntag, Lk 1,39–45, in: *K. Lange* (Hg.), Lukasjahr I, Evangelien, Advent bis Pfingsten, Leipzig 1973, 40–51.
–, Pfingstmontag, Eph 4,2–6, in: *K. Lange* (Hg.), Lukasjahr II, Zweite Lesungen, Pfingsten bis Ende des Kirchenjahres, Leipzig 1977, 26–38.
–, Fronleichnam, 1 Kor 11,23–26, in: *K. Lange* (Hg.), Lukasjahr II, Zweite Lesungen, Pfingsten bis Ende des Kirchenjahres, Leipzig 1977, 51–63.

Meyer, F., 29. Sonntag im Jahreskreis, 1 Thess 1,1–5b, in: *K. Lange* (Hg.), Mattäusjahr II, Zweite Lesungen, Pfingsten bis Ende des Kirchenjahres, Leipzig 1978, 290–298 (mit Gerhard Sammet und Joachim Wanke).
–, 2. Ostersonntag, Offb 1,9–11a.12–13.17–19, in: *K. Lange* (Hg.), Lukasjahr I, Zweite Lesungen, Advent bis Pfingsten, Leipzig 1979, 275–288 (mit Gisbert Greshake, Erika Buhl und Werner Muschick).
–, 5. Ostersonntag, Offb 21,1–5a, in: *K. Lange* (Hg.), Lukasjahr I, Zweite Lesungen, Advent bis Pfingsten, Leipzig 1979, 307–319 (mit Heinrich Bengsch und Karljosef Lange).
–, 6. Ostersonntag, Offb 21,10–14.22–23, in: *K. Lange* (Hg.), Lukasjahr I, Zweite Lesungen, Advent bis Pfingsten, Leipzig 1979, 320–332 (mit Joachim Berger, Karljosef Lange und Franz Kamphaus).

Montag, Udo, 12. Sonntag im Jahreskreis, Jer 20,10–13, in: *K. Lange* (Hg.), Mattäusjahr II, Erste Lesungen, Pfingsten bis Ende des Kirchenjahres, Leipzig 1975, 96–109 (mit Georg Sterzinsky).

Mosebach, Horst, 29. Sonntag im Jahreskreis, Lk 18,1–8, in: *K. Lange* (Hg.), Lukasjahr II, Evangelien, Pfingsten bis Ende des Kirchenjahres, Leipzig 1971, 286–300 (mit Winfried Pohl, Bernhard Kühn und Jürgen Kaufhold).

Muche, Alfred, 18. Sonntag im Jahreskreis, Joh 6,24–35, in: *K. Lange* (Hg.), Markusjahr II, Evangelien, Pfingsten bis Ende des Kirchenjahres, Leipzig 1973, 133–144.

Müller, Johannes, 32. Sonntag im Jahreskreis, 2 Makk 7,1–2.9–14, in: *K. Lange* (Hg.), Lukasjahr II, Erste Lesungen, Pfingsten bis Ende des Kirchenjahres, Leipzig 1974, 289–299.

Müller, Otfried, 2.Weihnachtstag – Fest des hl. Stephanus, Apg 6,8–10;7,54–60, in: *K. Lange* (Hg.), Mattäusjahr I, Zweite Lesungen, Advent bis Pfingsten, Leipzig 1977, 74–78.

Muschick, Werner, 5. Sonntag im Jahreskreis, Jes 58,6a.7–10, in: *K. Lange* (Hg.), Mattäusjahr I, Erste Lesungen, Advent bis Pfingsten, Leipzig 1974, 169–177 (mit Erika Buhl).

–, Weihnachten – In der Morgenfrühe, Tit 3,4–7, in: *K. Lange* (Hg.), Markusjahr I, Zweite Lesungen, Advent bis Pfingsten, Leipzig 1978, 77–84 (mit Erika Buhl und Franz Kamphaus).

–, 4. Fastensonntag, Jos 5,9a. 10–12, in: *K. Lange* (Hg.), Lukasjahr I, Erste Lesungen, Advent bis Pfingsten, Leipzig 1976, 205–213 (mit Erika Buhl).

–, 2. Ostersonntag, Offb 1,9–11a.12–13.17–19, in: *K. Lange* (Hg.), Lukasjahr I, Zweite Lesungen, Advent bis Pfingsten, Leipzig 1979, 275–288 (mit Gisbert Greshake, Erika Buhl und F. Meyer).

–, 2. Sonntag im Jahreskreis, Joh 2,1–12, in: *K. Lange* (Hg.), Lukasjahr I, Evangelien, Advent bis Pfingsten, Leipzig 1973, 92–106 (mit Erika Buhl).

–, 20. Sonntag im Jahreskreis, Jer 66,18–21, in: *K. Lange* (Hg.), Lukasjahr II, Erste Lesungen, Pfingsten bis Ende des Kirchenjahres, Leipzig 1974, 152–161 (mit Erika Buhl).

–, 27. Sonntag im Jahreskreis, Hab 1,2–3; 2,2–4, in: *K. Lange* (Hg.), Lukasjahr II, Erste Lesungen, Pfingsten bis Ende des Kirchenjahres, Leipzig 1974, 236–246 (mit Erika Buhl).

–, 29. Sonntag im Jahreskreis, 2 Tim 3,14–4,2, in: *K. Lange* (Hg.), Lukasjahr II, Zweite

Lesungen, Pfingsten bis Ende des Kirchenjahres, Leipzig 1977, 323–334 (mit Erika Buhl).
–, 30. Sonntag im Jahreskreis, 2 Tim 4,6–8.16–18, in: *K. Lange* (Hg.), Lukasjahr II, Zweite Lesungen, Pfingsten bis Ende des Kirchenjahres, Leipzig 1977, 335–346 (mit Erika Buhl).

Nachtwei, Gerhard, Fronleichnam, Lk 9,11b–17, in: *K. Lange* (Hg.), Lukasjahr II, Evangelien, Pfingsten bis Ende des Kirchenjahres, Leipzig 1971, 33–47.

Nemec, Johannes, 17. Sonntag im Jahreskreis, Joh 6,1–15, in: *K. Lange* (Hg.), Markusjahr II, Evangelien, Pfingsten bis Ende des Kirchenjahres, Leipzig 1973, 124–132 (mit Gerhard Marx).

Neumann, Peter, 6. Ostersonntag, Joh 14,15–21, in: *K. Lange* (Hg.), Mattäusjahr I, Evangelien, Advent bis Pfingsten, Leipzig 1971, 346–354.

Nowak, Leo, 24. Sonntag im Jahreskreis, Röm 14,7–9, in: *K. Lange* (Hg.), Mattäusjahr II, Zweite Lesungen, Pfingsten bis Ende des Kirchenjahres, Leipzig 1978, 234–243.
–, 2. Adventssonntag, Lk 3,1–6, in: *K. Lange* (Hg.), Lukasjahr I, Evangelien, Advent bis Pfingsten, Leipzig 1973, 20–28 (mit Joachim Wanke).
–, Pfingstsonntag, Apg 2,1–11, in: *K. Lange* (Hg.), Lukasjahr II, Erste Lesungen, Pfingsten bis Ende des Kirchenjahres, Leipzig 1974, 11–23.

Otte, Bernhard, Taufe des Herrn, Apg 10,34–38, in: *K. Lange* (Hg.), Lukasjahr I, Zweite Lesungen, Advent bis Pfingsten, Leipzig 1979, 96–105 (mit J. Bihler und Ulrich Hoffmann).

Pawellek, Manfred, 6. Sonntag im Jahreskreis, 1 Kor 10,31–11,1, in: *K. Lange* (Hg.), Markusjahr I, Zweite Lesungen, Advent bis Pfingsten, Leipzig 1978, 164–173 (mit Ulrich Hofmann).

Pawlik, Georg, 3. Fastensonntag, Lk 13,1–9, in: *K. Lange* (Hg.), Lukasjahr I, Evangelien, Advent bis Pfingsten, Leipzig 1973, 196–204.

Pfeiffer, Ernst, 16. Sonntag im Jahreskreis, Jer 23,1–6, in: *K. Lange* (Hg.), Markusjahr II, Erste Lesungen, Pfingsten bis Ende des Kirchenjahres, Leipzig 1976, 121–131 (mit

Armin Bernhard).
–, 6. Ostersonntag, Joh 14,23–29, in: *K. Lange* (Hg.), Lukasjahr I, Evangelien, Advent bis Pfingsten, Leipzig 1973, 322–334.

Pfeifer, Karl-Heinz, Allerheiligen, 1 Joh 3,1–3, in: *K. Lange* (Hg.), Markusjahr II, Zweite Lesungen, Pfingsten bis Ende des Kirchenjahres, Leipzig 1979, 296–305 (mit Franz Kamphaus und M. Mees).

Pietrzok, Hubert, 16. Sonntag im Jahreskreis, Kol 1,24–28, in: *K. Lange* (Hg.), Lukasjahr II, Zweite Lesungen, Pfingsten bis Ende des Kirchenjahres, Leipzig 1977, 127–136 (mit Andreas Eisenmann).

Pittner, Bertram, 5. Sonntag im Jahreskres, 1 Kor 9,16–19.22–23, in: *K. Lange* (Hg.), Markusjahr I, Zweite Lesungen, Advent bis Pfingsten, Leipzig 1978, 149–163.
–, 5. Fastensonntag, Joh 12,20–33, in: *K. Lange* (Hg.), Markusjahr I, Evangelien, Advent bis Pfingsten, Leipzig 1972, 254–262 (mit Franz Kamphaus).
–, 24. Sonntag im Jahreskreis, Jes 50,5–9a, in: *K. Lange* (Hg.), Markusjahr II, Erste Lesungen, Pfingsten bis Ende des Kirchenjahres, Leipzig 1976, 220–232.
–, 13. Sonntag im Jahreskreis, 2 Kor 8,7.9.13–15, in: *K. Lange* (Hg.), Markusjahr II, Zweite Lesungen, Pfingsten bis Ende des Kirchenjahres, Leipzig 1979, 67–79.
–, 6. Sonntag im Jahreskreis, Jer 17,5–8, in: *K. Lange* (Hg.), Lukasjahr I, Erste Lesungen, Advent bis Pfingsten, Leipzig 1976, 141–152.
–, 5. Fastensonntag, Joh 8,1–11, in: *K. Lange* (Hg.), Lukasjahr I, Evangelien, Advent bis Pfingsten, Leipzig 1973, 218–224.
–, 14. Sonntag im Jahreskreis, Gal 6,14–18, in: *K. Lange* (Hg.), Lukasjahr II, Zweite Lesungen, Pfingsten bis Ende des Kirchenjahres, Leipzig 1977, 103–116.

Pohl, Ulrich, 7. Ostersonntag, Apg 1,12–14, in: *K. Lange* (Hg.), Mattäusjahr I, Erste Lesungen, Advent bis Pfingsten, Leipzig 1974, 389–408 (mit Manfred Ackermann).

Pohl, Winfried, 29. Sonntag im Jahreskreis, Lk 18,1–8, in: *K. Lange* (Hg.), Lukasjahr II, Evangelien, Pfingsten bis Ende des Kirchenjahres, Leipzig 1971, 286–300 (mit Horst Mosebach, Bernhard Kühn und Jürgen Kaufhold).

Pollack, Herbert, 11. Sonntag im Jahreskreis, Röm 5,6–11, in: *K. Lange* (Hg.),

Mattäusjahr II, Zweite Lesungen, Pfingsten bis Ende des Kirchenjahres, Leipzig 1978, 77–84.

Prager, M., Herz-Jesu-Fest, Hos 11,1.3–4.8c–9, in: *K. Lange* (Hg.), Markusjahr II, Erste Lesungen, Pfingsten bis Ende des Kirchenjahres, Leipzig 1976, 60–69.

Prause, Eberhard, 3. Sonntag im Jahreskreis, 1 Kor 1,10–13.17, in: *K. Lange* (Hg.), Mattäusjahr I, Zweite Lesungen, Advent bis Pfingsten, Leipzig 1977, 142–151 (mit Karljosef Lange).

–, 5. Fastensonntag, Hebr 5,7–10, in: *K. Lange* (Hg.), Markusjahr I, Zweite Lesungen, Advent bis Pfingsten, Leipzig 1978, 260–271.

–, 12. Sonntag im Jahreskreis, Ijob 38,1.8–11, in: *K. Lange* (Hg.), Markusjahr II, Erste Lesungen, Pfingsten bis Ende des Kirchenjahres, Leipzig 1976, 80–89.

Pricelius, Bertram, 2. Sonntag im Jahreskreis Joh 1,35–42, in: *K. Lange* (Hg.), Markusjahr I, Evangelien, Advent bis Pfingsten, Leipzig 1972, 104–113 (mit Heinrich Kahlefeld, Alfons Kirchgässner und Josef Mann).

Quack, Wolfgang, Taufe Christi, Jes 42,1–4.6–7, in: *K. Lange* (Hg.), Mattäusjahr I, Erste Lesungen, Advent bis Pfingsten, Leipzig 1974, 122–138

–, Taufe des Herrn, Apg 10,34–38, in: *K. Lange* (Hg.), Mattäusjahr I, Zweite Lesungen, Advent bis Pfingsten, Leipzig 1977, 110–127 (mit Ullrich Seeber).

–, Sonntag nach dem 6. Januar – Taufe Christi, Mk 1,7–11, in: *K. Lange* (Hg.), Markusjahr I, Evangelien, Advent bis Pfingsten, Leipzig 1972, 85–103.

–, 28. Sonntag im Jahreskreis, 2 Tim 2,8–13, in: *K. Lange* (Hg.), Lukasjahr II, Zweite Lesungen, Pfingsten bis Ende des Kirchenjahres, Leipzig 1977, 302–322 (mit Hermann Joseph Weisbender).

Rachwalski, Bernhard, 6. Sonntag im Jahreskreis, Mk 1,40–45, in: *K. Lange* (Hg.), Markusjahr I, Evangelien, Advent bis Pfingsten, Leipzig 1972, 150–159.

Ratzinger, Joseph, Vorwort: Christozentrik in der Verkündigung?, in: *K. Lange* (Hg.), Markusjahr I, Zweite Lesungen, Advent bis Pfingsten, Leipzig 1978, 7–23.

Reichmann, Harald, 2. Ostersonntag, Joh 20,19–31, in: *K. Lange* (Hg.), Markusjahr I,

Evangelien, Advent bis Pfingsten, Leipzig 1972, 318–323.

–, Fest der Aufnahme Mariens, Lk 1,39–56, in: *K. Lange* (Hg.), Lukasjahr II, Evangelien, Pfingsten bis Ende des Kirchenjahres, Leipzig 1971, 166–177 (mit Josef Scholz, Stephan Kotzula und Gerhard Henning).

Reindl, Joseph, 1. Adventssonntag, Jes 2,1–5, in: *K. Lange* (Hg.), Mattäusjahr I, Erste Lesungen, Advent bis Pfingsten, Leipzig 1974, 19–36 (mit Eberhard Gäth).

–, 1. Fastensonntag, Gen 2,7-9; 3,1–7a, , in: *K. Lange* (Hg.), Mattäusjahr I, Erste Lesungen, Advent bis Pfingsten, Leipzig 1974, 192–105 (mit Ludwig Schöpfer).

–, 31. Sonntag im Jahreskreis, Mal 1,14b; 2,2b.8–10, in: *K. Lange* (Hg.), Mattäusjahr II, Erste Lesungen, Pfingsten bis Ende des Kirchenjahres, Leipzig 1975, 330–342.

–, 4. Fastensonntag, 2 Chr 36,14–16.19–23, in: *K. Lange* (Hg.), Markusjahr I, Erste Lesungen, Advent bis Pfingsten, Leipzig 1975, 230–245 (mit Franz Georg Friemel und Karljosef Lange).

–, 21. Sonntag im Jahreskreis, Jos 24,1.2a.15–18, in: *K. Lange* (Hg.), Markusjahr II, Erste Lesungen, Pfingsten bis Ende des Kirchenjahres, Leipzig 1976, 184–196.

–, 5. Fastensonntag, Jes 43,16–21, in: *K. Lange* (Hg.), Lukasjahr I, Erste Lesungen, Advent bis Pfingsten, Leipzig 1976, 214–226.

Reiner, Winnibald, Mariä Aufnahme in den Himmel, Offb 11,19a; 12,1–6a, in: *K. Lange* (Hg.), Markusjahr II, Erste Lesungen, Pfingsten bis Ende des Kirchenjahres, Leipzig 1976, 163–173 (mit J. Krutzler).

Richardt, Berthold, 8. Sonntag im Jahreskreis, Mk 2,18–22, in: *K. Lange* (Hg.), Markusjahr I, Evangelien, Advent bis Pfingsten, Leipzig 1972, 171–182 (mit Bernward Jensch).

Richter, Bernd, 28. Sonntag im Jahreskreis, Mt 22,1–14, in: *K. Lange* (Hg.), Mattäusjahr II, Evangelien, Pfingsten bis Ende des Kirchenjahres, Leipzig 1972, 294–304.

–, 6. Ostersonntag, Joh 15,9–17, in: *K. Lange* (Hg.), Markusjahr I, Evangelien, Advent bis Pfingsten, Leipzig 1972, 356–368 (mit Theo Gunkel).

–, 34. Sonntag im Jahreskreis, Offb 1,5–8, in: *K. Lange* (Hg.), Markusjahr II, Zweite Lesungen, Pfingsten bis Ende des Kirchenjahres, Leipzig 1979, 341–352.

–, 23. Sonntag im Jahreskreis, Mk 7,31–37, in: *K. Lange* (Hg.), Markusjahr II, Evangelien, Pfingsten bis Ende des Kirchenjahres, Leipzig 1973, 187–196.

–, 5. Fastensonntag, Phil 3,8–14, in: *K. Lange* (Hg.), Lukasjahr I, Zweite Lesungen, Advent bis Pfingsten, Leipzig 1979, 254–265.
–, 11. Sonntag im Jahreskreis, Lk 7,36–50, in: *K. Lange* (Hg.), Lukasjahr II, Evangelien, Pfingsten bis Ende des Kirchenjahres, Leipzig 1971, 48–59.

Richter, Gotthard, 1. Sonntag im Jahreskreis – Taufe Christi, Mt 3,13–17, in: *K. Lange* (Hg.), Mattäusjahr I, Evangelien, Advent bis Pfingsten, Leipzig 1971, 113–122 (mit Wolfgang Trilling).
–, 4. Ostersonntag, Joh 10,27–30, in: *K. Lange* (Hg.), Lukasjahr I, Evangelien, Advent bis Pfingsten, Leipzig 1973, 305–313.

Rosner, Clemens, 2. Ostersonntag, 1 Petr 1,3–9, in: *K. Lange* (Hg.), Mattäusjahr I, Zweite Lesungen, Advent bis Pfingsten, Leipzig 1977, 342–353.
–, 31. Sonntag im Jahreskreis, Mt 23,1–12, in: *K. Lange* (Hg.), Mattäusjahr II, Evangelien, Pfingsten bis Ende des Kirchenjahres, Leipzig 1972, 328–337.
–, 4. Adventssonntag, 2 Sam 7,1–5.8b–11.16, in: *K. Lange* (Hg.), Markusjahr I, Erste Lesungen, Advent bis Pfingsten, Leipzig 1975, 68–77.
–, 19. Sonntag im Jahreskreis, Joh 6,41–52, in: *K. Lange* (Hg.), Markusjahr II, Evangelien, Pfingsten bis Ende des Kirchenjahres, Leipzig 1973, 145–144.
–, 2. Adventssonntag, Bar 5,1–9, in: *K. Lange* (Hg.), Lukasjahr I, Erste Lesungen, Advent bis Pfingsten, Leipzig 1976, 31–42.

Rücker, Heribert, 3. Ostersonntag, Lk 24,35–48, in: *K. Lange* (Hg.), Markusjahr I, Evangelien, Advent bis Pfingsten, Leipzig 1972, 324–332.
–, 1. Adventssonntag, Lk 21,25–28.34–36, in: *K. Lange* (Hg.), Lukasjahr I, Evangelien, Advent bis Pfingsten, Leipzig 1973, 11–19.
–, 26. Sonntag im Jahreskreis, Am 6,1a.4–7, in: *K. Lange* (Hg.), Lukasjahr II, Erste Lesungen, Pfingsten bis Ende des Kirchenjahres, Leipzig 1974, 224–235.
–, 31. Sonntag im Jahreskreis, Weish 11,23–12,2, in: *K. Lange* (Hg.), Lukasjahr II, Erste Lesungen, Pfingsten bis Ende des Kirchenjahres, Leipzig 1974, 278–288 (mit Johannes Bernard).
–, 12. Sonntag im Jahreskreis, Lk 9,18–24, in: *K. Lange* (Hg.), Lukasjahr II, Evangelien, Pfingsten bis Ende des Kirchenjahres, Leipzig 1971, 60–70.

Rupprecht, Hans, 4. Ostersonntag, Joh 10,1–10, in: *K. Lange* (Hg.), Mattäusjahr I, Evangelien, Advent bis Pfingsten, Leipzig 1971, 314–328.

–, 12. Sonntag im Jahreskreis, 2 Kor 5,14–17, in: *K. Lange* (Hg.), Markusjahr II, Zweite Lesungen, Pfingsten bis Ende des Kirchenjahres, Leipzig 1979, 56–66.
–, 3. Sonntag im Jahreskreis, Lk 1,1–4; 4,14–21, in: *K. Lange* (Hg.), Lukasjahr I, Evangelien, Advent bis Pfingsten, Leipzig 1973, 107–119.

Sachse, Gerd, 6. Sonntag im Jahreskreis, Mt 5,17–37, in: *K. Lange* (Hg.), Mattäusjahr I, Evangelien, Advent bis Pfingsten, Leipzig 1971, 160–177.

Sammet, Gerhard, 2. Sonntag im Jahreskreis, Mt 4,12–23, in: *K. Lange* (Hg.), Mattäusjahr I, Evangelien, Advent bis Pfingsten, Leipzig 1971, 123–131.
–, 29. Sonntag im Jahreskreis, 1 Thess 1,1–5b, in: *K. Lange* (Hg.), Mattäusjahr II, Zweite Lesungen, Pfingsten bis Ende des Kirchenjahres, Leipzig 1978, 290–298 (mit Joachim Wanke und F.Meyer).

Sandfort, Günter, Osternacht I, Gen 1,1–2,2, in: *K. Lange* (Hg.), Mattäusjahr I, Erste Lesungen, Advent bis Pfingsten, Leipzig 1974, 294–305 (mit Alfons Schäfer).
–, 5. Sonntag im Jahreskreis, Mk 1,29–39, in: *K. Lange* (Hg.), Markusjahr I, Evangelien, Advent bis Pfingsten, Leipzig 1972, 139–149.
–, 17. Sonntag im Jahreskreis, 2 Kön 4,42–44, in: *K. Lange* (Hg.), Markusjahr II, Erste Lesungen, Pfingsten bis Ende des Kirchenjahres, Leipzig 1976, 132–140.
–, Karfreitag, Hebr 4,14–16; 5,7–9, in: *K. Lange* (Hg.), Lukasjahr I, Zweite Lesungen, Advent bis Pfingsten, Leipzig 1979, 266–274.
–, 26. Sonntag im Jahreskreis, 1 Tim 6,11–16, in: *K. Lange* (Hg.), Lukasjahr II, Zweite Lesungen, Pfingsten bis Ende des Kirchenjahres, Leipzig 1977, 268–285.
–, 18. Sonntag im Jahreskreis, Lk 12,13–21, in: *K. Lange* (Hg.), Lukasjahr II, Evangelien, Pfingsten bis Ende des Kirchenjahres, Leipzig 1971, 143–154.

Sauer, Ralph, Gründonnerstag, 1 Kor 11,23–26, in: *K. Lange* (Hg.), Mattäusjahr I, Zweite Lesungen, Advent bis Pfingsten, Leipzig 1977, 280–295 (Franz Georg Friemel).

Schäfer, Alfons, Osternacht I, Gen 1,1–2,2, in: *K. Lange* (Hg.), Mattäusjahr I, Erste Lesungen, Advent bis Pfingsten, Leipzig 1974, 294–305 (mit Günter Sandfort).
–, 34. Sonntag im Jahreskreis – Christkönigsfest, 1 Kor 15,20–26.28, in: *K. Lange* (Hg.), Mattäusjahr II, Zweite Lesungen, Pfingsten bis Ende des Kirchenjahres, Leipzig 1978, 353–370.
–, 4. Adventssonntag, Röm1,1–7, in: *K. Lange* (Hg.), Mattäusjahr I, Zweite Lesungen,

Advent bis Pfingsten, Leipzig 1977, 46–61.
–, Dreifaltigkeitssonntag, Ex 34,4b–6.8–9, in: *K. Lange* (Hg.), Mattäusjahr II, Erste Lesungen, Pfingsten bis Ende des Kirchenjahres, Leipzig 1975, 29–40.
–, Pfingsten, Joh 20,19–23, in: *K. Lange* (Hg.), Mattäusjahr II, Evangelien, Pfingsten bis Ende des Kirchenjahres, Leipzig 1972, 13–23.
–, 2. Fastensonntag, Gen 22,1–2.9a.10–13.15–18, in: *K. Lange* (Hg.), Markusjahr I, Erste Lesungen, Advent bis Pfingsten, Leipzig 1975, 199–214.
–, 3. Fastensonntag, Ex 20,1–17, in: *K. Lange* (Hg.), Markusjahr I, Erste Lesungen, Advent bis Pfingsten, Leipzig 1975, 215–229.
–, 3. Sonntag im Jahreskreis, 1 Kor 7,29–31, in: *K. Lange* (Hg.), Markusjahr I, Zweite Lesungen, Advent bis Pfingsten, Leipzig 1978, 117–137.
–, 27. Sonntag im Jahreskreis, Hebr 2,9–11, in: *K. Lange* (Hg.), Markusjahr II, Zweite Lesungen, Pfingsten bis Ende des Kirchenjahres, Leipzig 1979, 244–257.
–, 3. Adventssonntag, Zef 3,14–18a, in: *K. Lange* (Hg.), Lukasjahr I, Erste Lesungen, Advent bis Pfingsten, Leipzig 1976, 43–53.
–, Christi Himmelfahrt, Eph 1,17–23, in: *K. Lange* (Hg.), Lukasjahr I, Zweite Lesungen, Advent bis Pfingsten, Leipzig 1979, 333–341.
–, Ostersonntag – Am Tage, Joh 20,1–9, in: *K. Lange* (Hg.), Lukasjahr I, Evangelien, Advent bis Pfingsten, Leipzig 1973, 274–284 (mit Armin Bernhard).
–, Vorwort: Zur Einführung in die alttestamentlichen Lesungen, in: *K. Lange* (Hg.), Lukasjahr II, Erste Lesungen, Pfingsten bis Ende des Kirchenjahres, Leipzig 1974, 7–10.
–, 22. Sonntag im Jahreskreis, Hebr 12,18–19.22–24a, in: *K. Lange* (Hg.), Lukasjahr II, Zweite Lesungen, Pfingsten bis Ende des Kirchenjahres, Leipzig 1977, 198–213.
–, 32. Sonntag im Jahreskreis, Lk 20,27–38, in: *K. Lange* (Hg.), Lukasjahr II, Evangelien, Pfingsten bis Ende des Kirchenjahres, Leipzig 1971, 336–347.

Schelenz, Paul, 14. Sonntag im Jahreskreis, Mk 6,1–6, in: *K. Lange* (Hg.), Markusjahr II, Evangelien, Pfingsten bis Ende des Kirchenjahres, Leipzig 1973, 85–98 (mit Wolfgang Simon).

Schelkle, Karl Hermann, Karfreitag, Joh 18,1–19,42, in: *K. Lange* (Hg.), Mattäusjahr I, Evangelien, Advent bis Pfingsten, Leipzig 1971, 260–276 (mit Ulrich Werbs).

Schenke, Karl, 5. Sonntag im Jahreskreis, Jes 6,1–2a. 3–8, in: *K. Lange* (Hg.), Lukasjahr I, Erste Lesungen, Advent bis Pfingsten, Leipzig 1976, 128–140.

–, 29. Sonntag im Jahreskreis, Ex 17,8–13, in: *K. Lange* (Hg.), Lukasjahr II, Erste Lesungen, Pfingsten bis Ende des Kirchenjahres, Leipzig 1974, 258–268.

Schilling, Ottmar, 21. Sonntag im Jahreskreis, Jes 22,19–23, in: *K. Lange* (Hg.), Mattäusjahr II, Erste Lesungen, Pfingsten bis Ende des Kirchenjahres, Leipzig 1975, 198–209 (mit Franz Kapaun und Karl-Heinz Hoefs).

Schladoth, Paul, 11. Sonntag im Jahreskreis, Ex 19,2–6a, in: *K. Lange* (Hg.), Mattäusjahr II, Erste Lesungen, Pfingsten bis Ende des Kirchenjahres, Leipzig 1975, 82–95.

Schlier, Heinrich, 7. Sonntag im Jahreskreis, Mk 2,1–12, in: *K. Lange* (Hg.), Markusjahr I, Evangelien, Advent bis Pfingsten, Leipzig 1972, 160–170 (mit Heinrich Kahlefeld und Reinhard Wramba).

Schlosser, Eva-Maria, 5. Ostersonntag, Apg 6,1–7, in: *K. Lange* (Hg.), Mattäusjahr I, Erste Lesungen, Advent bis Pfingsten, Leipzig 1974, 364–373.
–, 1. Sonntag nach Weihnachten – Fest der heiligen Familie, Kol 3,12–21, in: *K. Lange* (Hg.), Markusjahr I, Zweite Lesungen, Advent bis Pfingsten, Leipzig 1978, 85–94.
–, Pfingsten, 1 Kor 12,3b–7.12–13, in: *K. Lange* (Hg.), Lukasjahr II, Zweite Lesungen, Pfingsten bis Ende des Kirchenjahres, Leipzig 1977, 13–25 (mit Heinz Schürmann).

Schneider, Franz, 2. Adventssonntag, Jes 11,1–10, in: *K. Lange* (Hg.), Mattäusjahr I, Erste Lesungen, Advent bis Pfingsten, Leipzig 1974, 37–50.
–, Oktavtag von Weihnachten – Neujahr, Lk 2,16–21, in: *K. Lange* (Hg.), Mattäusjahr I, Evangelien, Advent bis Pfingsten, Leipzig 1971, 81–94.
–, 26. Sonntag im Jahreskreis, Phil 2,1–11, in: *K. Lange* (Hg.), Mattäusjahr II, Zweite Lesungen, Pfingsten bis Ende des Kirchenjahres, Leipzig 1978, 257–269.
–, Weihnachten – in der Nacht, Tit 2,11–14, in: *K. Lange* (Hg.), Mattäusjahr I, Zweite Lesungen, Advent bis Pfingsten, Leipzig 1977, 62–73.
–, 5. Fastensonntag, Jer 31,31–34, in: *K. Lange* (Hg.), Markusjahr I, Erste Lesungen, Advent bis Pfingsten, Leipzig 1975, 246–256.
–, 7. Ostersonntag, Joh 17,20–26, in: *K. Lange* (Hg.), Lukasjahr I, Evangelien, Advent bis Pfingsten, Leipzig 1973, 345–362.

Schneider, Gerold, 28. Sonntag im Jahreskreis, Jes 25,6–10a, in: *K. Lange* (Hg.), Mattäusjahr II, Erste Lesungen, Pfingsten bis Ende des Kirchenjahres, Leipzig 1975,

283–296.

Scholz, Manfred, 12. Sonntag im Jahreskreis, Mt 10,26–33, in: *K. Lange* (Hg.), Mattäusjahr II, Evangelien, Pfingsten bis Ende des Kirchenjahres, Leipzig 1972, 88–99 (mit Wolfgang Trilling).

Scholze, Bruno, 2. Adventssonntag, Röm 15,4–9, in: *K. Lange* (Hg.), Mattäusjahr I, Zweite Lesungen, Advent bis Pfingsten, Leipzig 1977, 26–34.

–, Pfingstmontag, Apg 10,34a.42–48, in: *K. Lange* (Hg.), Mattäusjahr II, Erste Lesungen, Pfingsten bis Ende des Kirchenjahres, Leipzig 1975, 15–28 (mit Michael Ulrich).

–, 3. Ostersonntag, 1 Joh 2,1–5a, in: *K. Lange* (Hg.), Markusjahr I, Zweite Lesungen, Advent bis Pfingsten, Leipzig 1978, 293–299 (mit Johannes Maria Cramer).

–, Fronleichnam, Ez 24,3–8, in: *K. Lange* (Hg.), Markusjahr II, Erste Lesungen, Pfingsten bis Ende des Kirchenjahres, Leipzig 1976, 43–59 (mit Karljosef Lange).

–, 21. Sonntag im Jahreskreis, Jes 66, 18–21, in: *K. Lange* (Hg.), Lukasjahr II, Erste Lesungen, Pfingsten bis Ende des Kirchenjahres, Leipzig 1974, 162–169.

Scholz, Joachim, 7. Ostersonntag, 1 Joh 4,11–16, in: *K. Lange* (Hg.), Markusjahr I, Zweite Lesungen, Advent bis Pfingsten, Leipzig 1978, 337–350.

–, Karfreitag, Joh 18,1–19,42, in: *K. Lange* (Hg.), Markusjahr I, Evangelien, Advent bis Pfingsten, Leipzig 1972, 286–299.

Scholz, Josef, Fest der Aufnahme Mariens, Lk 1,39–56, in: *K. Lange* (Hg.), Lukasjahr II, Evangelien, Pfingsten bis Ende des Kirchenjahres, Leipzig 1971, 166–177 (mit Stephan Kotzula, Harald Reichmann und Gerhard Henning).

Schöpfer, Ludwig, 1. Fastensonntag, Gen 2,7–9; 3,1–7a, in: *K. Lange* (Hg.), Mattäusjahr I, Erste Lesungen, Advent bis Pfingsten, Leipzig 1974, 192–105 (mit Joseph Reindl).

–, 31. Sonntag im Jahreskreis, Dtn 6,2–6, in: *K. Lange* (Hg.), Markusjahr II, Erste Lesungen, Pfingsten bis Ende des Kirchenjahres, Leipzig 1976, 307–324.

Schürmann, Heinz, 10. Sonntag im Jahreskreis, Röm 4,18–25, in: *K. Lange* (Hg.), Mattäusjahr II, Zweite Lesungen, Pfingsten bis Ende des Kirchenjahres, Leipzig 1978, 65–76 (mit Hugo Aufderbeck und E. Beck).

–, Pfingsten, 1 Kor 12,3b–7.12–13, in: *K. Lange* (Hg.), Lukasjahr II, Zweite Lesungen, Pfingsten bis Ende des Kirchenjahres, Leipzig 1977, 13–25 (mit Eva-Maria Schlosser).

Schuh, Alois, 5. Fastensonntag, Ez 37,12–14 in: *K. Lange* (Hg.), Mattäusjahr I, Erste Lesungen, Advent bis Pfingsten, Leipzig 1974, 247–258 (mit Wolfgang Luckhaupt).

Schwalke, Ursula, 4. Fastensonntag, Eph 5,8–14, in: *K. Lange* (Hg.), Mattäusjahr I, Zweite Lesungen, Advent bis Pfingsten, Leipzig 1977, 240–255 (mit Ullrich Hoffmann).
–, 33. Sonntag im Jahreskreis, Spr 31,10–13.19–20.30–31, in: *K. Lange* (Hg.), Mattäusjahr II, Erste Lesungen, Pfingsten bis Ende des Kirchenjahres, Leipzig 1975, 350–360.
–, 26. Sonntag im Jahreskreis, Jak 5,1–6, in: *K. Lange* (Hg.), Markusjahr II, Zweite Lesungen, Pfingsten bis Ende des Kirchenjahres, Leipzig 1979, 227–243 (mit Wolfgang Simon und Dieter Emeis).
–, 7. Sonntag im Jahreskreis, 1 Sam 26,2.7–9. 12–13. 22–23, in: *K. Lange* (Hg.), Lukasjahr I, Erste Lesungen, Advent bis Pfingsten, Leipzig 1976, 153–163.

Seeber, Ulrich, 31. Sonntag im Jahreskreis, 1 Thess 2,7b–9.13, in: *K. Lange* (Hg.), Mattäusjahr II, Zweite Lesungen, Pfingsten bis Ende des Kirchenjahres, Leipzig 1978, 310–231 (mit Bruno Löwenberg).
–, Taufe des Herrn, Apg 10,34–38, in: *K. Lange* (Hg.), Mattäusjahr I, Zweite Lesungen, Advent bis Pfingsten, Leipzig 1977, 110–127 (mit Wolfgang Quack).
–, 5. Ostersonntag, 1 Joh 3,18–24, in: *K. Lange* (Hg.), Markusjahr I, Zweite Lesungen, Advent bis Pfingsten, Leipzig 1978, 307–319 (mit Ulrich L[i]eb).
–, 17. Sonntag im Jahreskreis, Eph 4,1–6, in: *K. Lange* (Hg.), Markusjahr II, Zweite Lesungen, Pfingsten bis Ende des Kirchenjahres, Leipzig 1979, 117–127.

Seppelt, Reinhold, Erscheinung des Herrn, Jes 60,1–6, in: *K. Lange* (Hg.), Mattäusjahr I, Erste Lesungen, Advent bis Pfingsten, Leipzig 1974, 111–121.
–, Christi Himmelfahrt; Eph 1,17–23, in: *K. Lange* (Hg.), Mattäusjahr I, Zweite Lesungen, Advent bis Pfingsten, Leipzig 1977, 401–413 (mit Klaus Franke).
–, 30. Sonntag im Jahreskreis, Mt 22,34–40, in: *K. Lange* (Hg.), Mattäusjahr II, Evangelien, Pfingsten bis Ende des Kirchenjahres, Leipzig 1972, 318–327.
–, 5. Sonntag im Jahreskreis, Ijob 7.1–4.6–7, in: *K. Lange* (Hg.), Markusjahr I, Erste Lesungen, Advent bis Pfingsten, Leipzig 1975, 132–141.
–, Palmsonntag – Zur Prozession, Mk 11,1–10, in: *K. Lange* (Hg.), Markusjahr I, Evangelien, Advent bis Pfingsten, Leipzig 1972, 263–276.
–, 5. Ostersonntag, Joh 15,1–8, in: *K. Lange* (Hg.), Markusjahr I, Evangelien, Advent bis

Pfingsten, Leipzig 1972, 343–355.

–, 20. Sonntag im Jahreskreis, Eph 5,15–20, in: *K. Lange* (Hg.), Markusjahr II, Zweite Lesungen, Pfingsten bis Ende des Kirchenjahres, Leipzig 1979, 152–163.

–, 4. Ostersonntag, Apg 13,14.43–52, in: *K. Lange* (Hg.), Lukasjahr I, Erste Lesungen, Advent bis Pfingsten, Leipzig 1976, 300–308.

–, 4. Sonntag im Jahreskreis, 1 Kor 12,31–13,13, in: *K. Lange* (Hg.), Lukasjahr I, Zweite Lesungen, Advent bis Pfingsten, Leipzig 1979, 144–156.

–, Palmsonntag – Zur Prozession, Lk 19,28–40, in: *K. Lange* (Hg.), Lukasjahr I, Evangelien, Advent bis Pfingsten, Leipzig 1973, 225–232.

Simon, Wolfgang, Osternacht II, Gen 22,1–18, in: *K. Lange* (Hg.), Mattäusjahr I, Erste Lesungen, Advent bis Pfingsten, Leipzig 1974, 306–316.

–, 23. Sonntag im Jahreskreis, Ez 33,7–9, in: *K. Lange* (Hg.), Mattäusjahr II, Erste Lesungen, Pfingsten bis Ende des Kirchenjahres, Leipzig 1975, 223–236.

–, 29. Sonntag im Jahreskreis, Mt 22,15–21, in: *K. Lange* (Hg.), Mattäusjahr II, Evangelien, Pfingsten bis Ende des Kirchenjahres, Leipzig 1972, 305–317 (mit Klaus Weyers).

–, Osternacht III, Ex 14,15–15,1, in: *K. Lange* (Hg.), Markusjahr I, Erste Lesungen, Advent bis Pfingsten, Leipzig 1975, 257–272.

–, 26. Sonntag im Jahreskreis, Jak 5,1–6, in: *K. Lange* (Hg.), Markusjahr II, Zweite Lesungen, Pfingsten bis Ende des Kirchenjahres, Leipzig 1979, 227–243 (mit Ursula Schwalke und Dieter Emeis).

–, 14. Sonntag im Jahreskreis, Mk 6,1–6, in: *K. Lange* (Hg.), Markusjahr II, Evangelien, Pfingsten bis Ende des Kirchenjahres, Leipzig 1973, 85–98 (mit Paul Schelenz).

–, 3. Fastensonntag, 1 Kor 10,1–6.10–12, in: *K. Lange* (Hg.), Lukasjahr I, Zweite Lesungen, Advent bis Pfingsten, Leipzig 1979, 219–237.

–, 6. Sonntag im Jahreskreis, Lk 6,17.20–26, in: *K. Lange* (Hg.), Lukasjahr I, Evangelien, Advent bis Pfingsten, Leipzig 1973, 139–153.

–, 11. Sonntag im Jahreskreis, 2 Sam 12,7–10.13, in: *K. Lange* (Hg.), Lukasjahr II, Erste Lesungen, Pfingsten bis Ende des Kirchenjahres, Leipzig 1974, 47–62.

Stary, O., Hl. Stephanus, Erster Märtyrer, Apg 6,8–10; 7,54–59, in: *K. Lange* (Hg.), Lukasjahr I, Zweite Lesungen, Advent bis Pfingsten, Leipzig 1979, 80–89.

Stehr, Edmund, Oktav von Weihnachten – Neujahr, Gal 4,4–7, in: *K. Lange* (Hg.), Mattäusjahr I, Zweite Lesungen, Advent bis Pfingsten, Leipzig 1977, 79–89.

–, 24. Sonntag im Jahreskreis, Mt 18,21–35, in: *K. Lange* (Hg.), Mattäusjahr II, Evangelien, Pfingsten bis Ende des Kirchenjahres, Leipzig 1972, 235–245.

Steinmetz, Franz-Josef, Aschermittwoch, Meditation, in: *K. Lange* (Hg.), Markusjahr I, Erste Lesungen, Advent bis Pfingsten, Leipzig 1975, 179–185.

Stendebach, Franz Joseph, Taufe Jesu, Jes 42,1–4.6–7, in: *K. Lange* (Hg.), Lukasjahr I, Erste Lesungen, Advent bis Pfingsten, Leipzig 1976, 76–88.

Sternal, Raimund, 24. Sonntag im Jahreskreis, Sir 27,30–28,7, in: *K. Lange* (Hg.), Mattäusjahr II, Erste Lesungen, Pfingsten bis Ende des Kirchenjahres, Leipzig 1975, 237–245.

Sterzinsky, Georg, 16. Sonntag im Jahreskreis, Röm 8,26–27, in: *K. Lange* (Hg.), Mattäusjahr II, Zweite Lesungen, Pfingsten bis Ende des Kirchenjahres, Leipzig 1978, 141–148.

–, 12. Sonntag im Jahreskreis, Jer 20,10–13, in: *K. Lange* (Hg.), Mattäusjahr II, Erste Lesungen, Pfingsten bis Ende des Kirchenjahres, Leipzig 1975, 96–109 (mit Udo Montag).

–, 28. Sonntag im Jahreskreis, Mk 10,17–30, in: *K. Lange* (Hg.), Markusjahr II, Evangelien, Pfingsten bis Ende des Kirchenjahres, Leipzig 1973, 254–267.

–, 2. Sonntag im Jahreskreis, 1 Kor 12,4–11, in: *K. Lange* (Hg.), Lukasjahr I, Zweite Lesungen, Advent bis Pfingsten, Leipzig 1979, 106–116 (mit Anton Grabner-Haider).

–, Allerheiligen, Mt 5,1–12, in: *K. Lange* (Hg.), Lukasjahr II, Evangelien, Pfingsten bis Ende des Kirchenjahres, Leipzig 1971, 324–335.

Stolpe, Theodor, 18. Sonntag im Jahreskreis, Jes 55,1–3, in: *K. Lange* (Hg.), Mattäusjahr II, Erste Lesungen, Pfingsten bis Ende des Kirchenjahres, Leipzig 1975, 164–173 (mit Josef Kuschel und Viktor Krause).

Stryczek, Norbert, Gründonnerstag, Joh 13,1–15, in: *K. Lange* (Hg.), Mattäusjahr I, Evangelien, Advent bis Pfingsten, Leipzig 1971, 251–259.

–, 33. Sonntag im Jahreskreis, Dan 12,1–3, in: *K. Lange* (Hg.), Markusjahr II, Erste Lesungen, Pfingsten bis Ende des Kirchenjahres, Leipzig 1976, 333–345.

–, 19. Sonntag im Jahreskreis, Eph 4,30–5,2, in: *K. Lange* (Hg.), Markusjahr II, Zweite Lesungen, Pfingsten bis Ende des Kirchenjahres, Leipzig 1979, 136–144 (mit Alfons

Kirchgässner).

Tautz, Dieter, Oktav von Weihnachten - Neujahr, Num 6,22–27, in: *K. Lange* (Hg.), Mattäusjahr I, Erste Lesungen, Advent bis Pfingsten, Leipzig 1974, 97–110.

–, Erscheinung des Herrn, Eph 3,2–3a.5–6, in: *K. Lange* (Hg.), Mattäusjahr I, Zweite Lesungen, Advent bis Pfingsten, Leipzig 1977, 90–109.

–, 27. Sonntag im Jahreskreis, Mt 21,33–43, in: *K. Lange* (Hg.), Mattäusjahr II, Evangelien, Pfingsten bis Ende des Kirchenjahres, Leipzig 1972, 274–293.

–, 2. Sonntag im Jahreskreis, 1 Sam 3,3b–10.19, in: *K. Lange* (Hg.), Markusjahr I, Erste Lesungen, Advent bis Pfingsten, Leipzig 1975, 88–105.

–, 4. Sonntag im Jahreskreis, Dtn 18,15–20, in: *K. Lange* (Hg.), Markusjahr I, Erste Lesungen, Advent bis Pfingsten, Leipzig 1975, 117–131.

–, 31. Sonntag im Jahreskreis, Mk 12,28–34, in: *K. Lange* (Hg.), Markusjahr II, Evangelien, Pfingsten bis Ende des Kirchenjahres, Leipzig 1973, 298–315.

–, Osternacht VI, Bar 3,9–15.32–4,4, in: *K. Lange* (Hg.), Lukasjahr I, Erste Lesungen, Advent bis Pfingsten, Leipzig 1976, 235–255.

–, 16. Sonntag im Jahreskreis, Lk 10,38–42, in: *K. Lange* (Hg.), Lukasjahr II, Evangelien, Pfingsten bis Ende des Kirchenjahres, Leipzig 1971, 112–130.

Szymanski, Bernhard, 23. Sonntag im Jahreskreis, Lk 14,25–35, in: *K. Lange* (Hg.), Lukasjahr II, Evangelien, Pfingsten bis Ende des Kirchenjahres, Leipzig 1971, 216–231.

Teichert, Wolfgang, 5. Ostersonntag, Apg 14,21–27, in: *K. Lange* (Hg.), Lukasjahr I, Erste Lesungen, Advent bis Pfingsten, Leipzig 1976, 309–321 (mit Joachim Wanke).

–, Aschermittwoch, 2 Kor 5,20–6,2, in: *K. Lange* (Hg.), Lukasjahr I, Zweite Lesungen, Advent bis Pfingsten, Leipzig 1979, 190–199.

–, 5. Sonntag i. Jk., Lk 5,1–11, in: *K. Lange* (Hg.), Lukasjahr I, Evangelien, Advent bis Pfingsten, Leipzig 1973, 128–138 (mit Joachim Wanke).

Tenkhoff, Franz, 32. Sonntag im Jahreskreis, Mk 12,38–44, in: *K. Lange* (Hg.), Markusjahr II, Evangelien, Pfingsten bis Ende des Kirchenjahres, Leipzig 1973, 316–325.

Teubner, M., 3. Ostersonntag, Apg 2,14.22–28, in: *K. Lange* (Hg.), Mattäusjahr I, Erste Lesungen, Advent bis Pfingsten, Leipzig 1974, 342–350 (mit D. Katte und A. Grabner Haider).

Thüne, Eusebius, 16. Sonntag im Jahreskreis, Weish 12,13.16–19, in: *K. Lange* (Hg.), Mattäusjahr II, Erste Lesungen, Pfingsten bis Ende des Kirchenjahres, Leipzig 1975, 144–154 (mit Michael Ulrich).

Trenkler, Georg, Aschermittwoch, 2 Kor 5,20–6,2, in: *K. Lange* (Hg.), Markusjahr I, Zweite Lesungen, Advent bis Pfingsten, Leipzig 1978, 210–213.

–, Christi Himmelfahrt, Eph 1,17–23, in: *K. Lange* (Hg.), Markusjahr I, Zweite Lesungen, Advent bis Pfingsten, Leipzig 1978, 332–337.

Trilling, Wolfgang, 1. Sonntag im Jahreskreis – Taufe Christi, Mt 3,13–17, in: *K. Lange* (Hg.), Mattäusjahr I, Evangelien, Advent bis Pfingsten, Leipzig 1971, 113–122 (mit Gotthard Richter).

–, Palmsonntag, Mt 21,1–11, in: *K. Lange* (Hg.), Mattäusjahr I, Evangelien, Advent bis Pfingsten, Leipzig 1971, 243–250 (mit Manfred Ackermann).

–, 12. Sonntag im Jahreskreis, Mt 10,26–33, in: *K. Lange* (Hg.), Mattäusjahr II, Evangelien, Pfingsten bis Ende des Kirchenjahres, Leipzig 1972, 88–99 (mit Manfred Scholz).

–, 4. Sonntag im Jahreskreis, Mk 1,21–28, in: *K. Lange* (Hg.), Markusjahr I, Evangelien, Advent bis Pfingsten, Leipzig 1972, 128–138 (mit Claus-Peter März).

–, 1. Fastensonntag, Mk 1,12–15, in: *K. Lange* (Hg.), Markusjahr I, Evangelien, Advent bis Pfingsten, Leipzig 1972, 207–217 (mit Hans Lubsczyk).

–, 3. Adventssonntag, Lk 3,10–18, in: *K. Lange* (Hg.), Lukasjahr I, Evangelien, Advent bis Pfingsten, Leipzig 1973, 29–39

–, Taufe Jesu, Lk 3,15–16.21–22, in: *K. Lange* (Hg.), Lukasjahr I, Evangelien, Advent bis Pfingsten, Leipzig 1973, 82–91 (mit Karljosef Lange und Josef Mann).

–, Palmsonntag – Zur Messe, Lk 22,14–23,56, in: *K. Lange* (Hg.), Lukasjahr I, Evangelien, Advent bis Pfingsten, Leipzig 1973, 233–254

–, Christi Himmelfahrt, Lk 24,46–53, in: *K. Lange* (Hg.), Lukasjahr I, Evangelien, Advent bis Pfingsten, Leipzig 1973, 335–344.

Ullrich, Lothar, 22. Sonntag im Jahreskreis, Jak 1,17–18.21b–22.27, in: *K. Lange* (Hg.), Markusjahr II, Zweite Lesungen, Pfingsten bis Ende des Kirchenjahres, Leipzig 1979, 178–193 (mit H. Arens).

Ulrich, Michael, 17. Sonntag im Jahreskreis, Röm 8,28–30, in: *K. Lange* (Hg.), Mattäusjahr II, Zweite Lesungen, Pfingsten bis Ende des Kirchenjahres, Leipzig 1978, 149–164.

–, 2. Sonntag im Jahreskreis, 1 Kor 1,1–3, in: *K. Lange* (Hg.), Mattäusjahr I, Zweite Lesungen, Advent bis Pfingsten, Leipzig 1977, 128–141.

–, Pfingstmontag, Apg 10,34a.42–48, in: *K. Lange* (Hg.), Mattäusjahr II, Erste Lesungen, Pfingsten bis Ende des Kirchenjahres, Leipzig 1975, 15–28 (mit Bruno Scholze).

–, 10. Sonntag im Jahreskreis, Hos 6,3b–6, in: *K. Lange* (Hg.), Mattäusjahr II, Erste Lesungen, Pfingsten bis Ende des Kirchenjahres, Leipzig 1975, 68–81.

–, 16. Sonntag im Jahreskreis, Weish 12,13.16–19, in: *K. Lange* (Hg.), Mattäusjahr II, Erste Lesungen, Pfingsten bis Ende des Kirchenjahres, Leipzig 1975, 144–154 (mit Eusebius Thüne).

–, 20. Sonntag im Jahreskreis, Mt 15,21–28, in: *K. Lange* (Hg.), Mattäusjahr II, Evangelien, Pfingsten bis Ende des Kirchenjahres, Leipzig 1972, 188–199.

–, 3. Ostersonntag, Apg 3,13–15.17–19, in: *K. Lange* (Hg.), Markusjahr I, Erste Lesungen, Advent bis Pfingsten, Leipzig 1975, 302–315.

–, 25. Sonntag im Jahreskreis, Jak 3,16–4,3, in: *K. Lange* (Hg.), Markusjahr II, Zweite Lesungen, Pfingsten bis Ende des Kirchenjahres, Leipzig 1979, 215–226.

–, 29. Sonntag im Jahreskreis, Mk 10,35–45, in: *K. Lange* (Hg.), Markusjahr II, Evangelien, Pfingsten bis Ende des Kirchenjahres, Leipzig 1973, 268–283.

–, 1. Adventssonntag, Jer 33,14–16, in: *K. Lange* (Hg.), Lukasjahr I, Erste Lesungen, Advent bis Pfingsten, Leipzig 1976, 17–30.

–, 12. Sonntag im Jahreskreis, Sach 12,10–11, in: *K. Lange* (Hg.), Lukasjahr II, Erste Lesungen, Pfingsten bis Ende des Kirchenjahres, Leipzig 1974, 63–74.

–, 21. Sonntag im Jahreskreis, Lk 13,22–30, in: *K. Lange* (Hg.), Lukasjahr II, Evangelien, Pfingsten bis Ende des Kirchenjahres, Leipzig 1971, 188–202.

Unger, A., Am Ostertag, Apg 10,34a.37–43, in: *K. Lange* (Hg.), Lukasjahr I, Erste Lesungen, Advent bis Pfingsten, Leipzig 1976, 266–272.

Vogt, Alfons, 3. Adventssonntag, Jes 35,1–6a.10, in: *K. Lange* (Hg.), Mattäusjahr I, Erste Lesungen, Advent bis Pfingsten, Leipzig 1974, 51–59.

Wachinger, L., 27. Sonntag im Jahreskreis, Phil 4,6–9, in: *K. Lange* (Hg.), Mattäusjahr II,

Zweite Lesungen, Pfingsten bis Ende des Kirchenjahres, Leipzig 1978, 270–278 (mit K. Lang und Robert Degenhardt).

Walter, Georg, 17. Sonntag im Jahreskreis, Kol 2,12–14, in: *K. Lange* (Hg.), Lukasjahr II, Zweite Lesungen, Pfingsten bis Ende des Kirchenjahres, Leipzig 1977, 137–145 (mit Wilhelm Kühn).

Wanke, Joachim, Christi Himmelfahrt, Apg 1,1–11, in: *K. Lange* (Hg.), Mattäusjahr I, Erste Lesungen, Advent bis Pfingsten, Leipzig 1974, 385–388.

–, 2. Ostersonntag, Joh 20,19–31, in: *K. Lange* (Hg.), Mattäusjahr I, Evangelien, Advent bis Pfingsten, Leipzig 1971, 292–300 (mit Erich Witte).

–, 3. Ostersonntag, Lk 24,13–35, in: *K. Lange* (Hg.), Mattäusjahr I, Evangelien, Advent bis Pfingsten, Leipzig 1971, 301–313.

–, 29. Sonntag im Jahreskreis, 1 Thess 1,1–5b, in: *K. Lange* (Hg.), Mattäusjahr II, Zweite Lesungen, Pfingsten bis Ende des Kirchenjahres, Leipzig 1978, 290–298 (mit Gerhard Sammet und F.Meyer).

–, Osternacht VIII, Röm 6,3–11, in: *K. Lange* (Hg.), Mattäusjahr I, Zweite Lesungen, Advent bis Pfingsten, Leipzig 1977, 307–319 (mit Karl-Heinz Ducke und Dieter Katte).

–, Weihnachten – In der Morgenfrühe, Jes 62,11–12, in: *K. Lange* (Hg.), Markusjahr I, Erste Lesungen, Advent bis Pfingsten, Leipzig 1975, 78–87.

–, 23. Sonntag im Jahreskreis, Jak 2,1–5, in: *K. Lange* (Hg.), Markusjahr II, Zweite Lesungen, Pfingsten bis Ende des Kirchenjahres, Leipzig 1979, 194–201.

–, 5. Ostersonntag, Apg 14,21–27, in: *K. Lange* (Hg.), Lukasjahr I, Erste Lesungen, Advent bis Pfingsten, Leipzig 1976, 309–321 (mit Wolfgang Teichert).

–, 2. Adventssonntag, Lk 3,1–6, in: *K. Lange* (Hg.), Lukasjahr I, Evangelien, Advent bis Pfingsten, Leipzig 1973, 20–28 (mit Leo Novak).

–, 5. Sonntag i. Jk., Lk 5,1–11, in: *K. Lange* (Hg.), Lukasjahr I, Evangelien, Advent bis Pfingsten, Leipzig 1973, 128–138 (mit Wolfgang Teichert).

–, Dreifaltigkeitssonntag, Joh 16,12–15, in: *K. Lange* (Hg.), Lukasjahr II, Evangelien, Pfingsten bis Ende des Kirchenjahres, Leipzig 1971, 20–32.

Weber, Joachim, 3. Fastensonntag, Ex 3,1–8a. 13–15, in: *K. Lange* (Hg.), Lukasjahr I, Erste Lesungen, Advent bis Pfingsten, Leipzig 1976, 195–204.

Weider, Wolfgang, 4. Fastensonntag, Joh 9, 1–41, in: *K. Lange* (Hg.), Mattäusjahr I,

Evangelien, Advent bis Pfingsten, Leipzig 1971, 211–227.

Weisbender, Hermann Joseph, 28. Sonntag im Jahreskreis, 2 Tim 2,8–13, in: *K. Lange* (Hg.), Lukasjahr II, Zweite Lesungen, Pfingsten bis Ende des Kirchenjahres, Leipzig 1977, 302–322 (mit Wolfgang Quack).

Wenzel, Bernhard, 30. Sonntag im Jahreskreis, Jer 31,7–9, in: *K. Lange* (Hg.), Markusjahr II, Erste Lesungen, Pfingsten bis Ende des Kirchenjahres, Leipzig 1976, 295–306.

–, 2. Adventssonntag, Phil 1,4–6.8–11, in: *K. Lange* (Hg.), Lukasjahr I, Zweite Lesungen, Advent bis Pfingsten, Leipzig 1979, 31–45.

–, 20. Sonntag im Jahreskreis, Hebr 12,1–4, in: *K. Lange* (Hg.), Lukasjahr II, Zweite Lesungen, Pfingsten bis Ende des Kirchenjahres, Leipzig 1977, 156–170.

Wenzel, Wolfgang, 14. Sonntag im Jahreskreis, Ez 2,2–5, in: *K. Lange* (Hg.), Markusjahr II, Erste Lesungen, Pfingsten bis Ende des Kirchenjahres, Leipzig 1976, 98–110.

Werbs, Ulrich, Karfreitag, Joh 18,1–19,42, in: *K. Lange* (Hg.), Mattäusjahr I, Evangelien, Advent bis Pfingsten, Leipzig 1971, 260–276 (mit Karl Hermann Schelkle).

–, 30. Sonntag im Jahreskreis, Hebr 5,1–6, in: *K. Lange* (Hg.), Markusjahr II, Zweite Lesungen, Pfingsten bis Ende des Kirchenjahres, Leipzig 1979, 283–295.

Werner, Gernot, 3. Adventssonntag, Phil 4,4–7, in: *K. Lange* (Hg.), Lukasjahr I, Zweite Lesungen, Advent bis Pfingsten, Leipzig 1979, 46–59.

Weyers, Klaus, 29. Sonntag im Jahreskreis, Mt 22,15–21, in: *K. Lange* (Hg.), Mattäusjahr II, Evangelien, Pfingsten bis Ende des Kirchenjahres, Leipzig 1972, 305–317 (mit Wolfgang Simon).

–, 6. Ostersonntag, Apg 10,25–26.34–35.44–48, in: *K. Lange* (Hg.), Markusjahr I, Erste Lesungen, Advent bis Pfingsten, Leipzig 1975, 332–341 (mit Gerhard Fischer).

–, Aschermittwoch, Mt 6,1–6.16–18, in: *K. Lange* (Hg.), Markusjahr I, Evangelien, Advent bis Pfingsten, Leipzig 1972, 197–206.

–, Fronleichnam, Mk 14,12–16.22–26, in: *K. Lange* (Hg.), Markusjahr II, Evangelien, Pfingsten bis Ende des Kirchenjahres, Leipzig 1973, 41–52 (mit Josef Göbel).

–, 30. Sonntag im Jahreskreis, Lk 18,9–14, in: *K. Lange* (Hg.), Lukasjahr II, Evangelien, Pfingsten bis Ende des Kirchenjahres, Leipzig 1971, 301–313.

Winkelmann, Klaus, 2. Adventssonntag, Mt 3,1–12, in: *K. Lange* (Hg.), Mattäusjahr I, Evangelien, Advent bis Pfingsten, Leipzig 1971, 17–30.

Winter, Norbert, 28. Sonntag im Jahreskreis, Phil 4,12–14.19–20, in: *K. Lange* (Hg.), Mattäusjahr II, Zweite Lesungen, Pfingsten bis Ende des Kirchenjahres, Leipzig 1978, 279–289.

–, 3. Fastensonntag, Röm,1–2.5–8, in: *K. Lange* (Hg.), Mattäusjahr I, Zweite Lesungen, Advent bis Pfingsten, Leipzig 1977, 225–239.

–, 1. Adventssonntag, Jes 63,16b–17.19b; 64,3–7, in: *K. Lange* (Hg.), Markusjahr I, Erste Lesungen, Advent bis Pfingsten, Leipzig 1975, 12–25.

–, 23. Sonntag im Jahreskreis, Phlm 9b–10.12–17, in: *K. Lange* (Hg.), Lukasjahr II, Zweite Lesungen, Pfingsten bis Ende des Kirchenjahres, Leipzig 1977, 214–227.

Witte, Erich, 2. Ostersonntag, Joh 20,19–31, in: *K. Lange* (Hg.), Mattäusjahr I, Evangelien, Advent bis Pfingsten, Leipzig 1971, 292–300 (mit Joachim Wanke).

–, 14. Sonntag im Jahreskreis, Jes 66,10–14c, in: *K. Lange* (Hg.), Lukasjahr II, Erste Lesungen, Pfingsten bis Ende des Kirchenjahres, Leipzig 1974, 87–96.

Wöstmann, Walter, 34. Sonntag im Jahreskreis, 2 Sam 5,1–3, in: *K. Lange* (Hg.), Lukasjahr II, Erste Lesungen, Pfingsten bis Ende des Kirchenjahres, Leipzig 1974, 311–321.

Wramba, Reinhard, 7. Sonntag im Jahreskreis, Mk 2,1–12, in: *K. Lange* (Hg.), Markusjahr I, Evangelien, Advent bis Pfingsten, Leipzig 1972, 160–170 (mit Heinrich Schlier und Heinrich Kahlefeld).

–, 32. Sonntag im Jahreskreis, 1 Kön 17,10–16, in: *K. Lange* (Hg.), Markusjahr II, Erste Lesungen, Pfingsten bis Ende des Kirchenjahres, Leipzig 1976, 325–332.

Wulf, Friedrich, Vorwort: Verkündigung als geistlicher Vorgang, in: *K. Lange* (Hg.), Markusjahr II, Evangelien, Pfingsten bis Ende des Kirchenjahres, Leipzig 1973, 7–18.

Würstl, Romuald, 4. Sonntag im Jahreskreis, 1 Kor 1,26–31, in: *K. Lange* (Hg.), Mattäusjahr I, Zweite Lesungen, Advent bis Pfingsten, Leipzig 1977, 152–163.

–, 29. Sonntag im Jahreskreis, Jes 45,1.4–6, in: *K. Lange* (Hg.), Mattäusjahr II, Erste Lesungen, Pfingsten bis Ende des Kirchenjahres, Leipzig 1975, 297–310.

–, 12. Sonntag im Jahreskreis, Mk 4,35–41, in: *K. Lange* (Hg.), Markusjahr II,

Evangelien, Pfingsten bis Ende des Kirchenjahres, Leipzig 1973, 53–65.

Zdarsa, Konrad, Pfingstsonntag, Apg 2,1–1, in: *K. Lange* (Hg.), Markusjahr II, Erste Lesungen, Pfingsten bis Ende des Kirchenjahres, Leipzig 1976, 23–31 (mit Franz Georg Friemel und Matthias Kühn).

Zeller, D., Mariä Aufnahme in den Himmel, 1 Kor 15,20–26, in: *K. Lange* (Hg.), Markusjahr II, Zweite Lesungen, Pfingsten bis Ende des Kirchenjahres, Leipzig 1979, 145–151 (mit H. Feilzer).

Zerfaß, Rolf, 21. Sonntag im Jahreskreis, Röm 11,33–36, in: *K. Lange* (Hg.), Mattäusjahr II, Zweite Lesungen, Pfingsten bis Ende des Kirchenjahres, Leipzig 1978, 202–212 (mit Franz Georg Friemel).

–, Vorwort: Kriterien der Predigtkritik, in: *K. Lange* (Hg.), Mattäusjahr II, Erste Lesungen, Pfingsten bis Ende des Kirchenjahres, Leipzig 1975, 7–14.

–, Osternacht IV, Jes 54,5–14, in: *K. Lange* (Hg.), Markusjahr I, Erste Lesungen, Advent bis Pfingsten, Leipzig 1975, 273–278.

–, 4. Adventssonntag, Röm 16,25–27, in: *K. Lange* (Hg.), Markusjahr I, Zweite Lesungen, Advent bis Pfingsten, Leipzig 1978, 66–76 (mit Karl Kertelge und Karljosef Lange).

–, 2. Fastensonntag, Röm 8,31b–34, in: *K. Lange* (Hg.), Markusjahr I, Zweite Lesungen, Advent bis Pfingsten, Leipzig 1978, 225–232.

–, Gründonnerstag, Joh 13,1–15, in: *K. Lange* (Hg.), Lukasjahr I, Evangelien, Advent bis Pfingsten, Leipzig 1973, 255–262 (mit Heinrich Kahlefeld).

Zomack, Hubert, 17. Sonntag im Jahreskreis, Lk 11,1–13, in: *K. Lange* (Hg.), Lukasjahr II, Evangelien, Pfingsten bis Ende des Kirchenjahres, Leipzig 1971, 131–142.

TEXTE OHNE KONKRETE ZUWEISUNG

Degenhardt, Iffland, Bogensberger, Dummer, Przybilla, Hülfenhaus, Schröter, Seitz, Müller, Pricelius, Seeland, Dreifaltigkeit, Joh 3,16–18, in: *K. Lange* (Hg.), Mattäusjahr II, Evangelien, Pfingsten bis Ende des Kirchenjahres, Leipzig 1972, 24–33.

Großheim, Jung, Schmidt, Weber, Bresan, Opitz, Jelich, Selig, Hundt, Kowallik, 16. Sonntag im Jahreskreis, Mt 13,24–43, in: *K. Lange* (Hg.), Mattäusjahr II, Evangelien, Pfingsten bis Ende des Kirchenjahres, Leipzig 1972, 141–152.

Heinz-Claus Bahmann, Karl-Heinz Hoefs, Eberhard Hunnius, Michael Kleiner, Joachim Kramer, Claus-Peter März, Arnold-Heinz Pyka, Fr. Eusebius Thüne OFM, 33. Sonntag im Jahreskreis, Lk 21,5–19, in: *K. Lange* (Hg.), Lukasjahr II, Evangelien, Pfingsten bis Ende des Kirchenjahres, Leipzig 1971, 348–361.

ANHANG 1: *DAS WORT AN DIE GEMEINDE*. ENTSTEHUNG UND HOMILETISCHER ANSATZ DES DDR-EIGENEN KATHOLISCHEN PREDIGTREIHENWERKES

Christof Gärtner

(Zuerst erschienen in: ThGl 2005)

Homiletisches und historisches Interesse[1] sowie meine persönliche Bekanntschaft mit dem Herausgeber des DDR-eigenen katholischen Predigtreihenwerkes *Das Wort an die Gemeinde*[2] sind Ausgangspunkt dieses Artikels. Er soll im Sinne der in der historischen Wissenschaft zuletzt sehr an Bedeutung gewinnenden Perspektive der *„Oral History"*[3] einen zumal für praktisch-theologisches Arbeiten wichtigen Erfahrungsschatz aus gewonnenem Lebenswissen[4] sichern, der ohne das unmittelbare Befragen der Zeitzeugen unwiederbringlich verloren ginge. Infolgedessen beruht das hier Gesagte wesentlich auf verschiedenen Interviews, die ich mit dem Herausgeber, der zugleich auch Urheber des unten vorzustellenden homiletischen Ansatzes der *„Divergierenden Richtlinien"* ist, geführt habe.[5] Es konnte aber auch eine Reihe von historischen Dokumenten verarbeitet werden, die mir zur Verfügung gestellt wurden.[6] Durch die anschließende Kommentierung des homiletischen Ansatzes soll zugleich versucht werden, diesen für heutiges homiletisches und allgemein theologisches Arbeiten fruchtbar zu machen.

---

1 Vgl. *C. Gärtner*, Predigtverständnis und Predigtpraxis in Paderborn zwischen 1821 und 1962, Paderborn 2003.

2 *K. Lange* (Hg.), Das Wort an die Gemeinde. Predigthilfen zu den Perikopen der neuen Leseordnung, 18 Bände, Leipzig 1971–1979. – Wegen mangelnder Nummerierung bzw. Kennzeichnung im Folgenden nach Lesejahr (Evangelist), Teilband und Textart (1./2. Lsg./Ev.) zitiert (vgl. Anm. 10).

3 Zum Ansatz der „Oral History" vgl. *B. Fuchs / H. Haslinger*, Die Perspektive der Betroffenen, in: *H. Haslinger* (u.a.) (Hg.), Handbuch Praktische Theologie, Band 1, Mainz 1999, 220–230, bes. 223ff, mit weiterführenden Literaturverweisen.

4 Vgl. hierzu vor allem *H. Haslinger* (u.a.), Ouvertüre: Zu Selbstverständnis und Konzept dieser Praktischen Theologie, in: *Haslinger* (Hg.), Handbuch, 28–31.

5 Einige hier einfließende Ergebnisse aus Vorarbeiten zu einem Projekt *„Verkündigung in atheistischer Umwelt"* (Arbeitstitel) verdanke ich Herrn Dr. Bertram Pittner, Universität Erfurt.

6 Neben verschiedenartiger (allerdings unvollständiger) Korrespondenz vor allem Durchschriften der Gutachten staatlicher sowie einige Durchschriften der Gutachten kirchlicher Zensur.

1 Entstehungshintergründe und Rahmenbedingungen

1.1 Vorgeschichte

Als in Folge des II. Vatikanischen Konzils die neue und bis heute gültige *Leseordnung für die Meßfeier* erarbeitet und im Jahr 1969 von Papst Paul VI. approbiert worden war, beantragte man seitens der katholischen Kirche in der DDR, den Nachdruck eines westdeutschen Predigtreihenwerkes zu genehmigen; aufgrund der politisch bedingten Blockade eines freien – auch geistigen – Warenverkehrs sowie der völlig unzureichenden Arbeitsbedingungen wissenschaftlicher Theologie ein durchaus übliches Verfahren. Die Genehmigung zum Nachdruck von Predigthilfen wurde jedoch nicht erteilt. Statt der Einfuhr von Literatur aus „dem Westen" könne man „vor Ort" auf dem Hintergrund der dort doch andersartigen gesellschaftlichen Verhältnisse die einschlägigen Hilfen eigenständig erarbeiten, so die vorgeschobene Begründung. Tatsächlich dürfte es sich bei der Ablehnung allerdings schlicht um den Wunsch bzw. Versuch einer stärkeren Einflussnahme des Staates auf das Predigtgeschehen gehandelt haben.

Bei der Suche nach einem Herausgeber für das nun zu erstellende DDR-eigene katholische Predigtwerk wurde nach mehreren Absagen seitens der Angefragten auch der damals als Pfarrvikar in Bernburg/Saale tätige Karljosef Lange ins Gespräch gebracht, der schließlich die Übernahme dieser Aufgabe zusagte. Lange, geboren im Jahr 1928 in Warburg, war 1953 in Paderborn durch Lorenz Kardinal Jaeger zum Priester geweiht worden. Anschließend war er auf Anfrage und Bitte durch den damaligen zweiten Weihbischof des Erzbistums Paderborn und Erzbischöflichen Kommissar des Kommissariats Magdeburg Friedrich Maria Rintelen zusammen mit einem weiteren Paderborner Neupriester in die „Ostzone" bzw. den damals östlichen Teil des Erzbistums Paderborn – heute Bistum Magdeburg – gegangen[7], um dort als Seelsorger zu wirken. Nach mehreren Stationen in der Gemeindeseelsorge[8] siedelte Lange 1980 wieder in die Bundesrepublik über [...].

Äußerer aber auch inhaltlicher Hintergrund der Herausgeberschaft bzw. Bearbeitung des Predigtwerkes durch Lange war ein vom 10. bis 13.02.1969 in der (Ost-)Berliner St.-Hedwigs-Kathedrale tagender homiletischer Kongress gewe-

---

[7] Vgl. hierzu auch *S. Balthasar*, Westimport unerwünscht. Auf den Spuren Paderborner Diözesanpriester in der DDR, Paderborn 1997, bes. 25ff und 102ff.

[8] So in Osterburg/Altmark, Mieste/Altmark, Dessau und Bernburg-Talstadt.

sen. Bei diesem war es u.a. zu einem Kontakt zwischen Lange und dem damals in Wien lehrenden Homiletiker und Religionspädagogen Bruno Dreher gekommen, in dessen Folge Lange auch zu dessen Predigtreihe einige Texte beigesteuert hatte.[9] Wesentliche Anregungen für die Anleitung zur Beitragserstellung, die Lange später den gewonnenen Mitarbeiterinnen und Mitarbeitern gegenüber zu leisten hatte, verdankte er so auch Drehers Unterstützung bzw. dessen Predigtreihe. Nicht selten wurden auch Texte aus der Predigtreihe von Dreher den DDR-Autoren als Muster für ihre Beiträge ausgehändigt sowie Textteile daraus als Ergänzungen an einzelnen Stellen in die verfassten Beiträge eingearbeitet, um deren Defizite auszugleichen.

Die Herausgabe des Predigtwerkes, welches nach der Bereitschaftserklärung Langes in halbjährlichen Abständen zwischen 1971 und 1979 erschien, erfolgte von vornherein nicht im unmittelbaren Auftrag der Bischöfe der DDR, sondern in Verantwortung des katholischen St. Benno-Verlags in Leipzig[10], namentlich durch dessen Gründer und Cheflektor Josef Gülden.[11] Diese Konstellation war vor allem in späteren Phasen der Herausgabe des Werkes von nicht unerheblicher Bedeutung, da sie auf der einen Seite zwar eine größere Freiheit bei der Erstellung, auf der anderen Seite aber auch eine Vergrößerung des Konfliktpotentials zur Folge hatte, wie sich dann auch in den unten dargestellten *„Divergierenden Richtlinien"* ablesen lässt.

Die Mitarbeiterinnen und Mitarbeiter des Predigtwerkes mussten aus allen *„im Verkündigungsdienst der Kirche"*[12] stehenden Personen in der DDR gesucht und gefunden werden, auch wenn vereinzelt andere Beiträge, meist von Autoren aus der Bundesrepublik, aufgenommen werden konnten. Dabei hatten einzelne mit Lange bzw. dem Anliegen verbundene bundesrepublikanische Predigtautoren ihm quasi eine pauschale Abdruck- oder „Abschreiberlaubnis" erteilt, die ggf. sogar ohne Namensnennung Gültigkeit hatte. Das hatte für den Herausgeber den Vorteil, dass, wenn kurzfristig ein Text fehlte, eine Mitarbeiterin oder ein Mitarbeiter ausfiel oder eine Predigt wegen der staatlichen oder kirchlichen Zensur nicht gedruckt werden durfte, die entsprechenden Beiträge übernommen werden

[9] Vgl. *B. Dreher* (Hg.), Neues Predigtwerk, Köln/Graz 1970–1973.

[10] Vgl. *Lange* (Hg.), Das Wort an die Gemeinde, Lk I, Ev., 7.

[11] Zu Josef Gülden vgl. *H.-F. Fischer*, Art. Gülden, Josef, in: LThK[3] Bd. 4, Freiburg i. Br. 1995, 1100.

[12] *Lange* (Hg.), Das Wort an die Gemeinde, Lk I, Ev., 7. – Hier gemeint: der *katholischen* Kirche!

konnten. Vereinzelt wurden diese dann zur Verschleierung des tatsächlichen Ursprungs sogar mit Namen von Personen versehen, die gar nicht existierten.[13]

Jeder der insgesamt 18 Bände – jeweils pro Lesejahr zwei Teilbände zur ersten und zwei zur zweiten Lesung sowie zwei Teilbände zu den Evangelien – erhielt eine kurze, zumeist homiletische Einführung bzw. Erörterung vorangestellt, die geschrieben bzw. aus bundesrepublikanischen oder anderen deutschsprachigen Arbeiten ausgewählt werden musste. Bei diesen Einführungen sollten auf das ganze Werk verteilt aus allen Bereichen der Homiletik zentrale Aspekte bedacht und so, wenn auch in bescheidenem Umfang, eine möglichst ausgewogene theoretische Grundlage geschaffen werden.

1.2 Beitragsentstehung – staatliche und kirchliche Zensur

Nachdem die Beiträge durch die zur Mitarbeit gewonnenen Autoren erstellt worden waren, erfolgte eine erste redaktionelle Bearbeitung durch den Herausgeber, bei der ggf. erste Korrekturen oder Ergänzungen vorgenommen wurden. Im Anschluss wurde durch den St. Benno-Verlag bzw. dessen Lektor eine „Reinschrift" erstellt – sprich: die eingereichten Texte mussten ordentlich und in einheitlicher Form abgetippt werden – sowie ein erstes Gutachten erarbeitet. Bei diesem Prozess kann von einer ersten (politischen) „Vorzensur" gesprochen werden: Was ohnehin die staatlichen oder kirchlichen Zensurmaßnahmen nicht würde passieren können, wurde von vornherein nicht aufgenommen bzw. durch andere Begriffe oder gar ganze Textbausteine ersetzt.

Die so vorbearbeiteten Texte wurden beim *Amt für Literatur und Verlagswesen*[14] der DDR in Berlin eingereicht, wo in der Regel zwei Lektoren die Beiträge durcharbeiteten und für die zuständige Zensorin vorbereiteten. Für diese Aufgaben waren – für ein zumal dem Anspruch nach „atheistisches" Staatswesen mag das überraschen – voll ausgebildete Theologinnen und Theologen „angestellt".[15] Mehrmals im Jahr gab es dann mit dem jeweils zuständigen Lektor des St. Benno-Verlags eine Konferenz in der Zensurbehörde in Berlin, bei der neben den anderen Veröffentlichungen des Verlages auch die Texte des Predigtwerkes „be-

---

[13] So etwa ein „Franz Tenkhoff", der bezeichnenderweise im anhängenden Autorenverzeichnis auch nicht aufgeführt wird. Vgl. *Lange* (Hg.), Das Wort an die Gemeinde, Mk II, Ev., 316–325 bzw. Autorenverzeichnis *Lange,* ebd., 352.

[14] Der Name des Amtes wechselte mehrfach. Gemeint war schlicht die „Zensurbehörde".

[15] Es gab in der DDR eine Reihe von staatlichen Theologischen Fakultäten, an denen Evangelische Theologie – besonders für das Pfarramt – studiert werden konnte.

sprochen" wurden. Faktisch wurde dem Lektor hier von der zuständigen Zensorin mitgeteilt, welche Passagen oder Formulierungen zu verändern seien, Vorgaben, die dann in einem weiteren Arbeitsschritt im Verlag umzusetzen waren.

Die Kriterien zur Beurteilung der eingereichten Texte seitens der staatlichen Zensurbehörde kann man verallgemeinernd wie folgt zusammenfassen: Zum einen sollte jegliche auch noch so indirekt gefasste oder als solche deutbare Kritik an politischen, gesellschaftlichen oder allgemein menschlichen Zuständen in der DDR unterbunden werden. Zum anderen wurde versucht, alle möglicherweise zur (negativen) Beeinflussung durch „den Westen" dienlichen Aspekte, Namen oder Begriffe aus den Texten zu tilgen und stattdessen zu erreichen, dass die DDR-Situation positiv dargestellt wurde. Wenn also beispielsweise von Diskriminierung auf Grund einer Religionszugehörigkeit gesprochen wurde, musste ein entsprechendes Beispiel eingefügt werden, etwa „Nordirland". Die Namen sog. „missliebiger" Autoren oder Personen – so Franz Kafka, Jean-Paul Sartre, Adolf Hitler, John F. Kennedy, Martin Luther King – durften nicht in den Texten erscheinen, bestimmte „Tabu-Wörter" mussten gestrichen werden; dazu zählten Begriffe wie „atheistisch", „Gleichschaltung", „Partnerschaft/-lich" (ein *„westliches Modewort"*), „Streik", „Teamwork" u.ä.

Parallel zur Prüfung durch die staatlichen Behörden erfolgte die Vorlage der Texte einschließlich des Verlagsgutachtens beim kirchlichen Lizenzträger, hier beim zuständigen Generalvikar in Dresden (bzw. Bautzen), welcher seinerseits kirchliche Zensoren mit der Prüfung der Texte beauftragte. Zusammen mit den von staatlicher Seite eingeforderten Veränderungen mussten auch die von kirchlicher Seite beanstandeten Texte und Passagen korrigiert werden, bevor durch den Generalvikar die kirchliche Druckerlaubnis, das „Imprimatur", erteilt wurde.[16] Schließlich erfolgten nach der Fahnenkorrektur durch den Herausgeber bzw. Redaktor der Druck und die Veröffentlichung des Buches.

Fragt man an dieser Stelle, ähnlich wie es oben für die staatliche Zensur geschehen ist, nach den grundlegenden Bewertungskriterien der kirchlichen Zensur, so kann hier wegen des mehrfachen Wechsels der beteiligten Zensoren und vor allem wegen des nur noch unvollständigen Materials nur äußerst vorsichtig ein erster Eindruck wiedergegeben werden. So erscheinen die noch vorliegenden Gutachten der kirchlichen Zensoren von zumindest zwei Grundanliegen geprägt: Zum einen geht es immer wieder um theologische bzw. inhaltliche Schwerpunkt-

---

16 Vgl. zum damalig regulären Verfahren der *„Bücherzensur"* auch LThK^2, Bd. 2, Freiburg i. Br. 1958, 741–744.

setzungen, nach denen alles abgelehnt wird, was – zumal als vorwärts weisende theologische Fragestellung – *„Verwirrung unter den Gläubigen"*[17] entstehen lassen könnte. Zum anderen wird in den Gutachten immer wieder ein Bemühen erkennbar, direkte oder indirekte Kirchenkritik sowie Anregungen für mögliche Veränderungen aus den Texten fernzuhalten. So durften etwa kritische Äußerungen zu noch volkskirchlich geprägten (vor allem liturgischen) Praxisformen in einer Diasporakirche oder die Frage nach der Angemessenheit kostspieliger Kirchenbauten nicht gedruckt werden. Allerdings muss hier gesagt werden, dass die weitaus meisten Texte die kirchliche Zensur unbeanstandet passierten, oftmals gar mit einem ausdrücklichen Lob der Zensoren.

Bedenkt man, dass die einzelnen Bände der Predigtreihe *„Das Wort an die Gemeinde"* jeweils halbjährlich in einem Umfang von etwa 350 Seiten je Band erschienen, wird die erstaunliche Redaktionsleistung deutlich, die Lange bzw. die Mitarbeiterinnen und Mitarbeiter des St. Benno-Verlags zu erbringen hatten.[18] Dies ist nicht allein wegen der schwierigen politischen Prozesse beachtenswert. Auch ist zu bedenken, dass es erhebliche „logistische" Schwierigkeiten zu bewältigen gab. So war ein (vertrauter) telefonischer Kontakt oftmals nicht möglich, postalische Sendungen erreichten ihr Ziel entweder gar nicht oder nur mit erheblicher Verspätung, was bei der notwendigen Einhaltung von geforderten Fristen für die Drucklegung einen mitunter DDR-weiten persönlichen „Bring- und Holdienst" erforderlich machte. Auch waren in dieser Zeit die schreibtechnischen Voraussetzungen – was etwa Schreibmaschinen, das Kopieren oder vor allem Korrekturen in bestehenden Texten angeht – außergewöhnliche Belastungsquellen.

1.3 Die Entstehung der „Divergierenden Richtlinien"

Bereits im Herbst 1971, nachdem schon die ersten Bände des Predigtwerkes erschienen waren, kam es auf Seiten (einzelner Mitglieder) der Berliner Bischofskonferenz zu einer Vertrauenskrise dem Herausgeber gegenüber. So beklagte man von kirchenamtlicher Seite die angeblich mangelnde Kirchlichkeit einzelner Beiträge der Predigthilfen und erwog, Lange entweder die Verantwortung gänzlich

---

[17] So mehrfach wörtlich oder sinngemäß in den Voten zu finden und als solches natürlich mehr oder weniger willkürlich anwendbar.

[18] Vgl. hierzu auch *F. G. Friemel*, Achtzehn Bände! Kritischer Dank an Karljosef Lange, in: Pastorale Fragen 8 (1980), 57f.

zu entziehen oder ihm einen *„Moderator vor die Nase* (zu) *setzen"*.[19] Denn die Herausgabe geschah zwar, wie oben bereits erwähnt, nicht im unmittelbaren Auftrag der Bischöfe, doch war der St. Benno-Verlag laut Gesellschaftsvertrag ein kircheneigener Verlag in Trägerschaft der Ordinarien der damaligen Berliner Bischofskonferenz, so dass die alleinige Zensur durch die Zensoren des Dresdener Ordinariates offensichtlich nicht allen Mitgliedern der Bischofskonferenz genügte bzw. man eine andere kirchenpolitische oder theologische Linie vertrat und durchzusetzen wünschte. So entstand eine aufgrund mangelnder Transparenz kaum zu durchschauende Gemengelage, in der theologische, politische und möglicherweise auch persönliche Einstellungen oder auch Vorbehalte zum Tragen kamen und in deren Folge dann unterschwellig der Druck auf Lange wuchs, sich bzw. seine Arbeit als Herausgeber zu rechtfertigen.[20]

Mit solch grundlegender Kritik konfrontiert, sah sich Lange – nach Absprache mit Cheflektor Gülden – gedrängt, die von seiner Seite als verbindlich empfundenen Grundlagen der inhaltlichen Arbeit am Predigtwerk darzulegen. Dabei ging es wesentlich um die Frage, ob und inwieweit ein theologisches Buch, sprich: eine das „Imprimatur" benötigende Veröffentlichung, an die Meinung des (jeweiligen) Bischofs gebunden sein müsse. Oder zugespitzt formuliert: Ist ein inhaltlicher Einfluss der kirchlichen Bücherzensur auch über die Glaubens- und Sittenfragen hinaus berechtigt oder nicht?

Wir können aus dem bis hierher Gesagten also als Grundanliegen der in dieser Situation entstandenen *„Divergierenden Richtlinien"* festhalten: Es geht erstens um die Darlegung einzelner Aspekte des homiletischen Verständnisses des Herausgebers des Predigtwerkes, zweitens um deren Rechtfertigung im Rahmen der Auseinandersetzungen um die (kirchliche) Bücherzensur und – damit eng verbunden – drittens wohl auch um die Erörterung der Schwierigkeiten, die dem Herausgeber durch die vielfältigen Unwägbarkeiten im Laufe der Bearbeitung entstanden. Bei all dem darf allerdings nicht vergessen werden, dass die Niederschrift der Richtlinien durch Lange nicht nach einer längeren Vorbereitung und mit wohlabgewogener Konzeption und Fassung erfolgte, sondern spontan und aus

---

19 So in einem vertraulichen Brief eines Sympathisanten Langes vom 1. Oktober 1971, dessen Informationen wiederum auf Indiskretionen aus der Bischofskonferenz beruhen.

20 Im Hintergrund stehen offensichtlich auch die sog. „Magdeburger Vorgänge" im Rahmen der Neubesetzung der Leitung des Erzbischöflichen Kommissariats Magdeburg im Jahr 1969/70. Vgl. dazu vor allem *C. Brodkorb*, Bruder und Gefährte in der Bedrängnis – Hugo Aufderbeck als Seelsorgeamtsleiter in Magdeburg. Zur pastoralen Grundlegung einer „Kirche in der SBZ/DDR", Paderborn 2002, 399–408 (als Geburtsdatum Langes dort fälschlich 192<u>9</u> [vgl. ebd., 404, Anm. 1944]).

der Situation heraus, wie es auch die späteren handschriftlichen Ergänzungen belegen.

Im Folgenden nun die wörtliche Wiedergabe der *„Divergierenden Richtlinien“* einschließlich des von Lange angefügten Schlusssatzes. Da das Original nicht datiert ist, kann das exakte Entstehungsdatum nicht mehr festgestellt werden; es dürfte sich aber um den Spätherbst bzw. Winter 1971 handeln.[21]

Divergierende Richtlinien

1. Der Prediger muß mehr wissen und betrachten als er auf der Kanzel sagt.
   Nur das, was auf die Kanzel gehört!

2. Der Prediger muß mit der theologischen Problematik vertraut gemacht werden, auch wenn er sie nicht zu verkündigen hat.
   Nur das, was Diakonatshelfern zuträglich ist!

3. Jede Predigt ist einseitig, akzentuiert auf ein Ziel gerichtet; wer alles auf einmal sagt, sagt garnichts.
   Nichts Einseitiges, Akzentuiertes! [*Jesus war auch einseitig in seiner Verkündigung*]

4. Kirchliche Selbstkritik kann heilsam und befreiend wirken, zur Besserung verhelfen.
   Kirchliche Selbstkritik verwirrt und wirkt widersprüchlich.

5. Es muß einen Ermessensspielraum für die persönliche Art des Verfassers geben.
   Es darf nur das kommen, womit ~~sich~~ die zuständigen Stellen *sich* identifizieren können, selbst die Bischöfe![22] [*Dann müßten wir Hirtenbriefe schreiben.*]

6. In der Predigt braucht man nicht jeden Ausdruck auf die Goldwaage zu legen.

---

[21] Original bei mir, Schreibmaschinenmanuskript, DIN A 4. Bei kursiv gestelltem Text handelt es sich im Folgenden um später eingefügte handschriftliche Ergänzungen Langes. – Einige der hier niedergelegten Thesen behandelt Karljosef Lange auch in *ders.* (Hg.), Das Wort an die Gemeinde, Lk I, Ev., 7–9.

[22] Letzter Halbsatz später mit Pfeil hinter „Stellen“ eingefügt.

Anstößiges ist zu meiden.

7. Theologische Irrtümer müssen ausgemerzt werden.
   Akzente müssen so sitzen, wie es der Zensor für richtig hält. [*Woher weiß der Zensor, welche Akzente die jeweiligen Bischöfe wünschen? Einseitigkeit ist kein Maßstab.*]

8. Die Arbeiten müssen nach den vorgegebenen Richtlinien erstellt werden.
   Die Arbeiten können noch kurz (3 Monate) vor der Auslieferung der Bände nach strengen, vorher nicht bekannten Maßstäben umgearbeitet werden.

9. Inhaltlich einwandfreie Arbeiten, die von Leuten mit missio geschrieben wurden, können gebracht werden, auch wenn sich ihr Status später ändert.
   Bei Statusänderung muß die schon gesetzte Predigt noch 2 Monate vor Auslieferung des Bandes herausgenommen werden.

10. In krassen Extremfällen muß man den zuständigen Stellen soweit als möglich entgegenkommen.
    Es muß auch geschehen, wenn es schon zu spät ist und sich die Auslieferung über den Beginn des Benutzungszeitraumes hinaus verzögert.

Allein die Angst, ein Mitarbeiter könnte kurz vor Auslieferung des Bandes heiraten, treibt noch den Herausgeber in den Herzinfarkt.

---

2 Kommentar

2.1 Zur Struktur des Textes

Auf Grund der inhaltlichen Nähe einzelner Thesenpaare werde ich, um Doppelungen zu vermeiden, im nun folgenden Kommentar bestimmte Gruppen bilden. Dabei können die letzteren Richtlinien an dieser Stelle von der Kommentierung ausgeschlossen bleiben, da sie, einschließlich des Nachsatzes, zusammen mit dem oben Gesagten aus sich selbst verständlich sind.

Der den Ausführungen programmatisch vorangestellte Zugang Langes über den Gedanken der „Divergenz“ hat einen besonderen Reiz. Dem Begriff nach handelt es sich dabei nicht um eine theologische Kategorie, sondern um ein vor allem im naturwissenschaftlichen Bereich verwendetes Beschreibungsmuster für das „Auseinanderstreben/-gehen“ oder die „Abweichung“ von geometrischen Linien oder errechneten Zahlenreihen. Erst im weiteren Sinn wurde und wird der Begriff dann auch für unterschiedliche inhaltliche Positionen im Sinne von „Meinungsverschiedenheiten“ gebraucht. Wenn diese Terminologie hier Eingang findet, kann sie theologisches Arbeiten dahingehend anregen, über das durchaus konstruktive Vorhandensein bzw. die Notwendigkeit eines solchen durch divergierende Meinungen entstehenden „Zwischenraums“ neu nachzudenken.

Dieser Zwischenraum lässt sich dann aus ganz unterschiedlichen Blickwinkeln betrachten, beispielsweise wissenschaftstheoretisch anhand der Frage nach dem Verhältnis von Theorie und Praxis[23], systematisch-theologisch als Spannung zwischen Amt und Charisma[24], praktisch-theologisch unter dem Aspekt der inter- und der intradisziplinären Austauschbeziehungen zwischen den Sozialwissenschaften und der Theologie bzw. innerhalb der theologischen Disziplinen[25] oder auch umfassend in der Problematik des angemessenen Miteinanders von Lehramt und wissenschaftlicher Theologie insgesamt. Immer jedoch bedarf es notwendig dieser Spannung, dieser „Divergenz“. Wollte man versuchen sie aufzulösen, würde man notwendig in Aporien geraten.

2.2 Die einzelnen Richtlinien

Die ersten beiden Richtlinien unterscheiden sich in ihren Aussagen nur sehr geringfügig. Lange geht hier offenbar auf den Vorwurf ein, dass zumindest einzelne Beiträge des Predigtwerkes, zumal wenn sie bewusst weitergehende theologische Fragen ansprechen, von kirchenamtlicher Seite als bei den Gläubigen „Verwirrung“ stiftend angesehen wurden. Demgegenüber lassen beide Richtlinien deutlich werden, dass es für eine gute Predigtvorbereitung unerlässlich ist, dass der Prediger nicht nur oberflächlich, sondern vielmehr intensiv sowohl in die Weite

---

[23] Vgl. *H. Haslinger*, Die wissenschaftstheoretische Frage nach der Praxis, in: *ders.* (Hg.), Handbuch, 102–121.

[24] Vgl. aus der Fülle der Arbeiten zuletzt *G. Bausenhart*, Das Amt in der Kirche. Eine not-wendende Neubestimmung, Freiburg i. Br. u.a. 1999, bes. 227–321.

[25] Vgl. etwa *E. Garhammer*, Die Frage nach den Kriterien, in: *Haslinger* (Hg.), Handbuch, 304–317 und *J. A. van der Ven*, Praktische Theologie und Humanwissenschaften, in: ebd., 267–278.

als auch in die theologische Tiefe der zu behandelnden Thematik eingedrungen sein muss. Andererseits wird gleichfalls klar, dass nicht alles, was in der Vorbereitung überlegt und studiert wurde, dann auch in die Predigt einfließen kann und darf.[26]

Hier lassen sich zwei entgegengesetzte Gefahren für die Predigtvorbereitung benennen. Auf der einen Seite ist es die Bequemlichkeit, vorliegende Predigten oder Predigthilfen im Extremfall gänzlich ohne Adaption in die Predigtsituation hinein zu übernehmen. Auf der anderen Seite besteht die Gefahr, dass in völlig unangemessener Weise inhaltlich und besonders auch sprachlich „theologische Vorlesungen" gehalten werden, die jedoch an der Lebenswirklichkeit der Menschen vorbeigehen. Beide Varianten werden den Predigthörern nicht gerecht und sind deshalb abzulehnen.

Die dritte und die fünfte bis siebte Richtlinie können gemeinsam betrachtet werden, da sie in ihrer Stoßrichtung von gleicher Art sind. Sämtliche handschriftlichen Ergänzungen sind dabei in diesem, wohlgemerkt von *mir* definierten, Themenkreis zu finden, was auf ein gewisses Ringen bei Lange hindeutet. Es geht hier im Letzten um die Spannung zwischen der im weitesten Sinn politischen (3 und 5), sprachlichen (6) und theologischen (7) Ausgewogenheit und der notwendigen inhaltlichen und formalen Akzentuierung der Predigt.

Ganz im Sinne der Konzeption in *„divergierenden Richtlinien"* ist der entstehende „Zwischenraum" in den angesprochenen Thesen deutlich erkennbar. So ist es nicht Sache der Predigt, in der hier ausgesagten Weise „einseitig", „anstößig" und schon gar nicht theologisch „irrig" zu sein. Und doch *ist* jede Predigt notgedrungen „einseitig" und muss es sein, zum einen allein in Hinblick auf die unerlässliche quantitative Beschränkung des Gesagten, zum anderen aber auch, weil sie notwendig Optionen treffen *muss*. So kann beispielsweise eine Predigt nicht *nicht-politisch* sein, sie kann sich auch beim besten Willen niemals an alle Predigthörer – jung und alt, einfach und akademisch gebildet, kirchlich engagiert und „fernstehend" – gleich angemessen richten und sie kann (und darf) nicht von der Persönlichkeit des Predigers und besonders dessen theologischem Verständnis unabhängig geschehen. Auch *soll* eine Predigt geradezu „an-stößig" sein, nämlich „Anstöße" gebend, an denen die Hörenden weiterdenken und eine Hilfe für ihr Leben erhalten.

---

[26] Vgl. zu Einrichtung und Aufgaben des (ehrenamtlichen!) „Diakonatshelfers" die pastorale Einführung in: *H. Aufderbeck*, Stationsgottesdienst, Kommunionfeier. Texte für den sonntäglichen Gottesdienst ohne Priester in den Außenstationen der Diaspora, Leipzig 1979, 22–25.

Mit der vierten Richtlinie reagiert Lange auf verschiedene Bemerkungen der (kirchlichen) Zensoren, die in einigen Beiträgen des Predigtwerkes eine aus ihrer Sicht inadäquate Kirchenkritik moniert hatten. Da es sich bei den Predigthilfen um Beiträge unmittelbar aus dem kirchlichen Raum handelt, kann Lange von *„kirchlicher Selbstkritik“* sprechen, womit er die Auseinandersetzung deutlich im innerkirchlichen Raum ansiedelt. Das ist insofern bedeutsam, als es für die katholische Kirche in der DDR natürlich vielfältigste Angriffe und Beeinträchtigungen „von außen“ gab, denen gegenüber man sich vorrangig durch eine größtmögliche innere Einigkeit zu erwehren suchte.

Da sich die politische Situation zur Zeit der Entstehung dieser Richtlinie von der heutigen in Deutschland gänzlich unterscheidet, ist bei einer möglichen Übertragung auf aktuelle Bezüge Vorsicht angesagt, will man sich nicht arrogant über die Geschichte und vor allem über die betroffenen Menschen von damals erheben. So kann etwa nicht über das Maß gestritten werden, welche Form, Intensität oder Ausdrucksweise von Kritik in der Predigt als angemessen oder unangemessen betrachtet werden kann. Wohl aber können wir wiederum den „Zwischenraum“ ausmachen, in dem sich bis in unsere Zeit Kritik innerhalb der Kirche bewegt und auch bewähren muss. Dass sie *„heilsam und befreiend wirken, zur Besserung verhelfen“* kann, ist unstrittig, wie auch die schlichte Notwendigkeit ihrer selbst für eine Kirche, die sich als *„semper reformanda“* versteht. Andererseits gibt es eine Art von Kritik, die immer und grundsätzlich nur das Negative sucht und bereits für eine ausgewogene Wahrnehmung kirchlicher Praxis letztlich blind (geworden) ist; diese letztere Art von Kritik ist in der Predigt zu vermeiden.

3 Schluss

Der im Rahmen der Herausgabe des Predigtwerkes entstandene homiletische Ansatz Karljosef Langes hatte von vornherein keinen Anspruch auf systematische Vollständigkeit. Wir konnten aber sehen, dass es sich in den meisten Aspekten nicht nur um zeit- oder situationsbedingte, sondern um grundlegende homiletische Fragestellungen handelt, die es immer neu für eine verantwortungsvolle Predigtpraxis zu bedenken gilt. Darüber hinaus erweist sich der von Lange für die Darstellung gewählte Zugang über den Gedanken der *Divergenz* als in hohem Maß bedenkenswert. Er scheint keineswegs nur für die Homiletik, sondern für theologisches Denken und Arbeiten insgesamt anregend und produktiv zu sein.

Vielleicht ist hierin auch ein denkerisches Instrumentarium für die Entschärfung mancher innerkirchlichen Konflikte zu finden, und zwar im Sinne des alten – und im klassischen Sinn *„katholischen"* – Prinzips des *„et – et"*, des *„sowohl als auch"*.

Fragen wir abschließend noch einmal zusammenfassend nach den (inhaltlichen) Folgen für die unter den entsprechenden Bedingungen einer doppelten Zensur entstandenen Predigthilfen. Als Ergebnis des Ringens um die notwendige Freiheit in der inhaltlichen, sprachlichen und persönlichen Gestaltung der Texte lassen sich im Wesentlichen zwei Konsequenzen anführen. Einerseits mangelt es vielen Beiträgen des Predigtwerkes an einer wünschenswerten Weite der Perspektive, und zwar nicht nur in Hinblick auf theologische, sondern besonders auf politische, kulturelle und künstlerische – man denke vor allem an die Literatur – sowie gesellschaftliche und zeitgeschichtliche Bezüge. Auf der anderen Seite folgt aus dem weitgehenden Zwang, die alltäglichen Zeitumstände nicht verarbeiten zu können bzw. zu dürfen, eine größere Zeitunabhängigkeit. So erscheint mancher Beitrag heute noch eher für die Predigtvorbereitung lesenswert als andere aus den entsprechenden Jahren, die etwa mit der Bearbeitung des damaligen politischen Geschehens gesättigt sind. *„Das Wort an die Gemeinde"* wurde somit aus einer stärker geistlich-theologischen Perspektive verfasst. Neben seiner einzigartigen Qualität als unter schwierigsten politischen Bedingungen entstandenes theologisches Werk liegt sicher nicht zuletzt in dieser geistlich-theologischen Perspektive sein bis heute bleibender Wert.

ANHANG 2: HOMILETIK IN DIVERGIERENDEN RICHTLINIEN. DIE DIVERGENZ ALS UNABDINGBARE KATEGORIE EINER UMFASSENDEN BESCHREIBUNG DES PREDIGTGESCHEHENS

Christof Gärtner

(Zuerst erschienen in: ThGl 2005)

Vor gut zehn Jahren beschrieb *Klaus Müller* in seiner *Homiletik* die Predigt unter den Bedingungen der heutigen Zeit *„als vielfache Gratwanderung der, des Predigenden – also als Geflecht dialektischer Prozesse"*[1]. Sie ist von diesen Prozessen grundlegend geprägt und herausgefordert, darf sich niemals von der durch sie entstehenden Spannung befreit wähnen. Im Gegenteil: erst durch die adäquate Berücksichtigung dieser ihr eigenen Wesensart kommt sie wirklich zu sich selbst, so *Müller*.[2] Sie hat sich also dementsprechend im Zwischenraum der durch die jeweils unterschiedlichen inhaltlichen und strukturellen Positionen im Kontext der Predigt entstehenden dialektischen Pole zu verorten – wobei die genaue sachliche Bestimmung dieser Pole hier vorerst vernachlässigt werden kann.

Das den Ausführungen *Müllers* zugrundeliegende Denkmuster ist nicht neu. Immer wieder ist in der Homiletik ausdrücklich[3] oder zumindest implizit[4] darüber nachgedacht worden, von welchen oftmals gegenläufigen Komponenten das Predigtgeschehen geprägt wird.[5] Es fällt allerdings auf, dass immer nur einzelne Aspekte aus diesem Blickwinkel heraus behandelt werden; ein Versuch einmal das

---

1 Vgl. *K. Müller*, Homiletik. Ein Handbuch für kritische Zeiten, Regensburg 1994, 50–59 (Zitat 50).

2 Vgl. ebd., 58.

3 Vgl. u.a. *O. Fuchs*, Die Funktion des Gegensatzes in der Sprache der Predigt, Würzburg [Theol. Dissertation] 1977; *ders.*, Sprechen in Gegensätzen. Meinung und Gegenmeinung in kirchlicher Rede, München 1978, hier unter dem Begriff der *Antinomie* (vgl. etwa 71 und 83); *ders.*, Die lebendige Predigt, München 1978; *E. Lange*, Zur Theorie und Praxis der Predigtarbeit, in: *ders.*, Predigen als Beruf. Aufsätze zu Homiletik, Liturgie und Pfarramt. Hg. und mit einem Nachwort von Rüdiger Schloz, München ²1987, 9–51, sowie *R. Zerfaß*, Grundkurs Predigt 1. Spruchpredigt, Düsseldorf ³1991, hier unter dem Stichwort *Dimensionen menschlicher Rede* (vgl. 37–41).

4 Vgl. zuletzt etwa *C. Bundschuh-Schramm*, Konkretion: Predigt, in: *H. Haslinger* (u.a.) (Hg.), Handbuch Praktische Theologie, Band 2, Mainz 1999, 439–450, wo die *„Unsichtbaren Gestalten"* im Außen- und im Binnenraum sowie *„Die am Wort Beteiligten"* für sich und in ihren Beziehungen zueinander bedacht werden.

5 Und auch in anderen theologischen Disziplinen wird dieses Denkmuster angewandt. (Vgl. etwa für die Liturgiewissenschaft zuletzt *A. Odenthal*, Gottesdienst wider den Zeitgeist? Die Diskussion um die Reform der Messe geht weiter, in: Herder Korrespondenz 2003, 452–456.)

gesamte Predigtgeschehen systematisch unter diesem Fokus zu reflektieren, ist m.W. bisher noch nicht unternommen worden.

Angeregt durch die Beschäftigung mit dem homiletischen Konzept *Karljosef Langes* bei der Herausgabe des DDR-eigenen katholischen Predigtreihenwerkes *„Das Wort an die Gemeinde"*, dessen Entstehungsgeschichte nachzuzeichnen ich in dieser Zeitschrift vor kurzem versucht habe[6], möchte ich diesen Versuch im Folgenden unternehmen – freilich in sehr eingeschränktem Rahmen, wie ihn ein solcher Aufsatz nur bieten kann. Dabei muss vorab herausgestellt werden, dass die vermutlich 1971 entstandene Konzeption *Lange*s einer Homiletik in *Divergierenden Richtlinien*[7] bereits sehr früh den in der nachkonziliaren homiletischen Arbeit immer wieder auftauchenden Gedanken einer bei anderen dann mit *Dialektik, Gratwanderung, Gegensatz, Antinomie* oder *Dimension menschlicher Rede* bezeichneten Kategorisierung des Predigtgeschehens zum Thema macht.[8] Ich behalte im Folgenden diese – in der Homiletik damals vermutlich erstmalig so gebrauchte – Begrifflichkeit der „Divergenz" bei, auch wenn sie als Entlehnung aus dem Bereich der Naturwissenschaft eher ungewöhnlich ist. Es konnte jedoch gezeigt werden, dass das so bezeichnete Denkmuster ein zugleich reizvolles, wie hilfreiches Instrumentarium für theologisches Arbeiten insgesamt darstellt.[9] Wir werden im Folgenden sehen, dass die „Divergenz" bzw. der durch sie entstehende Zwischenraum, in dem sich „Predigt" dann ereignet, eine unabdingbare Kategorie des gesamten Predigtgeschehens ist.

1 Beschreibungsmodelle für das Predigtgeschehen

Schon bevor man sich in der Reflexion einzelnen Komponenten bzw. einzelnen an der Predigt beteiligten Personen(-gruppen) und ihren Beziehungen zueinander zuwendet, fällt auf, dass bereits viele Beschreibungsmodelle des Predigtgeschehens dieses – noch unabhängig von jeder inhaltlichen Bestimmung oder Deutung – per se als Mittelpunkt zwischen verschiedenen Polen oder Aspekten verstehen und als solches darstellen. Die Beziehung dieser Pole zueinander ist zwar nicht grundsätzlich als *„divergierend"* im Sinne eines „Auseinanderstrebens" zu interpretieren, wohl aber als Hinweis auf den zwischen ihnen vorhandenen „Zwi-

---

6 Vgl. *C. Gärtner*, „Das Wort an die Gemeinde". Entstehung und homiletischer Ansatz des DDR-eigenen katholischen Predigtreihenwerkes, in: Theologie und Glaube 95 (2005), Heft 1, 80–90.

7 So die programmatische Überschrift der Konzeption Langes (vgl. *Gärtner*, Wort).

8 Vgl. zu den aufgeführten Begriffen Anm. 1 und 3.

9 Vgl. *Gärtner*, Wort, 89f.

schenraum", in dem „Predigt" geschieht. An einigen dieser Beschreibungsmodelle möchte ich das vorab aufzuzeigen versuchen.

Betrachtet man das Predigtgeschehen rein kommunikationstheoretisch, so ereignet es sich zwischen einem *„Sender"*, hier dem Prediger, und einem *„Empfänger"* oder *„Adressaten"* bzw. einer Adressatengruppe, hier den Predigthörern. Es steht weiterhin in einem bestimmten Kontext, der von unterschiedlichen Aspekten beeinflusst ist, wie etwa dem soziokulturellen Gepräge, den aktuellen Gegenwartsbezügen oder den konkreten räumlichen, zeitlichen oder die Predigt veranlassenden Bedingungen. Darüber hinaus, quasi als Gegenüber des situativen Kontextes, steht die Predigt ihrem Anspruch nach in verbindlichem Bezug zu einem biblischen Text, einem Glaubens- oder Festinhalt oder doch, wenn keine unmittelbare Bezugnahme erfolgt, zumindest in prinzipieller Verantwortung diesen gegenüber. In diesem Beziehungsfeld von Sender und Empfänger, Text und Situation[10], erfolgt dann als weiteres kommunikationstheoretisch bedeutsames Moment eine sich vorrangig sprachlich vollziehende Codierung des Predigtinhalts durch den Prediger bzw. eine Decodierung desselben durch die Hörer. Diese (De-)Codierung ist auf Seiten der beteiligten Personen dann wiederum von verschiedensten Vorerfahrungen, Sachkenntnissen, Sympathien, aktuellen Gefühlen und dergleichen beeinflusst. So entsteht in diesem Prozess noch einmal ein in zweifacher Hinsicht in der Mitte liegender Zwischenraum, der das Predigtgeschehen in kommunikationstheoretischer Betrachtungsweise formiert. Damit ist deutlich, dass die Predigt als kommunikativer Akt betrachtet von unterschiedlichsten *„Divergenzen"* gekennzeichnet ist bzw. als sich in einem entsprechenden Zwischenraum ereignend beschrieben werden kann.

Das kommunikationspsychologische Modell sieht die Predigt (als „sprachliche Äußerung") von vier Aspekten durchdrungen, die nicht gegeneinander ausgespielt oder aufgehoben werden können. Nach diesem Modell beinhaltet jede zwischenmenschliche Kommunikation – und damit eben auch jede Predigt – einen *Sachinhalt*, eine *Selbstoffenbarung*, einen *Beziehungshinweis* und einen *Appell.*[11] Alle vier Dimensionen wirken gleichzeitig, wenn auch unterschiedlich intensiv, im Kommunikationsgeschehen zwischen „Sender" und „Empfänger" mit. Niemals kann demnach eine kommunikative Äußerung in diesem *„Nachrichten-*

[10] Vgl. hierzu bes. den *„hermeneutischen Zirkel"* bei *Zerfaß*, Grundkurs, 77–80.

[11] Vgl. etwa *F. Schulz von Thun*, Miteinander reden 1. Störungen und Klärungen. Allgemeine Psychologie der Kommunikation. Reinbek bei Hamburg [38]2003; *ders.*, Was geschieht, wenn wir predigen? Kleines kommunikationspsychologisches Kolloquium, in: Bibel und Liturgie 63 (1990), 201–211 und *Müller*, Homiletik, 236–240.

Quadrat"[12] als ausschließliche „Sachangabe" oder als gänzlich reine „Selbstmitteilung" interpretiert werden. Die Predigt bzw. der Prediger hat sich dementsprechend auch Rechenschaft zu geben über die möglicherweise gar nicht intendierten Aspekte, wie etwa den der Selbstkundgabe oder den der unvermeidlichen Auskunft über die Beziehungsqualität zwischen ihm und den Hörern. Ließe man gerade die beiden zuletzt genannten Charakteristika außer Acht, bräuchte man sich nicht zu wundern, wenn Inhalte letztlich hohl und Appelle wirkungslos blieben.

Nach der Sprechakttheorie, die *„Sprache als Handlung"*[13] versteht, ist zwischen dem Inhalt und der Intention bzw. der Wirkung oder Konsequenz einer Aussage zu unterscheiden. Beide können gänzlich auseinanderklaffen – sozusagen *„divergieren"*. Demnach werden *illokutive/illokutionäre Akte* – hier: Sprechakte in ihrer kommunikativen Funktion (etwa als Frage, Aussage, Aufforderung) verstanden –, von *perlokutiven/perlokutionären Akten* – hier: Sprechakte in ihren Auswirkungen verstanden –, unterschieden.[14] Ob also etwa eine Aufforderung durch einen Sprecher vom Hörer auch als solche wahrgenommen, verstanden, gelten gelassen und schließlich umgesetzt wird, entscheidet sich im „Zwischenraum" beider Personen bzw. von Aussage und Wirkung.[15] Auf das Predigtgeschehen übertragen wäre also dieser alles entscheidende Zwischenraum zu beachten, in dem sich das Gelingen der Kommunikation erst erweist und die Predigt vom belanglosen Gerede zur fruchtbaren Konsequenz im Sinne des Reiches Gottes findet bzw. finden kann.

Neben diesen von mir exemplarisch angeführten Beschreibungsmodellen des Predigtgeschehens ist darauf hinzuweisen, dass auch bei der handlungstheoretischen Analyse von Predigertypologien versucht worden ist, diese in Form eines vierpoligen Modells zu systematisieren.[16] Dabei steht der Prediger zwischen den Dimensionen *Distanz* und *Nähe*, sowie *Wandel* und *Dauer*.[17] Anders gewendet geht es dem im Sinne der Typologie eher als distanziert zu beschreibenden Predi-

---

12 Vgl. *F. Schulz von Thun*, Miteinander reden 3. Das „Innere Team" und situationsgerechte Kommunikation, Reinbek bei Hamburg [11]2003, 17.

13 Vgl. hierzu *Müller*, Homiletik, 91ff, weiterhin *Zerfaß*, Grundkurs, 37f.

14 Ergänzend betrachtet werden kann dann noch der Sprechakt als sog. *lokutiver Akt*, wo es um die Ausdrucksweise und den semantischen und logischen Aufbau einer Aussage geht.

15 Als Beispiel par excellence können hier die eucharistischen Einsetzungsworte dienen, bei denen sich im Aussprechen der Formel zugleich eine „Wirkung" vollzieht, den entsprechenden gottesdienstlichen Rahmen vorausgesetzt. (Vgl. *Müller*, Homiletik, 96f.)

16 Vgl. hierzu *A. Deneke*, Das Ich des Predigers. Bemerkungen zum gegenwärtigen Stand der Diskussion über die Sprechakttheorie, in: werkstatt predigt Nr. 12 (1975), 31–42.

17 Vgl. hierzu auch ein Arbeitsblatt für die homiletische Gruppenarbeit von Horst Albrecht in: *Fuchs*, Predigt, 172; s. auch ebd. 171, Anm. 8.

ger primär um die *Erkenntnis*, dem nahen um die *Liebe*, dem auf Wandlung bedachten um die *Freiheit* und dem eher unter der Kategorie Dauer einzustufenden um die *Ordnung*. Auch hier lässt sich, wie wir es bereits oben für die dargestellten Beschreibungsmodelle gesehen haben, der Zwischenraum zwischen den Dimensionen nicht auflösen; vielmehr ist – bzw. wäre in idealtypischer Sicht – ein Gleichgewicht aller Dimensionen wünschenswert. Damit zeigt sich auch hier die *„Divergenz"* bzw. der durch sie entstehende Zwischenraum, als unabdingbare Kategorie nicht nur der Beschreibung des Predigtgeschehens allgemein, sondern auch der hier erwähnten Predigertypologie.

2 Theologische Divergenzen des Predigtgeschehens

Nach diesen eher strukturellen Überlegungen wäre nun nach den theologischen Divergenzen des Predigtgeschehens zu fragen. Dabei ergeben sich vier verschiedene Reflexionsebenen, die in teilweise noch einmal in Unterpunkte zerlegt werden können und müssen. So ist erstens nach Divergenzen innerhalb der einzelnen Komponenten (Text und Situation) bzw. Personen(-gruppen) (Prediger und Predigthörer) des Kommunikationsprozesses Predigt zu fragen (a). Zweitens müssen deren Beziehungen zueinander auf mögliche Divergenzen hin analysiert werden (b). Drittens gilt es, das Verhältnis der Einzelkomponenten zur Predigt selbst zu reflektieren (c). Viertens sind schließlich mögliche theologische Divergenzen des Predigtgeschehens als solchem zu untersuchen, hier in besonderer Weise hinsichtlich der Predigt als Sprachgeschehen, sowie als geistlichem Prozess (d). Dabei kann es im Rahmen dieses Aufsatzes und bei der Fülle von Aspekten nicht darum gehen, eine vermeindliche Vollständigkeit zu erreichen. Auch können die sich ergebenden theologischen Fragestellungen hier nicht ausführlich dargestellt werden. Meine Absicht ist es lediglich durch den Aufweis des Vorhandenseins vielfältiger theologischer Divergenzen im Rahmen des Predigtgeschehens ein Bewusstsein für die Notwendigkeit zu wecken, diese in homiletischer Praxis und Reflexion wahrzunehmen und sie als unabdingbare Kategorie zu begreifen.

a) erste Reflexionsebene

Auf der ersten Reflexionsebene kann eine Divergenz benannt werden, die für jede der einzelnen Komponenten bzw. Personen(-gruppen) auf je eigene Weise zutrifft. Sie ist von *Müller* mit *„Fragment und Ganzes"*[18] bezeichnet worden. Dabei bezieht er sich allerdings, ausgehend von *Karl Rahner*, nur auf die Frage, inwiefern der Prediger trotz unumgänglicher fachwissenschaftlicher (theologischer) Lücken das Ganze des Glaubensgeheimnisses ins Wort zu bringen vermag.[19] Doch diese Divergenz ist bereits etwa für eine Evangelienperikope zutreffend: sie ist nur ein *Fragment* des Ganzen der Frohen Botschaft. Zugleich aber ist sie natürlich *ganz* Christus gegenwärtig setzendes Evangelium. Und auch die Situation, in der die Predigt stattfindet, ist sowohl *fragmentarisch* zu verstehen, weil sie niemals alle möglichen Kontexte und kontextuellen Bedingungen abzubilden in der Lage ist, zugleich aber ist sie ein *Ganzes*, weil sie konkrete Wirklichkeit des jeweiligen Augenblicks ist, in dem die Predigt stattfindet. Ähnlich gilt dann für die Predigthörer: sie sind *Fragment* der Gesamtgemeinde bzw. der von Gott Eingeladenen; gleichzeitig aber sind sie als gottesdienstliche Versammlung ein *Ganzes*.

Für die einzelnen Komponenten bzw. Personen(-gruppen) gibt es weiterhin spezifische Divergenzen. Auf der Seite des Predigers ist besonders die Spannung zwischen seinem Sein als Person und seiner Rolle als Amts- oder Funktionsträger zu bedenken. Zwischen beiden notwendig relevanten Aspekten wird es sicher nicht zwangsläufig, aber doch gelegentlich zu einem *„Auseinanderstreben"* kommen können. Das wird beispielsweise dann der Fall sein, wenn der Prediger, sei es in einer persönlichen Krisensituation oder bei schwerwiegenden Meinungsverschiedenheiten bestimmten lehramtlichen Positionen gegenüber, sich kaum mehr in der Lage sieht glaubwürdig als Amts- bzw. Funktionsträger aufzutreten.

Auch steht der Prediger im Zwischenraum von Zeugenschaft und Interpretation. Er soll verantwortlich und zuverlässig Zeugnis geben von der Relevanz des Evangeliums im Hier und Jetzt. Das jedoch kann er nur auf dem Weg der gewissenhaften persönlichen Interpretation. So ist Bezeugung – zumal in der gegenwärtigen Zeit – nicht im Sinne einer „Weitergabe" (des Glaubens), sondern nur auf dem Weg der glaubwürdigen und einsichtigen Begründung überhaupt sinnvoll möglich.[20]

Eine weitere spezifische Divergenz wäre in Hinblick auf die Predigthörer anzuführen. Neben ihrer oben angesprochenen Qualität *Fragment und Ganzes* zugleich zu sein, ist ihre innere Heterogenität von erheblicher Bedeutung und zwar

---

[18] Vgl. *Müller*, Homiletik, 51f.
[19] Vgl. ebd., 52.
[20] Vgl. hierzu *E. Lange*, Predigtarbeit, 28ff, sowie *Müller*, Homiletik, 51.

sowohl, was ihr Vorverständnis und ihre Vorerfahrungen, als auch was ihre konkreten Erwartungen an die Predigt betrifft. So wird das (theologische) Vorverständnis in der Regel sehr variieren. Auch werden die – positiven wie negativen – Vorerfahrungen der Einzelnen, und damit der Wert, den sie der Predigt unabhängig von deren theologischem Anspruch zuerkennen, äußerst unterschiedlich sein. Damit verbunden sind die Erwartungen an die Predigt, zumal gemessen an der jeweiligen aktuellen persönlichen Situation, äußerst uneinheitlich in Art und Intensität.[21] Mitten hinein in diese vielschichtigen Divergenzen trifft dann die Predigt, die sich in diesem „Zwischenraum" behaupten muss, wobei sie sich selber wiederum nicht nur an den Erwartungen der Hörer, sondern genauso am kritischen Anspruch des Evangeliums zu bewähren hat.

b) zweite Reflexionsebene

Auf der zweiten von mir angeführten Reflexionsebene soll nach möglichen Divergenzen in den Beziehungen zwischen den einzelnen oben angesprochenen Komponenten bzw. Personen(-gruppen) gefragt werden. Wir können hierbei an das oben Gesagte anknüpfen: die Erwartungshaltung der Hörer bezieht sich nicht nur auf die Predigt als solche, sondern in beträchtlichem Maß auf den Prediger selbst. Je nachdem, wie das Verhältnis zwischen diesem und den Hörern ist, ob er ihnen sympathisch oder unsympathisch, fremd oder vertraut ist – und auch umgekehrt –, wird das Predigtgeschehen davon beeinflusst. Somit ist in diesem Verhältnis eine Divergenz zwischen der Person des Predigers und der von ihm zu verkündenden Botschaft auszumachen.[22] Die Inhalts- und die Beziehungsebene, die Sache und die Form ihrer Darstellung lassen sich im konkreten Predigtgeschehen, wie oben bereits erwähnt, nicht voneinander trennen. So darf der Prediger weder den Hörern schmeicheln wollen, dann würde er der ihm anvertrauten – oftmals unbequemen – Botschaft (vom Gekreuzigten) nicht gerecht, noch darf er dem Trugschluss erliegen, dass sich Verkündigung so verobjektivieren ließe, dass sie letztlich auch unabhängig von der Person des Predigers bzw. den konkreten Predigthörern geschehen könnte.

Auch im Verhältnis zwischen dem Text bzw. der der Predigt zugrunde liegenden biblischen Botschaft und der Situation, in die hinein die Predigt gehalten wird, ist eine Divergenz festzustellen. Denn der Sitz im Leben etwa eines bibli-

---

21 Vgl. u.a. *E. Lange*, Predigtarbeit, 48. – Die weitaus größeren Erwartungspotentiale dürften dabei auf der emotionalen Ebene liegen. Vgl. *Fuchs*, Predigt, 26.

22 Vgl. *Müller*, Homiletik, 54ff.

schen Textes und die Situation der Menschen heute sind aufgrund der zeitlichen und räumlichen Distanz zwangsläufig verschieden. Hier ist im Besonderen an die ganz unterschiedlichen Sprachstile zu denken. Für die Predigt bedeutet das, dass sie in diesem „Zwischenraum" eine entsprechende Übersetzungsarbeit zu leisten hat. Dabei darf sie sich – formal wie inhaltlich – weder aktualistisch-modern, noch fundamentalistisch-antiquiert gebärden.[23]

Aus dieser Divergenz erwächst dann wiederum für den Prediger eine doppelte Herausforderung: er ist in seiner Predigt sowohl Anwalt der Überlieferung, als auch Anwalt der konkreten gegenwärtigen Situation, in der die Menschen, zu denen er spricht, leben.[24] Zu beiden hat er in einem möglichst intensiven Verhältnis zu stehen, beide hat er miteinander ins Gespräch zu bringen, damit die Relevanz der tradierten Botschaft für die gegenwärtige Lebenssituation der Menschen aufleuchten kann. Analog gilt diese Herausforderung dann in Bezug auf die je individuell notwendige Rezeptionsleistung der Predigthörer.

c) dritte Reflexionsebene

In einem dritten Reflexionsschritt soll nun danach gefragt werden, inwiefern es zwischen den einzelnen Komponenten bzw. Personen(-gruppen) und der konkreten Predigt selbst Divergenzen gibt. Dabei lässt sich feststellen, dass der oben reflektierte Aspekt *„Fragment und Ganzes"* auch hier zum Tragen kommt. So ist die Predigt etwa von Seiten des Predigers betrachtet immer nur ein Teil des Gesamtertrages seiner Predigtvorbereitung. Dennoch soll in der konkreten Predigt aber das *Ganze* seiner Beschäftigung mit dem Textinhalt bzw. dem Glaubens- oder Festgeheimnis aufleuchten und zum Tragen kommen und sei es indirekt etwa durch die von ihm gewählte theologische Schwerpunktsetzung. Neben die unumgängliche Beschränkung der fachwissenschaftlichen Einsicht als solche tritt also noch einmal eine zweite Einschränkung: nur ein Teil des bereits lediglich partiell Erkannten kommt in der konkreten Predigt zur Sprache.

Ähnliches gilt dann auch etwa für den der Predigt zugrunde liegenden Text: er kann niemals, weder in seiner ganzen inhaltlichen Fülle, noch in seiner spirituellen Tiefe, zur *Gänze* erfasst und in der Predigt bearbeitet werden, zumal der Text selbst bereits eine Divergenz in sich trägt: er ist reflektiertes, tradiertes und dann in Menschenworten schriftlich fixiertes Gotteswort. Trotzdem muss zwischen

---

[23] Vgl. *Sekretariat der Deutschen Bischofskonferenz* (Hg.), Pastorales Schreiben. Mitte und Höhepunkt des ganzen Lebens der christlichen Gemeinde. Impulse für eine lebendige Feier der Liturgie, Bonn 2003, 18f.

[24] Vgl. *E. Lange*, Predigtarbeit, 30–35.

ihm und der Predigt eine Identität zumindest der zugrunde liegenden inhaltlichen Struktur, Aussageabsicht oder der dargestellten Wertorientierung vorhanden sein.[25] Andernfalls würde man den Text lediglich als „Steinbruch“ ge- und damit mißbrauchen.

Analog kann auch für die Situation in ihrem Verhältnis zur Predigt gesagt werden, dass sie in derselben möglichst unverkürzt vorkommen muss; die aktuelle Lebenswirklichkeit der Menschen muss in der Predigt wiederzufinden sein. Zugleich aber bleibt ihre Darstellung natürlich notwendigerweise *fragmentarisch*. Dabei ist insbesondere daran zu denken, dass in diesem Bereich, zumal auf sprachlicher Ebene, eine Art von „Allgemeingültigkeit“ des in der Predigt Gesagten gerade nicht durch Abstraktion, also die Loslösung von individueller Erfahrung, sondern durch größtmögliche Konkretion erreicht wird.[26] So werden sich die Predigthörer beispielsweise in der Erzählung eines – singulären – traurigen Erlebnisses eher wiederfinden, als in einer abstrahierten Ausführung über die Bedeutung der Trauer für das menschliche Leben. Auch hier wird also deutlich, dass die bestehende Divergenz zwischen *Fragment und Ganzem* nicht auflösbar ist, sondern dass die Predigt gerade den umschriebenen „Zwischenraum“ benötigt, um angemessen die Lebenswirklichkeit der Menschen aufgreifen zu können.

Schließlich kann an dieser Stelle für die Beziehung der Predigthörer zur Predigt festgehalten werden, dass auch sie divergierend ist. Auf der einen Seite besteht, neben der oben angesprochenen Heterogenität der Hörerschaft insgesamt, eine ebensolche in Hinblick auf die individuelle und situative Wahrnehmung und Rezeption des in der Predigt Gesagten – man denke etwa an die jeweilige „Tagesform“, an Stimmungen, aktuelle Eindrücke und Ablenkungen. Kaum ein Predigthörer wird die Predigt in allen Einzelheiten wahrnehmen, bedenken und für sich ggf. umsetzen (können und wollen). Somit bleiben individuelle Wahrnehmung und Rezeption *fragmentarisch*. Auf der anderen Seite wäre es zumindest wünschenswert, wenn wenigstens der Grundgedanke des Gesagten, der das *Ganze* bündelt, so nachhaltig und einladend dargelegt wird, dass der Predigthörer diesen als Herausforderung zur Auseinandersetzung annehmen kann.

Neben diesen unter dem Stichwort *Fragment und Ganzes* auf der von mir gewählten dritten Reflexionsebene behandelten Divergenzen sollen nun noch weitere vor allem das Verhältnis des Predigers zur konkreten Predigt betreffende ange-

---

[25] Vgl. *Fuchs*, Sprechen, 16f und 364.

[26] Vgl. *H. Schweizer*, Anmerkungen zur Sprachverwendung in der Kirche, in: Theologische Quartalschrift 166 (1986), 209–223, hier bes. 210.

sprochen werden. Der Prediger steht nicht nur als solcher in der grundlegenden Spannung zwischen seinem Person-Sein und seiner (Amts-)Funktion/Rolle, wie ich es oben beschrieben habe, sondern diese Spannung wiederholt sich noch einmal in jeder konkreten Predigtsituation. In dieser ist von ihm zweifellos eine möglichst umfassende und allseitige Authentizität, Präsenz und Identität mit sich selbst gefragt. Auf der anderen Seite ist es Erfordernis der Professionalität, dass er sich abgrenzen kann und sich emotional so im Griff hat, dass ein angemessenes Verhältnis von Nähe und Distanz entstehen kann. Das ist umso notwendiger, wenn man an spezifische Belastungen denkt, wie den mitunter nahtlosen Wechsel von traurigen und freudigen pastoralen Situationen oder allein an die zumindest bei Priestern oft regelmäßig vorkommende Herausforderung drei oder mehr Sonntagsgottesdienste einschließlich der Predigt (hintereinander) feiern zu müssen. Diese Divergenz darf weder in Richtung einer „Kumpelhaftigkeit" den Predigthörern gegenüber, noch in Richtung einer kühlen Abgeklärtheit aufgelöst werden.

Schließlich soll hier noch die Frage nach der Bedeutung, die der Prediger der Predigt beimisst, erwähnt werden. In kirchenamtlichen Texten wird der Predigt immer wieder ein überaus hoher Wert und eine große Wichtigkeit im Rahmen des grundlegenden kirchlichen Handlungsvollzuges der Verkündigung (des Glaubens) zugesprochen; ihr kommt darin neben der katechetischen Unterweisung *„der erste Platz"*[27] zu. Faktisch jedoch wird von vielen die Predigtvorbereitung lediglich als eine neben vielen anderen Aufgaben wahrgenommen – zumindest in quantitativer Sicht. Diese Divergenz zwischen theologischem Anspruch und realer Leistbarkeit ist angesichts der personellen Entwicklungen im pastoralen Bereich eine in der Praxis immer bedrängender werdende Frage. Auf diesem Hintergrund mag das Unterlassen einer Predigt in Werktagsgottesdiensten oder etwa bei der Feier der Sakramente zwar nachvollziehbar sein. Es kann aber wohl kaum befürwortet werden, weil hier fatalerweise versucht wird, die unumgänglich bleibende Spannung dieser Divergenz aufzulösen.

d) vierte Reflexionsebene

Auf der vierten und letzten Reflexionsebene soll es nun abschließend darum gehen, inwiefern bei der Predigt als solcher divergierende Aspekte bzw. ein zwischen diesen entstehender „Zwischenraum" auszumachen ist. Predigt ist, wie wir oben auf vielfältige Weise haben sehen können, ein äußerst vielseitiges und in

---

[27] Vgl. CIC, can. 761.

seiner Tiefenstruktur nur schwer umfassend zu beschreibendes Geschehen. So erschöpft es sich keineswegs im konkret zu beobachtenden Vollzug, sondern hat mannigfaltige „Vor-Gänge“ und Nachwirkungen. Trotzdem ist die Predigt rein formal und vordergründig betrachtet lediglich ein Sprachgeschehen. Ohne sich – möglicherweise auch verschiedenartiger – sprachlicher Codes zu bedienen, könnte es zwischenmenschlich auch gar nicht zu einer Vermittlung von Sinn- oder Werterfahrungen kommen.[28] Diesem notwendigen Gebrauch von Sprache steht aber divergent die „Unaussprechlichkeit“ des Geheimnisses Gottes gegenüber. So ist und bleibt jedes Predigen ein zaghafter Versuch das im Letzten „Unsagbare“ in Worte zu fassen, um nicht ganz schweigen zu müssen. Damit verbietet sich allein angesichts dieser Wesenseigenschaft jeder Versuch von rhetorisch bedingter Manipulation in der Predigt, so sehr diese auch auf einen – allerdings subsidiären – bescheidenen Gebrauch rhetorischer Mittel nicht verzichten kann und wird.[29]

Neben dieser grundlegenden – freilich nur vordergründigen – Betrachtung der Predigt als Sprachgeschehen tritt schließlich die hintergründige Betrachtung derselben als geistliches Geschehen. Predigt als liturgischer Vollzug erschöpft sich nicht im menschlichen Tun. Vielmehr gilt, analog zur bibeltheologischen Maxime „Gotteswort in Menschenwort“, dass in der Predigt Gott selbst zur Sprache kommen soll und auf verborgene Weise, möglicherweise auch gegen die gehaltene Predigt, durch das Wirken des Hl. Geistes auch zur Sprache kommt. In diesem Sinn ist auch die Predigt *„Wort des lebendigen Gottes“*.[30]

3 Fazit

Wir konnten sehen, dass im analytischen Modell der *Divergenz* ein Instrumentarium gegeben ist, welches deutlich werden lässt, wie groß der persönliche, theologisch-spirituelle und methodische Spielraum ist, der vom einzelnen Prediger bzw. von den Predigthörern zu füllen ist. Dass es keine objektiven Kriterien für die „richtige“ Positionierung der Predigt im jeweiligen „Zwischenraum“ gibt und geben kann, spricht zweifelsohne für die – insbesondere geistliche – Lebendigkeit des Predigtgeschehens, wie auch immer es sich im Einzelfall gestalten und darstellen mag. Auch ist durch die Reflexion klar geworden, dass die beschriebene

[28] Vgl. *Fuchs*, Sprechen, 17f.
[29] Vgl. *Müller*, Homiletik, 53.
[30] Vgl. ebd., 24.

Spannung zwischen den einzelnen Divergenzen des Predigtgeschehens niemals aufgelöst werden kann bzw. darf, sondern dieses notwendig charakterisieren. Diese Spannung auszuhalten ist die bleibende Herausforderung, aber auch die große und immer neue Chance der Predigt.

AUTORENVERZEICHNIS

Cornelia Aßmann, Dr. theol., ist wissenschaftliche Mitarbeiterin am Lehrstuhl für Exegese und Theologie des Alten Testaments an der Katholisch-Theologischen Fakultät der Universität Erfurt.

Norbert Clemens Baumgart, Prof. Dr. theol., ist Professor für Exegese und Theologie des Alten Testaments an der Katholisch-Theologischen Fakultät der Universität Erfurt (Lehrstuhlinhaber).

Marlen Bunzel, Dr. theol, hat die Lehrstuhlvertretung für Biblische Theologie am Institut für Katholische Theologie der Humboldt-Universität zu Berlin inne.

Gerhard Feige, Dr. theol., war von 1994 bis 1999 Professor für Alte Kirchengeschichte, Patrologie und Ostkirchenkunde in Erfurt und ist seit 2005 Bischof des Bistums Magdeburg.

Christof Gärtner, Dr. theol., war von 2004 bis 2009 Professor für Praktische Theologie an der Katholischen Hochschule Nordrhein-Westfalen in Paderborn und ist seit 2019 Lehrbeauftragter für das Fach Homiletik am Erzbischöflichen Priesterseminar Paderborn und in der Aus-, Fort- und Weiterbildung von pastoralen Mitarbeiter*innen und Lehrer*innen tätig.

Georg Hentschel, Prof. em. Dr. theol., war von 1991 bis 2006 Professor für Exegese des Alten Testaments in Erfurt.

Martin Nitsche, Dr. theol., ist Inhaber der Dozentur für Altes Testament und christlich-jüdische Schrifthermeneutik am Fachbereich für Katholische Theologie der Johann Wolfgang Goethe-Universität Frankfurt am Main.

Franziska Rauh, M.A.; M.St. (oxon.), ist wissenschaftliche Mitarbeiterin am Gutenberg-Institut für Weltliteratur und schriftorientierte Medien der Johannes Gutenberg-Universität Mainz.

Franziska Richter ist studentische Hilfskraft am Lehrstuhl für Biblische Theologie am Institut für Katholische Theologie der Humboldt-Universität zu Berlin.

Jörg Seiler, Prof. Dr. theol., ist Professor für Kirchengeschichte des Mittelalters und der Neuzeit an der Katholisch-Theologischen Fakultät der Universität Erfurt (Lehrstuhlinhaber).

Maria Widl, Prof. Dr. theol. habil., ist Professorin für Pastoraltheologie und Religionspädagogik an der Katholisch-Theologischen Fakultät der Universität Erfurt (Lehrstuhlinhaberin).